신성우 행정학
압축 이론
기본서

intro 머리말

남들과 똑같이 이야기하지 않습니다.
우리는 최단기 합격을 목표로 합니다.

이 교재는 행정학을 처음 접하는 수험생과, 이미 행정학을 공부하고 있지만 효율적인 정리를 원하는 수험생들을 위해 만들어졌습니다.

핵심 개념을 정확하고 효과적으로 습득할 수 있도록 최적의 구성을 갖추었습니다. 합격이라는 목표에 도달하는 데 이 책이 든든한 동반자가 되기를 희망합니다.

이 책은 아래와 같은 차별화된 특징을 갖고 있습니다.

- **기출 선지로 구성한 본문**
  대학 교수님의 이론서를 요약한 것이 아니라 실제 시험에 나온 선지 내용을 중심으로 본문을 구성했습니다. 이 책의 본문을 학습하는 것만으로 기출문제를 회독하는 효과를 얻을 수 있습니다.

- **완벽한 출제경향 분석**
  지난 5년간의 출제경향을 면밀히 분석하여 각 챕터별 중요도를 명시하고, 주요 이론과 연결된 기출문제를 빠르게 학습하고 정확히 복습할 수 있도록 구성하였습니다.

- **50개 토픽으로 압축**
  행정학의 학습 부담을 확실히 줄이기 위해 필수적인 50개 토픽만으로 내용을 구성했습니다. 이 교재의 학습만으로도 합격에 충분합니다. 부수적이고 심화된 논점들은 별도의 문제풀이 과정을 통해 보충하겠습니다.

교재가 완성될 수 있도록 많은 도움과 격려를 보내주신 공단기 측에 깊은 감사의 말씀을 드립니다.
이 책을 통해 공부하는 모든 수험생 여러분의 건승과 합격을 진심으로 기원합니다.

2025년 여름
저자 **신성우** 드림

preview
구성과 특징

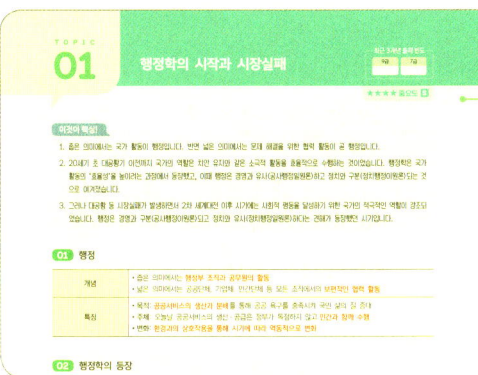

핵심 이론

최근 5년 동안 출제된 기출 선지를 분석하여 핵심 이론을 한눈에 파악할 수 있도록 표로 정리하거나 도해화하였습니다.
출제 경향에 따라 중요도를 S, A, B 세 단계로 나누었으며, '이것이 핵심!'을 통해 해당 TOPIC의 학습 방향을 제시합니다.

기출 선지 OX

기출 선지 OX에는 최근 5개년 기출문제 중 주로 국가직 9급, 지방직 9급, 행정사, 국회직 9급 등에서 출제된 문제를 실었습니다. 선지의 어느 부분이 옳고 옳지 않은지를 판별하는 연습을 합니다.

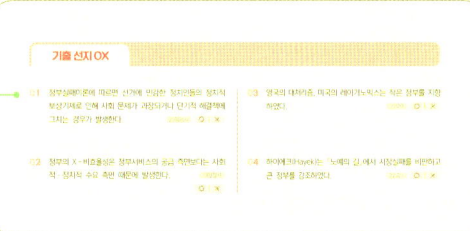

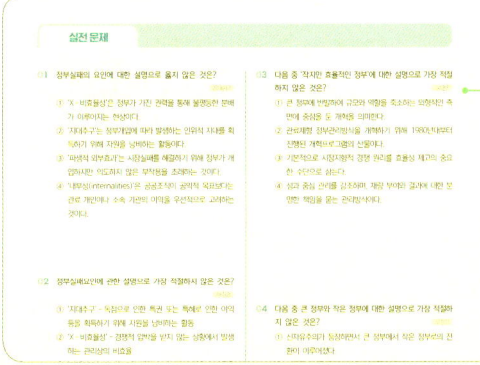

실전 문제

실전 문제에는 최근 5개년 기출문제 중 주로 국가직 7급, 지방직 7급, 국회직 8급, 소방간부, 경찰간부, 해경간부, 경찰승진, 해경승진 등에서 출제된 문제를 실었습니다. 실전 문제에서는 소거법을 이용한 풀이 연습을 합니다.

contents 차례

PART 1 행정의 방향

Chapter 1 · 행정의 본질
TOPIC 01 행정학의 시작과 시장실패 ········· 010
TOPIC 02 정부실패와 행정 참여자 ········· 014

Chapter 2 · 추구가치
TOPIC 03 본질적 가치와 수단적 가치 ········· 020
TOPIC 04 절차적 가치와 행정통제 ········· 026

Chapter 3 · 행정이론
TOPIC 05 관료제와 그 비판 ········· 032
TOPIC 06 전통 행정학 비판 ········· 036
TOPIC 07 신행정학과 공공선택론 ········· 038
TOPIC 08 신공공관리론 ········· 042
TOPIC 09 뉴거버넌스와 제도주의 ········· 044
TOPIC 10 포스트모더니티와 신공공서비스론 ········· 048
TOPIC 11 행정이론 개괄 ········· 050

PART 2 행정의 작동

Chapter 4 · 정책
TOPIC 12 정책학과 정책 ········· 058
TOPIC 13 규제정책의 종류와 개혁 ········· 060
TOPIC 14 공공서비스의 민간화 ········· 064
TOPIC 15 정책이론과 정책참여자 ········· 066
TOPIC 16 정책의제설정 ········· 070
TOPIC 17 정책결정 ········· 072
TOPIC 18 정책집행 ········· 076
TOPIC 19 정책변동과 정책순응 ········· 080
TOPIC 20 정책분석 ········· 084
TOPIC 21 정책평가 ········· 088

Chapter 5 · 재무
TOPIC 22 재정과 그 분류 ········· 096
TOPIC 23 예산의 원칙 ········· 100
TOPIC 24 예산 결정이론과 예산의 결정행태 ········· 102
TOPIC 25 예산제도 ········· 106
TOPIC 26 한국의 예산제도 ········· 110
TOPIC 27 예산과정과 예산집행 ········· 114
TOPIC 28 결산과 국가채무 ········· 118

Chapter 6 • 인사

TOPIC 29 채용의 방식 —————— 124
TOPIC 30 업무의 부여방식 —————— 128
TOPIC 31 공무원의 분류와 중앙인사기관 —————— 130
TOPIC 32 임용, 인사이동, 인사평가 —————— 134
TOPIC 33 보수, 연금, 경력개발 —————— 138
TOPIC 34 징계, 소청, 공무원단체와 중립 —————— 142
TOPIC 35 부패와 윤리 —————— 146

Chapter 7 • 조직

TOPIC 36 조직 원리와 환경 —————— 150
TOPIC 37 조직이론 변화와 조직의 유형 —————— 154
TOPIC 38 우리나라 정부조직 —————— 158
TOPIC 39 공공기관과 정보공개 —————— 160
TOPIC 40 조직 행태론 – 동기부여 —————— 162
TOPIC 41 조직 행태론 – 리더십 —————— 166
TOPIC 42 조직문화, 갈등, 변화관리 —————— 170
TOPIC 43 성과관리기법과 정부업무평가 —————— 174

Chapter 8 • 전자정부와 지방행정

TOPIC 44 정보기술과 지능정보사회 —————— 178
TOPIC 45 전자정부 —————— 180
TOPIC 46 정부 간 관계와 지방자치원리 —————— 182
TOPIC 47 지방행정의 종류와 주요 행위자 —————— 186
TOPIC 48 사무의 배분과 자치경찰 —————— 190
TOPIC 49 주민참여예산제도 —————— 192
TOPIC 50 지방재정 —————— 194

정답 및 해설 —————— 199

2026 신성우 행정학 압축 이론 기본서

PART 1은 행정이 나아가야 하는 방향성을 배우는 영역입니다.

행정의 본질은 무엇일까요?

자원을 관리하는 것일까요, 아니면 자원을 배분하는 역할을 수행하는 것일까요? 효율적으로 작동하는 게 중요할까요, 아니면 사회적 약자를 배려하는 것이 중요할까요?

PART 1에서는 이런 문제 인식을 바탕으로 전통적 관료제 시스템을 어떻게 바꾸어야 할지 고민하게 됩니다.

여러분은 어떤 행정부에서 어떤 역할을 수행하는 공무원이 되고 싶으신가요?

함께 고민해보시죠.

PART 1

행정의 방향

CHAPTER 1   행정의 본질

CHAPTER 2   추구가치

CHAPTER 3   행정이론

2026 신성우 행정학 압축 이론 기본서

행정학은 1887년 우드로 윌슨의 논문에서 시작했습니다. 학문의 역사가 150여 년 정도 된 것이지요. 그 이전까지 행정학은 정치학의 분과학문으로 여겨졌었고, 공무원을 채용하는 방식도 선거에서 승리한 정당이 결정하면 되는 것으로 여겨졌습니다. 그러다 사회가 복잡해지고, 부패가 심해지면서 정치에서 분리된 행정이 강조됩니다. 정치행정이원론의 시기입니다.

대공황과 2차 세계대전은 행정의 역할과 패러다임을 전환시키는 계기가 됩니다. 대공황은 시장실패를 상징하는 것으로, 이후 행정의 역할은 시장실패를 치유하는 정책적 기능으로 확대됩니다. 행정은 경영과 분리되는 것으로 여겨진 이 시기를 정치행정일원론의 시기라고 합니다.

그러나 행정의 역할 확대는 정부실패를 불렀습니다. 정부실패로 인하여 다시 작은 정부가 강조됩니다. 시장도 정부도 한 번씩 실패한 상황 속에서 제3의 주체로 시민단체가 강조되게 됩니다. 또 재화의 종류를 구분한 후, 그 성격에 따라 누가 공급해야 하는지 논의가 이어지게 됩니다.

CHAPTER 1

행정의 본질

TOPIC 01   행정학의 시작과 시장실패

TOPIC 02   정부실패와 행정 참여자

TOPIC 01 행정학의 시작과 시장실패

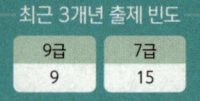

★★★★ 중요도 S

이것이 핵심!

1. 좁은 의미에서는 국가 활동이 행정입니다. 반면 넓은 의미에서는 문제 해결을 위한 협력 활동이 곧 행정입니다.
2. 20세기 초 대공황기 이전까지 국가의 역할은 치안 유지와 같은 소극적 활동을 효율적으로 수행하는 것이었습니다. 행정학은 국가 활동의 '효율성'을 높이려는 과정에서 등장했고, 이때 행정은 경영과 유사(공사행정일원론)하고 정치와 구분(정치행정이원론)되는 것으로 여겨졌습니다.
3. 그러나 대공황 등 시장실패가 발생하면서 2차 세계대전 이후 시기에는 사회적 평등을 달성하기 위한 국가의 적극적인 역할이 강조되었습니다. 행정은 경영과 구분(공사행정이원론)되고 정치와 유사(정치행정일원론)하다는 견해가 등장했던 시기입니다.

01 행정

개념	• 좁은 의미에서는 행정부 조직과 공무원의 활동 • 넓은 의미에서는 공공단체, 기업체, 민간단체 등 모든 조직에서의 보편적인 협력 활동
특징	• 목적: 공공서비스의 생산과 분배를 통해 공공 욕구를 충족시켜 국민 삶의 질 증대 • 주체: 오늘날 공공서비스의 생산·공급은 정부가 독점하지 않고 민간과 함께 수행 • 변화: 환경과의 상호작용을 통해 시기에 따라 역동적으로 변화

02 행정학의 등장

19세기 자유주의 국가	• '야경국가'를 지향하여 국가는 소극적인 질서 유지만을 담당(작은 정부론) • 일반적인 국민생활에서는 최대한으로 개인의 자유를 인정 • 행정은 누구나 할 수 있는 일이라고 생각(제퍼슨 대통령)하여 선거에서 이긴 정당이 공직을 차지하는 엽관제 방식이 민주주의의 실질적인 운영 원리라고 인식
행정학의 등장 배경	• 공직 분배와 관련된 갈등 과정에서 가필드 대통령이 암살됨 • 사회가 복잡해지고 부패가 문제되면서 행정의 전문성과 능률성을 강조(진보주의, 행정개혁운동)
행정학의 등장	우드로 윌슨이 1887년 『행정연구』를 발표하면서 행정학 시작 ― 행정은 정치로부터 분리된 독자적·전문적 영역(정치행정이원론) ― 행정은 기업 경영과 유사하며 양자 모두 효율적 관리가 중요(공사행정일원론) ― 작은 정부론은 유지하면서 행정의 효율성을 강조 ― 정당정치 및 엽관제의 폐해를 극복하기 위한 이론
초기 행정학의 특징	• 공사행정일원론(행정은 경영과 유사하다. = 정치행정이원론) ― 인적·물적 자원을 동원하고 활용하는 관리기술 ― 합리적이고 집단적인 협동행위 ― 대규모 조직으로 작동한다는 관료제성 • 정치행정이원론(행정은 정치와 다르다. = 공사행정일원론) ― 의사결정을 하는 것이 정치이며, 결정된 의사를 집행하는 것이 행정으로 역할이 구분됨 ― 행정은 공공서비스의 효율적인 생산·공급·분배와 관련된 비권력적 관리현상 ― 굿노우: '정치는 국가의지의 표현이며, 행정은 이를 실천하는 것'

기출 선지 OX

01 윌슨(W. Wilson)은 '행정의 연구'에서 정치와 행정의 유사성에 초점을 두고 정부가 수행하는 업무들을 과학적으로 연구해야 한다고 주장하였다. `21국회9` O | X

02 굿노우(F. Goodnow)는 '정치와 행정'에서 국가의 의지를 표명하고 정책을 구현하는 것이 정치이며, 이를 실행하는 것이 행정이라고 규정하였다. `21국회9` O | X

03 관리기술적 측면에서 행정과 경영은 유사하다. `24군9` O | X

04 정치행정이원론은 행정을 공공서비스의 효율적인 생산 및 공급, 분배와 관련된 비권력적 관리현상으로 이해한다. `22군9` O | X

실전 문제

01 정치행정이원론에 대한 설명으로 옳지 않은 것은? `22국7`
① 행정과 경영이 차이가 없음을 강조하는 공사행정일원론의 입장을 취한다.
② 의사결정 역할을 하는 정치와 결정된 의사를 집행하는 행정의 역할을 엄격하게 구분할 것을 주장하였다.
③ 윌슨(Wilson)은 행정을 전문적·기술적 영역으로 규정하고, 정부는 효율성과 전문성을 갖추어야 한다고 주장하였다.
④ 대공황 이후 각종 사회 문제를 해결하기 위해서 행정의 정책결정·형성 및 준입법적 기능수행을 정당화하였다.

02 다음 중 행정에 대한 설명으로 가장 옳지 않은 것은? `23해승`
① 행정은 최협의적으로는 행정부의 조직과 공무원의 활동에 대한 것이다.
② 행정은 공공서비스의 생산, 공급, 분배를 통해 공공 욕구를 충족시켜 국민 삶의 질을 증대하고자 한다.
③ 행정의 활동은 환경과의 상호작용을 통해 역동적으로 변화한다.
④ 정치권력을 배경으로 공공서비스의 생산 및 공급을 정부가 독점한다.

03 정치행정이원론에 관한 설명으로 가장 적절하지 않은 것은? `23경승`
① 정치행정이원론의 대표학자인 윌슨(Wilson)은 19세기 후반 당시 미국의 진보주의로부터 영향을 받았다.
② 정치는 의사결정의 영역이고, 행정은 결정된 내용을 집행한다고 보았다.
③ 정치행정이원론은 정당정치 및 엽관주의의 폐해를 극복하기 위한 이론적 기초를 제시하고자 했다.
④ 정책결정에 있어서 행정의 적극적 역할을 강조한다.

04 행정에 대한 설명으로 가장 옳은 것은? `22경승`
① 행정은 넓은 의미로 공공단체, 기업체, 민간단체를 포함한 모든 조직에서 보편적으로 나타나는 활동이다.
② 공사행정이원론에서는 행정과 경영의 유사점과 함께 효율적 관리를 강조한다.
③ 윌슨(Wilson)은 『행정연구(The Study of Administration, 1887)』에서 정치와 행정의 통합을 주장한다.
④ 정치행정이원론은 행정에 내포되어 있는 정치적인 기능을 강조한다.

정답
OX 01 X 02 O 03 O 04 O **실전** 01 ④ 02 ④ 03 ④ 04 ①   해설 199쪽

> **이것이 핵심!**
> 4. 국가가 소극적 활동만을 수행하자 대공황과 같은 시장실패에 대처할 수 없었습니다.
> 5. 대공황을 극복하기 위해 루스벨트 대통령은 뉴딜정책을 수행했고, 이후 2차 세계대전과 냉전 시대가 도래하면서 국가의 적극적인 역할이 강조됩니다.
> 6. 이 시기에 행정은 경영과 구분(공사행정이원론)되고 정치와 유사(정치행정일원론)하다는 견해가 등장합니다.

03 시장실패

개념	시장기구를 통해서 자원의 파레토 효율적 배분이 불가능하거나 분배 형평성이 훼손된 상태
대응	정부가 시장개입이나 규제 정책 등을 통해 시장실패를 교정

04 시장실패의 원인과 정부 대응

사회적 소득불평등		효율적 자원 배분을 달성하더라도 분배 형평성 등이 문제 → 사회보장정책(재분배정책)이나 정부규제
공공재		공공재는 비배제성과 비경합성을 지닌 재화로 무임승차 현상이 발생 → 공적 공급
정보의 비대칭성		소비자보다 공급자가 정보가 많아 도덕적 해이를 유발 → 공적 유도(조세와 보조금)나 정부규제
불완전 경쟁		불완전 경쟁으로 독과점 등이 발생 → 정부규제
규모의 경제		규모의 경제가 적용될 때 자연독점이 발생 → 공적 공급이나 정부규제
외부효과	개념	• 시장을 거치지 않고 제3자에게 이익이나 불이익을 주는 행위 • 즉, 의도하지 않은 혜택이나 손해를 가져다주면서 대가나 비용이 없는 상황
	외부경제	교육 등과 같이 주변에 혜택을 주는 긍정적 외부효과로 적정수준보다 과소 생산
	외부불경제	환경오염 등과 같이 불이익을 주는 부정적 외부효과로 적정수준보다 과다 생산
	대응	사회적 비용 및 편익의 내부화 필요 → 공적 유도(조세와 보조금)나 정부규제

05 행정 역할의 확대

대공황과 그 대응	• 1930년대 대공황으로 시장실패가 발생
	• 케인스주의, 루스벨트 대통령의 뉴딜정책 등이 등장하면서 큰 정부 강조
	   ⎯ 케인스주의는 수요 중심 거시경제정책
	   ⎯ 규제 강화와 사회보장·의료보험 등 사회정책을 통해 정부의 적극적 역할을 강조
	   ⎯ 정치행정일원론

행정 역할의 확대	• 공사행정이원론(행정은 경영과 다르다. = 정치행정일원론)
	   ⎯ 행정은 정치 권력을 배경으로 기능 수행
	   ⎯ 행정은 기업 경영에 비해 법적·정치적 영향이 훨씬 강함
	   ⎯ 행정은 경영에 비해 시장성은 낮고 독점성은 높음
	• 정치행정일원론(행정은 정치와 유사하다. = 공사행정이원론)
	   ⎯ 행정은 정책결정과 집행의 혼합(애플비: '정치와 행정은 연속적이어서 양자 구별이 부적절함')
	   ⎯ 행정에 내포된 정치적인 기능을 강조하면서 국민의 뜻을 중시
	   ⎯ 대공황 후 사회 문제를 해결하기 위해 행정의 준입법적 정책결정 기능과 큰 정부를 정당화

기출 선지 OX

05 민영화를 강조하는 작은 정부론은 시장실패에 대한 대응으로 제기되었다. `24국9` O | X

06 긍정적 외부효과는 사회적 적정수준보다 과다 생산의 결과를 가져온다. `24행정사` O | X

07 대공황 이후 케인스주의, 루스벨트 대통령의 뉴딜정책은 큰 정부관을 강조하였다. `22국9` O | X

08 애플비(P. Appleby)는 '거대한 민주주의'에서 현실의 행정과 정치 간 관계는 연속적, 순환적, 정합적이기에 실제 정책형성과정에서 정치와 행정을 구분하는 것은 적절하다고 주장하였다. `21국회9` O | X

실전 문제

05 시장실패를 야기하는 요인에 대한 정부의 대응방식으로 가장 적절한 것은? `23군7`
① 공공재의 존재에 대한 정부 보조금
② 외부효과의 발생에 대한 직접적인 공적(公的) 공급
③ 자연독점에 대한 정부규제
④ 정보의 비대칭성에 대한 직접적인 공적(公的) 공급

06 환경오염과 관련된 외부효과(External Effect)에 대한 설명으로 가장 적절하지 않은 것은? `22경승`
① 어떤 사람의 경제활동으로 인해 의도하지 않게 대가나 비용의 교환 없이 다른 주체에게 불이익을 주는 것을 외부불경제(external diseconomy)라 한다.
② 외부불경제의 경우 사회적으로 바람직한 수준 이상으로 과다하게 생산하는 문제를 야기한다.
③ 환경오염의 경우 외부불경제를 줄이기 위해 정부는 과세, 보조금, 행정규제 등의 수단을 주로 활용한다.
④ 이해관계자 간의 자발적인 협상에 의해 문제를 해결할 수 있다고 보는 코오즈정리(Coase's Theorem)는 거래비용이 크게 존재할 것을 전제로 한다.

07 시장실패와 정부실패에 대한 설명으로 가장 옳지 않은 것은? `24경간`
① 소비자와 공급자 사이에서 나타나는 정보의 비대칭성은 시장실패를 초래한다.
② 경제활동이 의도하지 않은 혜택이나 손해를 가져다주면서도 이에 대한 대가나 비용이 수반되지 않는 외부효과는 시장실패를 초래한다.
③ 비배제성과 비경합성을 지닌 공공재의 존재는 정부실패를 초래한다.
④ 정부활동을 위한 비용은 조세를 통해 확보되기에 비용과 수입이 분리되어 정부실패를 초래한다.

08 애플비(Appleby)가 주장한 정치행정일원론의 내용에 해당하는 것은? `22지7`
① 행정은 효율성을 추구하는 관리를 핵심으로 한다.
② 행정은 민의를 중시해야 하며 정책결정과 집행의 혼합작용이다.
③ 시간과 동작연구를 통한 직무의 전문화는 행정조직의 생산성을 극대화할 수 있다.
④ 고위 관료가 능률적으로 관리해야 할 행정원리는 기획, 조직, 인사, 지휘, 조정, 보고, 예산 등이 있다.

정답
OX 05 X 06 X 07 O 08 X   실전 05 ③ 06 ④ 07 ③ 08 ②

TOPIC 02 정부실패와 행정 참여자

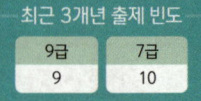

★★★ 중요도 A

이것이 핵심!

1. 정부의 역할이 확대되던 중 1970년대에 재정적자가 발생하고 그 원인으로 정부실패가 부각됩니다. 정부실패란 시장에 대한 정부의 개입이 바람직하지 않은 결과를 가져온다는 이론입니다.
2. 울프는 정부실패가 정부부문의 수요·공급적 특성에서 비롯된 것으로 보고 일반적 원인을 제시합니다. 그 외 지대추구, 주인-대리인적 속성 등도 정부실패의 원인으로 꼽힙니다.
3. 정부실패로 인하여 개인의 자유가 중요하다는 신자유주의 국가가 강조됩니다. 행정학에서는 공공선택론적 접근과 신공공관리론 행정개혁에 대한 이론이 정부실패에 대한 대응으로 등장하게 됩니다.

01 정부실패의 원인

울프의 정부실패론	정부 특성	• 수요: 사회 문제가 과장되고 선거에 민감한 정치인들이 단기 해결에 치중 • 공급: 성과 평가의 객관적 기준인 목표, 산출물, 생산기술 등이 모호 • 비용-편익 분리: 조세로 공급됨으로써 수혜자와 비용부담자가 분리되어 비용에 둔감
	X-비효율성	정부가 서비스를 독점적으로 공급하여 생산비용이 증가하는 등의 비효율 발생
	내부성 (사적목표추구)	• 관료가 공익보다 개인과 조직 이익을 우선시 • 목표나 산출물이 불명확하여 조직 내부 규칙 등에 집착하는 목표대치, 소수 엘리트 지배를 의미하는 과두제의 철칙으로 인한 지배층 이익 추구 등이 원인
	파생적 외부효과	정부개입이 의도하지 않은 부작용을 초래
	분배의 불공정성	정부 권력 행사로 불평등한 분배 발생
주인-대리인 문제		국민(주인)에 비해 정보가 많은 공무원(대리인)이 기회주의 행태를 보여 도덕적 해이와 역선택 발생
지대추구		공공재화 배분, 인허가 등 시장에 대한 정부개입이 커질수록 인위적 지대와 그 획득을 위한 지대추구행위(로비 등)가 증가하여 불필요하게 자원을 낭비
니스카넨의 예산극대화 등		정부 관료는 자신의 이익을 극대화하기 위해 예산을 극대화하여 공공재를 과잉 생산

02 1970년대 이후의 행정개혁

이론적 배경	• 1944년 하이에크는 『노예의 길』에서 정부의 실패 가능성과 작은 정부를 강조하는 신자유주의 주장 • 신자유주의는 민간에 대한 정부의 간섭이 축소되어야 한다고 보면서 규제완화와 민영화를 강조
국가관의 변화	• 스태그플레이션과 재정적자로 대처 수상과 레이건 대통령 등이 신자유주의를 수용하고 작은 정부를 지향 • 1979년 취임한 영국 대처 수상은 공기업 민영화와 공공주택 매각 등 정부를 축소 • 1980년 취임한 미국 레이건 대통령은 공급중심 경제정책을 강조하며 정부의 규모뿐만 아니라 실제 규제 기능을 축소 + 남은 기능은 효율적으로 수행하려 노력 → 작지만 효율적인 정부
행정과 행정학	• 공공선택론: 경제학적 접근을 통하여 공공부문의 시장경제화가 바람직하다고 주장 • 신공공관리론: 행정 재량을 부여하고 성과중심으로 운영되게 하며, 시장경쟁 요소를 도입해 효율성을 높여야 한다고 주장 → 민영화, 규제 완화, 정부 보조 삭감 등으로 정부실패에 대응

기출 선지 OX

01 정부실패이론에 따르면 선거에 민감한 정치인들의 정치적 보상기제로 인해 사회 문제가 과장되거나 단기적 해결책에 그치는 경우가 발생한다. 〈23행정사〉 O | X

02 정부의 X-비효율성은 정부서비스의 공급 측면보다는 사회적·정치적 수요 측면 때문에 발생한다. 〈23행정사〉 O | X

03 영국의 대처리즘, 미국의 레이거노믹스는 작은 정부를 지향하였다. 〈22국9〉 O | X

04 하이에크(Hayek)는 『노예의 길』에서 시장실패를 비판하고 큰 정부를 강조하였다. 〈22국9〉 O | X

실전 문제

01 정부실패의 요인에 대한 설명으로 옳지 않은 것은? 〈22국가7〉
① 'X-비효율성'은 정부가 가진 권력을 통해 불평등한 분배가 이루어지는 현상이다.
② '지대추구'는 정부개입에 따라 발생하는 인위적 지대를 획득하기 위해 자원을 낭비하는 활동이다.
③ '파생적 외부효과'는 시장실패를 해결하기 위해 정부가 개입하지만 의도하지 않은 부작용을 초래하는 것이다.
④ '내부성(internalities)'은 공공조직이 공익적 목표보다는 관료 개인이나 소속 기관의 이익을 우선적으로 고려하는 것이다.

02 정부실패요인에 관한 설명으로 가장 적절하지 않은 것은? 〈24경승〉
① '지대추구' - 독점으로 인한 특권 또는 특혜로 인한 이익 등을 획득하기 위해 자원을 낭비하는 활동
② 'X-비효율성' - 경쟁적 압박을 받지 않는 상황에서 발생하는 관리상의 비효율
③ '파생적 외부효과' - 정부개입이 의도하지 않은 부작용을 초래하는 현상
④ '주인-대리인 문제' - 국민(주인)에 비해 상대적으로 정보가 부족한 공무원(대리인)의 도덕적 해이와 기회주의 추구

03 다음 중 '작지만 효율적인 정부'에 대한 설명으로 가장 적절하지 않은 것은? 〈24군7〉
① 큰 정부에 반발하여 규모와 역할을 축소하는 외형적인 측면에 중점을 둔 개혁을 의미한다.
② 관료제형 정부관리방식을 개혁하기 위해 1980년대부터 진행된 개혁프로그램의 산물이다.
③ 기본적으로 시장지향적 경쟁 원리를 효율성 제고의 중요한 수단으로 삼는다.
④ 성과 중심 관리를 강조하며, 재량 부여와 결과에 대한 분명한 책임을 묻는 관리방식이다.

04 다음 중 큰 정부와 작은 정부에 대한 설명으로 가장 적절하지 않은 것은? 〈22감간〉
① 신자유주의가 등장하면서 큰 정부에서 작은 정부로의 전환이 이루어졌다.
② 신공공관리론에서는 작은 정부를 적극적으로 옹호한다.
③ 큰 정부를 지지하는 케인스 경제학은 공급 중시 거시경제 정책을 강조한다.
④ 작은 정부를 추구하는 신자유주의는 규제 완화와 민영화 등을 강조한다.

정답
OX 01 O 02 X 03 O 04 X
실전 01 ① 02 ④ 03 ① 04 ③

해설 200쪽

> **이것이 핵심!**
> 4. 정부 역할을 명확하게 하기 위하여 사바스는 경합성과 배재성을 기준으로 재화의 유형을 구분하고, 정부가 공급해야 하는 재화와 민간이 공급하는 것이 나은 재화를 구분했습니다.
> 5. 시장실패와 정부실패를 거치면서 행정의 새로운 참여자로 비정부조직, 즉 NGO가 등장합니다.

03 사바스의 재화 유형

공유재	• 개념: 경합성과 비배제성을 지닌 재화 예 공공낚시터, 해저광물, 목초지 등 • 특징: 비용이 분산되고 편익은 집중된 상황에서 개인의 합리적 행동이 공동자원을 훼손하는 공유지의 비극이 발생 • 정부 역할: 무임승차를 추구하는 과정에서 과잉소비로 자원이 고갈되어 정부가 규제 등을 통해 개입
시장재	• 개념: 경합성과 배제성을 지닌 재화 예 냉장고, 라면, 자동차, 구두 등 • 특징: 시장에서 수요와 공급에 의해 가격 조절 • 정부 역할: 시장에 공급을 맡기고 정부는 소비자 보호와 서비스 안전을 위한 한정적인 부분만 개입
공공재 (집합재)	• 개념: 비경합성과 비배제성을 지닌 재화 예 국립공원, 국방, 외교, 등대, 무료 TV방송 등 • 특징: 무임승차가 발생 • 정부 역할: 주로 정부가 직접 공급하며, 이로 인하여 X-비효율성 등의 문제 발생
요금재 (클럽재)	• 개념: 비경합성과 배제성을 지닌 재화 예 케이블TV, 고속도로, 상하수도 등 • 특징: 초기 비용이 막대하게 소요되고 규모의 경제효과가 큰 비용체감산업 • 정부 역할: 요금을 지불하지 않으면 배제가 가능하기 때문에 공기업 등이 주로 공급

04 제3섹터와 비정부조직

제3섹터		• 공공부문과 민간부문이 기존과 다른 활동을 수행 → 민간의 비영리활동이나 공공기관의 영리활동 등 • 정부실패와 시장실패가 배경
비영리조직		이익을 추구하지 않는 조직으로 주로 자발성과 자율성, 이익의 비배분성을 특징으로 하는 민간 조직
비정부조직	개념	시민들의 자발적·자원적 참여를 통해 구성된 자치 조직
	대체적 관계	정부 역할을 비정부조직이 대체
	보완적 관계	• 정부 역할을 비정부조직이 보완하는 관계 • 비정부조직이 생산하는 공공재 생산비용을 정부가 지원
	동반자적 관계	적대적 관계가 아닌 서로의 존재를 인정하는 관계로 최근 협력적 거버넌스 강조
	의존적 관계	• 개발도상국과 같은 상황에서 정부의 필요에 의해 비정부조직 형성 • 비정부조직 운영을 정부 지원에 의존

기출 선지 OX

05 공유재는 과잉소비의 문제가 발생할 수 있다. `24군9` O | X

06 집합재는 비배제성을 지닌다. `24지방직7` O | X

07 비정부조직이 생산하는 공공재나 집합재의 생산비용을 정부가 지원하는 경우에는 정부와 대체적 관계를 형성한다. `23군9` O | X

08 정부가 지지나 지원의 필요성을 위해 특정한 비정부조직 분야의 성장을 유도하여 형성된 의존적 관계는 개발도상국에서 많이 나타난다. `23군9` O | X

실전 문제

05 다음 [표]에 제시된 재화와 서비스의 유형에 관한 설명으로 옳지 않은 것은? `22소간`

특성		경합성	
		높음	낮음
배제성	쉬움	㉠	㉡
	어려움	㉢	㉣

① ㉠은 시장에서 소비되는 재화로서 수요와 공급에 의해 가격이 자동적으로 조절된다.
② ㉡은 공동으로 소비하지만 요금을 지불하지 않으면 배제가 가능하기 때문에 공기업 등이 주로 공급을 담당한다.
③ ㉢은 공유지의 비극을 초래하는 재화로서 지나친 남용으로 인한 자원 고갈의 염려가 있다.
④ ㉣은 초기 구축비용이 막대하게 소요되고 규모의 경제효과가 크기 때문에 비용체감산업의 특성이 있다.
⑤ ㉢과 ㉣은 무임승차자의 문제가 발생할 수 있다.

06 사바스(Savas)가 구분한 공공서비스의 유형 중에서 비경합성과 비배타성(비배제성)을 모두 가진 것은? `23군7`
① 시장재
② 요금재
③ 공유재
④ 집합재

07 사바스(Savas)의 재화 및 서비스 유형에 대한 설명으로 옳지 않은 것은? `23지7`
① 시장재(private goods)는 소비자 보호와 서비스 안전을 위해 행정의 개입도 가능하다.
② 공유재(common pool goods)는 과다 소비와 공급 비용 귀착 문제가 발생한다.
③ 요금재(toll goods)는 X-비효율성으로 인해 발생할 수 있는 문제 때문에 대부분 정부가 공급한다.
④ 집합재(collective goods)는 비용 부담에 따라 서비스 혜택을 차별화하거나 배제할 수 없기 때문에 무임승차 문제가 발생한다.

08 제3섹터에 관한 설명으로 가장 적절하지 않은 것은? `23경승`
① 제3섹터는 민간부문이 비영리활동을 수행하거나, 공공기관이 영리활동을 수행하는 영역을 포함한다.
② 비정부조직(NGO)은 정부실패와 시장실패를 배경으로 등장하였다.
③ 제3섹터는 정부와 시장과는 독립적으로 운영되는 비공식적이고 비제도적인 조직이다.
④ 비정부조직(NGO)은 시민의 자발적·자원적(voluntary) 참여를 통해 구성되기 때문에 자치적(self-governing) 특성을 지닌다.

정답
OX 05 O 06 O 07 X 08 O   **실전** 05 ④ 06 ④ 07 ③ 08 ③   해설 200쪽

2026 신성우 행정학 압축 이론 기본서

행정은 국민과 정치권의 요구를 투입받아 그것을 정책으로 전환시키게 됩니다. 이 과정에서 추구되는 가치를 비본질적 행정가치라 합니다. 요구를 투입받을 때 국민과의 관계에서는 책임성과 민주성을 구현해야 하고, 정책으로 전환시키는 과정에서는 합리성과 합법성, 그리고 투명성을 준수해야 합니다. 또 정책은 효율적이고 효과적이어야 하며 필요한 경우 여분의 자원을 보유해야 하는 가외성을 갖추어야 하는 것이죠.

이렇게 전환된 정책은 본질적으로 공익을 증진하고 정의를 실현하며 자유와 평등, 그리고 형평성을 구현해야 합니다. 이를 행정의 본질적 가치라고 합니다.

행정 가치 중 책임성은 행정에 대한 통제와도 연결됩니다. 공무원이 누구에 대해 책임을 져야 하는지에 대해서는 논쟁이 있어 왔습니다. 국민에게 책임을 져야 하는지, 정치인에게 책임을 져야 하는지, 법적 책임이 더 중요한지, 혹은 전문가로의 책임이 더 중요한지 말이죠.

CHAPTER 2

추구가치

TOPIC 03   본질적 가치와 수단적 가치

TOPIC 04   절차적 가치와 행정통제

TOPIC 03 본질적 가치와 수단적 가치

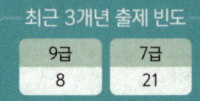

★★★★ 중요도 S

이것이 핵심!

1. 시기별로 행정의 역할이 달라지면서 행정이론도 변화했습니다. 정치행정이원론 시기에 과학적 관리론과 관료제론, 그리고 인간관계론이 등장했고 그 이후 정치행정일원론 시기에 신행정론이 등장했습니다. 신자유주의가 등장하면서는 신공공관리론이 대두되었고, 이후 그 비판에서 신공공서비스론이 제시되었습니다.

2. 행정 수행의 지침이 되는 것이 행정이념입니다. 행정의 역할이 달라지면서 강조되는 행정이념 역시 변화합니다. 정치행정이원론 시기에는 효율성이 강조되다가 정치행정일원론 시기에는 형평성과 공익이 강조됩니다. 신공공관리론에서는 다시 효율성을 강조했고, 신공공서비스론에서는 담론으로의 공익을 중요하게 여깁니다.

3. 오늘날 행정이념은 본질적 가치와 비본질적 가치로 다시 구분되기도 합니다. 정의, 평등, 공익 등이 본질적 가치이고 합법성, 효율성, 효과성, 민주성 등이 비본질적 가치입니다.

01 행정이념의 개념과 종류

개념	• 행정수행에 필요한 지도원리 및 지침 • 미래의 바람직한 상태를 뜻하는 행정목표를 설정하고 달성하기 위한 수단
종류	• 본질적 가치: 정의, 평등, 사유재산권·직업선택 등의 자유, 공익, 약자 배려와 같은 형평성 • 비본질적 가치: 합법성, 효율성, 가외성, 효과성, 투명성, 책임성, 민주적 의사결정(민주성) 등

02 행정이론과 행정이념의 변천

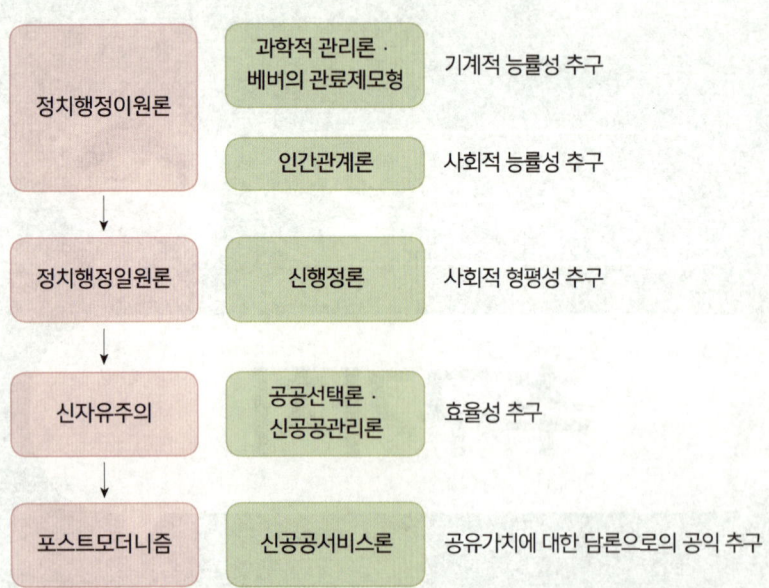

기출 선지 OX

01 효과성은 행정의 수단적 가치인 반면, 능률성은 민주성과 마찬가지로 본질적 가치이다. 23행정사 O | X

02 인간관계론은 기계적 능률성을 추구한다. 24행정사 O | X

03 신공공관리론은 효율성을 추구한다. 24행정사 O | X

04 신공공서비스론은 형평성을 강조한다. 24행정사 O | X

실전 문제

01 다음 중에서 행정이념에 대한 설명과 거리가 가장 먼 것은? 23군7
① 행정이 달성하고자 하는 미래의 바람직한 상태를 의미한다.
② 행정업무의 종류와 시대에 따라 변한다.
③ 행정목표를 달성하기 위한 수단의 성격을 띤다.
④ 행정수행에 필요한 지도원리나 지침의 역할을 수행한다.

02 행정가치 중 본질적 가치에 해당하지 않는 것은? 23소간
① 공익의 추구
② 민주적 의사결정
③ 평등한 가치 배분
④ 사회적 약자에 대한 배려
⑤ 사유재산권의 보장과 직업선택의 자유

03 관료제모형에서 베버(Weber)가 강조한 행정가치는? 21지7
① 민주성
② 형평성
③ 능률성
④ 대응성

04 행정이념에 대한 설명으로 가장 옳은 것은? 24해간
① 신공공관리론자들의 시각은 공익의 과정설에 가깝다고 볼 수 있다.
② 신행정학자들은 당면한 사회 문제의 해결을 위해 효과성을 가장 중요한 가치로 여겼다.
③ 뉴거버넌스론자들은 공유가치에 대한 담론의 결과를 공익으로 본다.
④ 정치행정이원론자들의 주된 관심은 민주적 대응성을 높이는 것이었다.

정답
OX 01 X 02 X 03 O 04 X   실전 01 ① 02 ② 03 ③ 04 ①   해설 201쪽

TOPIC 03 본질적 가치와 수단적 가치

> **이것이 핵심!**
> 4. 행정의 본질적 가치는 공익입니다. 행정은 공공의 이익을 의미하는 공익을 추구한다는 점에서 경영과 구별됩니다. 공익이 무엇인지에 대해서는 실체설과 과정설의 견해가 갈립니다.
> 5. 신행정학에서는 형평성을 중시해 사회적 약자에게 더 후한 서비스를 펼쳐야 함을 강조합니다.

03 공익

개념		'공공 이익'으로 경영과 구분되는 행정의 본질(세이어: 행정과 경영은 모든 비본질적인 면에서 같다.)
실체설	개념	사익과 구별되는 공익이 별도로 존재 - 전통적: 공동체 내 모든 가치의 기초가 되는 도덕적 절대가치(플라톤, 루소 등) - 신공공서비스론: 사회구성원들이 보편적으로 공유하는 공동의 이익
	특징	• 공공재, 공유지 비극 등이 공익실체론의 근거(사익의 합이 공익이 될 수 없음) • 공익은 사익을 초월하기에 사익은 공익에 종속되며 공익과 사익의 갈등은 불가능
	장점	공익이 행정의 구체적 지침으로 기능
	비판	행정의 정당성 확보를 위한 상징적 수사에 불과하다는 비판(by 과정설)
과정설	개념	공익은 다수의 사익이 조정된 결과(공리주의, 신공공관리론: 공익은 사익의 총합)
	특징	• 현실주의적이고 개인주의적 공익관 • 행정은 경쟁관계에 있는 집단 사이에서의 이해 조정자 • 적법절차를 강조
	장점	다원적 민주주의에 도움
	비판	• 공익이 고정되어 있지 않아 행정에 구체적인 기준으로 적용하기 힘듦(by 실체설) • 공익이 만들어지는 과정에서 집단이기주의의 폐단 발생 가능

04 롤스의 정의론

내용	1원칙 (최우선)	다른 사람의 자유와 상충되지 않는 범위 내에서 기본적 자유는 모두에게 평등
	2-1원칙 (차순)	불평등은 모든 직무와 지위에 대해 공정한 기회가 균등한 상황에서 존재해야 함
	2-2원칙 (후순)	불평등은 가장 불우한 사람들의 편익을 최대화할 때만 정당함
가정		• 원초적 자연상태와 본인 상태를 모르는 무지의 베일 아래에서 이성적으로 계약한 사회형태가 합리적임 • 심각한 불평등 아래에서는 사익의 총합 증진이 공익 증진이라는 공리주의적 과정설은 정당화 불가

05 사회적 형평성

배경	• 롤스의 『정의론』에서 영향 • 1968년 미노브룩회의에서 태동한 신행정론에서 강조
수직적 형평성	• 누진세, 사회보장정책 등을 통해 '동등한 여건에 있지 않은 사람을 동등하지 않게 취급' • 실적과 능력 차이로 인한 상이한 배분도 용인
수평적 형평성	동일노동에 동일임금을 지급함과 같이 '동일한 여건에 있는 사람을 동등하게 취급'

기출 선지 OX

05 과정설에 의하면 공익은 사익 간 갈등을 조정·타협하는 과정에서 산출되는 것이다. [22지9] O | X

06 실체설은 민주적 절차의 준수에 의해서 공익이 보장된다는 입장이다. [21국회9] O | X

07 롤스의 정의론에 따를 때 '공정한 기회 균등의 원리'와 '차등 원리'가 충돌할 때에는 후자가 우선되어야 한다. [23군7] O | X

08 롤스의 정의론은 자유와 평등의 조화를 추구하는 중도적 입장보다는 자유방임주의에 의거한 전통적 자유주의 입장을 취하고 있다. [24해승] O | X

실전 문제

05 공익에 대한 설명으로 옳지 않은 것은? [23국회8]
① 공익 실체설은 공익 과정설의 주장을 행정의 정당성과 통합성을 확보하기 위한 상징적 수사로 간주한다.
② 적법절차의 준수에 의한 공익의 보장은 공익 과정설에 가깝다.
③ 기초주의(foundationalism) 인식론은 공익 실체설에 가깝다.
④ 공공재의 존재와 공유지 비극의 문제는 공익 실체설의 근거가 될 수 있다.
⑤ 다원적 민주주의에 나타나는 이익집단 사이의 상호조정과정에 의한 정책결정은 공익 과정설에 가깝다.

06 행정가치에 대한 설명으로 옳은 것만을 〈보기〉에서 모두 고르면? [22국회8]

〈보기〉
ㄱ. 공익의 과정설은 집단이기주의의 폐단이 발생할 수 있다는 한계가 있다.
ㄴ. 롤스(J. Rawls)의 사회정의 원칙에 따르면, 기회 균등의 원리와 차등의 원리가 충돌할 때 기회 균등의 원리가 차등의 원리에 우선한다.
ㄷ. 공익의 실체설은 현실주의 혹은 개인주의적으로 공익 개념을 주장한다.
ㄹ. 롤스(J. Rawls)의 정의관은 자유방임주의에 의거한 전통적 자유주의와 생산수단의 사회적 소유를 주장하는 사회주의의 양극단을 지향한다.

① ㄱ, ㄴ ② ㄱ, ㄷ ③ ㄴ, ㄷ
④ ㄱ, ㄴ, ㄹ ⑤ ㄱ, ㄷ, ㄹ

07 공익(Public Interest)을 보는 관점에 대한 설명으로 가장 적절하지 않은 것은? [22경승]
① 실체설은 공익을 사익을 초월한 실체적·규범적·도덕적 개념으로 파악한다.
② 과정설은 공익이 사익 간의 타협과 조정의 과정에서 도출된다고 본다.
③ 실체설은 개개인의 이익은 공동체의 공동선에 종속되며, 공익과 사익 간의 갈등은 있을 수 없다고 한다.
④ 과정설은 공익을 도출하는 과정에서 정부의 독자적·적극적 역할을 강조한다.

08 사회적 형평성(social equity)에 대한 설명으로 옳지 않은 것은? [24지9]
① 1968년 개최된 미노브룩회의(Minnowbrook Conference)에서 태동한 신행정론에서 강조하였다.
② 롤스(Rawls)의 『정의론』은 사회적 형평성 논의에 영향을 주었다.
③ 수직적 형평성(vertical equity)은 '동등한 여건에 있지 않은 사람을 동등하게 취급'함을 의미하며, 누진세가 그 예이다.
④ 수평적 형평성(horizontal equity)은 '동등한 여건에 있는 사람을 동등하게 취급'함을 의미하며, 동일노동 동일임금이 그 예이다.

정답
OX 05 O 06 X 07 X 08 X
실전 05 ① 06 ① 07 ④ 08 ③

> **이것이 핵심!**
>
> 6. 효율성은 기계적이고 금전적인 측면에서 파악되다가 사회적 효율성으로 확장되면서 구성원의 인간 가치 실현 등까지 고려하게 되었습니다. 비본질적 가치이지만, 여전히 매우 중요한 행정 이념입니다.
> 7. 목표 달성의 정도는 효과성이라고 부릅니다. 최근에는 행정 환경이 복잡해지면서 여분의 업무 수행 능력을 의미하는 가외성 역시 강조되고 있습니다.

06 효율성(능률성)

일반적 개념		투입 대비 산출의 비율로 자원을 낭비 없이 사용하는 것
분류	기계적 효율성	효율을 수량과 금전적 측면에서만 파악한 것으로 정치행정이원론 초기에 강조
	사회적 효율성	• 행정의 사회목적 실현, 다차원적 이익들의 통합, 조직 구성원의 인간적 가치 실현 등이 내용(디목의 인간관계론에서 강조) • 민주성으로도 이해

07 효과성

개념	목표의 달성도를 의미하며 사회 문제의 해결 정도와 관련
특징	효율성과 달리 비용이나 투입의 문제에는 관심을 두지 않음 — 효과적이라고 하여 반드시 효율적인 것은 아님 — 효율적이라고 해서 반드시 효과적인 것도 아님

08 가외성

개념		• 여분의 업무 능력 • 불확실성과 위험을 회피하기 위해 중첩이나 중복성의 상태를 지향하는 것
구성요소 및 조건	중첩성	행정기능이 한 기관에 배타적으로 주어지지 않고 여러 기관에 분산
	중복성(반복)	동일한 기능을 여러 기관이 동의범위 내에서 독립적으로 수행
	동등잠재력	하나의 기능이 주된 담당 기관에 의해 제대로 작동되지 않을 때 보조기관이 이를 대행
장점		• 예측하지 못한 행정상황에 대응할 수 있게 하여 행정의 안정성과 신뢰도를 제고 • 조직의 업무를 대체할 다른 수단이 존재하기에 목표와 수단의 대치 현상을 완화 • 환경이 이질적이고 불확정적일 때 조직의 생존가능성 및 과업성취가능성이 증가
한계		• 행정의 경제성 및 능률성과 배치 • 기능 중복으로 기관 간 의견 및 이해관계가 다를 경우 충돌가능성이 높음
예시		법원의 삼심제, 다양한 정책대안 요구 등

기출 선지 OX

09 행정가치에서 효율성은 목표의 달성도를 나타내고, 효과성은 투입 대비 산출의 비율을 의미한다. 23지9 O | X

10 어떤 해결대안이 효과적이면 그 대안은 항상 능률적이다. 23행정사 O | X

11 효과성은 목표와 무관하게 자원을 낭비 없이 사용하는 것을 의미한다. 23행정사 O | X

12 가외성은 행정의 경제성과 능률성의 관점에서 충분한 근거를 찾을 수 있다. 24군7 O | X

실전 문제

09 행정가치에 대한 설명으로 옳은 것은? 23지7
① 가외성은 예측하지 못한 행정수요에 대응이 가능하게 함으로써 행정에 대한 신뢰성을 제고한다.
② 공익 실체설은 공익을 사익의 총합이거나 사익 간 타협 또는 집단 간 상호작용의 산물로 본다.
③ 기계적 효율성은 행정의 사회목적 실현과 다차원적 이익들 간의 통합 조정 등을 내용으로 한다.
④ 수평적 형평성은 '다른 사람은 다르게 취급한다'는 원칙으로, 실적과 능력의 차이로 인한 상이한 배분을 용인한다.

10 행정가치 중 하나인 효율성(efficiency)에 관한 설명으로 가장 적절하지 않은 것은? 23경충
① 효율성은 투입 대비 산출의 비율을 나타내는 개념으로, 산출에 대한 비용의 관계라는 조직 내의 조건으로 이해된다.
② 파레토 최적(Pareto optimum) 상태는 효율성을 이론적으로 뒷받침하는 기준으로, 이는 자원 배분의 효율성을 의미한다.
③ 기계적 효율성은 효율을 수량적으로 파악한 개념으로, 과거 정치행정일원론의 시대에 행정학에 도입되면서 중요시된 효율관이다.
④ 사회적 효율성은 구성원의 인간적 가치의 실현 등을 내용으로 하는 효율관으로, 민주성의 개념으로 이해되기도 한다.

11 행정가치에 관한 설명으로 가장 적절하지 않은 것은? 24경승
① 공익 실체설은 공익을 사익을 초월한 실체로 파악하며, 사익과는 명확히 구분된다고 본다.
② 가외성은 불확실성과 위험을 회피하기 위해 중첩이나 중복성의 상태를 지향하는 것이다.
③ 파레토 효율성은 자원 배분의 효율성을 의미하지만, 분배의 형평성을 확보해 주는 것은 아니다.
④ 효과성은 목표의 달성도를 나타내는 개념으로 효율성과 달리 비용이나 투입의 문제에 관심을 둔다.

12 행정의 가외성에 관한 설명으로 옳지 않은 것은? 22소간
① 가외성은 능률성을 제고하고 조직의 적응력을 높인다.
② 가외성이 전체의 신뢰성을 증가시킬 수 있는 조건은 각 부분이 어느 정도 동의할 수 있는 범위 내에서 독립적으로 움직여야 한다는 것이다.
③ 가외성은 대체수단의 확보 등으로 수단과 목표의 전도 현상을 완화시킨다.
④ 조직의 과업환경이 이질적이고 불확정적인 때에 가외적 구조를 가진 조직은 생존가능성이나 과업성취가능성이 높다.
⑤ 기능이 중첩·중복되는 조직에서는 의견이나 이해관계가 달라 조직 간의 충돌가능성이 높다.

정답
OX 09 X 10 X 11 X 12 X   실전 09 ① 10 ③ 11 ④ 12 ①   해설 201쪽

TOPIC 04 절차적 가치와 행정통제

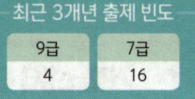

이것이 핵심!
1. 행정은 절차적으로 합법적이고 합리적이어야 합니다. 동시에 투명하고 민주적이어야 합니다.
2. 민주성은 국민과의 관계뿐 아니라 관료조직 내부 의사결정과도 관련되어 있습니다.

01 합법성, 합리성

합법성	• 모든 행정작용은 **법에 근거를 두고 그에 부합**하는 것 • 공무원 행위의 **정당성을 판단하는 기준**
합리성	행정 목표에 비추어 **적합한 행동이 선택**되는 것 ┌ **결과적 합리성**: 가장 효율적이고 **효과적인 정책 등이 선택**되는 것 └ **절차적 합리성**: 행정이 수행되는 과정에서 **제도나 절차를 준수**하는 것

02 투명성, 민주성

투명성	• **행정정보가 공개되고 그 정보에 대한 접근권이 보장**되는 것 • 투명성은 **행정정보공개청구** 등을 통해 증진
민주성	• **국민 의사에 따라 행정이 수행되고 내부적으로 관료제 구성원의 의견이 행정 수행에 반영**되는 것 • 민주성 강조 시 **효과성이나 효율성이 저하**될 우려

03 행정책임

개념		공무원 및 행정조직이 **도덕적·법률적 규범에 따라 국가와 국민을 위해 행동해야 하는 의무**
종류	법적 책임	법률 규정을 준수해야 한다는 의무로 **위반 시 처벌이 가해질 수 있음** (제퍼슨: 엄격한 법적 제한을 통해 관료의 책임성 확보가 필요)
	대응적 책임	**국민의 요구, 추구 이념과 가치 등에 부합**하는 행동을 해야 한다는 의무
	도덕적 책임	**여론이나 양심** 등에 비추어 타당한 행동을 해야 한다는 의무
	도의적 책임	정부가 **국민의 수임자로 지는 책임**으로 **가장 광범위한 차원의 책임**
	내적 책임	• 관료 조직 내 **상급기관이나 상관**에 대해 지는 책임 • **행정의 복잡성이 심화되면서 외부통제가 어려워지고 내적 책임의 중요성이 부각**
	외적 책임	• 관료 조직 밖의 **입법부·사법부·국민** 등에 대해 지는 책임 • 입법부의 권한이 강하던 **입법국가 시절에 외부통제와 책임을 강조**
프리드리히· 파이너 논쟁		• 프리드리히: 전문가로서의 관료 역할을 강조하면서 **내재적·주관적·자율적 책임론**을 제시 • 파이너: 외부 통제의 약화 시, 관료들이 권력을 남용하기 쉽다고 생각하여 도덕적 의무감보다 **외재적·객관적 책임**의 중요성을 강조

기출 선지 OX

01 합리성은 어떤 행위가 궁극적 목표 달성의 최적수단이 되느냐의 여부를 가리는 개념이다. 23지9 O X

02 행정의 민주성은 국민과의 관계뿐만 아니라 관료조직의 내부 의사결정과정의 측면에서도 고려된다. 23지9 O X

03 자율적 책임성은 공무원이 직업윤리와 책임감에 기초해 전문가로서 자발적인 재량을 발휘할 때 확보된다. 23지9 O X

04 도의적(responsible) 책임은 정부가 국민의 수임자(受任者)로서 지는 것으로, 가장 광범위한 차원의 책임이라 할 수 있다. 23소간 O X

실전 문제

01 행정이념에 대한 설명으로 가장 적절하지 않은 것은? 22경승

① 민주성이 강조될 때, 효과성이 저하될 수 있다.
② 「국가공무원법」과 「지방공무원법」 제1조에서 공통적으로 규정하고 있는 우리나라 인사행정의 기본가치는 공정성과 민주성이다.
③ 행정의 공평성은 '같은 사람을 같게' 취급해야 한다는 수평적 공평성과 '다른 사람을 다르게' 취급해야 한다는 수직적 공평성으로 나누어 볼 수 있다.
④ 행정의 능률성은 투입 대비 산출의 비율을 의미하는 것이다.

02 행정책임에 관한 설명으로 옳지 않은 것은? 23소간

① 대응적(responsive) 책임은 정부가 주권자인 국민의 요구에 부응해야 한다는 것이다.
② 도의적(responsible) 책임은 정부가 국민의 수임자(受任者)로서 지는 것으로, 가장 광범위한 차원의 책임이라 할 수 있다.
③ 프리드리히(Friedrich)는 관료들이 책임 있게 행동하기 위해서는 심리적 요소보다 제도적 장치가 더 중요하다고 주장하였다.
④ 내적 책임은 행정조직이나 공무원이 상급기관이나 상관에 대해 지는 책임을 말하며, 외적 책임은 입법·사법·국민 등에 대해 지는 책임을 말한다.
⑤ 파이너(Finer)는 관료들은 외부기관으로부터 통제가 약화되면 권력을 남용하기 쉽기 때문에 사법·입법 등의 외부적 통제를 받아야 한다고 주장하였다.

03 행정책임과 행정통제에 대한 설명으로 가장 옳은 것은? 24해승

① 도의적 책임(responsibility)은 국민이나 고객의 요구, 이념, 가치에 대한 대응성을 강조하는 책임이다.
② 프리드리히(Friedrich)는 개인적인 도덕적 의무감에 호소하는 책임보다 외재적·민주적 책임의 중요성을 강조하였다.
③ 파이너(Finer)는 행정의 적극적 이미지를 전제로 전문가로서의 관료의 기능적 책임을 강조하는 책임론을 제시하였다.
④ 입법국가 시절에는 외부통제에 중점을 두었으나, 행정국가로 이행하면서 내부통제의 중요성이 부각되었다.

04 행정책임에 대한 설명으로 가장 옳지 않은 것은? 24경간

① 행정책임은 공무원이 도덕적·법률적 규범에 따라 행동해야 하는 의무를 말한다.
② 행정책임은 도덕적 책임과 법적 책임으로 구분할 수 있다.
③ 법적 책임은 도덕적 책임과 달리 국민여론이나 개인의 양심적 비판으로 끝날 수 있다.
④ 행정책임에 대해 파이너(Finer)는 외재적·객관적 책임을, 프리드리히(Friedrich)는 내재적·주관적 책임을 강조한다.

정답
OX 01 O 02 O 03 O 04 O 실전 01 ② 02 ③ 03 ④ 04 ③

> **이것이 핵심!**
>
> 3. 길버트의 통제 유형 분류는 통제가 공식적으로 제도화된 통제인지, 그렇지 않은 비공식적 통제인지를 한 축으로 하고 다른 한 축으로는 통제자가 조직 내부에 있는지 그게 아니라면 조직 외부에 있는지를 기준으로 합니다.
> 4. 롬젝과 듀브닉의 분류도 길버트의 분류와 거의 흡사합니다. 롬젝과 듀브닉은 높은 통제수준인지, 혹은 낮은 통제수준인지를 기준으로 하는데 높은 통제수준은 보통 공식적 통제에 해당합니다.

04 길버트의 행정통제유형

제도화 여부 \ 통제자의 위치	외부통제	내부통제
공식적	㉠	㉡
비공식적	㉢	㉣

공식적 외부통제(㉠)의 예	• **국회**의 탄핵소추, 국정조사, 국정감사, 입법 • **사법부**에 의한 통제 • **헌법재판소**의 위헌법률심판, 탄핵심판, 권한쟁의심판, 정당해산심판
공식적 내부통제(㉡)의 예	• **청와대 및 국무총리실** 등에 의한 통제 • 예산편성과 집행에 대한 **기획재정부**의 관리 및 그 외 **교차기능조직의 통제** • 독립된 헌법 지위를 가진 **감사원의 회계검사 및 행정부 직무감찰** • 「정부업무평가 기본법」에 따른 **각 부처의 자체평가** • 의사결정 계층의 연쇄로 구성되는 **일반계서 및 계층제의 일차적 통제구조**
비공식적 외부통제(㉢)의 예	• **시민단체**의 감시와 견제 • **언론**의 감시
비공식적 내부통제(㉣)의 예	**직업윤리, 공익가치 등**에 의한 통제

05 롬젝과 듀브닉의 행정책임

구분	외부통제	내부통제
높은 통제수준	㉠	㉡
낮은 통제수준	㉢	㉣

법적 책임(㉠)	• **높은 수준의 외부통제** • 사법기관에 따른 처벌 중시
계층적 책임(㉡)	• **높은 수준의 내부통제** • **표준운영절차**, 조직 내 상명하복, 내부규정을 중시
정치적 책임(㉢)	• **낮은 수준의 외부통제** • 민간 고객, 이익집단 등 **외부이해관계자의 기대에 부응하는가**를 중시
전문가적 책임(㉣)	• **낮은 수준의 내부통제** • **전문직업적 규범**과 전문가집단의 관행을 중시

기출 선지 OX

05 롬젝(Romzek)의 행정책임유형으로 법적 책임은 표준운영절차(SOP)나 내부규칙(규정)에 따라 통제된다. 23국9 O | X

06 감사원에 의한 통제는 외부통제이다. 22행정사 O | X

07 롬젝(Romzek)의 행정책임유형으로 정치적 책임은 민간 고객, 이익집단 등 외부이해관계자의 기대에 부응하는가를 중시한다. 23국9 O | X

08 국무총리실을 통한 통제는 공식적 수단에 의한 행정통제이다. 24행정사 O | X

실전 문제

05 행정책임 확보 방안 중 내부통제에 해당하는 것은? 22지7
① 공정한 감시와 견제기능을 하는 시민단체 활동
② 부정청탁금지법 제정과 같은 국회의 입법 활동
③ 부당한 행정에 대한 언론의 감시 활동
④ 중앙부처의 예산편성과 집행에 대한 기획재정부의 관리 활동

06 길버트(Gilbert)는 행정통제를 통제자의 위치와 제도화 여부에 따라 다음과 같이 네 가지 유형으로 구분하였다. 각 유형에 해당되는 우리나라의 행정통제방법으로 가장 옳지 않은 것은? 23해승

제도화 여부 \ 통제자의 위치	외부	내부
공식적	㉠	㉡
비공식적	㉢	㉣

① ㉠ – 청와대에 의한 통제
② ㉡ – 감사원에 의한 통제
③ ㉢ – 이익집단 및 언론에 의한 통제
④ ㉣ – 직업윤리에 의한 통제

07 행정통제 중 외부통제에 해당하지 않는 것은? 25경간
① 입법부에 의한 통제
② 사법부에 의한 통제
③ 감사원에 의한 통제
④ 언론에 의한 통제

08 듀브닉과 롬젝(Dubnick & Romzek)은 통제의 소재와 통제의 정도에 따라 행정책임의 유형을 나누고 있다. 다음 중 가장 옳지 않은 것은? 23해간

	내부통제	외부통제
높은 통제수준	㉠	㉡
낮은 통제수준	㉢	㉣

① ㉠ – 관료적 책임성
② ㉡ – 법적 책임성
③ ㉢ – 전문가적 책임성
④ ㉣ – 제도적 책임성

정답
OX 05 × 06 × 07 O 08 O **실전** 05 ④ 06 ① 07 ③ 08 ④

2026 신성우 행정학 압축 이론 기본서

행정은 전통적으로 관료제 방식으로 작동해왔습니다. 그러나 바뀐 행정환경에서 관료제는 그 타당성을 잃었다는 평가가 많습니다. 그렇다고 했을 때 행정은 어떻게 바뀌어야 할까요? 행정이론에서 배우는 신행정학, 신공공관리론, 신공공서비스론 등은 관료제의 대안적 모델입니다. 한편 행정을 어떻게 접근하고 연구해야 하는지에 대한 견해 차이가 꾸준히 있었습니다. 이는 행정접근에 대한 이론입니다. 제도를 중심으로 연구하다가, 행태에 대한 연구로 방향이 바뀌었고 그 후 환경을 고려하는 방식으로 이어진 후 경제학적 접근이나 신제도주의적 접근이 다시 강조되었습니다.

행정은 어떻게 접근해야 할까요? 그리고 전통적 관료제는 어떻게 바뀌어야 할까요? 미국의 행정학자 오스본은 '열정있는 공무원들이 일을 열심히 수행할 수 없고 예산을 낭비할 수밖에 없는 제도에서 일하는 것'을 문제라 여겼습니다. 그러면서 정부재창조론을 주창했죠. 여러분도 행정의 방향성에 대해 고민해보시기를 바랍니다.

CHAPTER 3

행정이론

TOPIC 05	관료제와 그 비판
TOPIC 06	전통 행정학 비판
TOPIC 07	신행정학과 공공선택론
TOPIC 08	신공공관리론
TOPIC 09	뉴거버넌스와 제도주의
TOPIC 10	포스트모더니티와 신공공서비스론
TOPIC 11	행정이론 개괄

TOPIC 05 관료제와 그 비판

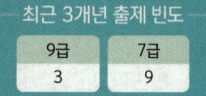

★★☆☆ 중요도 B

> **이것이 핵심!**
> 1. 공사행정일원론이 강조되던 행정학 발달의 초기에는 경영학의 과학적 관리론을 행정학에 적용해야 한다는 행정관리론이 득세합니다. 이를 관리과학이라고도 합니다.
> 2. 이후 베버가 이념형으로 관료제를 제시하였고, 이것이 행정부의 전통적 작동 모델이 됩니다.

01 테일러의 과학적 관리론

가정	• 관리자가 계량 분석에 근거하여 생산 극대화를 위한 업무와 인력의 적절한 결합을 제시할 필요가 있음 • 인간은 경제적 욕구에 의해 동기가 유발되는 존재라고 가정
내용	• 업무수행에 관한 유일한 최선의 방법을 찾기 위해 동작연구와 시간연구를 사용 • 관리 원리로 계획·표준화·능률화 등을 제시

02 귤릭의 행정관리론

가정	행정에 과학적인 원리가 존재하고 능률성 제고를 위해서는 이들 원리를 발견해 적용할 필요가 있음
내용	• 전문화의 원리, 부성화의 원리, 명령통일의 원리, 통솔범위의 원리, 계층제의 원리 등 공식적 요인들에 관심을 가지고 통제를 중시 • 기획(P), 조직(O), 인사(S), 지휘(D), 조정(Co), 보고(R), 예산(B)의 POSDCoRB를 최고관리자의 기능으로 정리

03 베버의 이념형 관료제(정의적 모형)

개념		• 법적·합리적 권위에 정당성의 기초를 둔 이념적 조직 형태 • 봉건적 지배체제에서 벗어나기 위해 근대 합리성을 조직에 적용한, 목표 달성을 위한 효과적 수단
특징	법규성·문서주의· 몰인정성	• 성문화된 법령 등이 정당성의 기초 • 조직 내 직위, 권한, 임무, 결정 등을 문서화된 법규로 규정하고 집행의 절차 역시 문서에 의거해서 수행하는 문서주의 • 민원인과의 업무처리는 개인의 특수성을 고려하지 않는 몰인정성에 기초
	전문성·실적주의	• 업무에 대한 훈련을 받고 전문적 자격·지식·능력을 갖춘 사람을 관료로 충원한 후 특정 업무만을 전업으로 수행하고 주어진 업무 범위에만 책임을 부여 • 실적주의를 바탕으로 실적이 승진 등 인사행정의 기준 • 다만, 성과급제도와는 부합하지 않음
	계층제	• 직무조직의 체계는 조직 내 권한과 책임 및 의무의 정도가 상하 계층에 따라 달라지는 계층제 • 관료는 원칙적으로 조직 내 상관이 임명

기출 선지 OX

01 관리과학은 계량적 분석에 입각하여 처방을 제시한다. 24행정사 O | X

02 베버(Weber)의 이념형(ideal type) 관료제에서 관료제 성립의 배경은 봉건적 지배체제의 확립이다. 23국9 O | X

03 베버(Weber)의 이념형(ideal type) 관료제는 법적·합리적 권위에 기초를 둔 조직구조와 형태이다. 23국9 O | X

04 베버(Max Weber)의 관료제에서 관료제의 구성원들은 조직 전반의 일반적인 업무에 대해 책임을 진다. 22군9 O | X

실전 문제

01 다음 중 테일러(Taylor)의 과학적 관리론에 대한 설명으로 가장 옳지 않은 것은? 23해승
① 관리자는 생산증진을 통해서 노사 모두를 이롭게 해야 한다.
② 조직 내의 인간은 사회적 욕구에 의해 동기가 유발된다고 전제한다.
③ 업무와 인력의 적정한 결합은 노동자가 아닌 관리자에 의해 결정되어야 한다.
④ 업무수행에 관한 유일 최선의 방법을 찾기 위해 동작연구와 시간연구를 사용한다.

02 행정학의 발전과정에 관한 설명으로 가장 적절하지 않은 것은? 23경승
① 행정관리론은 과학적 관리론으로부터 영향을 받아 행정에는 과학적인 원리가 존재하므로 행정의 능률성을 제고하기 위해서는 이들 원리를 발견해 행정에 적용해야 한다고 주장하였다.
② 귤릭(Gulick)은 비공식적 요인들에 대한 관심이 높아 통제위주의 관료제를 중시하였다.
③ 사이먼(Simon)은 전문화의 원리, 명령통일의 원리, 부성화의 원리 등은 상호 간에 모순성이 존재한다고 지적하면서 이러한 원리들은 과학적인 실험을 거치지 않은 격언에 불과하다고 논박하였다.
④ 신행정학은 1968년 미국 미노브룩회의에서 왈도(Waldo)의 주도하에 새로운 행정학의 방향모색으로 태동하였다.

03 다음 중 베버(M. Weber)가 제시한 이념형 관료제(Ideal Type)에 대한 설명으로 가장 옳지 않은 것은? 23해승
① 관료의 충원 및 승진은 전문적인 자격과 능력을 기준으로 이루어진다.
② 조직 내의 모든 결정행위나 작동은 공식적으로 확립된 법규체제에 따른다.
③ 민원인의 만족 극대화를 위해 업무처리 시 관료와 민원인과의 긴밀한 감정교류가 중시된다.
④ 조직 내의 모든 업무는 문서로 처리하는 것이 원칙이다.

04 관료제에 대한 설명으로 가장 적절하지 않은 것은? 22경간
① 관료에게는 일정한 자격 또는 능력에 따라 규정된 기능을 수행하는 전문성이 요구된다.
② 베버(M. Weber)의 이념형 관료제는 성과급제도와 부합한다.
③ 직무의 집행은 서류나 문서에 의거해서 수행되는 문서주의의 특징을 가진다.
④ 성문화된 법령이 조직 내 권위의 원천이 된다.

정답
OX 01 O 02 X 03 O 04 X   **실전** 01 ② 02 ② 03 ③ 04 ②   해설 205쪽

> **이것이 핵심!**
>
> 3. 관료제의 법규성, 전문성, 계층제적 성격은 병리현상을 초래합니다. 법규성은 형식주의, 무사안일주의, 목표대치 등을 초래하고 전문성에 대한 강조는 부처할거주의나 훈련된 무능으로 이어질 수 있습니다. 계층제적 성격은 파킨슨이나 피터의 법칙을 초래하고 행정의 대응성을 저하시킬 수 있습니다.
> 4. 관료제의 병리를 극복하기 위해 탈관료제에 대한 논의로 이어집니다. 탈관료제는 법규성, 전문성, 계층제적 성격에서 벗어나려 시도합니다.

04 관료제의 병리현상

형식주의	국민 요구보다 규칙·절차를 중시해 번거로운 문서 처리에 시간 할애(번문욕례, 레드테이프)	
무사안일주의	정해진 규칙 내에서 비판받지 않는 최소한의 행동만 수행하며 안주(굴드너)	
목표대치	개념	조직의 실질적 목표가 하위 단계의 수단적 목표로 대체
	원인	• 실질적 목표는 추상적이라 측정가능성이 높은 구체적 하위 목표에 몰입 • 소수 간부에 대한 권력 집중과 지위 강화로 설명되는 '과두제의 철칙' • 공공부문이 갖고 있는 내부성으로 인하여 수단적 목표에 치중 • 최고관리층의 통제욕구로 인하여 규칙이나 절차에 집착하는 동조과잉(머튼)
부처할거주의	업무의 분업구조로 인하여 하위 조직의 특수 이익을 우선시(셀즈닉)	
베블런의 훈련된 무능 (전문화로 인한 무능)	전문화와 분업화로 제한된 분야의 기술만 훈련받고 법규를 준수하도록 길들여져서 다른 업무에 대한 적응력과 업무능력이 저하	
파킨슨의 법칙	관료들의 세력 팽창 욕구로 기구와 인력이 증대	
피터의 원리	계층제 조직의 구성원이 각자의 능력을 넘는 수준까지 승진하여 무능한 사람들에게 보직이 부여	
대응성 저하	• 관료제의 권력집단화로 국민 요구에 대해 둔감하게 대응하는 현상이 발생 • 환경변화에 유연하게 대응하기 곤란	

05 탈관료제

개념	관료제의 병리를 극복하기 위한 새로운 조직구조
특징	• 상황 적응성(유연성), 임무와 능력 중시, 비계서구조, 신속성, 분권성 • 표준화된 규정이나 규칙이 적어 공식화 수준이 낮음 • 분업화보다는 공동 책임을 강조 • 계층화 수준이 낮아 복잡성의 수준도 낮음

기출 선지 OX

05 관료제에서 할거주의가 발생할 경우 조정과 협조가 곤란해진다. `22지9` O | X

06 피터(Peter)의 원리는 관료들의 세력 팽창욕구로 인한 기구와 인력이 증대되는 것을 의미한다. `22지9` O | X

07 전문화로 인한 무능은 한정된 분야의 전문성 강조로 타 분야에 대한 이해력 부족을 뜻한다. `22지9` O | X

08 전통적 관료제 중심의 행정은 환경변화에 대한 유연한 적응에 유리하다. `23행정사` O | X

실전 문제

05 관료제에 대한 설명으로 옳지 않은 것은? `22국7`
① 계층제의 원리에 의해 체계가 확립된다.
② 업무에 대한 훈련을 받고 지식을 갖춘 전문적인 관료가 업무를 담당할 것을 요구한다.
③ 훈련된 무능은 관료가 제한된 분야에서 전문성은 있으나 새로운 상황에서 적응력과 업무능력이 떨어지는 현상이다.
④ 동조과잉은 적극적으로 새로운 과업을 찾아서 실행하기보다 현재의 주어진 업무만을 소극적으로 수행하는 것이다.

06 관료제 비판에 관한 설명으로 가장 적절하지 않은 것은? `24경승`
① 베블런(Veblen)은 한 가지 기술만 훈련받고 법규를 준수하도록 길들여진 관료가 다른 업무에 대해서는 문외한이 되거나 다른 대안을 생각하지 못하는 것을 '훈련된 무능(trained incapacity)'이라 하였다.
② 피터의 원리(Peter Principle)는 폐쇄적으로 관리되는 계층제 조직의 구성원이 각자의 능력을 넘는 수준까지 승진하게 되어, 무능한 사람들로 보직이 채워지는 현상을 설명한다.
③ 굴드너(Gouldner)는 관료들이 정해진 규칙 내에서 최소한의 행태만 추구하며 안주하는 무사안일주의를 초래한다고 본다.
④ 머튼(Merton)은 업무의 분업구조로 인하여 하위조직의 특수이익을 우선시하는 부처할거주의에 대해 집중적으로 논의하였다.

07 공공부문의 관료조직에 있어서 조직이 추구하는 실질적 목표가 하위 단계의 수단적 목표로 대체되는 현상, 즉 목표의 대치가 발생하는 원인으로 옳지 않은 것만을 〈보기〉에서 모두 고르면? `24국회8`

〈보기〉
ㄱ. 공공부문이 갖고 있는 외부성의 문제로서, 외부의 정치적 환경에 의해 목표가 결정되는 현상이 나타나기 때문이다.
ㄴ. 소수 간부에 대한 권력 집중과 지위 강화의 욕구로 설명되는 '과두제의 철칙' 현상이 나타나기 때문이다.
ㄷ. 공공성과 같은 추상적이고 무형적인 목표를 강조함으로써 측정가능성이 낮은 목표에 몰입되기 때문이다.
ㄹ. 법령 자체에 대한 준수 여부를 중요시하여 규칙이나 절차에 집착하는 형식주의 현상이 나타나기 때문이다.
ㅁ. 조직의 사회적 정당성을 확보하기 위해 기존 조직목표의 내용을 변화시키거나 다른 조직목표로 교체함으로써 조직의 존립 기반을 강화시키고자 하기 때문이다.

① ㄱ, ㄴ ② ㄱ, ㅁ ③ ㄴ, ㅁ
④ ㄱ, ㄷ, ㅁ ⑤ ㄴ, ㄷ, ㄹ

08 다음 중 탈관료제의 특징으로 가장 적절하지 않은 것은? `24군7`
① 비계서구조
② 임무와 능력 중시
③ 분업화에 의한 문제 해결
④ 상황 적응성 강조

정답
OX 05 O 06 X 07 O 08 X
실전 05 ④ 06 ④ 07 ④ 08 ③

해설 205쪽

TOPIC 06 전통 행정학 비판

최근 3개년 출제 빈도
9급	7급
4	14

★★★ 중요도 A

이것이 핵심!

1. 관리과학에 대한 대안으로 가장 먼저 등장한 것은 인간관계론입니다. 이들은 1930년대 대공황 이후 등장하여 비공식적인 집단과 사회적 효율성을 강조했습니다.
2. 한편 사이먼은 기존의 행정관리론자들의 이론이 격언에 불과하고 과학적 연구가 아니라고 하면서, 행정의 연구대상은 관찰 가능한 행태가 되어야 한다고 주장했습니다. 이를 행정행태론이라고 합니다. 1950년대부터 1960년대 중반까지 미국 행정학계를 장악한 이론입니다.
3. 미국행정을 개발도상국에 전파하는 과정에서 환경을 강조하는 비교행정론도 등장합니다.

01 인간관계론(신고전적 조직이론)

배경	메이요의 호손실험을 통해 업무 행태에 공식적 조직구조보다 비공식적 집단이 중요함을 발견
내용	• 고전적 조직이론의 합리적이고 경제적 인간관 및 기계적 능률성에 대한 강조를 비판 • 조직의 성과 제고를 위해 조직 내 인간의 사회적·심리적 관계를 중요시
영향	인간에 대한 관심과 행태과학 연구를 촉발
비판	• 인간을 지나치게 사회심리적이고 감정적인 존재로 인식 • 궁극적 목표는 여전히 조직 성과의 제고라는 점에서 '젖소 사회학'이라 비판 • 조직의 외부환경에 대한 고려가 부족

02 사이먼의 행정행태론

배경	• 기존 행정학의 원리는 과학적 실험을 거치지 않은 상호모순성이 많은 격언(속담)에 불과하다고 인식 • 인간은 인지적 한계와 정보 부족 등 상황적 제약으로 제한된 합리성에 처함
내용	• 자연과학 연구방법을 도입하여 사실과 가치를 구분해 관찰 가능한 행태이자 사실만을 다루어야 하고 자유·평등 등과 같은 가치는 행정 연구에서 제외해야 한다고 주장 • 기존 이론에서 가설을 연역적으로 도출한 후 이를 경험적·귀납적으로 검증하는 논리실증주의
특징	• 종합학문적 접근방법 • 가치중립적 접근을 통해 일반법칙성 추구 • 조직구조보다 인간 행태 중심의 접근
한계	• 환경을 고려하지 못한 폐쇄체제적 관점 • 행정현상 중 가치판단적인 요소의 존재는 인정하나, 연구 대상에서 제외하여 가치 문제에 소홀

03 비교행정론(생태론적 접근)

내용	서구 행정이 후진국에 적용되지 못한 이유를 사회·문화적 환경의 이질성에 있다고 분석 (리그스: 프리즘 모형에서 과도기 행정을 이질성과 형식주의를 갖춘 사랑방 모형으로 제시)
특징	• 유기체와 환경과의 상호관계로 행정학을 인식하는 생태론적 접근 • 행정의 과학화에 기여
한계	후진국 행정현상 분석에 기여했으나, 후진국 국가 발전을 비관적 숙명론으로 인식

기출 선지 OX

01 신고전적 조직이론인 인간관계론은 합리적·경제적 인간관을 강조했다. 24국9 O | X

02 인간관계론은 인간의 사회·심리적 요인을 강조했다. 24국9 O | X

03 행정학의 행태론적 접근방법은 환경과의 상호작용을 통한 진화과정을 강조한다. 23행정사 O | X

04 비교행정론은 행정학의 과학성보다는 기술성을 강조한다. 23군9 O | X

실전 문제

01 인간관계론에 대한 설명으로 가장 적절하지 않은 것은? 22경승

① 구성원의 비공식적 역할을 설명하기 위해 조직 외부환경의 영향을 강조하였다.
② '젖소 사회학(cow sociology)'이라며 비판받기도 하였다.
③ 호손(Hawthorne)실험을 통해 자생적(비공식적) 집단이 개인의 태도와 생산성에 큰 영향을 미친다는 것을 발견하였다.
④ 인간에 대한 관심을 불러일으켰고 행태과학 연구를 촉발하였다.

02 고전적 조직이론의 기계적 조직관을 비판하고 조직 내 인간의 사회적 관계의 중요성을 주장하며 등장한 인간관계론의 궁극적인 목표로 가장 옳은 것은? 24해승

① 조직 운영의 민주화
② 조직 구성원의 자아실현
③ 조직의 성과 제고
④ 조직 내부의 비공식 집단의 활성화

03 다음 글의 저자와 그의 주장으로 옳은 것은? 23지7

> 격언에 대한 일반적인 사실의 하나는, 예를 들어 "뛰기 전에 살펴라."라는 격언과 "지체하는 자는 진다."라는 격언에서 볼 수 있듯이, 상호모순적인 경우가 많다는 것이다. 이러한 격언과 같이 기존 행정학의 내용을 구성하고 있는 수많은 원리는 상호모순성이 많다.

① 윌슨(Wilson)은 행정의 탈정치화를 통해 자유로운 행정 영역을 확립하려고 했다.
② 애플비(Appleby)는 정치와 행정의 관계는 연속·순환적이기 때문에 양자를 구별하는 것은 적절하지 않다고 했다.
③ 굿노우(Goodnow)는 정치를 국가의지의 표명으로, 행정을 국가의지의 집행으로 정의했다.
④ 사이먼(Simon)은 사실과 가치를 구분해 사실만을 다루는 과학으로서의 행정학을 주장했다.

04 다음 중 행정학의 생태론적 접근방법에 대한 설명으로 가장 옳지 않은 것은? 23해간

① 생태론적 접근방식은 기본적으로 유기체와 환경과의 상호관계를 기초로 행정학을 연구하고자 한다.
② 생태론적 접근에 따르면, 행정도 일종의 유기체로서 정치, 경제, 사회 환경과 상호의존적 존재로 본다.
③ 생태론자들은 서구의 행정제도가 후진국에 잘 적용되지 못하는 이유를 사회·문화적 환경의 이질성에 있다고 주장한다.
④ 생태론적 접근의 분석수준은 유기체로서의 개인에 초점을 맞추며, 미시적 차원에서 행정현상을 분석하고자 한다.

정답
OX 01 X 02 O 03 X 04 X | 실전 01 ① 02 ③ 03 ④ 04 ④

TOPIC 07 신행정학과 공공선택론

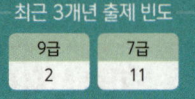

최근 3개년 출제 빈도
9급	7급
2	11

★★☆ 중요도 B

이것이 핵심!

1. 관리 중심의 관료제 조직과 행정의 과학화를 강조한 행정행태론은 1960년대 미국 사회의 혼란을 해결하지 못하는 한계를 보입니다. 신행정학은 행정과 행정학이 적실성을 회복해야 하고 형평성을 추구해야 한다면서 등장합니다.
2. 1970년대 정부실패가 부각된 이후에는 행정에 대한 경제학적 접근으로 공공선택론이 등장합니다. 공공선택론은 신공공관리론의 이론적 배경이 되기도 합니다.

01 신행정학

배경	• 월남전 패배, 흑인 폭동 등 미국 사회 혼란을 해결하지 못하는 행정학의 무력함을 반성 • 1968년 미노브룩회의에서 왈도의 주도에 따라 새로운 행정학 방향 제시
내용	• 사회적 형평성과 현실적합적 적실성 회복을 위해 행정의 적극적 역할로 복지서비스 등을 강조 • 논리실증주의에 따른 경험적 연구방법을 비판하고 가치의 중요성을 인식
특징	• 행정의 정책적 역할을 강조하는 정치행정일원론 입장 • 고객 중심의 행정, 시민의 참여, 가치지향적 관리, 규범적이고 처방적 연구 등을 중시 • 조직에 있어 분권화를 지향하고 조직구성원의 민주적 참여 강조

02 오스트롬의 공공선택론

가정	• 행정학의 '지적 위기'를 지적하면서 이기적이고 합리적인 경제인으로 인간을 가정 • 정부를 공공재 생산자, 시민을 소비자로 규정하고 경제학적 관점으로 정책결정구조가 공공재 산출과 소비에 미치는 영향을 분석하고 대안 제시 • 방법론적으로 개인이 분석 대상(방법론적 개체주의)

내용	• 공공재를 독점 공급하는 전통적 관료제로는 시민 요구에 적극적 대응이 곤란
	• 시민들의 다양한 요구와 선호에 민감하게 부응할 수 있는 제도적 장치 마련을 강조
	    ― 선호가 같은 집단으로 공급 영역을 한정해 부정적 외부효과를 최소화
	    ― 분권화, 유연조직, 민영화 등
	    ― 권한이 분산된 작은 조직들에 의해 공공서비스가 공급되는 것을 선호
	• 소비자인 개인의 선호 존중 및 경쟁을 통한 공공서비스의 생산 공급으로 행정 대응성을 향상

한계	• 인간을 이기적이고 합리적 존재로 가정하는 것은 지나친 단순화 • 시장 논리를 공공부문에 도입해 시장실패 야기 가능

기출 선지 OX

01 신행정학은 행정의 능률성과 중립성을 강조한다. `23행정사` O | X

02 왈도(Waldo)를 중심으로 가치와 형평성을 중시하면서 사회의 문제 해결에 대한 현실 적합성을 갖는 새로운 행정학의 정립을 시도한 이론은 1990년대 중반에 주장되었다. `22국9` O | X

03 미국 행정학의 '지적 위기'를 지적하면서 인간을 이기적·합리적 존재로 전제하고, 공공재의 공급이 서비스 기관 간 경쟁과 고객의 선택에 의해 이루어지는 시스템을 제안한 이론은 1970년대에 등장하였다. `22국9` O | X

04 공공선택이론은 경제주체의 집단적 선택행위를 중시하는 방법론적 집단주의의 입장이다. `24지9` O | X

실전 문제

01 다음의 역사적 배경을 바탕으로 태동한 행정학 연구에 대한 설명으로 옳지 않은 것은? `22국7`

- 월남전 패배, 흑인 폭동, 소수민족 문제 등 미국사회의 혼란을 해결하지 못하는 학문의 무력함에 대한 반성으로 나타났다.
- 1968년 미국 미노브룩회의에서 왈도의 주도하에 새로운 행정학의 방향 모색으로 태동하였다.

① 고객 중심의 행정, 시민의 참여, 가치 문제 등을 중시했다.
② 행정학의 실천적 성격과 적실성을 회복하기 위한 정책지향적 행정학을 요구하였다.
③ 행정의 능률성을 강조했으며, 논리실증주의 및 행태주의의 주장을 지지하였다.
④ 소외계층을 위한 복지서비스를 확대해 사회적 형평을 실현해야 한다는 행정의 적극적 역할을 강조했다.

02 신행정학에 관한 설명으로 가장 적절하지 않은 것은? `24경승`

① 행정이 사회적 형평성의 증진을 위해 앞장설 것을 주장했다.
② 행정과 행정이론의 현실적합성 또는 적실성 제고를 우선적 과제로 주장했다.
③ 논리실증주의를 근거로 행정현상에 대한 경험적 연구와 방법론적 엄격성을 강조했다.
④ 조직 발전에 있어 분권화를 지향하는 구조설계를 처방하고 조직구성원의 참여를 강조했다.

03 다음 중 공공선택론에 대한 설명으로 가장 적절하지 않은 것은? `24군7`

① 공공재를 독점 공급하는 전통적인 관료제를 통해서는 시민들의 요구에 적극적으로 대응하기 어렵다고 주장한다.
② 수요 선호가 동질적인 집단을 대상으로 공급 영역을 설정함으로써 부정적 외부효과를 최소화할 것을 요구한다.
③ 정책결정구조가 공공재의 산출과 소비에 미치는 영향을 분석하고 효율적인 대안을 모색한다.
④ 방법론적 집합주의(집단주의) 가정을 통해 정치적 결정의 합리성을 옹호한다.

04 행정학의 접근방법에 관한 설명으로 옳지 않은 것은? `22소간`

① 행태론적 접근방법은 행정현상을 관찰 가능한 객관적인 대상으로 보며, 인간의 주관이나 의식을 배제하고 행태의 규칙성, 상관성 및 인과성을 경험적으로 입증하고 설명하려 한다.
② 현상학적 접근방법은 행정현상이 사람들의 의식, 생각, 언어, 개념 등으로 구성되며, 상호주관적인 경험으로 이루어진 것으로 본다.
③ 공공선택론적 접근방법은 정부를 공공재의 생산자, 시민을 공공재의 소비자라고 규정하며, 방법론적 전체주의의 입장을 취한다.
④ 생태론적 접근방법은 행정현상을 자연적·사회적·문화적 환경과 관련시켜 이해하려고 한다.
⑤ 체제론적 접근방법은 행정현상을 포괄적인 전체를 구성하는 부분이라고 파악하여 통합적인 분석을 시도한다.

정답

OX 01 X 02 X 03 O 04 X **실전** 01 ③ 02 ③ 03 ④ 04 ③

> **이것이 핵심!**
> 3. 공공선택이론은 비시장적 의사결정을 경제학적 관점에서 연구합니다. 따라서 공공선택이론에는 오스트롬의 이론뿐만 아니라 그 외 여러 이론이 존재합니다.
> 4. 주인 – 대리인이론이나 거래비용이론도 넓게 보면 공공선택이론 중 하나입니다.

03 공공선택이론의 주요 모형

니스카넨의 예산극대화모형	정보의 비대칭성으로 부서의 예산 규모 극대화를 추구하는 관료의 정보가 많아 예산 규모가 팽창 — 정치인은 사회후생 극대화를 추구하고 관료와 정치인은 쌍방독점적 상황 — 관료는 순편익이 0이 되는 수준에서 공공서비스 공급을 결정하려 함 — 정치인은 한계편익과 한계비용이 교차할 때 공공서비스 공급을 결정하려 함
던리비의 관청형성모형	• 예산 성격과 기관의 유형 등에 따라 고위 관료들은 예산극대화 행동에 소극적 • 합리적 경제인인 고위 관료는 이익 극대화를 위해 집행기능을 별도 관청으로 분화
티부모형	주민들이 공공재 선호에 따른 '발에 의한 투표'를 수행할 때 공공재의 효율적인 공급이 가능 — 지방정부 간 경쟁, 지역주민의 완전한 이동성, 정보의 완전성, 외부효과의 부존재 등을 가정 — '발로 의한 투표'는 중앙정부의 독점적 역할을 약화
애로우의 불가능성 정리	공정성을 위한 '비독재성', '파레토 효율', '무관한 대안에서의 독립'이란 투표규칙의 동시 만족은 불가능
호텔링의 중위투표자 정리	• 다수결 투표에서 중위 투표자들이 원하는 결과를 결정 • 다수결은 모든 투표자의 선호를 고려하지 못해 자원 배분의 효율성을 보장하지 못함
뷰캐넌과 털럭	• 외부비용(순응비용)과 의사결정비용의 합인 총비용이 가장 낮을 때가 적정 참여자 수 • 참여자 수가 적을수록 의사결정비용은 낮아지나 외부비용은 증가

04 주인 – 대리인이론

가정	• 경제적 능력을 중시하는 인간관에 기반한 이론으로 인간이 이기적 존재임을 전제 • 인지적 한계와 정보 부족 등 상황적 제약으로 인해 합리성이 제약되고 불확실성 통제가 곤란
내용	• 대리인이 정보를 주인보다 많이 가지고 있는 정보비대칭성이 존재하고, 주인은 대리인의 행동에 의존 • 대리인이 노력을 최소화하고 이익을 극대화하려는 기회주의적 행동을 할 경우 주인(위임자)의 불리한 선택이 발생하는 역선택이나 대리인의 도덕적 해이가 발생 • 자산특정성이 높은 경우 조직 내 관계가 고착되어 대리인관계가 비효율적이라도 이를 바꾸기가 곤란

05 거래비용이론

가정	• 인간의 제한된 합리성을 전제 • 거래비용은 사전적 거래비용과 사후적 거래비용으로 구분 　— 사전적 거래비용: 계약을 위한 정보취득 및 거래 협상 등에 들어가는 비용 등 　— 사후적 거래비용: 이행감시비용 등 • 기회주의적 행동을 제어하여 거래비용을 줄이는 데에는 계층제가 더 효율적
내용	• 거래비용이 계층제의 조정비용보다 더 적을 경우 거래를 외부화시키는 것이 효율적 • 거래비용이 계층제의 조정비용보다 크면 내부화(수직 통합)가 효율적
특징	• 환경요인으로 자산 특정성, 거래 불확실성 및 빈도가 높을수록 거래가 어려워 거래비용 증가 • 인간적 요인인 기회주의나 제한된 합리성도 거래비용을 발생시킴 • 위계조직이 생겨나고 일정한 구조를 가지는 이유를 조직경제학적으로 설명

기출 선지 OX

05 뷰캐넌(Buchanan), 털럭(Tullock), 오스트롬(Ostrom) 등이 공공선택이론의 대표적인 학자이다. 24지9
O | X

06 중위투표자이론에 따르면 다수결 투표는 중간선호자만을 만족시키고 모든 투표자의 선호를 고려하지 않기 때문에 자원배분의 효율성을 보장하지 못한다. 24군9
O | X

07 티부(Tiebout)에 의하면, 지역주민의 이동이라는 시장 배분적 과정을 통하여 지방공공재의 적정규모 공급이 가능하다. 24군9
O | X

08 고위직 관료들의 관청형성전략(bureau-shaping strategy)은 소속 조직을 보다 집권화된 대규모의 계서적 관료조직으로 개편시키게 된다. 24군9
O | X

실전 문제

05 공공선택론에 관한 설명으로 가장 적절하지 않은 것은? 23경승
① 주요 학자로 뷰캐넌(Buchanan)과 털럭(Tullock)이 있다.
② 던리비(Dunleavy)의 관청형성모형에 따르면 관료들이 정책결정을 할 때 사적 이익보다는 공적 이익을 우선시한다.
③ 공공선택론은 자유시장의 논리를 공공부문에 도입함으로써 시장실패를 야기할 수 있다는 한계를 안고 있다.
④ 티부(Tiebout)모형은 지방정부의 공공서비스에 외부효과가 발생하지 않아야 한다는 것을 가정한다.

06 공공선택이론의 주요 내용으로 가장 옳은 것은? 23경간
① 뷰캐넌과 털럭(Buchanan & Tullock)은 참여자 수가 많을수록 외부비용이 증가함에 따라 총비용도 증가하므로 적정 참여자 수를 강조한다.
② 티부(Tiebout)는 '발에 의한 투표'가 공공재 공급 과정에서 중앙정부의 독점적 역할을 강화시킨다고 주장한다.
③ 니스카넨(Niskanen)은 관료가 총편익과 총비용의 차이인 순편익이 최대가 되는 수준에서 공공서비스를 공급한다고 주장한다.
④ 던리비(Dunleavy)는 예산의 성격과 기관유형 등에 따라 고위관료들이 예산극대화 행동에 소극적일 수 있다고 주장한다.

07 주인-대리인이론(principal-agent theory)에 대한 설명으로 옳지 않은 것은? 23국7
① 경제적 능률을 중시하는 인간관에 기반한 이론으로, 행위자들이 이기적 존재임을 전제한다.
② 주인과 대리인의 목표 상충으로 인해 X-비효율성이 나타난다.
③ 인간의 인지적 한계와 정보 부족 등 상황적 제약으로 인해 합리성은 제약된다고 본다.
④ 주인과 대리인 사이에 정보비대칭성이 존재하고, 대리인이 기회주의적으로 행동하는 경우 역선택이나 도덕적 해이가 발생할 수 있다.

08 거래비용이론에 대한 설명으로 옳지 않은 것은? 21국7
① 기회주의적 행동을 제어하는 데에는 시장이 계층제보다 효율적인 수단이다.
② 거래비용은 탐색비용, 거래의 이행 및 감시비용 등을 포함한다.
③ 시장의 자발적 교환행위에서 발생하는 거래비용이 계층제의 조정비용보다 크면 내부화하는 것이 효율적이다.
④ 거래비용이론은 조직이 생겨나고 일정한 구조를 가지는 이유를 조직경제학적으로 설명하는 접근방법이다.

정답
OX 05 O 06 O 07 O 08 X
실전 05 ② 06 ④ 07 ② 08 ①
해설 207쪽

TOPIC 08 신공공관리론

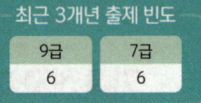

★★★☆ 중요도 B

이것이 핵심!

1. 정부실패로 신자유주의적 국가와 작은정부가 강조될 때 행정의 구체적인 개혁이론이 신공공관리론입니다. 시장주의와 신관리주의를 중심으로 기억한 후 오스본과 게블러 논의를 학습하세요.
2. 신공공관리론에 대한 비판과 대안이론도 등장합니다. 탈신공공관리론은 넓게는 신공공관리론을 비판하는 이론 모두를 의미합니다. 다만, 시험에서는 좁은 의미로 통합정부모형을 탈신공공관리론으로 지칭하여 출제됩니다.

01 신공공관리론

배경 및 전개	• 정부실패 현상으로 행정과 경영의 유사성에 기초해 행정 효율성을 회복하려는 시도가 미국 레이건 정부와 영국 대처 정부에서 강조됨
	• 영국은 넥스트 스텝을 통해 책임운영기관제도를 도입하고, 공공서비스의 질 향상을 위한 시민헌장제, 의무경쟁입찰제, 시장성테스트 등의 시장주의적 개혁 조치를 추진
	• 미국에서는 블랙스버그 선언과 행정재정립운동 등에 영향을 받아 오스본과 게블러의 논의와 같이 신관리주의가 강조됨
	    – 블랙스버그 선언은 행정의 정당성을 침해하는 정치·사회적 상황을 비판
	    – 행정재정립운동은 직업공무원제를 옹호하며 정부를 재창조하기보다 재발견해야 한다고 주장

내용	• 시장주의와 신관리주의가 결합하여 성과, 경쟁, 시장 중시, 고객 중시, 규제 완화 등을 추구
	• 시장주의는 시장 원리를 정부에 도입하고 정부 내 경쟁을 강조
	    – 민영화, 민간위탁, 정부 보조금 삭감 등을 통한 작은 정부 추구
	    – 시민을 고객으로 보아 고객만족을 추구하며 선택과 수익자 부담 강조
	• 신관리주의는 규칙 준수에서 벗어나 임무·결과·성과 중심적 관리를 하는 공공기업가 역할을 강조
	    – 정책과 집행을 분리한 책임행정체제

한계	• 고객을 서비스의 객체인 경제학적 구매자로 인식했다는 비판 • 행정의 공동화 현상 발생 가능

02 오스본과 게블러의 정부재창조론

구분	정부역할	지역사회	공급	행정가치	관리	정부작동	행정주체
전통 행정	노젓기	서비스 제공	독점적	관료 중심	규칙 중시	치료적	집권적 계층제
신공공관리	방향잡기	권한 부여	경쟁 도입	고객 중심	임무 지향	예방적	참여와 팀워크

03 탈신공공관리론

배경	신공공관리의 역기능을 교정하고 통치역량을 강화할 필요
내용	• 총체적 정부 혹은 통합적 정부형태를 통한 정부의 정치·행정적 역량 및 조정능력의 강화를 주장 – 통제 및 조정능력 개선을 위해 재집권화와 재규제를 강조 • 구조적인 통합을 통해 신공공관리의 분절성을 축소 • 공공서비스 제공방식에서 민간과 공공의 파트너십을 강조

기출 선지 OX

01 신공공관리론에 입각한 정부개혁은 효율성 대신 형평성에 초점을 맞춘 고객지향적 정부를 강조한다. `24국9` O | X

02 행정재정립운동(refounding movement)은 직업공무원제를 옹호했다. `23지9` O | X

03 블랙스버그 선언(Blacksburg Manifesto)은 행정의 정당성을 침해하는 정치·사회적 상황을 비판했다. `23지9` O | X

04 탈신공공관리(post-NPM)의 기본 목표는 신공공관리의 역기능적 측면을 교정하고 통치역량을 강화하며, 정치·행정의 통제와 조정을 개선하기 위해 재집권화와 재규제를 주창하는 것이다. `24군9` O | X

실전 문제

01 오스본(D. Osborne)과 게블러(T. Gaebler)의 저서 『정부재창조론』에서 제시된 정부 운영의 원리에 대한 설명으로 옳은 것은? `22국회8`
① 정부의 새로운 역할로 종래의 방향잡기보다는 노젓기를 강조한다.
② 규칙 및 역할 중심 관리방식에서 사명 지향적 관리방식으로 전환되어야 함을 강조한다.
③ 예방적 정부보다는 치료 중심적 정부로 바뀌어야 함을 강조한다.
④ 행정서비스 제공에 경쟁 개념을 도입하기보다는 독점적 공급을 강조한다.
⑤ 주민에게 권한을 부여하기보다는 서비스를 제공하는 방향으로 전환되어야 함을 강조한다.

02 다음 중 신공공관리론에 대한 설명으로 가장 옳지 않은 것은? `22군7`
① 시장에 대한 규제는 완화하지만 관료에 대한 규정과 규제는 강화한다.
② 현대국가의 팽창과 복지국가에 대한 비판의 성격이 강하다.
③ 시장주의와 신관리주의의 개념이 합해진 것으로 볼 수 있다.
④ 시장화의 방법으로는 민영화, 민간위탁 등을 활용한다.

03 신공공관리론의 주장으로 가장 적절하지 않은 것은? `22강간`
① 시장 메커니즘을 정부에 적용하고자 한다.
② 정책기능과 집행기능의 통합에 의한 책임행정체제를 확립해야 한다.
③ 시민을 고객으로 인식해 고객만족의 극대화를 추구한다.
④ 민영화나 민간위탁, 정부 보조금 삭감 등을 통한 작은 정부를 강조한다.

04 탈신공공관리론(post-NPM)에 관한 설명으로 옳은 것은? `23소간`
① 고객의 다양한 수요에 대응하기 위해 조직구조를 분절시킨다.
② 시장기능을 활성화하기 위해 규제 완화를 적극적으로 추진한다.
③ 정부의 전체적인 통제 기능을 약화시켜 분권화를 적극적으로 추진한다.
④ 공공서비스의 전달방식으로 민간-공공부문의 파트너십을 강조한다.
⑤ 성과에 대한 책임을 강조하고 운영에서 자율성을 전적으로 보장한다.

정답
OX 01 X 02 O 03 O 04 O
실전 01 ② 02 ① 03 ② 04 ④

해설 208쪽

TOPIC 09 뉴거버넌스와 제도주의

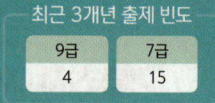

★★★ 중요도 A

> **이것이 핵심!**
> 1. 전통적 관료제의 폐해로 인하여 피터스는 전통적 관료제의 대안 모델들을 유형화했습니다.
> 2. 그중 민간과의 네트워크를 통해 문제를 해결하려는 방식을 뉴거버넌스, 즉 협력적 거버넌스라고 합니다. 통치와 거버넌스로 구분하여 용어를 사용할 때 거버넌스는 뉴거버넌스를 의미합니다.

01 피터스의 미래의 국정관리에서의 거버넌스모형

시장모형	분권화 추구
참여모형	• 계층제의 권위성을 문제로 보고 참여를 강조 • 총체적 품질관리나 팀제를 중시하며 평면조직으로의 구조 개편을 통해 상하단계 축소를 추구
탈규제모형	부서의 많은 내부규제를 문제로 여겨 관료의 재량권 확대를 강조
신축모형	관료제의 경직성을 비판하며 신축성을 강조

02 뉴거버넌스

배경	정부 혼자서는 해결할 수 없는 복잡한 사회적 난제가 증가
내용	정부·시장·시민사회 등 다양한 이해관계자들의 네트워크와 협력을 통한 문제 해결 — 정부와 시장, 시민사회의 평등성과 유기적 연결을 강조 — 국민은 고객을 넘어 국정의 파트너 — 정부와 행정관료는 다양한 이해관계의 조정자로 전체 네트워크를 관리
특징	• 행정의 정치적 역할을 강조하는 정치행정일원론적 입장 • 행정 효율성을 중시하면서도 신공공관리론 정부개혁은 비판 • 공동체주의, 협력체제, 공동생산 및 공급이 특징 • 정부 내부관리보다 외부주체와의 관계 강조
장점	• 민주적 참여를 통한 정부 신뢰 증진 가능 • 사회적 자본에 기초한 시민의 집단적 역량 제고 • 거버넌스 확대시 다양한 사회 세력들의 참여가 증대
한계	• 거버넌스에 기반한 서비스 연계망은 분절화로 인해 집행통제가 어려움 • 내재화된 변수가 많고 변수 간 유기적 관계를 강조하기에 모형화가 어려움

기출 선지 OX

01 시장모형은 피터스(Peters)가 『미래의 국정관리(The Future of Governing)』에서 제시한 정부개혁모형이다. 24지9 O | X

02 뉴거버넌스(New Governance)는 국민을 고객으로만 보는 것을 넘어 국정의 파트너로 본다. 23군9 O | X

03 자유민주주의모형은 피터스(Peters)가 『미래의 국정관리(The Future of Governing)』에서 제시한 정부개혁모형이다. 24지9 O | X

04 뉴거버넌스(New Governance)는 행정의 경영화와 시장화를 중시하기 때문에 행정과 정치의 관계를 이원론적으로 보는 경향이 강하다. 23군9 O | X

실전 문제

01 피터스(B. Guy Peters)가 제시한 시장모형의 구조 개혁 방안으로 옳은 것은? 22국회8
① 계층제
② 분권화
③ 평면조직
④ 가상조직
⑤ 기업가적 정부

02 피터스(B. Guy Peters)의 거버넌스유형 중 계층제를 문제로 진단하고, 관리 측면에서 총체적 품질 관리나 팀제를 중시하며, 구조면에서는 평면조직으로의 개편을 통해서 상하단계를 줄이려고 하는 모형으로 다음 중 가장 옳은 것은? 22군7
① 신축적 정부모형
② 참여적 정부모형
③ 시장적 정부모형
④ 탈규제적 정부모형

03 신공공관리론과 뉴거버넌스에 대한 설명으로 가장 옳은 것은? 23경간
① 신공공관리는 정부를 노젓기의 중심에 놓는 반면, 뉴거버넌스는 정부와 시장, 시민사회의 평등관계를 강조한다.
② 신공공관리는 경쟁과 선택을 중시하는 반면, 뉴거버넌스는 네트워크나 협력을 강조한다.
③ 신공공관리는 과정에 초점을 맞추는 반면, 뉴거버넌스는 결과에 초점을 둔다.
④ 신공공관리는 관료를 조정자로 보는 반면, 뉴거버넌스는 관료를 공공기업가로 본다.

04 정부(government)의 통치에서 거버넌스(governance)로 변화하는 것의 중요성을 강조하는 입장에 대한 설명으로 가장 적절하지 않은 것은? 22경간
① 정부 혼자서는 해결할 수 없는 복잡한 사회적 난제(wicked problem)가 늘어나고 있다고 주장한다.
② 거버넌스의 확대는 다양한 사회 세력들의 참여를 증대시킨다고 주장한다.
③ 거버넌스체제에서의 정부는 정부가 가지는 고유한 권한과 역할을 포기해야 한다고 주장한다.
④ 거버넌스에 기반한 서비스 연계망은 분절화로 인해 집행통제가 어렵다는 비판을 받는다.

정답
OX 01 O 02 O 03 X 04 X
실전 01 ② 02 ② 03 ② 04 ③

> **이것이 핵심!**
>
> 3. 행태주의의 확산으로 제도에 대한 연구는 줄어듭니다. 신제도주의는 이를 문제 삼아 다시 제도를 중요하게 고려해야 한다고 주장합니다. 신제도주의 내에서도 세 개의 분파로 나뉩니다.
> 4. 신제도주의는 1970년대 이후 행정이론 발달에 많은 영향을 끼칩니다. 신공공관리론 역시 신제도주의의 영향을 받았습니다.

03 신제도주의

내용		• 행태주의를 비판하며 제도를 사람 행태에 영향을 미치는 상위 독립변수로 인식 • 개인의 선호가 제도적 제약하에서 행위로 이어진다고 가정 • 최근에는 제도의 내생적 요인과 행위자의 전략적 선택이 제도변화요인임을 인정
한계		제도와 행위 사이의 정확한 인과관계를 설명하는 데 한계
구제도주의와의 관계	공통점	제도가 연구의 중심개념이며 합리적 행동모형에 회의적
	차이점	• 구제도주의는 공식 제도에만 관심을 두나 신제도주의는 비공식적 제도인 문화·규범·종교·관습 등을 포함 • 구제도주의는 제도를 정태적으로 기술하는 반면, 신제도주의는 제도를 개인과 정책 등의 동태적 상호작용 측면에서 기술
역사적 제도주의	내용	• 제도는 권력 관계를 형성하여 이후 연속성을 유지하는 경로의존성을 가짐 • 기존 제도가 현재 정책 선택을 제약하고 이로 인해 제도가 환경변화에 적절히 대응하지 못할 수 있음
	특징	• 제도가 개인의 선호 및 선택에 영향을 준다고 인식 • 제도의 역사성과 정치성 강조 • 제도의 종단면적 측면을 중시하면서 시간 흐름에 따른 국가 간 정책 차이 강조 → 국가 간 비교사례 연구를 통한 귀납적 방법으로 이론화 시도
사회학적 제도주의	내용	제도는 '결과성의 논리'가 아닌 '정당성 및 적절성의 논리'에 따라 변화 ┌ 제도변화에서 개인의 역할을 인정하지 않음 └ 서로 다른 국가들 사이의 제도가 유사해지는 제도적 동형화 현상 설명에 유리
	특징	• 제도가 개인의 선호 및 선택에 영향을 준다고 인식 – 인간의 표준화된 행동 코드는 제도 내에서 배태되고 제도 준수로 소속감이 발생 • 제도의 문화성을 강조 • 방법론적 전체주의를 바탕으로 거시적·귀납적 접근
합리적 선택 제도주의	내용	제도는 개인의 전략과 행동 및 상호작용을 규제하고 지속성과 규칙성을 유도 ┌ 거래의 불확실성 및 거래비용을 감소시키고 교환의 효율성 등을 높이는 역할 └ 제도가 합리적 행위자의 이기적 행태를 제약하여 집단행동의 딜레마 등을 해결 → 오스트롬은 '공유재의 비극'의 해결 방안으로 공동체 중심의 자치제도를 제시
	특징	• 개인의 합리적 선호는 외생적·선험적인 것으로 개인이 제도를 의도적으로 선택 • 거래비용 개념을 토대로 제도변화의 통태적 과정을 연구 • 방법론적 개체주의를 바탕으로 미시적·연역적 방식으로 제도를 연구 → 개인의 선택 결과에 대한 연역적 예측 가능

기출 선지 OX

05 합리적 선택 제도주의는 개인의 표준화된 행동 코드로서 제도의 준수를 통한 소속감을 강조한다. `23행정사` O | X

06 사회학적 제도주의는 동일한 상황에서 국가 간의 상이한 제도로 인해 서로 다른 정책이 채택되고 효과도 다르게 나타나는 현상을 강조한다. `23행정사` O | X

07 역사적 제도주의는 서로 다른 국가들 사이의 제도가 유사해지는 현상을 설명하는 데 유리하다. `23행정사` O | X

08 사회학적 제도주의는 개인에 대한 가정에 기초한 미시적·연역적 방법에 주로 의존한다. `23행정사` O | X

실전 문제

05 다음 중 신제도주의에 대한 설명으로 가장 적절하지 않은 것은? `24군7`
① 신제도주의는 구제도주의와 동일하게 합리적 행동모형에 대해서 회의적이다.
② 역사적 신제도주의는 제도가 경로의존성을 가지며 현재의 정책선택을 제약한다고 본다.
③ 사회학적 신제도주의는 방법론적 개체주의에 의해서 분석한다.
④ 합리적 선택 신제도주의는 개인의 선택 결과에 대한 연역적 예측을 할 수 있다고 본다.

06 다음 중 신제도주의에 대한 설명으로 가장 옳지 않은 것은? `22군7`
① 사회학적 제도주의는 제도의 변화에서 개인의 역할을 전혀 인정하지 않는다.
② 역사적 제도주의는 제도의 횡단적 측면을 중시하면서 국가 간에 어떻게 유사한 제도의 형태를 취하는가에 관심을 갖는다.
③ 역사적 제도주의는 주로 국가 간 비교사례 연구를 통한 귀납적 방법으로 이론화를 시도하였다.
④ 합리적 선택 제도주의는 방법론적 개인주의를 취하는 반면 사회학적 제도주의는 방법론적 전체주의의 입장을 취한다.

07 신제도주의에 관한 설명으로 가장 적절한 것은? `24경승`
① 정부조직의 체계와 구조에 대해 공식적·법적 차원에서 접근하며 제도의 독자성은 인정하지 않는다.
② 사회학적 제도주의에서는 제도변화의 이유로 적절성의 논리보다 도구성(결과성)의 논리가 강조된다.
③ 역사적 제도주의에서는 제도적 동형화가 강조되고 제도의 연속성을 설명하는 경로의존성이 과소평가된다.
④ 합리적 선택 제도주의에서는 집단행동의 딜레마를 해결해 주는 역할을 제도가 수행하는 것으로 본다.

08 신제도주의에 대한 다음 설명으로 가장 옳은 것은? `24해승`
① 신제도주의에서 제도란 법률과 규범을 포함하나, 관습은 포함하지 않는다.
② 역사적 신제도주의는 제도가 경로의존성을 따른다고 보나, 지속성과는 무관하다.
③ 사회학적 신제도주의는 적절성의 논리보다 결과성의 논리를 중시한다.
④ 합리적 선택 신제도주의는 제도가 합리적 행위자의 이기적 행태를 제약한다고 본다.

정답
OX 05 X 06 X 07 X 08 X   실전 05 ③ 06 ② 07 ④ 08 ④

TOPIC 10 포스트모더니티와 신공공서비스론

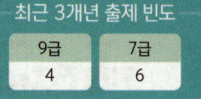

중요도 B ★★☆

이것이 핵심!
1. 현상학과 포스트모더니티는 '무엇이 문제의 정확한 답인지 알 수 없다.'라고 보면서 인간의 경험과 동기의 의미를 강조합니다.
2. 신공공서비스론은 포스트모더니티의 영향을 받아 덴하르트 부부가 1990년대에 주장한 개혁이론입니다. 행정에서 시민들의 참여와 담론, 그리고 공유된 가치를 중요하게 생각합니다.
3. 최근에는 무어와 보즈만 등이 공공가치의 중요성을 다시 강조하고 있습니다.

01 포스트모더니티

배경	• 실증주의와 행태주의를 비판하면서 인간의 주관적 관념, 의식 및 동기의 의미 해석과 상호주관성(간주관성) 및 가치평가적 연구를 강조하는 현상학 등과 관련 • 인간 합리성의 한계, 진리의 상대성 등을 전제
내용	행정에 있어서 상상(규칙에 얽매이지 않음), 해체(근거를 파헤치는 것), 타자성 등을 강조
특징	• 행정에서도 지식과 학문의 영역 간 경계가 사라지는 탈영역화(영역 해체) 진행 • 과학적 합리성보다 다양한 가능성이 허용되는 상상이 더 중요 • 나 아닌 다른 사람을 인식적 타인이 아닌 도덕적 타인으로 인식

02 신공공서비스론

배경	• 덴하르트 부부의 이론으로 신공공관리론을 극복하기 위해 등장 • 민주적 시민의식론, 조직 인본주의, 해석학 등이 이론의 배경 • 방법론적 개인주의와 합리성이 아닌 포스트모더니즘 및 비판이론에 기초
내용	• (행정가치) 담론에 기반을 둔 공유가치로 공익을 인식 - 수단적·기술적 전문성이 아닌 시민들의 담론을 강조 • 민주성을 강조하여 가치갈등상황에서 시민 참여와 토론을 통한 결정을 주장 • 관료는 방향잡기가 아닌 봉사를 통해 시민들 사이의 공유된 가치를 탐색하는 역할 • 공무원의 동기유발수단을 보수·편익·기업가 정신이 아닌 사회봉사 및 사회에 기여하려는 욕구로 인식 • (국민과의 관계) 고객이 아닌 시민에게 봉사 • (책임성) 법, 공동체, 정치규범, 전문성, 시민이익 존중 등 다면적 책임성 및 대응성 강조
비판	다양한 단체와 조직의 이익을 조정하는 정부의 역할을 과소평가

03 공공가치론

무어의
공공가치창출론
	• 행정의 정당성 위기를 극복하기 위해 정부 관리자들이 공공가치 창출 및 실현을 추구할 필요가 있음
	  ┌ 수단성 및 효율성을 강조한 신공공관리론을 비판하며 행정의 공공가치 창출 역할을 강조
	  └ 공공기관에 의해 생산된 순공공가치를 추정하는 '공공가치 회계'를 제시
	• 정당성과 지지, 운영 역량, 공공가치로 구성되는 전략적 삼각형 개념을 제시

보즈만의 공공가치실패론	• 시장과 공공부문이 공공가치에 요구되는 재화와 서비스를 제공하지 못할 때 '공공가치 실패'가 발생 • 공공가치 실패를 진단하는 도구로 '공공가치 지도 그리기'를 제안

기출 선지 OX

01 파머(Farmer)가 주장한 포스트모더니티 행정이론은 나 아닌 다른 사람은 인식적 객체로서만 인정한다. 24해송
O | X

02 신공공서비스 행정이론은 민주적 시민의식론과 조직적 인본주의를 이념으로 한다. 22행정사
O | X

03 신공공서비스 행정이론은 시민을 자율적인 소비자 또는 고객으로 간주한다. 22행정사
O | X

04 무어(Moore)의 공공가치창출론(creating public value)적 시각은 행정의 정당성 위기를 극복하기 위한 대안적 접근이다. 23지9
O | X

실전 문제

01 행정현상의 접근방법에 대한 설명으로 옳은 것은? 24국회8

① 생태론적 접근방법의 대표적 학자인 리그스(Riggs)는 행정에 영향을 미치는 환경적 요인으로 정치체제의 환경이 가장 중요하다고 보면서 선진국의 행정이 민주적 정치체제의 환경에 의해 발전되어 온 현상을 분석하는 데에 크게 기여했다.
② 행태론적 접근방법의 대표적 학자인 사이먼(Simon)은 행정인의 행태를 연구하는 데 있어서 객관적인 자연현상과 다르게 인간의 주관적 의식과 가치판단 현상을 분석 대상으로 삼아야 한다고 하였다.
③ 제도론적 접근방법은 전통적 제도주의와 신제도주의로 구분되는데, 전통적 제도주의는 행태주의에 대한 반발로서 사회적으로 형성된 제도가 개인의 행위를 지배한다고 보는 데 반해, 신제도주의는 공식적 제도가 형성되는 과정에 분석의 초점을 맞춘다.
④ 현상학적 접근방법은 실증주의와 행태주의를 비판하는 입장으로서 인간의 주관적 관념, 의식 및 동기의 의미를 해석하고 가치평가적 연구를 할 수 있게 한다.
⑤ 포스트모더니티 접근방법은 인간의 주체성과 합리성, 진리기준의 절대성을 전제로 상상, 해체, 탈영역화, 타자성을 통해 전통적 관료제의 폐쇄성과 경직성을 극복하는 데에 기여하고 있다.

02 신공공서비스론에 대한 설명으로 옳지 않은 것은? 24지9

① 신공공관리론을 극복하기 위해 등장하였으며, 비판이론과 포스트모더니즘을 활용한다.
② 공익은 시민의 공유된 가치에 대한 담론의 결과이다.
③ 정부는 '노젓기'보다 '방향잡기'에 집중하면서 시민에게 더 많은 권력을 부여해야 한다.
④ 정부관료는 헌법과 법률, 정치 규범, 시민에 대한 대응성을 중요시해야 한다.

03 공공가치론에 대한 설명으로 옳은 것만을 모두 고르면? 24지9

ㄱ. 무어(Moore)는 공공가치 실패를 진단하는 도구로 '공공가치 지도 그리기(mapping)'을 제안한다.
ㄴ. 보즈만(Bozeman)은 공공기관에 의해 생산된 순(純) 공공가치를 추정하는 '공공가치 회계'를 제시했다.
ㄷ. '전략적 삼각형' 모델은 정당성과 지지, 운영 역량, 공공가치로 구성된다.
ㄹ. 시장과 공공부문이 공공가치 실현에 필수적으로 요구되는 재화와 서비스를 제공하지 못할 때 '공공가치 실패'가 일어난다.

① ㄱ, ㄴ
② ㄱ, ㄹ
③ ㄴ, ㄷ
④ ㄷ, ㄹ

정답
OX 01 X 02 O 03 X 04 O
실전 01 ④ 02 ③ 03 ④

TOPIC 11 행정이론 개괄

최근 3개년 출제 빈도
9급	7급
6	9

★★★☆ 중요도 A

> **이것이 핵심!**
> 1. 지금까지 배웠던 행정이론의 변천은 행정 개혁 이론의 변천과 행정학 접근 방법의 변천으로 나누어 생각할 수 있습니다.
> 2. 행정 개혁 이론은 전통적 조직이론에 따른 관료제를 어떻게 변화시키고, 행정의 역할은 무엇이 되어야 하는지에 중점을 둡니다.

01 행정 개혁 이론의 변천

정치행정이원론과 행정관리학파 그리고 관료제(20세기 초)
- 테일러의 과학적 관리론, 귤릭의 행정(조직)관리론
- 베버의 관료제론

↓

정치행정일원론과 행정과학의 적실성 논쟁 (1940년대 이후)
- 정치행정일원론
  - 뉴딜정책과 세계대전으로 정부 규모가 확대되고 관료 재량권이 증가
  - 특히 제2차 세계대전 이후 행정과 행정학 범위가 확대
- 사이먼의 행태주의와 행정행태론(1940~1960년대 초중반)
  - 가치와 사실을 구분하고 사실에 기반한 행정의 과학화 시도

↓

비교행정론과 발전행정론 (1950년대 이후)
- 행정부의 정책입안기능이 확대되어 전통적 정치와 행정의 구분은 비현실적
- 정책과학, 비교행정론, 발전행정론, 신행정론 등이 등장
  - 비교행정론은 환경이 행정에 미치는 영향을 강조
  - 발전행정론은 환경이 행정에 미치는 영향을 강조하면서 행정의 역할도 중시

↓

왈도의 신행정론 (1960년대)
- 실증주의를 비판하며 행정의 적실성과 형평성을 강조
- 참여, 형평과 같은 가치를 강조하며 현실 문제 해결을 위한 처방적 연구를 중시

↓

공공선택론과 신공공관리론 (1970년대 이후)
- 오스트롬의 공공선택론(1970년대)
- 오스본과 게블러의 공공선택론(정부재창조론) – 1990년대 클린턴 행정부
  - 기업가 정신을 강조하고 성과에 대한 책임을 통해 대응성 확보

↓

로즈 등의 뉴거버넌스이론 (1980년대 이후)
- 민간과 공공의 파트너십 강조
- 민주적 참여를 통한 신뢰 확보
- 내재화된 변수가 많고 변수 간의 유기적 관계를 강조하여 모형화가 곤란

↓

덴하르트의 신공공서비스론 (2000년대)
담론, 공유가치, 비판이론, 민주적 시민권론, 조직적 인본주의를 강조

기출 선지 OX

01 과학적 관리론은 최고관리자의 운영원리로 POSDCoRB를 제시하였다. `23국9` O | X

02 행정행태론은 가치와 사실을 구분하고 가치에 기반한 행정의 과학화를 시도하였다. `23국9` O | X

03 '과학적 관리론 – 테일러(Taylor)' → '신공공관리론 – 오스본과 게블러(Osborne & Gaebler)' → '신행정론 – 왈도(Waldo)' → '행정행태론 – 사이먼(Simon)' 순서대로 행정이론이 발달하였다. `23지9` O | X

04 정치는 국가의 의지를 표명하고 정책을 구현하는 것이며, 행정은 이를 실천하는 관리활동으로서 정치와 행정의 차이를 분명히 한 이론은 1960년대 말에 태동되었다. `22국9` O | X

실전 문제

01 행정이론에 대한 설명으로 옳지 않은 것은? `22지7`
① 신행정학은 행정의 적실성 회복을 강조한다.
② 발전행정론은 환경이 행정에 미치는 영향에 주목한다.
③ 공공선택론은 시민들의 다양한 요구와 선호에 민감하게 부응할 수 있는 제도적 장치 마련을 강조한다.
④ 신공공관리론은 지역사회 문제를 해결하는 과정에서 시민들의 공유된 가치를 관료가 협상하고 중재해야 한다고 주장한다.

02 행정이론에 대한 설명으로 옳지 않은 것은? `23국회8`
① 제퍼슨(T. Jefferson)은 엄격한 법적 및 헌법적 제한을 통해 최고관리자와 관료의 책임성을 확보해야 한다고 주장하였다.
② 비담(D. Beetham)은 관료제모형을 정의적, 규범적, 설명적인 것으로 분류하고, 베버(M. Weber)의 관료제이론을 정의적 모형에 포함시켰다.
③ 윌슨(W. Wilson)은 『행정연구(The Study of Administration)』라는 논문을 통해 행정의 탈정치화를 제안하였다.
④ 테일러(F. Taylor)는 관리의 지도원리로 계획, 표준화, 능률화 등을 제시하였다.
⑤ 오스본(D. Osborne)과 게블러(T. Gaebler)의 『정부재창조론』은 레이건(R. Reagan) 행정부 '정부재창조운동'의 이론적 기초가 되었다.

03 다음 〈보기〉의 설명과 행정이론을 바르게 연결한 것은? `23국회8`

〈보기〉
ㄱ. 정치행정일원론적 성격을 지닌다.
ㄴ. 행정관료를 다양한 이해관계의 조정자로 생각한다.
ㄷ. 민주적 참여를 통해 정부에 대한 신뢰를 높일 수 있다.
ㄹ. 성과에 대한 책임성을 통해 시민에 대한 대응성을 강조한다.
ㅁ. 공공부문의 효율성 제고를 위해 시장원리인 경쟁을 적극 활용한다.

① 신공공관리론 – ㄱ, ㄴ
② 신공공관리론 – ㄴ, ㅁ
③ 신공공관리론 – ㄷ, ㄹ
④ 뉴거버넌스론 – ㄱ, ㄹ
⑤ 뉴거버넌스론 – ㄴ, ㄷ

04 〈보기〉의 내용을 미국 행정학의 발달과정 순서대로 나열한 것은? `22국회8`

〈보기〉
ㄱ. 행정조직의 공식적 측면을 강조한 행정관리학파의 원리 제시
ㄴ. 신공공관리론의 등장
ㄷ. 행정과학의 적실성에 대한 논쟁
ㄹ. 거버넌스이론의 유행
ㅁ. 가치 문제를 중시하는 신행정론의 등장
ㅂ. 비교행정론과 발전행정론의 등장

① ㄱ – ㄷ – ㅂ – ㅁ – ㄴ – ㄹ
② ㄱ – ㅁ – ㅂ – ㄹ – ㄷ – ㄴ
③ ㄱ – ㅂ – ㅁ – ㄷ – ㄴ – ㄹ
④ ㅁ – ㄱ – ㅂ – ㄴ – ㄷ – ㄹ
⑤ ㅁ – ㄹ – ㅂ – ㄱ – ㄷ – ㄴ

정답
OX 01 O 02 X 03 X 04 X
실전 01 ④ 02 ⑤ 03 ⑤ 04 ①

> **이것이 핵심!**
>
> 3. 접근방법은 행정학 연구 과정에서 무엇을 중요시할지를 강조합니다. 인간에 대한 가정 등도 접근방법에 따라 달라집니다. 접근방법과 행정 개혁 이론이 겹치기도 합니다. 시기에 따른 변화에 주목해 주세요.

02 행정학의 접근방법

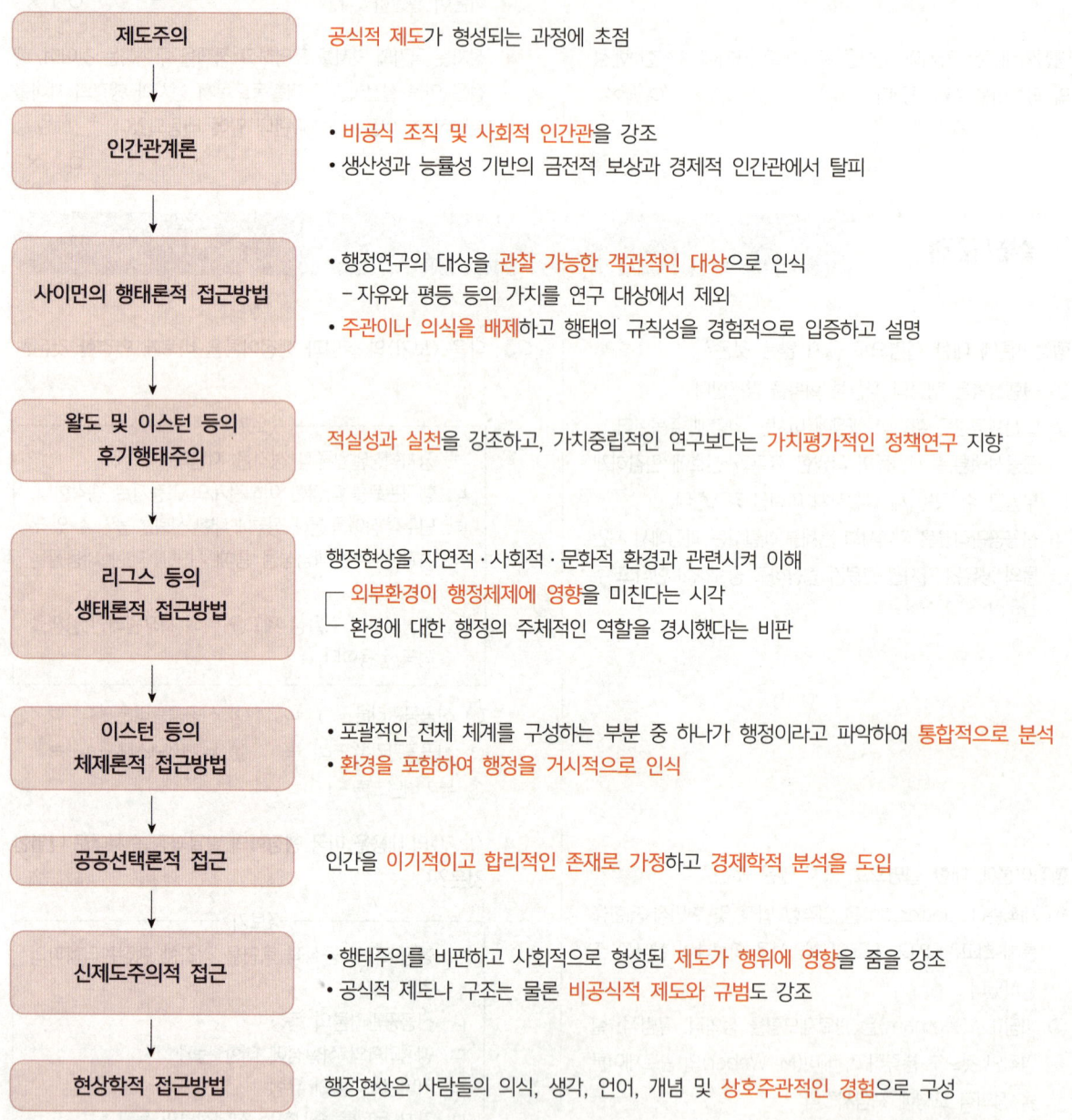

- 제도주의: 공식적 제도가 형성되는 과정에 초점

- 인간관계론
  - 비공식 조직 및 사회적 인간관을 강조
  - 생산성과 능률성 기반의 금전적 보상과 경제적 인간관에서 탈피

- 사이먼의 행태론적 접근방법
  - 행정연구의 대상을 관찰 가능한 객관적인 대상으로 인식
    - 자유와 평등 등의 가치를 연구 대상에서 제외
  - 주관이나 의식을 배제하고 행태의 규칙성을 경험적으로 입증하고 설명

- 왈도 및 이스턴 등의 후기행태주의: 적실성과 실천을 강조하고, 가치중립적인 연구보다는 가치평가적인 정책연구 지향

- 리그스 등의 생태론적 접근방법
  - 행정현상을 자연적·사회적·문화적 환경과 관련시켜 이해
    - 외부환경이 행정체제에 영향을 미친다는 시각
    - 환경에 대한 행정의 주체적인 역할을 경시했다는 비판

- 이스턴 등의 체제론적 접근방법
  - 포괄적인 전체 체계를 구성하는 부분 중 하나가 행정이라고 파악하여 통합적으로 분석
  - 환경을 포함하여 행정을 거시적으로 인식

- 공공선택론적 접근: 인간을 이기적이고 합리적인 존재로 가정하고 경제학적 분석을 도입

- 신제도주의적 접근
  - 행태주의를 비판하고 사회적으로 형성된 제도가 행위에 영향을 줌을 강조
  - 공식적 제도나 구조는 물론 비공식적 제도와 규범도 강조

- 현상학적 접근방법: 행정현상은 사람들의 의식, 생각, 언어, 개념 및 상호주관적인 경험으로 구성

기출 선지 OX

05 오스본(Osborne)과 게블러(Gaebler)의 행정생태론은 환경요인을 중시한다. 22행정사 O | X

06 이스턴(Easton)의 후기행태주의는 가치중립적·과학적 연구를 강조한다. 22행정사 O | X

07 신제도주의론은 공식적 제도나 구조는 물론 비공식적 제도와 규범도 중요하게 강조한다. 22행정사 O | X

08 체제이론은 행정현상을 여러 변수 중에서 환경을 포함해 거시적으로 접근한다. 22행정사 O | X

실전 문제

05 행정이론의 등장시기를 순서대로 바르게 연결한 것은? 25경간

ㄱ. 행태주의 – 사이먼(Simon)
ㄴ. 행정(조직)관리론(POSDCoRB) – 귤릭(Gulick)
ㄷ. 공공선택론 – 오스트롬(Ostrom)
ㄹ. 신공공서비스론 – 덴하트와 덴하트(Denhardt & Denhardt)
ㅁ. 정부재창조론 – 오스본과 게블러(Osborne & Gaebler)

① ㄱ → ㄴ → ㄷ → ㄹ → ㅁ
② ㄱ → ㄴ → ㄷ → ㅁ → ㄹ
③ ㄴ → ㄱ → ㄷ → ㅁ → ㄹ
④ ㄴ → ㄱ → ㄷ → ㄹ → ㅁ

06 행정과 행정학에 대한 설명 중 가장 옳지 않은 것은? 25경간

① 행정학의 기원과 관련 있는 패러다임은 정치·행정이원론이다.
② 관리과학 중심의 전통행정학은 공정과 평등(fairness & equality)을 중시하는 경영학과 유사하다.
③ 1945년 제2차 세계대전 이후 행정과 행정학의 범위는 확대되었다.
④ 윌슨(W. Wilson)은 『행정연구(The Study of Administration)』에서 행정과 경영의 유사성을 강조했다.

07 행정과 경영에 대한 설명으로 가장 옳지 않은 것은? 24경간

① 행정학이 태동하던 시기에는 행정과 경영의 차별성을 강조하는 공사행정이원론의 입장이었다.
② 신자유주의에 바탕을 둔 정부개혁을 추진하는 과정에서는 '행정의 경영화'라는 용어가 보편적으로 사용된다.
③ 행정과 경영은 인적·물적 자원을 동원하고 활용하는 관리기술적인 차원에서 유사성을 지닌다.
④ 행정은 경영에 비해 법적·정치적 환경의 영향을 훨씬 강하게 받는다.

08 다음의 역사적 배경하에 등장하게 된 행정이론이 아닌 것은? 23소간

- 1930년대의 뉴딜정책과 제2차 세계대전을 거치면서 정부의 역할과 규모가 확대됨에 따라 관료의 재량권도 증가하게 되었다.
- 행정부의 정책입안기능이 확대되면서 전통적인 정치와 행정의 구분은 비현실적인 것이 되었다.

① 정책과학　　② 신행정학
③ 공공선택론　　④ 발전행정론
⑤ 비교행정론

정답
OX 05 X　06 X　07 O　08 O　실전 05 ③　06 ②　07 ①　08 ③　해설 212쪽

2026 신성우 행정학 압축 이론 기본서

PART 2는 행정이 실제 어떻게 작동하는지를 배우는 영역입니다.

전통적으로 행정학의 각론이라 불렸습니다.

행정은 정책을 산출합니다. 이런 차원에서 우리는 행정의 산출물로 정책을 가장 먼저 학습합니다. 행정은 관료제라는 조직을 통해서 작동합니다. 예산과 인사, 그리고 조직이 작동의 핵심요소입니다. 순서대로 예산과 인사, 그리고 조직을 학습하게 됩니다.

전자정부, 지방행정은 행정학의 전통적 관심 영역은 아니었습니다. 그러나 IT 기술을 활용한 정부의 전자적 운영은 오늘날 주요한 행정의 작동요소입니다. 지방행정 역시 중앙정부와 지방정부가 분리되어 있고 많은 공무원들이 지방자치단체에서 일하는 측면을 고려하였을 때 행정의 작동을 학습함에 있어 빠질 수 없는 요소입니다. 이렇게 성과관리, 전자정부, 지방행정까지 학습하고 나면 여러분은 한국 행정이 어떻게 작동하고 있는지 알 수 있게 될 것입니다.

PART 2

행정의 작동

CHAPTER 4	정책
CHAPTER 5	재무
CHAPTER 6	인사
CHAPTER 7	조직
CHAPTER 8	전자정부와 지방행정

2026 신성우 행정학 압축 이론 기본서

정책은 행정이 만들어 내는 산출물입니다. 정책학은 다시 정책 총론과 정책 각론으로 구분됩니다. 먼저 총론에서 우리는 정책의 종류를 학습하고 정책의 참여자를 배우게 됩니다. 규제정책과 서비스 정책에 대해서는 특히 다양한 종류를 학습하게 됩니다. 여러분이 나중에 공무원이 되어 수행하는 일은 모두 이 정책의 종류에 포함됩니다.

각론에서는 정책이 만들어지는 단계를 나누어 학습합니다. 가장 먼저 의제설정 단계를 학습하고 그 후 정책 결정과 집행, 그리고 정책 변동과 정책 순응을 학습합니다. 마지막에는 정책 분석과 평가방법을 배우게 됩니다. 여러분들이 공무원이 되었을 때 어떻게 정책을 결정하고 집행하게 될지 상상하면서 학습해보세요. 행정학이 조금은 더 재미있을 것입니다.

CHAPTER 4

정책

TOPIC 12	정책학과 정책
TOPIC 13	규제정책의 종류와 개혁
TOPIC 14	공공서비스의 민간화
TOPIC 15	정책이론과 정책참여자
TOPIC 16	정책의제설정
TOPIC 17	정책결정
TOPIC 18	정책집행
TOPIC 19	정책변동과 정책순응
TOPIC 20	정책분석
TOPIC 21	정책평가

TOPIC 12 정책학과 정책

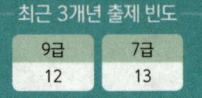

★★★★ 중요도 S

이것이 핵심!
1. 정책학이 등장한 초기에는 정책결정과정이 강조됩니다. 그 이후 프레스만과 윌다브스키가 집행이론을 발간하며 정책집행이 주요 연구 대상이 됩니다. 1980년대 이후로는 다양한 분야로 정책학 연구가 확대됩니다.
2. 로위는 기본적인 정책의 종류를 분류하였고 알몬드, 리플리 등은 정책 종류의 분류를 더 심화했습니다.

01 정책과 정책학의 발달

개념	정부 목표 달성의 수단인 동시에 공적인 문제 해결을 위한 수단(정치행정일원론에서 강조)
정책학의 시작	1951년 라스웰이 정책과정과 정책에 필요한 지식을 모두 강조하면서『정책지향』발간 - 가치를 분석 대상에 포함시키며 정책학의 정체성 확립
정책학의 공고화	• 1971년 라스웰은『정책학 소개』에서 맥락, 문제, 연합학문지향성을 제시 • 1973년 프레스만과 윌다브스키는『집행이론』을 발간했고 이후 정책집행 연구가 본격화
정책학의 발전	1980년대 이후 정책학 연구는 정책의 형성, 집행, 평가, 변동 등 다양한 분야로 확대

02 로위의 정책 분류

규제정책	• 마약단속 등 다른 사람을 보호하기 위해 공권력을 동원하여 사회구성원의 선택 권리와 자유를 제한 • 피규제자와 수혜자가 명확하게 구분되어 당사자 간 제로섬 게임이 벌어지고 갈등 발생 가능
재분배정책	• 누진세 등과 같이 소득이나 권리를 고소득층에서 저소득층으로 이전하는 정책 • 계급대립적이고 이해갈등적이라 표준운영절차 등을 통한 절차화 가능성이 낮고 이데올로기 논쟁은 높음
분배정책	• 사회간접자본건설, 박물관 건립 등 국민에게 공공서비스나 혜택을 제공하기 위한 정책 • 수혜자와 비용부담자 사이 갈등 및 상호작용이 낮고 이해관계자들 간 협상을 통한 연합 형성 가능 • 혜택을 나누어 가지려는 포크배럴이나 의원들이 법안을 서로 협력해 통과시키는 로그롤링 발생
구성정책	• 정부기관 신설, 선거구, 공무원 보수 등과 같은 정부기구의 구조와 기능 변화를 목적으로 하는 정책 • 대외적 가치 배분에 영향을 주지는 않으나 대내적 '게임의 규칙'을 결정
한계	• 분배정책과 재분배정책은 중복되는 측면이 있고 의도에 따라 분류되어 배타성을 확보하지 못함 • 최초 분류 때 포함되지 않았던 구성정책의 범위도 다소 모호

03 알몬드와 파웰의 분류

분배, 규제정책	분배정책과 규제정책은 로위의 분류와 동일함
추출정책	정책목표 달성을 위해 일반국민에게 인적·물적 자원을 부담시키는 정책
상징정책	국기 게양 등과 같이 정부 정당성을 확보하고 국민 단결력을 높여 정부 활동을 원활하게 하는 정책

04 리플리와 프랭클린의 분류

분배, 재분배정책	분배정책과 재분배정책은 로위의 분류와 동일함
보호적 규제정책	개발제한구역 등 대중에 대한 보호를 목적으로 개인이나 집단을 통제하는 규제정책
경쟁적 규제정책	• 진입규제 등 특정 개인이나 집단에게 권리나 서비스를 제공하는 정책 • 분배정책과 규제정책의 성격을 동시에 보유

기출 선지 OX

01 라스웰(Lasswell)은 1971년 『정책학 소개(A Pre-View of Policy Sciences)』에서 맥락지향성, 이론지향성, 연합학문지향성을 제시하였다. 24지9 O | X

02 사회구성원이나 집단의 활동을 통제해 다른 사람이나 집단을 보호하려는 목적을 가진 정책은 규제정책에 해당한다. 24국9 O | X

03 정부 혹은 정치체제의 정통성과 정당성을 확보하고, 국민의 단결력이나 자부심을 높여 줌으로써 정부의 정책활동을 원활하게 하기 위한 정책은 구성정책에 해당한다. 24국9 O | X

04 상징정책은 로위(Lowi)의 정책유형과 리플리와 프랭클린(Ripley & Franklin)의 정책유형에는 없지만, 앨먼드와 파월(Almond & Powell)의 정책유형에는 있다. 23지9 O | X

실전 문제

01 정책학의 발전과정에 대한 설명으로 옳은 것은? 22지7
① 드로어(Dror)는 정책결정의 방법, 지식, 체제에 관심을 두어야 한다고 주장하고, 정책결정체제에 대한 이해와 정책결정의 개선을 강조하였다.
② 정책의제설정이론은 정책의제의 해결 방안 탐색을 강조하며, 문제가 의제로 설정되지 않는 비결정(nondecision making)상황에 관하여는 관심이 적다.
③ 라스웰(Lasswell)은 정책과정에 관한 지식보다 정책에 필요한 지식이 더 중요하며, 사회적 가치는 분석 대상에서 제외해야 함을 강조하였다.
④ 1950년대에는 담론과 프레임을 통한 문제구조화에 관심이 높아 OR(operation research)과 후생경제학의 기법 활용에는 소홀하였다.

02 로그롤링(log rolling)이나 포크배럴(pork barrel)과 같은 정치적 현상이 나타나기 쉬운 정책유형에 가장 가까운 것은? 23국7
① 분배정책 ② 규제정책
③ 재분배정책 ④ 상징정책

03 정책의 유형에 대한 설명으로 옳은 것은? 23지7
① 로위(Lowi)의 분배정책은 돈이나 권력 등을 많이 소유하고 있는 집단으로부터 그렇지 못한 집단으로 이전시키는 정책이다.
② 리플리(Ripley)와 플랭클린(Franklin)의 보호적 규제정책은 국민을 보호하기 위해 개인이나 집단의 행동을 통제하는 정책이다.
③ 아몬드(Almond)와 파월(Powell)의 상징정책은 정책목표를 달성하기 위해 민간에게 인적·물적 자원을 부담시키는 정책이다.
④ 로위(Lowi)가 제시한 정책유형론은 포괄성과 상호배타성을 확보하고 있다.

04 로위(Lowi)가 분류한 정책유형으로 가장 옳은 것은? 24해승
① 분배정책, 규제정책, 재분배정책, 자율규제정책
② 분배정책, 규제정책, 재분배정책, 구성정책
③ 분배정책, 경쟁적 규제정책, 보호적 규제정책, 재분배정책
④ 분배정책, 규제정책, 추출정책, 상징정책

정답
OX 01 X 02 O 03 X 04 O
실전 01 ① 02 ① 03 ② 04 ②

TOPIC 13 규제정책의 종류와 개혁

최근 3개년 출제 빈도
9급	7급
6	17

★★★★ 중요도 S

> **이것이 핵심!**
> 1. 규제정책은 행정에서 가장 중요한 정책 유형으로 다시 여러 기준으로 구분됩니다.
> 2. 이론적으로는 윌슨이 규제에 대한 별도의 분류 연구를 수행했습니다. 윌슨은 규제의 성격이 정치적 행태를 결정한다고 보았습니다. 즉, 비용이나 편익이 특정 집단에게 집중될 경우 정치적 활동이 활발해진다고 보았습니다.

01 규제의 종류

규제방식	명령지시적	규제사항을 명령하는 것으로 일반국민들이 이해하기 쉽고 직관적 설득력이 높음
	시장유인적	이산화탄소 배출권거래제나 오염배출부과금제도와 같이 개인이나 기업에게 의무를 부과하되 비용과 편익을 고려해서 대안을 선택할 수 있도록 하는 규제
법기술방법	네거티브규제	• 행동의 자유를 일반적으로 허용하고 예외적인 경우만 금지하는 규제방식 • 피규제자의 자율성을 더 보장하여 피규제자가 선호
	포지티브규제	행동의 자유를 원칙적으로 금지하고 예외적인 경우만 허용하는 규제방식
수행주체	직접규제	정부가 직접 행동을 통제하는 것
	자율규제	정부개입 없이 사업자 각자 또는 조직화된 집단이 스스로 그 행위를 통제하는 것
	공동규제	정부와 민간이 공동으로 규제 권한을 행사하는 것
규제초점	투입(수단)규제	금지 또는 허용되는 기술이나 행위를 사전에 규정
	산출(성과)규제	목표 달성 수준을 정하고 달성할 수단과 방법에 대해 자율성을 부여
	과정(관리)규제	식품위해요소 중점관리기준과 같이 목표 달성 과정이 적절할 것을 요구
규제분야	경제규제	경제적 목적 달성을 위한 것으로 진입규제, 가격규제, 품질규제, 물량규제 등
	사회규제	작업장 안전규제 등 구성원의 삶의 질 향상을 위해 개인과 기업의 사회적 영향을 야기하는 행동에 책임과 부담을 부과

02 윌슨의 규제정치유형

고객정치	상황	수입규제 등과 같이 비용은 다수에게 분산 + 편익은 소수에게 집중
	행태	• 이익을 얻는 소수집단이 정치조직화되어 로비·압력 행사 • 포획 현상이 발생하여 응집력이 강한 편익수혜자 논리가 적용될 가능성 존재
이익집단정치	상황	작업안전갈등, 한·약규제 등 비용과 편익이 모두 소수에게 집중
	행태	이익 확보를 위해 첨예하게 대립하여 타협으로 정책이 결정되고 정부는 이를 중재
기업가정치 (운동가정치)	상황	환경오염규제 등과 같이 비용은 소수에 집중되고 편익이 다수에게 분산
	행태	기업가적 정치인이 대중의 지지를 기반으로 규제를 실행하지 않으면 비용이 집중된 집단이 규제 실행을 반대하여 정부가 피규제자에게 포획될 가능성 존재
대중정치	상황	음란물규제나 낙태규제와 같이 비용과 편익이 모두 다수에게 분산
	행태	대중 정치인이나 여당, 정부에 의해 정책이 결정될 가능성 높음

기출 선지 OX

01 오염배출부과금제도, 이산화탄소 배출권거래제도는 시장유인적 규제유형에 속한다. `24국9` O | X

02 명령지시적 규제는 시장유인적 규제에 비해 일반국민이 이해하기 쉽고 직관적 설득력이 높다는 장점이 있다. `24국9` O | X

03 포지티브 규제방식은 네거티브 규제방식에 비해 피규제자의 자율성을 더 보장한다. `24국9` O | X

04 윌슨(J. Q. Wilson)은 규제로 인한 비용은 분산되고 규제의 편익이 집중되는 상황을 이익집단정치로 정의하였다. `21국회9` O | X

실전 문제

01 규제에 관한 설명으로 옳지 않은 것은? `23소간`
① 규제의 수행주체에 따라 직접규제, 자율규제, 공동규제로 나뉜다.
② 관리규제는 과정이 아닌 수단과 성과를 규제하는 것이므로 피규제자의 자율성을 제약한다.
③ 경제규제의 예로는 진입규제, 가격규제, 품질규제, 물량규제 등이 있다.
④ 네거티브 규제는 피규제자의 자율성을 더 보장해 주는 측면에서 포지티브 규제보다 바람직하다는 평가를 받고 있다.
⑤ 사회규제는 사회구성원의 삶의 질을 향상시키기 위하여 개인 및 기업의 사회적 행동에 책임과 부담을 가하는 것을 말한다.

02 정부규제에 대한 설명으로 옳지 않은 것은? `21지7`
① 종합편성 채널의 운영권을 부여하고, 이를 확보한 방송사에 대한 규제는 리플리와 프랭클린(Ripley & Franklin)의 보호적 규제정책을 시행한 것으로 볼 수 있다.
② 네거티브 규제(negative regulation)는 포지티브 규제(positive regulation)보다 자율성을 적극적으로 부여한다는 측면에서 피규제자가 선호하는 방식이다.
③ 우리나라는 신기술과 신산업을 육성하기 위하여 규제샌드박스제도를 도입하였다.
④ 윌슨(Wilson)의 규제정치이론에 따르면, 대체로 경제적 규제는 고객정치의 상황으로 분류되며 사회적 규제는 기업가정치의 상황으로 분류된다.

03 정부규제에 대한 설명으로 옳지 않은 것은? `21지7`
① 종합편성 채널의 운영권을 부여하고, 이를 확보한 방송사에 대한 규제는 리플리와 프랭클린(Ripley & Franklin)의 보호적 규제정책을 시행한 것으로 볼 수 있다.
② 네거티브 규제(negative regulation)는 포지티브 규제(positive regulation)보다 자율성을 적극적으로 부여한다는 측면에서 피규제자가 선호하는 방식이다.
③ 우리나라는 신기술과 신산업을 육성하기 위하여 규제샌드박스제도를 도입하였다.
④ 윌슨(Wilson)의 규제정치이론에 따르면, 대체로 경제적 규제는 고객정치의 상황으로 분류되며 사회적 규제는 기업가정치의 상황으로 분류된다.

04 윌슨(James Q. Wilson)의 규제정치이론에 따를 때, 규제의 감지된 편익은 소수에게 집중되는 반면, 감지된 비용은 다수에게 분산되는 유형에 해당하는 것은? `22국회8`
① 대중정치 ② 이익집단정치
③ 과두정치 ④ 고객정치
⑤ 기업가정치

정답
OX 01 O 02 O 03 X 04 X
실전 01 ② 02 ① 03 ④ 04 ⑤

해설 214쪽

> **이것이 핵심!**
>
> 3. 행정환경이 바뀌면 적절한 규제 역시 달라집니다. 따라서 규제는 시대 환경에 맞추어 적절하게 변모해야 합니다. 규제개혁의 필요성에 대한 이론으로는 규제피라미드, 규제 역설, 규제에 의한 조세 등이 있습니다.
> 4. 우리나라는 「행정규제기본법」을 통해 규제가 적절하게 유지되도록 노력하고 있습니다.
> 5. 최근에는 규제의 대안으로 유도정책인 넛지가 강조되고 있기도 합니다.

03 규제개혁의 필요성

규제피라미드	규제를 지키지 않는 행위를 막기 위해 또 다른 새로운 규제가 반복해서 생기는 현상
규제의 역설	규제가 의도하지 않은 부작용을 초래하여 본래 목적과 상반된 결과를 초래 예 새로운 위험만 규제하다 보면 사회 전체의 위험 수준이 역설적으로 증가
규제에 의한 조세 (숨겨진 조세)	정부규제는 민간의 순응 비용을 발생시켜 사회적 낭비를 초래
행정권 남용	규제 순응을 확보하기 위해서는 공권력이 필요하고 이 과정에서 행정권이 남용될 우려가 있음

04 「행정규제기본법」

개요		• 1997년 제정되어 규제개혁 전담기관, 대상, 전략 등을 체계화 • 국회, 법원, 헌법재판소, 선거관리위원회 및 감사원 사무에 대하여는 적용하지 않음
내용	규제법률제	규제는 법률에 근거하여야 함
	규제영향분석	정부입법에서 규제를 신설 또는 강화하는 경우 그 비용과 편익을 비교·분석
	규제샌드박스	신기술이 적용된 서비스에 대해 기존 규제를 한시적으로 면제·유예
	규제일몰제	• 계속 존속시킬 명백한 사유가 없는 규제에 존속기한 또는 재검토기한을 설정 • 기간은 원칙적으로 5년을 초과할 수 없음
	규제개혁위원회	대통령 소속의 규제개혁위원회가 정부 규제정책을 심의·조정하고 규제의 심사·정비 등에 관한 사항을 종합적으로 추진
	규제등록제	중앙행정기관의 장은 소관 규제의 명칭·내용·근거처리기간 등을 대통령 소속의 규제개혁위원회에 등록

05 넛지

개념	선택을 금지하거나 경제적 유인을 변화시키지 않으면서도 디폴트 옵션 설정과 같은 선택 설계를 통해 행동을 변화시켜 삶의 질을 향상시키는 방법
가정	• 휴리스틱과 편향성에 의한 내부효과로 행동적 시장실패가 발생(행동경제학) • 인간은 제한된 합리성을 보유

내용	• 정책대상집단의 행동에 개입은 하나, 기본적으로 개인의 자유로운 선택을 허용
	    – 간접적이고 유도적인 정부개입으로 촉매적 정책수단
	    – 공무원의 역할은 선택설계자
	• 사람들의 인지적 편향을 전략적으로 활용
	• 엄격하고 검증된 증거 기반 정책 선택 강조

기출 선지 OX

05 규제일몰제(Sunset law)는 규제를 신설하거나 강화하려는 경우에 존속시켜야 할 명백한 사유가 없는 규제는 존속기한 또는 재검토기한을 설정하는 것이다. `23국회9` O | X

06 규제피라미드(Regulation pyramid)는 규제영향분석 및 규제개혁위원회의 심사를 통해 규제법령을 줄여 나가는 것이다. `23국회9` O | X

07 우리나라 규제영향분석은 정부입법과 의원입법의 신설·강화 규제심사 시 활용되고 있다. `21국회9` O | X

08 정부규제에 대한 민간의 순응비용을 '규제에 의한 조세' 또는 '숨겨진 조세'라고 설명하기도 한다. `24군9` O | X

실전 문제

05 다음 대화에서 옳지 않은 말을 한 사람은? `23국7`

> A: 신공공관리론의 학문적 토대는 신고전학파 경제학인데, 넛지이론은 공공선택론이야.
> B: 신공공관리론은 효율성을 증대하여 고객 대응성을 높이자는 목표를 가지는데, 넛지이론은 행동변화를 통해서 삶의 질을 높이는 것이 목표야.
> C: 신공공관리론에서는 경제적 합리성을 가정하지만, 넛지이론에서는 제한된 합리성을 가정하지.
> D: 신공공관리론에서는 공무원이 정치적 기업가가 되길 원하지만 넛지이론에서는 선택설계자가 되길 바라지.

① A ② B
③ C ④ D

06 정부규제에 관한 설명으로 가장 적절하지 않은 것은? `23경승`

① 규제피라미드는 피규제자의 규제불응에 대해 정부가 새로운 규제를 도입해 피규제자의 규제부담이 증가하는 현상을 말한다.
② 포지티브(positive) 규제가 네거티브(negative) 규제보다 피규제자에게 더 많은 자율성을 보장해 준다.
③ 사회적 규제는 개인 및 기업의 사회적 행동에 대한 규제로서, 사회적 규제의 역사는 경제적 규제의 역사보다 짧다.
④ 규제의 역설이란 규제가 의도하지 않은 부작용을 초래하여 규제가 가진 본래 목적과 상반된 결과를 초래하는 현상을 말한다.

07 「행정규제기본법」에서 규정하고 있는 내용으로 가장 적절하지 않은 것은? `22경간`

① 중앙행정기관의 장은 규제를 신설·강화·완화하려면 규제영향분석을 하고 규제영향분석서를 작성하여야 한다.
② 규제는 법률에 근거하여야 한다.
③ 정부의 규제정책을 심의·조정하고 규제의 심사·정비 등에 관한 사항을 종합적으로 추진하기 위하여 대통령 소속으로 규제개혁위원회를 둔다.
④ 중앙행정기관의 장은 소관 규제의 명칭·내용·근거 등을 규제개혁위원회에 등록하여야 한다.

08 넛지(nudge)의 특성으로 옳은 것만을 모두 고르면? `22지7`

> ㄱ. 넛지방식으로 정책을 설계하는 것을 선택설계라고 한다.
> ㄴ. 정책대상집단의 행동에 개입하지만 개인의 자유로운 선택을 허용한다.
> ㄷ. 넛지는 디폴트 옵션 설정방식처럼 사람들의 인지적 편향을 전략적으로 활용하는 정책수단이다.

① ㄱ, ㄴ ② ㄱ, ㄷ
③ ㄴ, ㄷ ④ ㄱ, ㄴ, ㄷ

정답
OX 05 O 06 O 07 X 08 O **실전** 05 ① 06 ② 07 ① 08 ④

해설 214쪽

TOPIC 14 공공서비스의 민간화

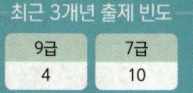

★★☆☆ 중요도 B

이것이 핵심!
1. 공공서비스는 정부가 독점적으로 공급했으나 오늘날은 민간과의 협력이 이루어집니다. 이를 민간화라고 합니다.
2. 모든 정부개입은 지대를 발생시킵니다. 따라서 정도의 차이가 있을 뿐이지 서비스 제공자와 관료 사이의 유착이 항상 발생 가능합니다.

01 민간화의 종류

민간투자	개념	민간의 자금을 활용하여 공공재를 공급하고 사용료 등으로 투자비를 상환
	BTO	민간이 건설해 소유권을 정부에 이전하고 민간이 운영해 사용료로 투자비 회수
	BTL	민간이 건설해 소유권을 정부에 이전하고 정부가 운영해 임대료로 투자비 지급
민간위탁	개념	쓰레기수거업무 등과 같이 정부가 외주 계약을 체결하여 서비스 공급을 민간에 맡기고 비용을 지불 – 국민의 권리·의무와 관계되지 않은 사무만 외주가 가능하며 위탁 대상은 영리, 혹은 비영리단체 모두 가능
	장점	• 정부 공급에 비해 인건비 유연성 확보가 용이하여 관료조직의 팽창 억제 가능 • 기관들 간 경쟁을 통해 생산비용 절감 + 양질의 서비스 공급 → 효율성 제고
	한계	책임소재가 불분명하여 책임회피 가능
보조금	개념	정부가 직접 서비스를 지원하기 어려울 때 서비스 생산자에게 지원금을 지원하여 민간에서 교육시설, 탁아시설 등과 같은 공공부문의 기능을 수행하도록 유도
바우처	개념	공공서비스의 생산을 민간에 위탁하면서 시민들의 서비스 구입부담을 완화시키기 위해 금전적 가치가 있는 공공서비스 이용권을 지급(보건복지부 돌봄이용권)
	특징	시민들은 정부가 지정하는 복수의 서비스 제공기관에서 이용권을 사용하기에 서비스 제공기관끼리 경쟁
면허	개념	요금재 성격을 지닌 재화를 이용자에게 직접 공급하지 않고, 일정 구역 내에서 공공서비스를 제공하는 권리를 민간기업에게 인정하는 방식
	한계	서비스 제공자들 사이에 경쟁이 미약하면 이용자의 비용부담이 과중
공동생산	개념	정부와 민간이 함께 공공서비스 공급을 결정하고 생산하여 전달하는 것
자원봉사	개념	정부 서비스 공급에 민간이 보수 없이 참여
민영화	개념	정부기관을 민간에 매각하여 민간이 민간기업의 형태로 서비스 제공

02 공공서비스 분류

살라몬	• 직접성, 강제성(규제정책↑), 가시성, 자동성
	• 직접성 여부 분류
	  ┌ **직접수단**: 공기업, 경제적 규제, 공공정보제공, 직접대출, 직접공급 등
	  └ **간접수단**: 보조금, 사회적 규제, 조세지출 등

공급주체와 공급수단	• **일반행정**: 공공이 공급 + 권력이 수단 • **민간위탁**: 민간이 공급 + 권력이 수단 • **책임경영**: 공공이 공급 + 시장 기법을 사용 • **민간기업**: 민간이 공급 + 시장 기법을 사용

기출 선지 OX

01 민간위탁은 계약에 의해 민간의 생산자가 공공서비스를 생산하는 방식이다. 〈23군9〉 O | X

02 자원봉사는 간접적인 보수는 허용되는 공공서비스 생산유형이다. 〈23군9〉 O | X

03 공공이 공급하고 공급수단은 시장에서 이루어지는 공공서비스의 예로는 민간위탁이 있다. 〈24행정사〉 O | X

04 공공서비스 생산방식 중 이용권(voucher)은 노인, 장애인, 보육정책 등에서 서비스가 확대되고 있다. 〈24행정사〉 O | X

실전 문제

01 민간위탁(contracting out)에 대한 설명으로 옳지 않은 것은? 〈22지7〉
① 정부가 제공하는 서비스를 민간부문에 맡기고 비용을 지불하는 방식이다.
② 비영리단체는 민간위탁의 대상이 되지 않는다.
③ 정부의 직접 공급에 비해 고용과 인건비의 유연성 확보가 용이하다.
④ 대표적인 예로는 쓰레기수거업무나 도로건설업무가 있다.

02 다음 중 공공서비스의 공급과 생산에 대한 설명으로 가장 옳지 않은 것은? 〈22군7〉
① 면허(franchise)는 서비스 제공자들 사이에 경쟁이 미약하면 이용자의 비용부담이 과중하게 되는 부정적 효과가 발생한다.
② 바우처(vouchers)는 관료와 서비스 제공자 간의 유착을 근절하여 부정부패를 막을 수 있다.
③ 민간위탁(contracting-out)은 인력운영의 유연성을 제고해서 관료조직의 팽창을 억제할 수 있다.
④ 집합적 공동생산(collective co-production)은 시민들의 참여도에 관계없이 혜택이 공통으로 돌아가게 한다는 재분배적 사고가 기저에 있다.

03 살라몬(Salamon)의 정책수단유형 중 간접 수단에 해당하는 것은? 〈23해간〉
① 공기업   ② 직접 대출
③ 보조금   ④ 경제적 규제

04 다음 중 새로운 공공서비스 공급방식으로 제시된 BTO(Build-Transfer-Operate)와 BTL(Build-Transfer-Lease)에 대한 설명으로 가장 옳지 않은 것은? 〈23해간〉

구분	BTO방식	BTL방식
㉠ 실제운영의 주체	민간	정부
㉡ 운영 시 소유권	정부	민간
㉢ 투자비 회수방법	사용료	임대료
㉣ 소유권 이전시기	준공	준공

① ㉠   ② ㉡
③ ㉢   ④ ㉣

정답
OX 01 O 02 X 03 X 04 O
실전 01 ② 02 ② 03 ③ 04 ②

해설 215쪽

TOPIC 15 정책이론과 정책참여자

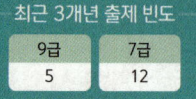

★★★☆ 중요도 A

> **이것이 핵심!**
> 1. 누가 정책을 결정하는지에 대한 이론입니다. 고전적으로 엘리트가 정책을 결정한다고 여기다가 민주주의가 발달하면서 다원주의적으로 결정된다는 이론이 주류가 됩니다. 최근 신엘리트주의의 무의사결정론이 등장했습니다.
> 2. 신엘리트론 대두 전 통치엘리트론으로 밀즈가 지위접근법을, 헌터가 명성접근법을 제시한 적도 있습니다.

01 고전적 엘리트이론

내용	다른 계층에 대한 책임을 지지 않는 소수 엘리트가 지배체제를 구성하여 정책과정을 장악하고 정책의 혜택을 누림 (과두제의 철칙)

02 달 등의 다원주의이론

내용	정책은 이익집단의 타협 과정을 통해 결정 ― 이익집단과 일반대중이 정책결정과정에 상당한 영향력 발휘 ― 이익집단들은 경쟁적이지만 게임의 규칙 준수에 대해서는 합의 ― 정부는 중립적인 제3자로 갈등을 조정하는 역할
가정	이익집단 사이 서로 균형을 유지할 수 있도록 권력이 분산 ― 정책 영역별로 영향력을 행사하는 엘리트들은 상이 ― 정책과정에 대한 접근기회는 이익집단이 모두 동일

03 바흐라흐와 바라츠의 무의사결정(신엘리트이론)

내용	• 엘리트들이 본인에게 안전한 문제만 논의하고 불리한 문제는 거론조차 되지 못하게 억압·방해 ― 주로 정치체제 내의 규범이나 절차를 동원하나 경우에 따라 폭력과 같은 강제력도 사용 ― 변화를 주장하는 사람으로부터 혜택을 박탈하거나 새로운 혜택을 제시하는 등의 방법 사용 • 의제설정과정뿐만 아니라 정책결정과정 등 정책과정 전반에서 발생
특징	• 무의사결정은 무능력이 아니라 의도적 상황으로 정치권력에 존재하는 두 얼굴 중 어두운 측면에 해당 • 정치권력 중 하나만을 고려하는 다원주의를 비판하면서 등장 • 엘리트가 은밀한 영향력이나 권위를 행사하기에 실증적 분석방법론 활용이 곤란 • 기득권 세력이 가치 편향적으로 기존 이익 배분 상태를 유지하려는 보수성을 보임

04 기타 이론

마르크스주의	자본주의 국가의 정책은 자본가 계층의 이익을 위해 수립되며 현대국가는 자본가의 이해관계만 대변
조합주의	• 경제사회노동위원회와 같이 국가와 이익집단 간 제도화된 협력을 통해 사회적 책임을 추구 ― 국가의 통제범위 내에서 조합이 이익대표권을 독점 ― 이익집단 자율성이 제약되어 정책결정에서 정부가 보다 적극적인 역할을 수행 • '국가'조합주의는 국가가 민간부문에 대하여 강력한 주도권을 행사

기출 선지 OX

01 고전적 엘리트이론에서 엘리트들은 다른 계층에 대해 책임을 지지 않는다. 23지9 O | X

02 밀즈(Mills)는 명성접근법을 사용하여 엘리트들을 분석한다. 23지9 O | X

03 달(Dahl)은 권력이 분산되어 있음을 전제로 다원주의론을 전개한다. 23지9 O | X

04 바흐라흐와 바라츠(Bachrach & Baratz)는 무의사결정이 의제설정과정뿐만 아니라 정책결정과정에서도 발생할 수 있다고 주장한다. 23지9 O | X

실전 문제

01 정책과정의 권력모형에 관한 설명으로 옳지 않은 것은? 22소간
① 고전적 엘리트이론은 '과두제의 철칙론'을 제시한다.
② 무의사결정은 지배 엘리트집단의 이익에 반하는 의제가 정책과정에서 채택되지 않도록 한다.
③ 다원주의론에서 정책의 주도자는 경쟁하는 이익집단들이다.
④ 하위 정부모형은 행정관료, 의회 위원회, 이익집단 간의 갈등적 경쟁관계를 강조한다.
⑤ 조합주의에서는 이익집단의 자율성이 제약된다.

02 무의사결정(non-decision making)에 대한 설명 중 가장 옳지 않은 것은? 24해승
① 사회 문제에 대한 정책과정이 진행되지 못하도록 막는 행동이다.
② 기득권 세력이 그 권력을 이용해 기존의 이익 배분 상태에 대한 변동을 요구하는 것이다.
③ 기득권 세력의 특권이나 이익 그리고 가치관이나 신념에 대한 잠재적 또는 현재적 도전을 좌절시키려는 것을 의미한다.
④ 변화를 주장하는 사람으로부터 기존에 누리는 혜택을 박탈하거나 새로운 혜택을 제시하여 매수한다.

03 다원주의론에 대한 설명으로 가장 적절하지 않은 것은? 22경간
① 이익집단 간의 영향력의 차이는 주로 정부의 정책과정에 대한 상이한 접근기회에 기인한다고 본다.
② 이익집단 간에 상호경쟁적이지만, 기본적으로 게임의 규칙을 준수해야 하는 데 합의를 하고 있다고 본다.
③ 신다원주의론에서는 사회에 존재하는 이익집단들 간에 이익의 균형과 조정이 민주주의의 핵심적인 동력으로 작용한다고 본다.
④ 이익집단들이나 일반대중이 정책의제설정에 상당한 영향을 행사한다고 본다.

04 조합주의에 대한 설명으로 가장 적절하지 않은 것은? 22경간
① 우리나라의 경제사회노동위원회(구 노사정위원회)는 조합주의에 따른 정책조정방식이다.
② 정책과정에서 국가의 역할은 소극적이라고 본다.
③ 정부는 사회적 공동선을 달성하기 위해 중요 이익집단과 우호적 협력관계를 유지한다.
④ 국가조합주의는 국가가 민간부문의 집단들에 대하여 강력한 주도권을 행사한다고 보는 모형이다.

정답
OX 01 O 02 X 03 O 04 O **실전** 01 ④ 02 ② 03 ① 04 ② 해설 216쪽

> **이것이 핵심!**
>
> 3. 정책 참여자는 공식적 참여자와 비공식적 참여자가 있습니다. 정당 역시 비공식적 참여자에 속하지만, 현대에서 정책결정 과정에 매우 활발하게 참여하며 일부 제도적 보장도 이루어지고 있습니다.
> 4. 정책 참여자는 철의 삼각에서 이슈네트워크로 갈수록 그 수가 많아집니다. 철의 삼각만으로 정책과정을 바라보면 개방적 참여자들의 네트워크를 놓치기 쉽다는 비판이 있어 다른 대안적 접근이 등장했습니다.

05 정책 결정의 참여자

공식적 참여자	정책 참여가 법·제도적으로 보장되는 집단으로 대통령, 의회, 사법부, 관료집단 등이 있음 ― 국회는 행정을 감시하고 법안 및 예산안을 의결하며 대통령 등이 법을 위반할 때 탄핵소추 의결을 함 ― 정부는 법률을 집행하며 국회에 법률안을 제출할 수 있고 대통령령을 발할 수 있음 ― 사법부는 법원의 판결이나 헌법재판소의 위헌 결정 등을 통해 간접적으로 행정부 활동에 영향을 끼침
비공식적 참여자	제도적 보장은 없으나 정책과정에 참여하는 집단으로 정당, 이익집단, NGO, 언론, 국민 등이 있음

06 정책네트워크모형

개념		정책 참여자들의 상호작용을 구조적 차원으로 설명 ― 참여자는 정부뿐만 아니라 민간부분도 포함 ― 네트워크 경계는 상호인지과정에서 결정
특징		• 정부와 민간의 파트너십 증대로 관심 증가 • 분산적 정치체제를 전제 • 행위자들 간의 연계는 공식·비공식적 규칙의 총체로 의사소통·전문지식·신뢰·자원 교환의 통로 • 사회학에서의 사회연결망 분석방법을 응용
유형	철의 삼각 (하위정부모형)	• 의회·국회 상임위원회·이익집단으로 구성되어 동질적 이익을 추구 • 정책분야별로 형성되며 활발한 상호교류와 안정성이 특징 • 폐쇄적 경계를 강조하며 배타성이 강해 다른 이익집단을 배제 • 이익집단 증대와 경쟁 격화로 하위정부모형의 적실성 약화(네트워크를 놓침)
	정책공동체모형	• 정책분야별로 형성되며 참여자 범위가 하위정부의 경우보다 넓음 • 정책결정을 참여자 간 합의와 협력으로 간주하고 이들 사이 갈등까지 고려 • 참여자들 간 권력이 비교적 균등하며 공동이익을 추구하는 포지티브섬 게임 • 하위정부에 대한 대안으로 대두되었으나 전문화된 정책 영역에서 정책결정이 이루어진다는 측면에서 상호유사
	정책문제망 (이슈네트워크모형)	• 특정 정책 문제별로 형성되며 경계는 모호하고 개방성은 높음 • 권력 편차가 심하고 네거티브섬 게임적 속성이 있어 안정성이 부족

기출 선지 OX

05 의회 상임위원회는 정책과정에서 철의 삼각(iron triangle)에 해당하지 않는다. `24국9` O | X

06 정책공동체는 대체로 제로섬 게임(zero-sum game)의 성격을 띠지만, 정책문제망은 상대적으로 공동의 이익을 추구하는 포지티브섬 게임(positive-sum game)이다. `24국9` O | X

07 이익집단은 정책과정에서 철의 삼각(iron triangle)에 해당하지 않는다. `24국9` O | X

08 하위정부모형에서 '철의 3각 동맹관계'는 주로 정책분야별로 형성되며 그들 간에 상호활발한 교류를 한다. `24국9` O | X

실전 문제

05 정책과정의 권력모형에 관한 설명으로 옳지 않은 것은? `22소간`

① 고전적 엘리트이론은 '과두제의 철칙론'을 제시한다.
② 무의사결정은 지배 엘리트집단의 이익에 반하는 의제가 정책과정에서 채택되지 않도록 한다.
③ 다원주의론에서 정책의 주도자는 경쟁하는 이익집단들이다.
④ 하위정부모형은 행정관료, 의회 위원회, 이익집단 간의 갈등적 경쟁관계를 강조한다.
⑤ 조합주의에서는 이익집단의 자율성이 제약된다.

06 정책네트워크론에 대한 설명으로 가장 적절하지 않은 것은? `22경간`

① 정책네트워크에는 참여자들의 상호작용을 규정하는 공식적 규칙이 존재하지 않는다.
② 사회학에서 많이 사용되고 있는 사회연결망의 분석방법을 응용한다.
③ 정책네트워크의 참여자는 정부뿐만 아니라 민간부문까지 포함된다.
④ 행위자들 간의 연계는 의사소통과 전문지식, 신뢰, 그리고 여타 자원을 교환하는 통로로 작용한다.

07 정책네트워크의 개념과 유형에 대한 설명으로 옳지 않은 것은? `23국7`

① 수많은 공식·비공식적 참여자가 존재하는 정책네트워크는 정책과정의 참여자들 간 상호작용을 구조적인 차원으로 설명하는 틀이다.
② 정책네트워크의 경계는 구조적인 틀에 따라 달라지는 상호 인지의 과정에 의하기보다는 공식기관들에 의해 결정된다.
③ 하위정부모형은 이익집단, 의회의 상임위원회, 주요 행정부처로 구성되는 네트워크를 말하며, 안정성이 높은 것이 특징이다.
④ 정책공동체모형은 하위정부모형에 대한 대안으로 대두되었으나 전문화된 정책 영역에서 정책결정이 이루어진다는 측면에서 서로 유사한 점이 있다.

08 다음 중 정책네트워크에 대한 내용으로 적절한 것을 모두 고른 것은? `24군7`

| ㄱ. 정책네트워크는 분산적 정치체제를 전제로 한다.
| ㄴ. 하위정부모형에서는 경계가 모호하며 개방성이 높다고 본다.
| ㄷ. 이슈네트워크모형에서는 참여자 간의 안정성이 높다고 본다.
| ㄹ. 정책공동체모형에서는 참여자 간의 균형을 이루지 못하고 있다고 본다.

① ㄱ
② ㄱ, ㄴ
③ ㄱ, ㄷ, ㄹ
④ ㄱ, ㄴ, ㄷ, ㄹ

정답

OX 05 X 06 X 07 X 08 O   **실전** 05 ④ 06 ① 07 ② 08 ①

TOPIC 16 정책의제설정

★★★★ 중요도 S

이것이 핵심!

1. 사회의 여러 문제가 정책으로 바뀌려면 정책의제가 되어 정부가 해결하겠다고 여겨야 합니다.
2. 대중이 문제 해결이 정당하다고 인식하는 의제가 공중의제입니다. 공중의제가 반드시 정책의제가 되는 것은 아닙니다. 마찬가지로 정책의제가 반드시 공중의제가 되는 것은 아닙니다. 그 관계를 연구한 학자가 콥과 로스이며, 콥의 모형을 승계한 것이 메이, 홀릿, 라메쉬의 모형입니다.
3. 한편 킹던은 쓰레기통 모형을 계승하여 정책의제설정 및 변동과 관련된 모형으로 정책의 창 모형을 제시했습니다.

01 의제의 개념과 종류

개념	정부가 사회 문제를 공식적으로 해결하기 위해 이를 정책 문제로 전환하는 행위	
종류	공중의제(체제의제)	일반대중이 정부의 문제 해결을 정당한 것으로 인정하는 사회 문제
	정책의제(정부의제)	정부 혹은 정책담당자가 해결하겠다고 인식·채택한 문제

02 콥과 로스의 의제설정유형

내부접근형	• 지식이나 관심이 있는 소수 집단 및 정책담당자들이 의제를 설정하며 이들의 이익이 과다 대변 • 정부가 공중의제화하는 것을 꺼림 • 최고통치자나 고위정책결정자보다 낮은 직위의 관료가 의제형성을 주도 • 권력집중형 국가, 불평등사회, 시간이 급박한 경우, 국민이 사전에 알면 곤란한 경우 사용
동원형	• 최고통치자나 고위정책결정자의 지시에 따라 사회 문제가 바로 정부의제로 채택 • 정부 홍보활동 및 캠페인(PR)을 통해 공중의제화 • 정책의 성공적 집행을 위해 필요한 일반국민에게서 정책 옹호와 지지를 확보 • 정부의 힘이 강하고 민간 부문이 취약한 권위적 계층사회(후진국)에서 자주 발생
외부주도형	• 외부의 다양한 행위자들에 의해 제기된 문제가 공중의제화된 후 정부의제로 채택 • 허쉬만의 강요된 정책 문제에 해당 • 언론이나 정당 등의 역할이 중요 • 이익집단이 발달하고 정부가 외부 요구에 민감히 반응하는 다원주의 정치체제에서 주로 발생
공고화형 (굳히기형)	• 광범위한 일반대중의 지지가 있어 별도의 대중 동원 노력 없이 존재하는 지지를 공고화해 의제 설정 • 의제설정 주도자는 국가로, 공중의 지지가 높기 때문에 정책이 결정된 후 집행이 용이

03 킹던의 정책흐름모형(정책의 창 모형)

배경	쓰레기통모형의 아이디어를 정책의제설정 또는 정책변동에 적용
내용	문제흐름, 정책흐름, 정치흐름이 상호독립적으로 흐르다가 일정 계기로 결합할 때 정책의 창이 형성
세 흐름	• 정책의 흐름에서 문제의 해결 방안이 탐색되고 범위가 좁혀지며 이는 전문가, 분석가들이 주도 • 정치의 흐름은 여론변화, 선거, 이익집단들의 로비, 의회 인적 교체 등이 흐름을 형성 • 문제가 제기되고 해결책을 찾는 기존 모델과 달리 정책대안이 문제를 찾는 등 문제의 흐름이 존재
정책의 창	• 정책선도자(정책기업가)가 세 흐름을 합류시켜 정책의 창을 여는 것을 주도 • 관료, 학자, 언론인 등 정책공동체 내 누구라도 정책기업가로 활동 가능 • 정치흐름 변화에 의해 정책의 창이 열리는 경우가 가장 많음

기출 선지 OX

01 정책의제설정은 정책 이해관계자, 이슈가 되는 정책 문제, 문제를 논의하는 제도적 환경 등 복합적인 관계의 영향을 받지 않는다. 〔22행정사〕 O | X

02 국민적 관심과 집결도가 높거나 특정 사회 이슈에 대해 정치인의 관심도가 클수록 정책의제화될 가능성이 높다. 〔22행정사〕 O | X

03 킹던(Kingdon)이 제시한 정책흐름모형은 경쟁하는 연합의 자원과 신념체계(belief system)를 강조한다. 〔23지9〕 O | X

04 킹던(Kingdon)이 제시한 정책흐름모형의 정책과정의 세 흐름에는 문제흐름, 정책흐름, 정치흐름이 있다. 〔23지9〕 O | X

실전 문제

01 다음은 콥과 로스(Cobb & Ross)가 제시한 의제설정과정이다. ㉠~㉢에 들어갈 유형을 바르게 연결한 것은? 〔21지7〕

〈보기〉
- (㉠): 사회 문제 → 정부의제
- (㉡): 사회 문제 → 공중의제 → 정부의제
- (㉢): 사회 문제 → 정부의제 → 공중의제

	㉠	㉡	㉢
①	동원형	외부주도형	내부접근형
②	내부접근형	동원형	외부주도형
③	외부주도형	내부접근형	동원형
④	내부접근형	외부주도형	동원형

02 정책의제형성에 대한 설명으로 옳지 않은 것은? 〔24국회8〕
① 동원형은 정책의제형성의 주도자가 주로 정부 내부에 존재한다.
② 외부주도형은 주로 정부 외부에서 문제가 제기되어 확산되고 공중의제화 단계를 거쳐 정책의제가 형성된다.
③ 내부접근형은 정부 내 정책결정과정에 접근 가능한 외부집단의 이익이 과도하게 대변될 수 있다.
④ 내부접근형과 동원형은 대중의 지지를 획득하기 위한 공중의제화 단계가 없다.
⑤ 외부주도형은 허쉬만(Hirschman)이 말하는 '강요된 정책 문제'에 해당한다.

03 흘릿(Howlett)과 라메쉬(Ramesh)의 모형에 따라 정책의제설정유형을 분류할 때, (가)~(라)에 대한 설명으로 옳지 않은 것은? 〔22지9〕

의제설정 주도자 \ 공중의 지지	높음	낮음
사회 행위자(societal actors)	(가)	(나)
국가(state)	(다)	(라)

① (가) – 시민사회단체 등이 이슈를 제기하여 정책의제에 이른다.
② (나) – 특별히 의사결정자들에게 접근할 수 있는 영향력 있는 집단이 정책을 주도한다.
③ (다) – 이미 공중의 지지가 높기 때문에 정책이 결정된 후 집행이 용이하다.
④ (라) – 정책결정자가 이슈를 제기하면 자동적으로 정책의제화되기 때문에 성공적인 집행을 위한 공중의 지지는 필요 없다.

04 다음 중 킹던(J. W. Kingdon)의 '정책의 창 이론(Policy Window Theory)'에서 서로 결합하여 새로운 정책의제로 형성되는 독립된 흐름으로 가장 옳지 않은 것은? 〔23해승〕
① 정보의 흐름(Information Stream)
② 정치의 흐름(Political Stream)
③ 정책의 흐름(Policy Stream)
④ 문제의 흐름(Problem Stream)

정답
OX 01 X 02 O 03 X 04 O   실전 01 ④ 02 ④ 03 ④ 04 ①   해설 218쪽

TOPIC 17 정책결정

최근 3개년 출제 빈도
9급	7급
9	21

★★★★ 중요도 S

> **이것이 핵심!**
> 1. 정책결정은 공적 의사결정과정으로 복수의 단계와 절차로 구성됩니다. 정책결정 모형들은 정책이 '어떻게 결정되느냐'를 이론화했습니다. 정책이 결정되는 원리를 기억해 주세요.
> 2. 합리모형, 만족모형, 점증모형은 정책결정자에게 적용되는 개인 수준의 모형입니다. 쓰레기통모형은 집단 수준의 모형입니다.

01 합리모형

정책결정	모든 대안과 결과를 포괄적으로 탐색하여 동일한 비용으로 최대 산출을 얻는 최선의 대안을 선택
가정	• 정책의 본질은 미래지향적 문제 해결 • 완전 정보와 합리성을 가져 효용극대화 논리에 따라 기준을 가지고 소비하는 경제인 가정
한계	• 기존 정책이나 사업의 매몰비용으로 인하여 현실 적합성이 떨어짐 • 분석이 복잡하고 시간과 비용이 많이 소모되며 정책의 현실성을 고려 못하는 이상적·분석적인 모형

02 사이먼의 만족모형

정책결정	몇 개의 대안만을 무작위적으로 탐색하여 만족할 만한 수준에서 의사결정
가정	인간 능력의 한계라는 제한된 합리성과 조직과 정책결정자의 합리성 사이에 존재하는 괴리를 인정 (합리적 경제인이 아닌 행정인을 가정)
한계	• 만족에 대한 수준이 명확하지 않아 중대한 의사결정에 적용하기 어려움 • 보수성과 책임 회피성을 심화시킬 수 있어 혁신을 이끄는 데 한계가 있음

03 린드블롬의 점증모형

정책결정	다원화된 정치적 이해를 가진 관계자들이 민주사회에서 타협과 조정을 통해 기존 정책을 크게 벗어나지 않는 개선된 방향으로 정책을 결정(정책결정은 약간의 향상을 위해 진흙탕을 헤쳐나가는 과정) — 실제에 기초한 현실적 모형으로 정책은 점증적으로 결정하는 것이 바람직하다고 인식 — 매몰비용과 제한적 합리성 그리고 실현가능성을 고려하며 한정된 정책대안만 분석 — 부분적인 정책결정과 시행착오를 반복하며 목표와 수단이 상호조정되어 수단에 의해 목표를 수정
가정	인간의 한계를 인정한 사이먼의 제한된 합리성과 타협과 조정을 중시하는 정치적 합리성에 바탕을 둠
한계	급격한 개혁과 새로운 환경을 반영하는 혁신적 정책결정 설명에 불리

04 쓰레기통모형

정책결정	• 합리적 사고에 근거하지 않고 ① 정책결정기회, ② 해결을 요하는 문제, ③ 해결책, ④ 의사결정 참여자라는 네 요소가 우연히 일치할 때 정책이 결정된다고 인식 • 의사결정방식으로 끼워넣기와 미뤄두기 존재
가정	• 대학과 같이 구성원의 응집력이 아주 약한 혼란상태(조직화된 무정부상태)에서의 의사결정을 설명 • 조직화된 무정부상태의 특성 — 일시적(= 유동적) 참여자: 동일한 개인이 어떤 때에는 참여했다가 어떤 때에는 참여하지 않음 — 문제성 있는 선호(= 불확정적 선호): 무엇을 선택하는 것이 바람직한지에 대한 합의가 없음 — 불명확한 기술: 목표와 수단 사이에 존재하는 인과관계가 불명확

기출 선지 OX

01 합리모형은 만족할 만한 수준에서 의사결정이 이루어진다고 설명하는 모형이다. 23지9 O | X

02 점증모형은 정책을 이해관계자들 사이에 이루어지는 타협과 조정의 산물로 본다. 22군9 O | X

03 만족모형은 조직 차원의 합리성과 정책결정자 개인 차원의 합리성 사이에 존재하는 괴리를 인정한다. 22군9 O | X

04 쓰레기통모형은 대학조직과 같이 조직구성원 사이의 응집력이 아주 약한 상태, 즉 조직화된 무정부상태(organized anarchy)에서 의사결정이 이루어지는 과정을 설명하려고 시도한다. 22국9 O | X

실전 문제

01 다음에서 제시하는 정책결정모형에 대한 설명으로 옳은 것은? 21지7

- 정책의 본질이 미래지향적 문제 해결에 있고, 정책결정에서 가치비판적 발전관에 기초한 가치지향적 행동 추구의 중요성을 고려할 때 매우 중요한 의의가 있다.
- 대안을 선택할 수 있는 기준이 명확해야 한다.
- 기존 정책이나 사업의 매몰비용으로 인해 현실 적합성이 떨어지는 한계가 있다.

① 시간의 흐름에 따라 환류되는 정보를 분석하여 잘못된 점이 있으면 수정·보완하는 방식이다.
② 문제성 있는 선호(problematic preferences), 불명확한 기술(unclear technology), 일시적 참여자(part-time participants)가 전제조건이다.
③ 갈등을 완전히 해결하지 못하고, 타협을 통한 봉합을 모색한다.
④ 같은 비용으로 최대의 목표산출을 얻을 수 있는 대안을 선택하는 행위를 의미한다.

02 쓰레기통모형에서 조직화된 무정부상태(organized anarchy)의 특성에 해당하지 않는 것은? 24경간

① 불명확한 기술(unclear technology)
② 문제성 있는 선호(problematic preferences)
③ 유동적 참여자(fluid participants)
④ 선택기회(choice opportunity)

03 정책결정모형 중 점증모형에 대한 설명으로 옳지 않은 것은? 22지7

① 정책대안을 모두 분석하기보다 한정된 정책대안에 주목한다.
② 시행착오를 반복하면서도 문제를 해결하려는 특성이 있다.
③ 인간의 인지적 한계를 인정하므로 급격한 개혁과 새로운 환경을 반영하는 혁신적 정책결정을 설명하기가 용이하다.
④ 정책결정에서 집단 참여의 합의과정이 중시되고 목표와 수단이 탄력적으로 상호조정된다.

04 정책결정모형에 대한 설명으로 가장 적절하지 않은 것은? 23군7

① 합리모형은 신제도주의에서 설명한 합리적 선택모형과 맥을 같이 한다.
② 합리모형은 완전한 정보를 가지고 효용극대화의 논리에 따라 행동을 하는 경제인의 가정과 매우 유사하다.
③ 점증모형은 실제의 결정상황에 기초한 현실적이고 기술적인 모형이다.
④ 점증모형의 장점을 합리모형과의 통합으로 보완하려는 시도가 최적모형에서 나타난다.

정답
OX 01 X 02 O 03 O 04 O 실전 01 ④ 02 ④ 03 ③ 04 ④

> **이것이 핵심!**
> 3. 에치오니의 혼합탐색모형은 정책결정체제 차원의 모형입니다.
> 4. 엘리슨모형이나 드롤의 최적모형은 다양한 차원에서의 정책결정과정을 구분하여 설명합니다.

05 에치오니의 혼합탐색(혼합주사)모형

정책결정	• 합리모형과 점증모형을 절충하여 **근본적 정책결정은 합리모형을, 부분적 정책결정은 점증모형**을 따름 • 점증모형과 합리모형의 **단점을 통합으로 보완**
한계	• 정책결정 설명의 기술적 타당성을 높이는 **구체적 방법을 제시하지는 못함** • **사회지도체계 수준의 정책결정모형으로 능동적 사회에 적용**하는 것이 바람직함

06 엘리슨모형

배경		1960년대 미국 **쿠바 미사일 위기사건**을 설명하기 위해 연구
특징		세 가지 모형으로 구성되며 **실제 정책결정 설명에 세 가지 모형이 동시에 작동**
모형Ⅰ (합리모형)	정책결정	정책결정자들이 **국가 전체 이익이나 전략적 목표를 극대화하기 위해 정책을 결정**
	가정	**정부의 정책목표와 구성원 개인의 목표는 일치**
	한계	심리적·정치적 변수를 고려하지 않아 조직모형과 관료정치모형이 대안으로 제시
모형Ⅱ (조직모형)	정책결정	• 느슨하게 연결된 **하위 조직체들이 문제 중심의 탐색 후 표준운영절차에 따라 결정** • **불확실한 환경을 회피**하고 조직 내 갈등을 극복하기 위해서 **단기적·임시적 해결** • 하위 요구가 모두 수용되지 않고 타협하는 **갈등의 준해결적 상태에서 정책결정** • **문제상황과 그 해결에 대해 조직체가 학습**
	가정	• **제한된 합리성**을 가정하여 부분최적화를 통한 국지적 합리성을 추구 • **개인 차원의 만족모형을 조직 차원의 의사결정에 적용** • **회사를 상이한 목표와 개성을 지닌 개인의 연합체로 본 회사모형을 계승**
	한계	조직 **상하관계에서의 권력적 측면**이 의사결정에 미치는 영향을 간과
모형Ⅲ (관료모형)	정책결정	**독립적 관리자들이 조정과 타협을 통해 정책결정**
	가정	• 관리자들은 **재량과 이해관계를 가지고 각자의 의견이 상이** • 정책결정 참여자 간의 **목표 공유 정도와 결정의 일관성이 낮음**
	한계	**조직 상위 계층**에 적용

07 드롤의 최적모형

정책결정	'상위(메타)정책결정 – 정책결정 – 정책결정 이후'로 정책결정 단계가 구분되고, **상위정책결정 등 정형적이지 않은 정책결정 시 창의성이나 통찰력 같은 직관적 판단**을 바탕으로 한 혁신전략으로 정책을 결정
특징	• 합리성뿐 아니라 직관·판단·통찰 등과 같은 **초합리성을 함께 고려** • **합리모형의 비현실성과 점증주의의 보수성을 극복**하기 위해 등장 • **양적 측면과 질적 측면을 동시에 분석**하여 합리모형과 점증모형의 강점을 취하려 함

08 사이버네틱스모형

정책결정	에어컨과 같이 설정된 목표 달성을 위해 정보 제어와 환류를 통해 행동을 스스로 조정

기출 선지 OX

05 혼합주사모형(mixed scanning approach)은 1960년대 미국의 쿠바 미사일 위기사건을 설명하기 위해 연구된 모형이다. 〔23지9〕 O | X

06 사이버네틱스모형을 설명하는 예시로 자동온도조절장치를 들 수 있다. 〔23지9〕 O | X

07 최적모형은 합리모형의 한계를 극복하기 위해 만족모형과 점증모형의 강점을 취하고자 한다. 〔22군9〕 O | X

08 엘리슨의 관료정치모형에 따르면 정책결정은 준해결(quasi-resolution)적 상태에 머무르는 경우가 많다. 〔23군9〕 O | X

실전 문제

05 정책결정모형에 대한 설명으로 가장 옳은 것은? 〔24해승〕
① 쓰레기통모형은 의사결정을 위해서는 문제, 해결책, 참여자의 세 가지 요소만이 필요하다고 본다.
② 최적모형에 따르면 정책결정과 관련해 위험 최소화전략 대신 혁신전략을 취하는 것은 상위정책결정(meta-policy making)에 해당한다.
③ 만족모형은 의사결정자들이 만족할 만하고 괜찮은 해결책을 얻기 위해 몇 개의 대안만을 병렬적으로 탐색한다고 본다.
④ 엘리슨(Allison)모형 Ⅱ는 긴밀하게 연결된 하위 조직체들이 표준운영절차를 통해 상호의존적인 의사결정을 한다고 본다.

06 엘리슨(Allison)의 정치모형(Model Ⅲ)에 대한 설명으로 옳은 것은 모두 몇 개인가? 〔24경간〕

ㄱ. 정부의 정책목표와 구성원 개인의 목표가 일치하는 것으로 가정한다.
ㄴ. 느슨하게 연계된 하위 조직체들이 표준운영절차(SOP)에 따라 의사결정을 한다.
ㄷ. 각자의 재량권과 이해관계를 가진 독립적인 개인들이 조정과 타협을 통해 정책을 결정한다.
ㄹ. 정책결정은 준해결의 상태에 그치며 제한된 합리성에 의해 제약을 받는다.
ㅁ. 정책결정주체 간 목표의 공유도는 매우 낮고 정책결정의 일관성도 매우 약하다는 특징을 가진다.

① 1개　② 2개
③ 3개　④ 4개

07 연합모형(coalition model)의 특징에 대한 설명으로 가장 옳지 않은 것은? 〔25경간〕
① 갈등의 준해결
② 문제 중심의 탐색
③ 표준운영절차(SOP) 중시
④ 불확실성의 선호

08 회사모형에 관한 설명으로 옳지 않은 것은? 〔22소간〕
① 개인적 차원의 만족모형을 조직 차원의 의사결정에 적용한 모형이다.
② 회사를 상이한 개성과 목표를 가진 개인의 연합체로 정의한다.
③ 조직환경을 매우 유동적이고 불확실한 것으로 간주한다.
④ 회사는 내부갈등을 상급자의 권위를 바탕으로 통합적으로 해결하고자 한다.
⑤ 부분 최적화를 통한 국지적 합리성을 강조한다.

정답
OX 05 X　06 O　07 X　08 X
실전 05 ②　06 ②　07 ④　08 ④

해설 218쪽

TOPIC 18 정책집행

최근 3개년 출제 빈도
9급	7급
10	14

★★★★ 중요도 S

> **이것이 핵심!**
>
> 1. 전통적으로 정책집행은 정책결정에 따라 하향적으로 이루어지는 것으로 생각되었습니다. 그러다 하향식 접근의 한계로 인하여 상향식 정책집행이 강조되기 시작했고, 이후 통합적 접근이 이루어지고 있습니다.

01 정책집행에 대한 하향적 접근방법

개념	• 정책집행을 정책결정의 결과물인 정책목표를 달성하는 과정으로 인식하여 집행과정의 순응을 강조
	  ─ 정책목표가 분명하고 정책결정자의 의도를 정확히 이해할수록 정책이 효과적으로 집행
	  ─ 합리모형에 입각해 목표와 수단 간에 인과관계가 있다고 보며, 목표에 대한 성과평가를 중시
	  ─ 성공적인 집행을 위해서는 정책내용이 타당하고 정책결정자가 적절한 리더십을 발휘할 필요가 있음
	• 정책결정은 타당한 인과이론에 바탕을 둔 규범적 처방
	• 엘모어의 전방향적 집행연구 등

사바티어와 마즈매니언	효과적인 정책집행을 위해서는 정책내용으로서 명확한 법령과 구체적인 정책지침이 필요하고 제시된 변수들을 체크리스트로 활용하여 집행과정을 점검할 필요가 있음
프레스먼과 윌다브스키	오클랜드 정책집행 사례를 연구하면서 효과적 정책집행을 위한 조건을 제시 - 정책집행 참여자가 적고 프로그램이 단순하며 최초 정책 추진자가 지속적으로 집행을 이끌 필요가 있음
한계	프로그램의 의도하지 않은 효과는 분석이 곤란하고, 일선관료나 정책에 반대하는 정책행위자들의 전략 등을 과소평가하거나 쉽게 파악할 수 없음

02 정책집행에 대한 상향적 접근방법

개념	• 집행조직과 정책 간의 상호적응을 강조하면서 일선관료가 정책집행과정에 큰 영향력을 행사한다고 보며 정책목표 대신 집행 문제 해결에 초점 • 정책결정과 집행의 통합을 통해 문제상황에 대한 대응을 강조 • 엘모어의 후방향적 집행연구나 립스키의 일선관료제 등이 해당

립스키의 일선관료제	• 일선관료는 재량권 행사를 통해 실질적 정책결정자 역할
	• 교사, 일선경찰, 사회복지공무원 등 일선관료가 정부를 대신하여 시민에게 정책을 직접 전달
	  ─ 일선관료는 사회경제적 취약계층의 삶에 큰 영향을 끼침
	  ─ 일선관료는 자원 부족, 권위에 대한 도전, 모호하고 대립되는 기대, 비정형적인 대상에 직면
	  ─ 재량권 강화를 통해 집행현장의 특수성 및 예상치 못한 사태에 대비
	• 시민을 구분하여 인식하고 단순화와 정형화라는 적응 매커니즘을 통해 특정 계층에 집중적 관심을 두는 방식으로 업무처리

한계	• 집행의 제도적 구조, 집행 자원 배분 등 집행의 거시적 틀을 무시 • 정책목표가 모호해질 가능성이 있음

03 정책집행에 대한 통합적 접근방법

개념	• 정책목표는 하향적으로 접근하고, 정책수단은 상향적으로 접근해 집행가능성이 높은 수단을 선택 • 엘모어의 통합적 접근 등

기출 선지 OX

01 립스키(Lipsky)의 '일선관료제'에서 일선관료들이 처하는 업무환경의 특징으로는 자원 부족, 일선관료 권위에 대한 도전 등이 있다. 22국9 O | X

02 립스키(Lipsky)의 '일선관료제'에서 일선관료들이 처하는 업무환경의 특징으로는 모호하고 대립되는 기대, 단순하고 정형화된 정책대상집단 등이 있다. 22국9 O | X

03 엘모어(Elmore)의 후방향적 집행연구과 사바티어(Sabatier)와 매즈매니언(Mazmanian)의 집행과정 모형은 상향식 접근방법(bottom-up approach)이다. 20국7 O | X

04 상향적 접근법은 정책목표의 명확성과 그 실현을 위한 다양한 수단의 필요성을 강조한다는 점에서 합리모형에 입각한 이론이다. 24군9 O | X

실전 문제

01 프레스먼(Pressman)과 윌다브스키(Wildavsky)의 성공적인 정책집행에 관한 오클랜드 사례분석의 내용으로 옳지 않은 것은? 21지7
① 정책집행에 개입하는 참여자의 수가 적어야 한다.
② 정책집행은 정책결정과 분리되어 독립적으로 수행해야 한다.
③ 정책집행을 위한 프로그램 설계가 단순해야 한다.
④ 최초 정책집행 추진자 또는 의사결정자가 지속해서 집행을 이끌어야 한다.

02 정책집행을 주어신 정책목표의 달성을 위한 수단적 행위로 파악하는 접근방법에 대한 설명으로 옳지 않은 것은? 23국7
① 타당한 인과이론에 바탕을 둔 정책결정의 내용은 이러한 접근에서 제시하는 규범적 처방이 된다.
② 효과적인 정책집행을 위해서는 정책내용으로서 명확한 법령과 구체적인 정책지침을 갖고 있어야 한다.
③ 정부 및 민간 프로그램에서의 의도하지 않은 효과까지도 분석할 수 있다는 장점이 있다.
④ 정책에 반대하는 정책행위자들의 입장이나 전략적 행동을 쉽게 파악할 수 없다는 단점이 있다.

03 다음 설명에 해당하는 정책집행모형을 제시한 학자는? 22국7

- 효과적인 정책집행을 위해 갖추어야 할 조건으로서 정책결정의 내용은 타당한 인과이론에 바탕을 두어야 하며 정책내용으로서 법령은 명확한 정책지침을 가지고 있어야 한다.
- 집행과정에서 발생할 수 있는 변수들을 미리 예견할 수 있도록 해 주는 체크리스트로서의 기능을 한다는 장점이 있다.
- 정책집행 현장의 일선관료들이나 대상집단의 전략 등을 과소평가하거나 쉽게 파악할 수 없다는 단점이 있다.

① 사바티어(Sabatier)와 마즈매니언(Mazmanian)
② 린드블럼(Lindblom)
③ 프레스만(Pressman)과 윌다브스키(Wildavsky)
④ 레인(Rein)과 라비노비츠(Rabinovitz)

04 립스키(Lipsky)의 일선관료제(street level bureaucracy)에 대한 설명으로 옳지 않은 것은? 23국7
① 일선관료에 대한 재량권 강화는 집행현장의 특수성 및 예상치 못한 사태에 대비하게 할 수 있다.
② 일선관료는 만성적으로 부족한 자원, 모호한 역할 기대, 그들의 권위에 대한 위협과 도전이라는 업무환경에 처해 있다.
③ 일선관료는 일반시민을 분류하지 않고, 모든 계층을 공평하게 대우한다.
④ 일선관료는 정부를 대신하여 시민에게 정책을 직접 전달하는 존재로, 특히 사회경제적 취약계층의 삶에 큰 영향력을 미친다.

정답
OX 01 O 02 X 03 X 04 X   실전 01 ② 02 ③ 03 ① 04 ③   해설 220쪽

> **이것이 핵심!**
> 2. 나카무라와 스몰우드는 정책집행의 유형을 다섯 가지로 나누었습니다. 자주 출제되는 주제입니다.
> 3. 그 외에도 정책집행에 대한 여러 모형이 있습니다. 이름과 핵심 내용만 학습해 주세요.

04 나카무라와 스몰우드의 정책집행의 다섯 가지 유형

고전적 기술자형	• 정책결정자가 구체적인 목표를 설정하면 정책집행자는 목표 달성을 위한 기술적 수단 강구 • 정책결정자가 세부 정책내용까지 결정해 집행과정을 엄격하게 통제하고 정책집행자들은 기술수단에 대한 약간의 제한된 재량권만 보유
지시적 위임형	정책결정자가 목표를 설정하고 집행자에게 목표 달성에 필요한 정책수단과 관련하여 기술적·행정적인 폭넓은 권한을 위임
재량적 실험형	정책결정자가 추상적인 목표를 설정하면, 정책집행자는 목표를 구체화하고 필요한 정책수단을 선택
관료적 기업가형	정책집행자가 정책목표와 수단을 강구한 다음 정책결정자를 설득하고, 정책결정자는 형식적인 결정권만 가지고 사실상 정책집행자가 수립한 목표와 수단을 옮기는 역할 - 정책집행자는 정책결정에 필요한 정보를 산출하고 통제하면서 정책결정자의 결정권을 장악하여 정책과정 전반을 지배
협상자형	정책결정자가 목표를 수립하고 집행자들은 정책결정자와 목표나 목표 달성을 위한 수단에 관해 협상 - 정책목표의 바람직성에 대해 정책결정자와 정책집행자가 반드시 의견을 같이하는 것은 아님

05 기타 모형

반 미터 반 혼	정책기준과 목표, 집행에 필요한 자원, 조직 간 의사소통과 집행활동, 집행기관의 특성, 경제·사회·정치적 조건, 정책집행자의 성향이라는 변수에 따라 정책성과가 결정

매틀랜드	• 모호성과 갈등이라는 두 차원에 따라 정책집행을 네 가지로 분류
	• 모호성이 낮고 갈등이 높은 경우
	   - 순응 확보를 위한 강압 또는 보상수단이 중요
	   - 정책집행과정은 대립적 이해관계를 가진 외부행위자에 의해 영향을 받음
	   - 갈등이 매수나 담합으로 해결될 가능성이 있음

타협모형	정책집행은 갈등을 야기하고 저항하는 세력과 타협하여 협력을 얻어내는 과정

기출 선지 OX

05 나카무라(Nakamura)와 스몰우드(Smallwood)의 정책결정자와 정책집행자의 관계에 따른 정책집행의 유형에서 '고전적 기술자형'은 정책결정자가 구체적인 목표를 설정하면, 정책집행자는 그 목표를 지지하고 목표 달성을 위한 기술적인 수단을 강구하는 역할을 담당한다고 본다. 22국9 O | X

06 반 미터와 반 혼(Van Meter & Van Horn)의 정책집행과정 연구에서는 정책과 성과를 연결하는 모형에 정책기준과 목표, 집행에 필요한 자원, 조직 간 의사소통과 집행활동(enforcement activities), 집행기관의 특성, 경제·사회·정치적 조건, 정책집행자의 성향(disposition)이라는 변수를 제시하였다. 24지9 O | X

07 타협모형(compromise model)에 따르면, 정책집행은 갈등을 야기하고 저항하는 세력과 타협하여 협력을 얻어내는 과정이다. 24군9 O | X

08 '재량적 실험형'은 정책결정자가 추상적인 목표를 설정하면, 정책집행자는 정책결정자를 위해 목표와 수단을 명확하게 하는 역할을 담당한다고 본다. 22국9 O | X

실전 문제

05 나카무라(Nakamura)와 스몰우드(Smallwood)의 정책집행유형에 관한 설명으로 옳게 짝 지어진 것은? 24경승

> ㄱ. 정책결정자가 세부적인 정책내용까지 결정하고 정책집행자는 아주 제한된 부분의 재량권만 인정받고 목표 달성을 위해 노력한다.
> ㄴ. 정책결정자가 정책목표를 세우고 대체적인 방향을 정하면 정책집행자는 목표 달성에 필요한 정책수단에 관해 폭넓은 재량권을 위임받아 정책을 집행한다.

	ㄱ	ㄴ
①	고전적 기술자형	지시적 위임형
②	지시적 위임형	재량적 실험가형
③	고전적 기술자형	재량적 실험가형
④	지시적 위임형	관료적 기업가형

06 나카무라와 스몰우드(Nakamura & Smallwood)가 분류한 정책집행의 유형 중 '관료적 기업가형'에 대한 설명으로 가장 옳은 것은? 23해승
① 정책결정가는 명백한 목표를 설정하고, 정책집행가는 이러한 목표의 바람직성에 동의한다.
② 정책결정가와 정책집행가는 정책목표의 바람직성에 대해서 반드시 의견을 같이하지는 않는다.
③ 정책결정가가 정책형성에 정통하고 있지 않아 많은 재량권을 정책집행가에게 위임한다.
④ 정책집행가는 정책결정에 필요한 정보를 산출하고 통제함으로써 정책과정을 지배한다.

07 다음 중 매틀랜드(Matland)가 모호성(ambiguity)과 갈등(conflict)이라는 두 차원에 따라 분류한 네 가지 정책집행사항 중에서, 모호성이 낮고 갈등이 높은 상황에 대한 설명으로 가장 옳지 않은 것은? 23해간
① 갈등은 매수(side payment)나 담합(logrolling) 등과 같은 방식으로 해결되기도 한다.
② 순응을 확보하기 위해서는 강압적 또는 보상적 수단이 중요해진다.
③ 정책목표가 명확하지 않기 때문에 집행과정은 목표의 해석과정으로 이해될 수 있다.
④ 정책집행과정은 대립적 이해관계를 가진 집행 조직 외부의 행위자에 의해 영향을 많이 받는다.

08 나카무라와 스몰우드(R. Nakamura & F. Smallwood)의 정책집행유형에 대한 설명으로 가장 적절하지 않은 것은? 22경승
① 고전적 기술관료형은 정책결정자가 구체적 목표를 설정하고 집행자에게 기술적 문제에 관한 권한을 위임하는 유형이다.
② 지시적·위임형은 정책결정자가 목표를 설정하고 집행자에게 기술적·행정적 권한을 위임하는 유형이다.
③ 재량적 실험가형은 정책결정자가 추상적 목표를 제시하고 집행자와 목표 또는 목표 달성수단에 대해 협상하는 유형이다.
④ 관료적 기업가형은 정책결정자가 형식상 결정권을 가지고 집행자는 정책결정의 권한을 장악하고 정책과정의 통제권을 행사하는 유형이다.

정답
OX 05 O 06 O 07 O 08 O
실전 05 ① 06 ④ 07 ③ 08 ③

TOPIC 19 정책변동과 정책순응

★★★★ 중요도 S

이것이 핵심!

1. 정책은 결정된 이후 변화해 나갑니다. 옹호연합모형은 10년 이상의 기간에서 옹호연합의 신념체계가 조정되며 정책이 변화하는 것을 설명하는 모형입니다.
2. 호그우드는 정책변동의 유형을 구분했습니다. 정책유지와 정책승계를 구분할 수 있어야 합니다. 정책유지는 주요 정책이 유지되는 것이고, 정책승계는 정책목표만 유지하고 사업은 변경하는 것입니다.

01 사바티어의 옹호연합모형

정책변화	• 신념체계를 공유하는 지지연합으로 구성된 정책하위체제를 단위로 정책변화를 이해 • 사회경제적 변동과 정치체제구조의 변화 등 외생변수의 변화, 지지연합의 상호작용, 정책지향적 학습으로 신념체계와 정책이 변화 - 옹호연합 내부만이 아니라 옹호연합 사이에서도 상호작용과 정책지향적 학습이 진행
신념체계	규범적 핵심 신념 – 정책 핵심 신념 – 이차적 신념(부차적 신념)의 신념구조를 가지며 이차적 신념이 변화가능성이 높음 ┌ 행정규칙, 예산 배분, 규정의 해석에 대한 결정 등은 이차적 신념과 관련 └ 과학적·기술적 정보 등이 신념 변경에 역할을 함
특징	• 정책변화와 정책지향적 학습 역할을 이해하기 위해서는 10년 이상의 기간이 필요 • 정책하위체제단위에서 시작된 상향적 접근방법을 기본으로 하향적 접근방법을 결합 • 정책을 어떻게 실현할 것인가에 관한 가치 우선순위 및 인과관계의 과정을 설명 가능

02 호그우드와 피터스의 정책변동유형

정책유지	기존 정책의 기본 성격과 골격을 유지하면서 주요 정책수단이 아닌 일부 정책수단만 부분적으로 변화 - 사업 내용 일부를 수정하고 예산의 조정이나 집행절차를 일부 변형
정책종결	• 다른 정책으로의 대체 없이 기존 정책을 완전히 중단 - 현존하는 정책을 완전히 소멸시키는 것으로 정책수단이 되는 사업과 지원 예산을 중단하고 이를 대체할 수단을 결정하지 않는 것 • 매몰비용, 법적 제약, 동태적 보수주의 등으로 인한 저항이 발생
정책승계 (선형승계)	정책의 기본 목표는 유지하면서, 정책을 대체 혹은 수정하거나 일부 종결하여 그 내용을 바꾸는 것 ┌ 정책대체: 정책목표를 변경시키지 않는 범위 내에서 사업이나 담당 조직과 같은 내용을 변경 └ 부분종결: 정책 일부를 유지하면서 다른 일부는 폐지하는 것으로 정책유지와 정책종결의 배합
정책혁신	• 기존 정책수단이 없는 무에서 유를 창조하는 정책변동 • 기존 조직이나 예산을 사용하지 않고 새로운 조직을 만들거나 예산을 편성

기출 선지 OX

01 옹호연합모형(Advocacy Coalition Framework)은 정책하위체제에 초점을 두어 정책변화를 이해한다. `24지9`
O | X

02 옹호연합모형(Advocacy Coalition Framework)에서 행정규칙, 예산 배분, 규정의 해석에 대한 결정은 정책 핵심신념과 관련된다. `24지9`
O | X

03 호그우드(Hogwood)와 피터스(Peters)가 제시한 정책변동의 유형에서 정책혁신은 기존의 조직이나 예산을 기반으로 새로운 형태의 개입을 결정하는 것이다. `22지9`
O | X

04 호그우드(Hogwood)와 피터스(Peters)가 제시한 정책변동의 유형에서 정책유지는 기존 정책의 기본 골격을 유지하면서 정책수단의 부분적인 변화만 이루어지는 것이다. `22지9`
O | X

실전 문제

01 정책지지연합모형(Advocacy Coalition Framework)에 대한 설명으로 옳은 것은? `22국회8`
① 신념체계와 정책변화는 정책지향적 학습에 의해서만 가능하다고 가정한다.
② 정책변화의 과정과 정책지향적 학습의 역할을 이해하려면 단기보다는 5년 정도의 중기 기간이 필요하다고 전제한다.
③ 정책변화를 분석하기 위한 분석단위로 정책하위체계를 설정한다.
④ 하향식 접근법의 분석단위를 채택하여 공공 및 민간 분야까지 확장하면서 행위자들의 전략적 행위를 검토한다.
⑤ 정책행위자가 강한 정책신념을 가지고 있다고 간주하므로 정책행위자의 신념을 변경시키는 데에 있어 과학적, 기술적인 정보는 중요한 역할을 담당하지 못한다고 가정한다.

02 다음 중 정책변동의 유형 가운데 '정책유지'에 대한 설명으로 가장 적절한 것은? `24군7`
① 기존의 정책목표는 그대로 이어받으면서 주요 정책 수단을 일부 수정하는 것이다.
② 사업내용의 일부를 수정하고 예산의 조정이나 집행절차를 조금만 변형시킨다.
③ 정책의 성격을 거의 전면적으로 대체하거나 부분적으로 종결시킨다.
④ 기존에 정부가 개입하지 않던 분야나 영역에 대해 새로운 정책을 추진하는 것이다.

03 정책변동의 유형에 관한 설명으로 가장 적절한 것은? `24경송`
① 정책대체는 정책의 일부를 유지하면서 다른 일부는 완전히 폐지하는 것이다.
② 부분종결은 정책목표를 변경시키지 않는 범위 내에서 정책내용을 완전히 새로운 것으로 바꾸는 것이다.
③ 정책유지는 정책의 기본 골격은 그대로 지속하면서 사업내용이나 인적·물적 자원의 투입 혹은 집행절차 등을 변경하는 것이다.
④ 정책혁신은 현존하는 정책을 완전히 소멸시키는 것으로 정책수단이 되는 사업과 지원 예산을 중단하고 이를 대체할 수단을 결정하지 않는 것이다.

04 다음 중 정책변동에 대한 설명으로 가장 옳지 않은 것은? `22해송`
① 호그우드(Hogwood)와 피터스(Peters)는 정책변동의 유형으로 정책유지, 정책종결, 정책승계, 정책혁신을 들고 있다.
② '정책혁신'은 기존 정책수단이 없는 무(無)에서 새로운 정책을 만드는 것이다.
③ 정책의 기본적 성격은 유지한 채 정책수단인 사업이나 담당조직을 바꾸는 경우는 '정책승계'이다.
④ '정책종결'에 대한 저항원인으로는 매몰비용, 법적제약, 동태적 보수주의 등이 있다.

정답
OX 01 O 02 X 03 X 04 O
실전 01 ③ 02 ② 03 ③ 04 ③

> **이것이 핵심!**
>
> 3. 과거와 달리 다원화된 현대 사회에서는 정책집행과정에서 집행대상의 불응이 문제되고 있습니다. 불응은 정책의 성격에 의해서도 발생하지만 정부신뢰가 부족하여 발생하기도 합니다.
> 4. 정책순응을 확보하는 수단에는 설득, 유인, 처벌이 있습니다. 각각의 장단점을 파악해야 합니다.

03 사회자본

개념	• 시민들이 공동체의 문제 해결에 참여하는, 관계 속에 존재하는 무형의 자본 • 사회자본의 교환관계는 동시성을 전제로 하지 않는 비등가물 사이 교환 • 퍼트남은 네트워크, 신뢰, 규범을 사회자본의 구성요소로 제시했고 그 핵심은 호혜주의 • 긍정적 사회 제재력으로 기능할 경우 거래비용 감소 및 공동이익을 위한 상호조정과 협력 촉진
특징	• 측정이 용이하지 않고 지속적 교환과정을 거쳐서 유지·재생산되어 단기 형성이 힘듦 • 경제적 자본에 비해 불확실하고 형성과정도 불투명 • 사회자본의 규범을 공유하는 결속력은 폐쇄성으로 연결되어 부정적 효과도 가능

04 정부신뢰

개념	\multicolumn{2}{l|}{• 정부 활동의 정당성에 대한 긍정적 태도 • 도덕성, 정책내용의 일관성 유지, 정부 역량, 사회자본, 정치환경 등이 정부신뢰의 결정인자}
유형	신탁적 신뢰	주인 – 대리인 관계에서의 신뢰
	상호적 신뢰	상호 정보가 대칭적인 관계에서 형성

05 시민참여

개념	정책 결정 및 집행 과정에서 시민이 적극적으로 개입하는 것
숙의민주주의	• 단순 다수결이 아닌 정보획득 후의 토론과 의견 수정을 통한 의사 결정 • 시민대표단을 구성한 공론조사에서의 토론 등

06 정책순응

개념	\multicolumn{2}{l|}{정책의 내용에 일치하는 정책집행자, 중간매개집단, 정책대상집단의 '행태'}
확보수단과 한계	도덕적 설득	일선 관료는 저항을 하지 않으나 피해를 입는 대상은 불응 이유를 찾으려 시도
	유인 (보상 제공)	• 정책순응 시 부담이 발생하여 정책에 불응하려 하는 경우에 효과적 • 도덕적 자각이나 이타주의적 고려에 의해 자발적으로 순응하는 사람들의 명예나 체면을 손상시키고 사람의 타락을 유발
	처벌	불응 형태를 정확하게 점검 및 파악하기 어려운 경우가 많다는 약점이 있음

기출 선지 OX

05 정책순응을 도덕적 순응으로 확보하려 할 경우 일선집행관료는 큰 저항을 하지 않으나 정책에 의해 피해를 입는 대상집단은 의도적으로 불응의 핑계를 찾으려 한다. 22국7 O | X

06 정책순응을 유인으로 확보하려 할 경우 불응의 형태를 정확하게 점검 및 파악하기 어려운 경우가 많다는 약점이 있다. 22국7 O | X

07 정책순응을 처벌로 확보하려 할 경우 도덕적 자각이나 이타주의적 고려에 의해 자발적으로 순응하는 사람들의 명예나 체면을 손상시키고 사람의 타락을 유발할 수 있다. 22국7 O | X

08 사회자본의 교환은 시간적으로 동시성을 전제로 하지 않는다. 24해총 O | X

실전 문제

05 다음 중 사회적 자본에 대한 설명으로 가장 적절하지 않은 것은? 24군7
① 사회적 자본은 경제적 자본에 비하여 형성과정이 불투명하지만 보다 확실하다.
② 사회적 자본의 형성은 단기간에 이루어지기 힘들다.
③ 사회적 자본은 공동체주의적 지향성을 갖는다.
④ 사회적 자본은 측정이 용이하지 않다는 지적을 받는다.

06 정책순응(policy compliance)에 관한 설명으로 옳은 것은? 23소간
① 내면적 가치관의 변화가 가장 중요하기 때문에 행태 차원의 개념이 아니다.
② 정책순응에 수반하는 부담으로 인한 불응의 대책으로는 보상이 효과적이다.
③ 정책집행자나 집행을 위임받은 중간매개집단은 정책순응의 주체가 아니다.
④ 정책대상집단의 불응은 규제정책보다 배분정책에서 더 심각하게 나타난다.
⑤ 정책집행과정에서 모든 참여자가 완전하게 순응하면 정책결정자의 원래 의도가 보장된다.

07 사회적 자본에 대한 설명으로 옳은 것은? 21국7
① 사회적 자본이 증가하면 제재력이 약화되는 역기능이 있다.
② 타인에 대한 신뢰는 사회적 자본의 구성요소가 아니다.
③ 호혜주의는 사회적 자본에 영향을 미치지 않는다.
④ 사회적 자본은 거래비용을 감소시키는 순기능이 있다.

08 정부신뢰 및 시민참여에 대한 설명으로 옳은 것만을 모두 고르면? 23국7

> ㄱ. 도덕성 확보, 정책내용의 일관성 유지, 정부 역량은 모두 정부신뢰의 구성인자이다.
> ㄴ. 정부와 시민 간의 신뢰유형 중 신탁적 신뢰는 대칭적 관계에서 형성된다.
> ㄷ. 시민들이 기피하는 시설의 건설 추진 여부에 대한 공론조사에서 시민대표단을 구성하여 토론하는 것은 숙의민주주의의 사례이다.

① ㄱ
② ㄱ, ㄷ
③ ㄴ, ㄷ
④ ㄱ, ㄴ, ㄷ

정답
OX 05 O 06 X 07 X 08 O 실전 05 ① 06 ② 07 ④ 08 ②

TOPIC 20 정책분석

최근 3개년 출제 빈도
9급	7급
7	13

★★★★ 중요도 S

이것이 핵심!

1. 정책분석이란 정책목표를 성취하기 위한 구체적인 대안을 탐색하고 모색하는 과정입니다.
2. 정책문제를 구조화하는 것부터 정책분석이 시작됩니다. 구조화 이후에는 미래예측이 이어집니다. 수학과 통계를 사용하는 양적분석과 그렇지 않은 질적분석으로 미래예측 방법은 나뉩니다.

01 정책문제의 구조화기법

가정분석	• 가능한 경우마다의 비판적 평가 등을 통해 여러 대립되는 가정들을 창조적으로 통합 및 종합 • 문제에 대한 가정이나 전제가 정책과정 참여자들 간에 일치하지 않을 경우 수행
계층분석	가능성 있는 원인의 식별 또는 문제상황의 인과관계를 규명하는 분석
시네틱스 (유추분석)	• 비슷하게 경험한 문제와 비교하여 당면한 문제를 식별 • 유사한 관계를 인지하는 것이 분석가의 문제 해결능력을 증가시킬 것이라는 가정에 기초
분류분석	문제 구성요소를 분해하여 식별함으로써 개념을 명료화
경계분석	• 현재 문제와 다른 문제들의 관계를 파악하여 문제의 경계를 추정 • 문제 위치와 존재기간, 문제를 형성해 온 역사적 사건들을 구체화
브레인스토밍	• 즉흥적이고 자유로운 분위기에서 의견 제시와 아이디어 창출 • 초기 단계에서 타인의 아이디어를 비판하거나 평가해서는 곤란

02 미래예측기법

개념		정책목표를 성취하기 위한 구체적인 대안을 탐색하고 모색하는 과정
던의 미래예측 분류	투사	• 수치를 분석하는 양적 연구 방법을 통해 지금까지의 추이를 연장하여 미래를 예측하는 방법 • 선형경향 추정, 추세분석, 최소자승경향 추정, 격변예측기법 등
	예견	• 양적 연구 방법과 이론적 가설을 활용하여 미래를 예측하는 방법 • 선형기획법, 경로분석, 회귀분석 등
	추정	• 질적 연구방법을 통하여 미래를 직관적으로 예측하는 방법 • 정책델파이, 교차영향분석 등
추세연장 (투사)		이동평균법, 지수평활법 등을 활용해 과거부터 현재까지의 시계열 자료를 토대로 미래 상태를 예상 ┌ 지속성, 규칙성, 자료의 신뢰성 및 타당성을 전제 └ 인구 감소, 경제성장, 기관 업무량 예측 등에 사용
교차영향분석		관련 사건이 일어났느냐 일어나지 않았느냐에 기초해 미래 사건이 일어날 확률에 대해 판단
델파이		전문가들이 신분을 노출시키지 않고 서면으로 여러 차례 통계 제공 및 피드백을 반복하여 미래를 예측 ┌ 집단토론에서의 왜곡된 의사전달을 해결하기 위하여 미국 랜드연구소에서 개발 └ 익명의 통제된 환류과정을 통해 전문가 간 합의를 유도
정책델파이		• 정책 이슈의 잠정적 해결책에 대해 있을 수 있는 반대의견 창출 후 토론을 통해 최종적 보고서 작성 ┌ 초기에는 신분을 노출시키지 않으나 주장이 표면화된 후에는 참가자 간 공개토론 진행 └ 경험적 자료나 이론이 없을 때 예측자의 주관적 판단에 의해 예측 • 참여범위가 전문가뿐 아니라 이해당사자나 정책관련자로 확대되어 개인의 이해관계 개입 가능

기출 선지 OX

01 관련 사건이 일어났느냐 일어나지 않았느냐에 기초하여 미래에 어떤 사건이 일어날 확률에 대해서 식견 있는 판단(informed judgments)을 끌어내는 방법은 델파이기법이다. 24지9 O | X

02 가정분석은 문제상황의 가능성 있는 원인, 개연성(plausible) 있는 원인, 행동 가능한 원인을 식별하기 위한 기법이다. 24지9 O | X

03 계층분석은 정책 문제에 관해 서로 대립되는 가정의 창조적 종합을 목표로 하는 기법이다. 24지9 O | X

04 분류분석은 문제의 구성요소를 분해하여 식별함으로써 개념을 명료화한다. 23국회9 O | X

실전 문제

01 정책대안의 미래예측방법인 추세연장(extrapolation) 예측기법에 대한 설명으로 옳지 않은 것은? 23국7
① 과거부터 현재까지의 자료를 토대로 미래 사회의 상태를 예상하는 방법이다.
② 추세연장의 주요 방법에는 이동평균법(moving average), 지수평활법(exponential smoothing), 교차영향행렬(cross-impact matrix) 분석이 있다.
③ 지속성(persistence), 규칙성(regularity), 자료의 신뢰성(reliability) 및 타당성(validity)의 가정이 충족되는 것을 전제로 한다.
④ 추세연장 예측분석을 위해서는 시계열 자료가 주로 사용되며, 인구 감소, 경제성장, 기관의 업무량 등을 예측하는 데 이용된다.

02 정책델파이(Policy Delphi)에 관한 설명으로 가장 적절하지 않은 것은? 23경승
① 개인의 이해관계나 가치판단이 개입될 수 있다.
② 정책대안에 대한 주장들이 표면화된 이후 참여자들 간 공개적 토론이 허용되지 않는다.
③ 경험적 자료나 이론이 없는 경우 예측자의 주관적 판단에 의해 예측하는 방법 중 하나이다.
④ 주요 정책 이슈의 잠정적인 해결책에 대하여 있을 수 있는 반대의견을 창출할 수 있다.

03 다음 표는 던(W. Dunn)이 분류한 정책대안 예측유형과 그에 따른 기법이다. 분류가 옳지 않은 것만을 모두 고르면? 22국회8

예측유형	기법
투사(Project)	ㄱ. 시계열분석 ㄴ. 최소자승 경향 추정 ㄷ. 경로분석
예견(Predict)	ㄹ. 선형기획법 ㅁ. 자료전환법 ㅂ. 회귀분석
추정(Conjecture)	ㅅ. 격변예측기법 ㅇ. 정책델파이 ㅈ. 교차영향분석

① ㄱ, ㄹ, ㅁ ② ㄴ, ㄷ, ㅈ ③ ㄴ, ㄹ, ㅇ
④ ㄷ, ㅁ, ㅅ ⑤ ㄷ, ㅂ, ㅇ

04 전통적 델파이(Delphi)기법에 대한 설명으로 가장 적절하지 않은 것은? 22경승
① 익명성을 보장하기 위해 응답의 통계값으로 평균만 제공한다.
② 집단토론에서 나타나는 왜곡된 의사전달의 문제를 해결하기 위하여 고안되었다.
③ 익명성을 바탕으로 조사되어 통제된 환류를 수행하는 반복된 과정을 통해 전문가 합의를 유도한다.
④ 미국 랜드연구소에서 개발되어 다양한 예측활동 영역에서 이용되고 있다.

정답
OX 01 X 02 X 03 X 04 O   실전 01 ② 02 ② 03 ④ 04 ①

> **이것이 핵심!**
> 3. 정책대안에 대한 분석은 비용 – 편익분석으로 주로 이루어집니다. 비용 – 편익분석의 시행이 어려운 경우에는 비용 – 효과분석이 대신 진행됩니다.
> 4. 그 외에도 다양한 미래예측 및 정책분석 방법이 있습니다. 명칭과 핵심 내용을 연결해 주세요.

03 정책대안 분석

비용 – 편익분석	개념	• 사업 및 정책과 관련된 모든 요소를 화폐 단위로 변환하여 비교
		• 대안 간 비교를 위해 순현재가치법, 비용편익비율법, 내부수익률법 등을 사용
		   — 순현재가치는 편익의 총현재가치에서 비용의 총현재가치를 뺀 것
		     — 비용편익비율법에서는 비용 대비 편익의 비율이 1보다 크면 경제성이 존재
		       — 내부수익률은 비용편익비율을 1로 만들어 순현재가치를 0으로 만드는 할인율

	특징	• 총편익이 총비용보다 클 때 타당성이 인정된다는 칼도 – 힉스 기준이 기초 • 의도적으로 왜곡된 평가를 하려는 유인이 존재하여 객관적 결과 획득이 어려움 • 외부효과를 창출하는 공공사업의 경우 시장이자율보다 낮은 사회적 할인율을 적용할 수 있으며 편익을 계산할 때 공공성을 위해 소득계층별로 분배가치를 다르게 적용하는 방식도 가능

비용 – 효과분석	개념	비용은 화폐 단위로, 효과는 재화나 서비스 효과 단위로 비교하는 분석
		   — 외부효과, 무형적 가치분석에 적합
		   — 비용편익분석 수행이 곤란할 때 주로 사용

	특징	• 경제적 합리성보다 목표와 수단 간 기술적 합리성 및 효과성을 중시 • 시장가격에 대한 의존도가 낮기에 민간사업 대안분석에 적용하기는 곤란 • 비용이나 효과 중 하나의 고정을 가정하여야 분석이 가능

04 기타 미래예측 및 정책분석 방법

시뮬레이션	실제 체제를 모방한 모형을 활용하여 미래를 예측
휴리스틱	엄밀한 계산 없이 결론에 도달하게 하는 직관·상식·주먹구구성·발견 등을 총칭
악조건 가중분석	우수한 정책대안에는 최악의 상태를 가정하고 나머지 대안들은 최선의 상태를 가정하여 각 대안들의 결과를 다시 예측
분기점분석	• 악조건 가중분석 결과 우선순위가 달라질 경우 진행 • 가정 중 가장 발생가능성이 높은 대안을 최선의 대안으로 선택
결과의 민감도 분석방법	• 외부변수 영향을 분석하는 상황의존분석 • 모형 내 파라미터 수치인 내생 변수의 영향을 분석하는 민감도분석
의사결정나무분석	대안에 따라 여러 결과가 생기는 상황을 나뭇가지 모양으로 도식화해 분석하는 방법으로 상황의 불확실성을 고려
계층화분석	의사결정목표 또는 평가기준이 다수이며 복합적일 경우 이를 계층화하여 세부 요인들로 분해한 후 각 요인들을 비교하여 중요도와 우선순위 도출
지명반론자기법	반론자들이 고의적으로 대안의 단점과 약점을 지적
명목집단기법	• 서면으로 대안에 대한 아이디어 제출 후 제한된 토론을 거친 후 투표로 의사결정 • 집단 구성원 간 의사소통은 사실상 이루어지지 않음

기출 선지 OX

05 비용편익분석에서 외부효과를 창출하는 공공사업의 경우에는 민간자본시장에서 형성된 시장이자율보다 낮은 사회적 할인율을 적용할 수 있다. `21국회9` O | X

06 계층화분석법(Analytic Hierarchy Process)은 의사결정의 목표 또는 평가기준이 다수이며 복합적일 경우, 이를 계층화하여 세부 요인들로 분해한 후 각 요인들을 상호비교하여 상대적인 중요도와 우선순위를 도출한다. `21국회9` O | X

07 실제 체제를 모방한 모형을 활용하는 정책대안의 미래예측기법은 시뮬레이션이다. `23행정사` O | X

08 비용편익분석 대상이 되는 대안들을 비교하기 위해 순현재가치법, 비용편익비율법, 내부수익률법 등이 사용된다. `21국회9` O | X

실전 문제

05 비용편익분석에 대한 설명으로 옳지 않은 것은? `23국회8`
① 총체적 예산결정 시 대안 탐색에 사용된다.
② 내부수익률은 편익비용비율을 1로 만드는 할인율이다.
③ 공공사업의 분배적 효과를 감안한 타당성 평가를 하기 위해 소득계층별로 다른 분배가중치(distributional weight)를 적용해 계층별 순편익을 조정할 수 있다.
④ 사업의 기간이 길어질수록 현재가치는 커진다.
⑤ 현실에서는 비용편익분석을 하는 과정에서 의도적인 왜곡평가를 하려는 유인이 강하게 존재하기 때문에 객관적으로 타당한 결과를 얻기 어려울 수 있다.

06 비용효과분석에 대한 설명으로 옳은 것은? `22국회8`
① 모든 관련 요소를 공통의 가치 단위로 측정한다.
② 경제적 합리성과 정책대안의 효과성을 강조한다.
③ 시장가격에 대한 의존도가 낮으므로 민간부문의 사업 대안 분석에 적용가능성이 낮다.
④ 외부효과와 무형적 가치분석에 적합하지 않다.
⑤ 변동하는 비용과 효과의 문제분석에 활용한다.

07 다음 중 집단적 의사결정기법에 대한 설명으로 가장 옳지 않은 것은? `22해경`
① 델파이기법(delphi method)은 미래 예측을 위해 전문집단과 비전문집단을 활용하는 의사결정방법이다.
② 브레인스토밍(brainstorming)을 통하여 새로운 아이디어를 만들기 위해서는 초기 단계에서 타인의 아이디어를 비판하거나 평가하지 말아야 한다.
③ 지명반론자기법(devil's advocate method)이 성공하려면 반론자들이 고의적으로 본래 대안의 단점과 약점을 적극적으로 지적하여야 한다.
④ 명목집단기법(normal group technique)은 집단 구성원 간 의사소통이 이뤄지지 않는다.

08 집단적 의사결정기법에 대한 설명으로 가장 옳은 것은? `25경간`
① 지명반론자기법은 대안에 대한 아이디어를 서면으로 제출한 후 토의를 거쳐 투표로 대안을 선정한다.
② 브레인스토밍이 진행되는 동안에는 상대방의 아이디어를 비판하거나 평가해서는 안 된다.
③ 명목집단기법은 전문가들의 의견을 반복된 설문을 통해 취합하는 방식으로 문제 해결이 이루어진다.
④ 델파이기법은 의사결정에 참여한 집단을 둘로 나누고 의무적으로 서로 상반된 의견을 제시하는 토론과정을 거쳐 대안을 선정한다.

정답

OX 05 O 06 O 07 O 08 O **실전** 05 ④ 06 ③ 07 ① 08 ②   해설 223쪽

TOPIC 21 정책평가

최근 3개년 출제 빈도
9급	7급
6	20

★★★★ 중요도 S

> **이것이 핵심!**
> 1. 정책평가는 이론적으로 양적 평가와 질적 평가로 구분됩니다. 최근에는 논리모형이 주로 활용됩니다.
> 2. 실제 진행되는 평가는 예비평가 이후 과정평가가 이루어지고 그 이후 사후평가로 총괄평가가 이루어집니다. 총괄평가는 일반적으로 정책결과를 평가대상으로 합니다.

01 정책평가의 개요

개념	· 행정의 책임성 확보를 위해 정책 과정과 결과의 적절성을 분석하는 것 · 정책목표 확인 → 정책평가 대상 확정 → 인과모형 설정 → 자료수집 및 분석 → 평가결과 제시 순	
평가방식	양적 (계량)	계량적 기법을 응용하여 수치화된 지표를 통해 정책의 결과를 측정 ― 연역적 방법을 주로 활용 ― 정량평가라고도 하며 실험적 방법과 비실험적 방법 등이 해당 ― 정책대안과 정책산출 및 영향 간에 어떠한 인과가 있다고 가정
	질적 (비계량)	수치화된 지표를 사용하지 않고 심층면담, 참여관찰 등의 방법으로 데이터를 분석 ― 귀납적 방법을 주로 활용 ― 정성평가라고도 하며 연구자의 주관이 개입될 여지가 존재
논리모형	· 문제와 정책요소들 사이의 논리적 관계를 투입 - 활동 - 산출 - 결과 - 영향으로 도식화 - 산출(성과)은 정책집행 종료 후의 직접적 결과물을, 결과는 산출로 나타나는 변화를 의미 · 정책프로그램과 관련된 다양한 이해관계자의 이해도를 높일 수 있음 · 정책프로그램의 목표 달성 여부를 파악 가능	

02 평가의 종류

평가성 사정		평가의 실행가능성을 검토하는 일종의 예비평가
모니터링		과정평가 중 하나로 집행의 능률성과 효과성 확보가 목적
평가시기	형성평가	집행 과정 중 적정성과 수단과 목표 간 인과성 등을 평가하여 프로그램을 검증
	총괄평가	정책집행 후 정책이 사회에 미친 영향을 종합적으로 추정 - 효과성·능률성뿐만 아니라 사회집단 간 배분이 공정한지의 형평성도 평가
평가목적	과정평가	정책이 지침에 따라 집행되었는지를 평가
	영향평가	결과평가로 정책에 대한 사후 효과성 평가
평가자 기준		내부평가와 외부평가로 구분
포괄적 평가		정책과정과 정책영향을 모두 포함하는 평가

기출 선지 OX

01 논리모형은 정책프로그램의 요소들과 해결하려는 문제들 사이의 논리적 인과관계를 투입(input) – 활동(activity) – 산출(output) – 결과(outcome)로 도식화한다. `24국9` O | X

02 논리모형은 정책프로그램과 관련된 다양한 이해관계자의 이해도를 높일 수 있다. `24국9` O | X

03 논리모형에서 산출은 정책집행이 종료된 직후의 직접적인 결과물을 의미하며, 결과는 산출로 인해 나타나는 변화를 의미한다. `24국9` O | X

04 논리모형은 과정평가이기 때문에 정책프로그램의 목표 달성 여부를 보여 주지는 못한다는 한계가 있다. `24국9` O | X

실전 문제

01 정책평가의 유형에 대한 설명으로 옳지 않은 것은? `23국7`

① 평가성 사정(evaluability assessment)은 평가의 실행가능성을 검토하는 일종의 예비평가이다.
② 정책영향평가는 사후평가이며 동시에 효과성 평가로 볼 수 있다.
③ 모니터링은 과정평가에 속하지만 집행의 능률성과 효과성을 확보하기 위한 평가이다.
④ 형성평가는 집행이 종료된 후 정책이 의도했던 목적을 달성했는지에 초점을 맞춘다.

02 정책평가에 관한 설명으로 가장 적절하지 않은 것은? `24경승`

① 본평가는 예비평가 결과를 토대로 평가의 소망성, 실행가능성을 검토하는 평가 사정(평가성 검토)을 말한다.
② 총괄평가는 정책이 집행되고 난 후에 정책이 사회에 미친 영향을 추정하는 판단활동으로 평가목적에 따라 효과성 평가, 능률성 평가, 형평성 평가 등으로 나눌 수 있다.
③ 형평성 평가는 정책효과와 비용의 사회집단 간의 배분 등이 공평한지를 평가한다.
④ 「정부업무평가 기본법」에 따라 국무총리 소속하에 정부업무 평가위원회를 둔다.

03 정책평가의 일반적인 절차를 순서대로 바르게 나열한 것은? `21국7`

> ㄱ. 정책평가 대상 확정
> ㄴ. 평가 결과 제시
> ㄷ. 인과모형 설정
> ㄹ. 자료 수집 및 분석
> ㅁ. 정책목표 확인

① ㄱ → ㅁ → ㄷ → ㄹ → ㄴ
② ㅁ → ㄱ → ㄷ → ㄴ → ㄹ
③ ㅁ → ㄱ → ㄷ → ㄹ → ㄴ
④ ㅁ → ㄷ → ㄱ → ㄹ → ㄴ

04 정책평가에 관한 설명으로 옳지 않은 것은? `23소간`

① 평가성 사정(evaluability assessment)은 총괄평가 이후에 이루어진다.
② 정책과정상의 책임성(accountability)을 확보하는 것이 그 목적 중 하나이다.
③ 정책평가연구는 순수연구라기보다는 응용연구라고 할 수 있다.
④ 정책영향(policy impact)은 정책산출(policy output)이나 정책성과(policy outcome) 이후에 나타난다.
⑤ 기준에 따라 내부평가와 외부평가, 형성평가와 총괄평가, 과정평가와 결과평가 등으로 나뉜다.

정답

OX 01 O 02 O 03 O 04 X
실전 01 ④ 02 ① 03 ③ 04 ①

> **이것이 핵심!**
> 3. 평가의 오류에는 1종, 2종, 3종 오류가 있습니다. 문제 자체가 잘못된 오류인 3종 오류가 종종 출제됩니다.
> 4. 정책의 변수를 묻는 경우는 많지 않습니다. 정책의 타당성과 신뢰도는 자주 나오기에 정확히 기억해야 합니다.

03 평가의 오류

1종 오류	정책효과가 없다는 가설이 참임에도 기각하는 오류
2종 오류	정책효과가 없다는 가설이 거짓임에도 채택하는 오류
3종 오류	문제 구성 자체가 잘못된 오류 ─ 대안 선정·제시가 아닌 문제 인지 및 정의 단계에서 발생 ─ 경계분석, 복수관점분석 등이 활용

04 정책의 변수

독립변수	정책의 원인으로 간주되는 변수
종속변수	정책의 결과로 간주되는 변수
선행변수	독립변수에 선행해 작용하여 독립변수에 영향을 주는 변수
억제변수	독립변수와 종속변수 간에 인과관계가 있는데도 없는 것처럼 보이도록 하는 변수
허위변수	인과관계가 없음에도 인과관계가 있는 것처럼 보이게 하는 변수
왜곡변수	독립변수와 종속변수의 관계를 정반대관계로 오해하게 하는 변수
혼란변수	두 변수 간 관계를 과대·과소평가하게 만드는 변수

05 정책의 타당성과 신뢰도

실험의 타당성	내적 타당성	집행된 정책내용과 발생한 정책효과 간의 관계에 대한 인과적 추론의 정확성 정도
	외적 타당성	분석 및 평가 결과를 다른 상황에서도 적용할 수 있는 정도
측정의 타당성	내용타당성	검사가 측정하는 내용의 중요 측면을 대표하는 정도 - 직무수행능력요소와 시험 문제의 부합 정도
	구성타당성	이론적 구성요소들의 추상적 개념을 성공적으로 조작화한 정도
	기준타당성	검사가 실적기준들과 부합하는 정도 - 시험성적과 업무수행실적의 상관관계
측정의 신뢰도	* 반복해서 측정했을 때 일관성 있는 결과를 얻는 정도 * 신뢰도는 타당성의 필요조건이지만 충분조건은 아님 ─ 신뢰도 없는 타당성은 있을 수 없음 ─ 타당성이 없으나 신뢰도 높은 측정도구는 있을 수 있음 ─ 타당성이 높으면 신뢰도도 높음	

기출 선지 OX

05 내적 타당성은 분석 및 평가 결과를 다른 상황에서도 적용할 수 있는 정도를 의미한다. 23국9 O | X

06 내적 타당성은 집행된 정책내용과 발생한 정책효과 간의 관계에 대한 인과적 추론의 정확성 정도를 의미한다. 23국9 O | X

07 양적 평가방법은 계량적 기법을 응용하여 수치화된 지표를 통해 정책의 결과를 측정한다. 22군9 O | X

08 양적 평가방법은 대부분 데이터 수집을 심층면담 및 참여관찰 등의 방법에 의존한다. 22군9 O | X

실전 문제

05 다음 글의 ㉠에 해당하는 개념으로 옳은 것은? 24국회8

> 시험을 통해 측정하는 행동이나 질문 주제의 내용이 직무수행의 중요한 국면을 대표할 수 있는지에 대한 판단과 관련된다. 예를 들어, 워드프로세서 시험에서 실제 근무상황에 사용되는 것과 똑같은 서류 양식을 시험문제로 출제하는 경우나 취재기자 선발시험에서 일반적인 논술 주제가 아닌 구체적인 기사 작성을 시험문제로 출제할 경우, (㉠)를 확보할 수 있다.

① 신뢰도
② 기준타당도
③ 내용타당도
④ 구성타당도
⑤ 실용도

06 정책평가를 위한 측정도구의 타당성과 신뢰성에 대한 설명으로 가장 옳지 않은 것은? 24해승
① 타당성이 높은 측정은 신뢰성이 있을 수도 없을 수도 있다.
② 신뢰성이 없지만 타당성이 높은 측정도구는 있을 수 없다.
③ 신뢰성은 타당성의 필요조건이다.
④ 타당성은 없지만 신뢰성이 높은 측정도구가 있을 수 있다.

07 다음 중 제3종 오류에 관한 설명으로 가장 옳지 않은 것은? 22해승
① 문제 구성 자체가 잘못된 경우의 오류를 의미한다.
② 주로 대안 선정 및 제시의 단계에서 나타난다.
③ 제3종 오류는 가치중립적인 판단은 비현실적이라는 관점에서 출발한다.
④ 제3종 오류를 줄이기 위한 방법으로는 경계분석, 복수관점분석 등이 사용된다.

08 다음 〈보기〉에서 채용시험의 타당도에 대한 설명으로 가장 올바르게 짝지어진 것은? 23해승

〈보기〉
ㄱ. 시험성적과 업무수행실적 간의 상관관계
ㄴ. 직무수행에 필요한 능력요소와 시험문제의 부합 정도
ㄷ. 이론적으로 추정한 능력요소와 시험문제의 부합 정도

A. 내용타당도   B. 구성타당도   C. 기준타당도

① ㄱ-C, ㄴ-A, ㄷ-B
② ㄱ-C, ㄴ-B, ㄷ-A
③ ㄱ-C, ㄴ-C, ㄷ-B
④ ㄱ-C, ㄴ-B, ㄷ-C

정답
OX 05 X 06 O 07 O 08 X   실전 05 ③ 06 ① 07 ② 08 ①   해설 225쪽

06 내적 타당성(인과적 타당성) 저해요인

실험대상의 특성 관련 요인	성숙요인	시간의 경과로 발생하는 조사대상집단의 특성변화에 따른 오류 - 집행기간이 길고 대상이 사람일 때 주로 발생
	선발요인	실험집단과 통제집단이 상이함에 따른 오류
	상실요인	실험대상에서 이탈함에 따라 발생하는 오류
	회귀요인	유별나게 좋거나 나쁜 결과를 얻은 사람이 원래 성향으로 돌아가는 오류
	모방요인	진실험에서 통제집단의 사람들이 실험집단의 변화를 모방해 발생하는 오류
	검사요인	사전검사가 실험결과에 영향을 주는 오류
외부사건 관련 요인	역사요인	외부환경에서 정책결과에 영향을 줄 수 있는 사건 발생
측정도구 관련 요인	측정요인	측정기준이나 수단·도구의 변화

07 외적 타당성 저해요인

표본의 비대표성	표본집단의 대표성이 낮은 경우
호손효과	실험집단 구성원이 실험으로 평소와 다른 행동을 하는 경우
크리밍효과	실험효과가 크게 나타날 것으로 예상되는 집단을 의도적으로 실험집단에 배정

08 평가의 유형

진실험	무작위 배정을 통해 실험집단과 통제집단의 동질성을 확보한 평가	
	통제집단 사후설계	무작위 배정을 통해 실험집단과 통제집단을 나눈 후 실험 후 검사 수행
	통제집단 사전·사후설계	무작위 배정을 통해 실험집단과 통제집단을 나눈 후 실험 전후로 검사 - 선발요인과 상실요인을 통제할 수 있으나 검사효과 발생 가능
	솔로몬 4집단 설계	통제집단 사전·사후설계와 통제집단 사후설계를 통합하여 시행
준실험	• 실험집단과 통제집단을 무작위 배정할 수 없을 때 연구자 기준에 따라 분류하거나 시계열 방법으로 평가 • 진실험에 비해 실행가능성이 높으나 선발효과나 성숙효과로 인해 진실험보다 내적 타당성이 낮음	
	회귀불연속 설계	구분점(구간)에서 회귀직선의 불연속적인 단절을 이용한 준실험 설계
	단절적 시계열 설계	동일집단에 대해 정책집행을 기준으로 사전·사후측정을 하여 정책효과 추정
	사후적 비교집단 구성 (비동질적 집단 사후측정설계)	연구자가 통제집단을 설정하는 것으로 무작위 배정을 하지 않아 선발요인 발생
사회실험	실험실이 아닌 사회상황에서 행해지는 실험으로 통제집단(비교집단)을 갖춤 - 검증되지 않은 정책프로그램에 투자하기 전, 결과를 평가하는 것이 주요 목적 - 무작위 배정을 시도하나, 곤란할 경우 준실험으로 진행 - 실험대상들이 평소와 다른 행동을 하여 호손효과 등이 발생할 우려	
비실험	통제집단을 갖춘 실험을 할 수 없는 경우 주로 통계적 통제에 의한 평가와 인과모형에 의한 평가 방법 활용 - 시계열분석, 회귀분석, 경로분석 등	

기출 선지 OX

09 준실험은 진실험에 비해 실행가능성이 높다는 장점이 있다. 23국9 ○ | X

10 회귀불연속 설계는 구분점(구간)에서 회귀직선의 불연속적인 단절을 이용한다. 23국9 ○ | X

11 솔로몬 4집단 설계는 통제집단 사전·사후설계와 통제집단 사후설계의 장점을 갖는다. 23국9 ○ | X

12 성숙요인, 역사요인, 선발요인, 상실요인, 회귀요인 중 성격이 다른 하나는 회귀요인이다. 21국회9 ○ | X

실전 문제

09 정책의 효과를 확인하기 위한 평가설계에 대한 설명으로 옳은 것만을 모두 고르면? 22국7

> ㄱ. 동일 정책대상집단에 대해 정책집행을 기준으로 여러 번의 사전, 사후측정을 하여 정책효과를 추정하는 '단절적 시계열 설계'는 준실험 설계유형 중 하나이다.
> ㄴ. 내적 타당성을 위협하는 역사요인은 정책집행 기간이 상대적으로 길고 정책대상이 사람일 때 주로 나타나며 시간의 경과 때문에 발생하는 조사대상집단의 특성변화가 정책의 효과에 혼재되어 나타나는 경우를 말한다.
> ㄷ. 정책실험을 할 수 없는 경우, 통계분석 기법을 이용해서 정책효과의 인과관계를 추론하는 것을 비실험적 정책평가설계라고 하며 회귀분석이나 경로분석 등이 있다.

① ㄱ　　② ㄱ, ㄷ
③ ㄴ, ㄷ　　④ ㄱ, ㄴ, ㄷ

10 정책평가의 설계에 대한 설명으로 옳지 않은 것은? 23지7
① 사후적 비교집단 구성(비동질적 집단 사후측정설계)은 선정효과로 인해 내적 타당성이 훼손될 수 있다.
② 진실험은 모방효과로 인해 내적 타당성이 훼손될 수 있다.
③ 비동질적 통제집단설계는 진실험과 같은 수준의 내적 타당성을 확보할 수 있다.
④ 진실험과 준실험을 비교하면 실행가능성 측면에서는 준실험, 내적 타당성 측면에서는 진실험이 더 우수하다.

11 정책평가의 준실험 설계에 대한 설명으로 옳은 것은? 24국회8
① 준실험 설계는 무작위에 의한 실험집단과 통제집단을 구성한다.
② 진실험 설계와 비교하여, 인위적 요소가 많지 않아 내적 타당성이 높고 실험의 실현가능성이 높은 편이다.
③ 실험집단을 다른 집단과 비교하거나, 시계열적인 방법으로 정책 영향을 평가한다.
④ 준실험적 방법은 진실험적 방법의 약점인 선발효과와 성숙효과를 어느 정도 해결할 수 있다.
⑤ 회귀불연속 설계는 정책의 시행 시점인 구분점에서 기울기와 절편이 모두 변화해야 장기적인 효과가 있다.

12 사회실험에 대한 설명으로 옳은 것만을 모두 고르면? 21지7

> ㄱ. 자연과학의 실험실 실험과는 달리 상황에 따라 통제집단(control group) 또는 비교집단(comparison group) 없이 진행할 수 있다.
> ㄴ. 진실험 방법을 활용하여 사회실험을 진행하면 호손효과(Hawthorne Effect)를 방지할 수 있다는 점이 가장 큰 장점이다.
> ㄷ. 아직 검증되지 않은 정책 프로그램에 대규모 투자를 하기 전에 그 결과를 미리 평가해 보는 것이 중요한 목적 중 하나이다.
> ㄹ. 실험집단과 비교집단을 무작위 배정(random assignment)할 수 없어 집단 간 동질성 확보가 불가능하면, 준실험(quasi-experiment) 방법을 채택하여 진행할 수 있다.

① ㄱ, ㄴ　② ㄱ, ㄹ　③ ㄴ, ㄷ　④ ㄷ, ㄹ

정답
OX 09 ○ 10 ○ 11 ○ 12 X   실전 09 ② 10 ③ 11 ③ 12 ④

2026 신성우 행정학 압축 이론 기본서

재정은 예산과 기금으로 구성됩니다. 통상적으로 기금은 예산에 준하여 동작하기에 예산에 대한 챕터라고도 합니다. 본 교재에서도 혼용해서 단어를 사용하고 있습니다.

우리는 먼저 재정의 종류를 학습하고 예산의 원칙과 결정에 대한 이론, 그리고 예산제도의 원형에 대해 학습합니다. 예산 영역의 총론이라 할 수 있습니다.

다음으로는 우리나라의 예산제도를 학습합니다. 우리나라는 노무현 대통령 당시 재정개혁이 큰 폭으로 일어났고 그 제도가 지금까지 이어지고 있습니다.

우리나라의 예산 편성 과정도 배우게 됩니다. 정부의 역할, 그리고 국회의 역할을 학습하게 되는 것이죠. 그 이후 예산의 집행과 결산, 그리고 최근 강조되고 있는 건전성 관리까지를 학습하면 예산에 대한 학습은 모두 끝납니다.

실제 운영되는 예산제도를 이해하면 재미있게 학습할 수 있는 영역입니다.

CHAPTER 5

재무

TOPIC 22	재정과 그 분류
TOPIC 23	예산의 원칙
TOPIC 24	예산 결정이론과 예산의 결정행태
TOPIC 25	예산제도
TOPIC 26	한국의 예산제도
TOPIC 27	예산과정과 예산집행
TOPIC 28	결산과 국가채무

TOPIC 22 재정과 그 분류

★★★★ 중요도 S

> **이것이 핵심!**
> 1. 재정은 예산과 기금으로 구성되어 있습니다. 예산은 1년 단위로 들어오는 수입과 지출을 의미하고 기금은 적립된 자금을 뜻합니다. 기금은 수입과 지출의 시기가 일치하지 않아 신축적 운용이 필요할 때 설치합니다.
> 2. 세출과 세입 중 분류에서 중요한 것은 세출입니다. 우리나라는 프로그램예산제도를 채택하고는 있으나 여전히 「국가재정법」에서 장, 관, 항의 분류체계를 따르고 있습니다.

01 재정의 종류

개념	• 정부 재정은 일반회계와 특별회계로 구성된 예산과 기금으로 구성 • 일반회계, 특별회계, 기금 모두 편성 및 결산 과정에서 국회의 심의 및 의결을 받음 • 특별회계와 기금은 예산 통일성 원칙과 예산 단일성 원칙의 예외
일반회계	조세수입 등을 주요세입으로 하여 기본적 정부활동과 관련된 국가의 일반적 세출에 충당

특별회계	• 특정 목적의 사업을 위한 자금을 보유하여 안정적으로 운용하고자 할 때 법률로 설치
	  — 교육비 특별회계 등과 같이 특정 세입으로 특정 세출을 충당하는 예산
	  — 행정부의 재량 및 재정운영 자율성을 축소하는 것이 아님
	  — 일반회계로부터의 전입금 등이 특별회계의 세입
	• 재정칸막이 현상을 초래할 수 있고 입법부의 예산통제가 어려워 예산을 팽창시킬 우려가 있음

기금	• 국가가 특별한 목적에 의해 특정한 자금을 신축적으로 보유·운용하기 위한 경우 법률로 설치
	  — 금융성 기금과 비금융성 기금으로 분류되며 통합재정에 포함
	  — 기금운용평가 등 별도 관리 장치가 존재하며 그 외 편성 절차는 예산편성에 준하도록 통제
	  — 일반회계로부터의 전입금 등이 특별회계의 세입
	• 세입·세출 예산 외 자금으로 예산원칙의 일반적 제약에서 벗어나 집행절차에 자율성과 탄력성 보유
	  — 기금운용계획 중 주요 항목 지출 금액의 변경범위가 20% 이하(금융성 기금 30%)인 경우에 기금운용계획 변경안을 국회에 제출하지 않고 변경 가능
	  — 규모와 수 모두 특별회계보다 많음
	• 국가재정의 효율적 운용을 위하여 기금 상호 간 및 회계와 기금 간 여유재원의 전·출입이 가능

02 예산 및 기금의 분류

세출예산		장·관·항의 입법과목과 세항·목의 행정과목으로 구성
	기능별 분류	• '정부가 무슨 일을 하는 데 얼마를 쓰는지'를 기준으로 분류 • 정부활동의 일반적이고 총체적 능력을 보여주어 일반납세자가 정부예산내용을 쉽게 이해할 수 있으나 회계책임이 불명확
	성질별 분류	'경비의 경제적 성질'에 착안하여 그룹, 편성목, 통계목으로 구성되나 어떤 사업에 쓰이는지 파악이 곤란
	조직별 분류	'어떤 조직이 얼마를 쓰는지'를 기준으로 한 분류로 예산지출의 목적 파악이 곤란
	품목별 분류	'무엇을 구입하는 데 얼마를 쓰는지'를 기준으로 한 분류로 집행의 신축성을 저해
세입예산		관·항의 입법과목과 목의 행정과목으로 구성

기출 선지 OX

01 기금은 예산원칙의 일반적 제약으로부터 벗어나 탄력적으로 운용된다. 23지9 O | X

02 특별회계예산은 일반회계예산과 달리 예산편성에 있어 국회의 심의 및 의결을 받지 않는다. 23지9 O | X

03 특별회계예산은 국가의 회계 중 특정한 세입으로 특정한 세출을 충당하기 위한 예산이다. 23지9 O | X

04 일반회계예산은 조세수입을 주요재원으로 한다. 22국회9 O | X

실전 문제

01 예산 분류별 장단점에 대한 설명으로 옳지 않은 것은? 21지7
① 예산의 기능별 분류의 단점은 회계책임이 불명확하다는 점이다.
② 예산의 조직별 분류의 장점은 예산지출의 목적(대상)을 파악하기 쉽다는 점이다.
③ 예산의 기능별 분류의 장점은 국민이 정부예산을 이해하기 쉽다는 점이다.
④ 예산의 품목별 분류의 단점은 예산집행의 신축성을 저해한다는 점이다.

02 우리나라 예산에 대한 설명으로 옳은 것은? 22국회8
① 세입세출예산은 일반회계와 특별회계 및 기금으로 구분한다.
② 국회의 예산에 예비금을 두며 국회의장이 이를 관리한다.
③ 세입예산은 관·항·목으로 구분한다.
④ 특별회계는 국가가 특정한 목적을 위해 특정한 자금을 신축적으로 운영하기 위해 법률로써 설치한다.
⑤ 국회에 예산안이 제출되면 상임위원회 회의에서 정부의 시정연설이 이루어진다.

03 우리나라 중앙정부의 기금제도에 관한 설명으로 가장 적절하지 않은 것은? 23경승
① 국가가 특정한 목적을 위하여 특정 자금을 신축적으로 운용할 필요가 있을 때에 한하여 법률로써 설치한다.
② 예산의 통일성과 단일성 원칙에 위배된다.
③ 세입·세출 예산에 의하지 않고 예산 외로 운용할 수 있다.
④ 기금 상호 간에 여유재원을 전입 또는 전출하여 통합적으로 활용할 수 없다.

04 우리나라 특별회계에 관한 설명으로 가장 적절하지 않은 것은? 23경승
① 「국가재정법」에 따르면 특별회계의 경우 개별 '특별회계 설치 근거법률'에 의하지 아니하고는 설치할 수 없다.
② 특별한 목적을 위해 운용하는 특별회계는 행정부의 재량 및 재정운영 자율성을 축소시킨다.
③ 「국가재정법」에 따르면 일반회계로부터의 전입금도 특별회계의 세입이 될 수 있다.
④ 특별회계는 입법부의 예산통제가 어려워 예산을 팽창시킬 우려가 있다.

정답

OX 01 O 02 X 03 O 04 O **실전** 01 ② 02 ③ 03 ④ 04 ②

> **이것이 핵심!**
> 3. 예산 불성립 시 우리나라는 준예산을 채택하고 있습니다. 또한 예산 성립 이후 사후적인 사유로 예산을 변경하는 추가경정예산제도도 운영하고 있습니다.
> 4. 통합재정을 통해 정부 재정이 국민 경제에 미치는 효과를 파악하고 있기도 합니다. 통합재정수지를 발표하고 있고 일반정부를 단위로 통합재정결산 또한 발표하고 있습니다.

03 예산 불성립에 따른 예산

준예산	• 예산이 회계연도 개시일까지 국회에서 의결되지 못한 경우 국회 의결 없이 전년도 예산을 기준으로 예산을 편성·운영하는 것으로 우리나라에서 사용
	• 준예산으로 모든 예산을 편성하여 집행할 수 있는 것은 아니며 법률상 지출의무나 이미 예산으로 승인된 사업 이행을 위한 경우(계속비) 등에 한하여 집행 가능
	   ┌ 의무지출에는 지방교부세, 지방교육재정교부금, 유엔 평화유지활동(PKO) 분담금, 국채 이자지출 등이 포함
	   └ 정부부처 운영비는 의무지출에 포함되지 않음

가예산	1개월분의 예산을 국회 의결을 거쳐 집행하는 것으로 1960년까지 우리나라에서 운영
잠정예산	잠정 예산을 편성하여 의회의 의결을 받아 사용하는 제도로 영국, 캐나다 및 일본 등에서 사용되나 우리나라는 채택한 적 없음

04 추가경정

개념	예산 성립 후 사후적인 사유에 따라 예산을 변경하는 제도로 「국가재정법」에 따라 편성사유가 제한 - 전쟁, 재해, 남북관계의 변화, 경기침체, 대량실업, 경제협력, 법령상 국가가 지출하여야 하는 지출
특징	• 일반회계, 특별회계, 기금 모두 추가경정 가능하며 편성 여부나 횟수에 법령상 제한이 없으나 예외적 편성이 바람직 • 본예산과 별개로 성립되지만 일단 성립하면 통합하여 운용되어 당해 회계연도 결산 등에 포함 • 국회에서 확정되기 전까지는 긴급한 상황이 발생하더라도 정부는 배정하거나 집행할 수 없음

05 통합재정

개념	정부 재정이 국민 경제에 미치는 효과를 총체적으로 파악하고자 하는 예산 분류체계
특징	• 통합재정수지의 산출 시 내부거래와 보전거래는 제외시키고 세입·세출을 순계 개념으로 파악 • 세출과 세입을 경상거래와 자본거래로 구분하여 작성
범위	• 일반회계, 특별회계, 비금융성 기금은 물론 금융성 기금까지 포함하여 중앙정부 통합재정수지를 산출하고 사회보장성기금수지를 제하고 공적자금상환기금 출연 원금을 보정하여 관리재정수지를 산출 • 일반정부 결산은 비영리 공공기관까지 포함한 모든 일반정부부문이 대상이나 공기업은 포함하지 않음 - 공공부문 부채통계에서는 비금융공기업이 포함

기출 선지 OX

05 통합재정에서 세입과 세출은 경상거래와 자본거래로 구분하여 작성한다. 23국9 O | X

06 통합재정의 범위에는 일반정부와 공기업 등 공공부문 전체가 포함된다. 23국9 O | X

07 현재 우리나라에서 새로운 회계연도 개시 때까지 국회 예산심의가 이루어지지 않았을 때(예산 불성립 시)에 적용하는 예산제도는 준예산제도이다. 23군9 O | X

08 추가경정예산은 일반회계·특별회계·기금을 대상으로 한다. 23군9 O | X

실전 문제

05 중앙정부의 지출 성격상 의무지출에 해당하는 것만을 모두 고르면? 22국7

> ㄱ. 지방교부세
> ㄴ. 유엔 평화유지활동(PKO) 예산 분담금
> ㄷ. 정부부처 운영비
> ㄹ. 지방교육재정교부금
> ㅁ. 국채에 대한 이자지출

① ㄱ, ㄴ, ㅁ
② ㄴ, ㄷ, ㄹ
③ ㄱ, ㄴ, ㄹ, ㅁ
④ ㄱ, ㄷ, ㄹ, ㅁ

06 준예산에 대한 설명으로 옳지 않은 것은? 21국7

① 예산안이 회계연도 개시일까지 국회에서 의결되지 못한 경우에 활용된다.
② 국회의 의결을 필요로 한다.
③ 법률상 지출의무를 이행하기 위한 경우에 집행할 수 있다.
④ 이미 예산으로 승인된 사업의 계속을 위해 집행할 수 있다.

07 「국가재정법」상 추가경정예산에 관한 설명으로 가장 적절하지 않은 것은? 23경승

① 정부는 편성사유와 무관하게 필요시 추가경정예산안을 편성할 수 있다.
② 추가경정예산의 편성 여부나 연간 편성횟수에는 법령상 제한이 없다.
③ 국회에서 추가경정예산안이 확정되기 전에 정부가 이를 미리 배정하거나 집행할 수 없다.
④ 추가경정예산은 본예산과 별개로 성립되지만 당해 회계연도의 결산에는 포함되어야 한다.

08 다음 〈보기〉에서 괄호 안에 들어갈 용어로 가장 옳은 것은? 23해승

> 〈보기〉
> 과거 미국은 의회의 연방예산처리 지연으로 예산편성 및 집행에 큰 어려움을 겪으면서 행정업무가 마비되는 사태를 겪은 바 있다. 현재 우리나라는 새로운 회계연도가 개시될 때까지 예산안이 국회에서 의결되지 못한 경우에 대비하여 ( ) 제도를 시행하고 있다.

① 준예산
② 가예산
③ 수정예산
④ 잠정예산

정답
OX 05 O 06 X 07 O 08 O
실전 05 ③ 06 ② 07 ① 08 ①

해설 227쪽

TOPIC 23 예산의 원칙

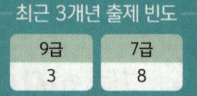

★★☆ 중요도 B

이것이 핵심!

1. 전통적으로 예산은 국회로부터 명확한 통제를 받아야 한다고 여겨졌습니다. 그런 차원에서 전통적 예산의 원칙은 예산서가 단일하게 통일되어 완전해야 하며, 예산을 국회 의결에 맞추어 한정적으로 엄밀하게 사용해야 하고, 그 내용을 국민에게 공개해야 한다고 보았습니다. 예산원칙의 내용과 그 예외까지 기억해야 합니다.
2. 현대적 예산 역시 행정부에서 편성하여 집행하는 과정에서 재량과 신축성이 요구되는 경우가 많음을 인정합니다. 그 외 「국가재정법」상 예산의 원칙과 쉬크의 예산규범도 정리할 필요가 있습니다.

01 전통적 예산의 원칙

예산작성	예산 단일성의 원칙	• 국가 예산은 하나의 단일한 예산으로 존재하여야 함 • 예외: 특별회계, 기금, 추가경정예산 등
	예산 완전성의 원칙 (예산 총계주의 원칙)	• 모든 수입과 지출은 예산에 계상되어야 함 • 예외: 수입대체경비, 전대차관 등
	예산 통일의 원칙	• 특정 세입과 특정 세출을 연결해서는 안 되고 국고로 통일해야 함 • 예외: 교육세 등 목적세
예산과정	예산 사전의결의 원칙	• 입법부가 사전에 의결한 사항만 집행이 가능 • 예외: 긴급명령, 준예산, 예비비
	예산 한정성의 원칙	• 정해진 목표를 위해서 정해진 금액을 정해진 기간 내에 사용해야 함 • 예외: 이용과 전용, 예비비, 계속비, 이월 등
	예산 엄밀성의 원칙 (예산 정확성의 원칙)	필요 이상의 돈을 거두어서는 안 되며 계획대로 정확히 지출해서 결산과 일치해야 함
국민공개	예산 명료성의 원칙	예산구조나 과목은 국민들이 이해하기 쉽게 분류, 정리되어야 함
	예산 공개의 원칙	• 예산은 국민에게 공개되어야 함 • 예외: 국가정보원 예산, 특수활동경비

02 기타 예산의 원칙

현대적 예산 원칙		행정부에서 예산을 편성하고 집행하는 일이 많다는 것을 반영 — 예산 단계: 계획의 원칙, 보고의 원칙, 재량의 원칙, 신축성의 원칙, 책임의 원칙 — 국민 관계: 다원적 절차의 원칙, 적정수단의 원칙, 상호성의 원칙
「국가재정법」상 예산의 원칙		건전재정, 성과예산이 강조되며 그 외 예산 정책이 예산 원칙으로 적시 — 국민부담 최소화, 재정건전성 확보, 재정 및 조세지출의 성과 제고 — 성별영향평가, 국민참여 제고, 온실가스 감축
쉬크의 예산규범	총량적 재정규율	국가의 재정총액을 일정한 한도에서 효과적으로 통제해야 함
	배분적 효율성	정부예산을 국가우선순위에 따라 정책 분야 간에 전략적으로 배분하여 국가재정의 총체적 효율성을 달성해야 함
	운영적 효율성	각 사업부문에 투입된 예산으로 공공서비스의 산출을 최대한으로 달성해야 함 - 정부는 불용액 이월 등과 관련된 통제를 완화할 필요가 있음

기출 선지 OX

01 추가경정예산은 '예산은 가능한 한 모든 재정활동을 포괄하는 단일의 예산 내에서 정리되어야 한다'는 원칙의 예외다. 21국회9 O | X

02 특수활동비는 '정해진 목표를 위해서 정해진 금액을 정해진 기간 내에 사용해야 한다'는 원칙의 예외다. 21국회9 O | X

03 예산 총계주의 원칙의 예외로는 기금이 있다. 24행정사 O | X

04 '예산구조나 과목은 국민들이 이해하기 쉽게 단순해야 한다.'라는 원칙은 현대적 예산의 원칙이다. 23행정사 O | X

실전 문제

01 「국가재정법」상 예산의 원칙에 대한 설명으로 옳지 않은 것은? 24소간
① 정부는 예산과정의 전문성과 효율성을 제고하기 위하여 노력하여야 한다.
② 정부는 국민부담의 최소화를 위하여 최선을 다하여야 한다.
③ 정부는 재정건전성의 확보를 위하여 최선을 다하여야 한다.
④ 정부는 재정을 운용할 때 재정지출 및 조세지출의 성과를 제고하여야 한다.
⑤ 정부는 성별영향평가의 결과를 포함하여 예산이 여성과 남성에게 미치는 효과를 평가하고, 그 결과를 정부의 예산편성에 반영하기 위하여 노력하여야 한다.

02 다음 중 예산의 원칙과 내용으로 가장 옳은 것은? 23해송
① 예산 단일성의 원칙: 예산은 모든 국민이 알기 쉽게 분류, 정리되어야 한다는 원칙
② 예산 완전성의 원칙: 모든 수입과 지출은 예산에 계상되어야 한다는 원칙
③ 예산 엄밀성의 원칙: 정해진 목표를 위해서 정해진 금액을 정해진 기간 내에 사용해야 한다는 원칙
④ 예산 한정성의 원칙: 국가의 예산은 하나로 존재하여야 한다는 원칙

03 예산 원칙과 그 예외를 연결한 것 중 가장 적절하지 않은 것은? 22경송
① 예산 통일성의 원칙 - 추가경정예산
② 예산 사전의결의 원칙 - 예비비, 준예산
③ 예산 공개의 원칙 - 국가정보원 예산
④ 예산 총계주의 원칙 - 전대차관

04 쉬크(Schick)의 예산규범에 관한 설명으로 가장 적절하지 않은 것은? 24경송
① 쉬크는 총량적 재정규율, 배분적 효율성, 운영적 효율성이라는 세 가지 규범을 제시하였다.
② 총량적 재정규율은 한 국가의 재정총액을 일정한 한도에서 효과적으로 통제해야 한다는 규범이다.
③ 배분적 효율성은 정부예산을 국가우선순위에 따라 각 정책 분야 간에 전략적으로 배분하여 국가재정의 총체적 효율성을 달성해야 한다는 규범이다.
④ 운영적 효율성은 각 사업부문에 투입된 예산으로 공공서비스의 산출을 최대한으로 달성하는 것을 말하며, 이를 위해 정부는 불용액의 이월을 엄격히 통제하여야 한다.

정답
OX 01 O 02 X 03 X 04 X **실전** 01 ① 02 ② 03 ① 04 ④ 해설 228쪽

TOPIC 24 예산 결정이론과 예산의 결정행태

최근 3개년 출제 빈도
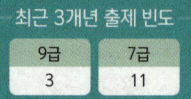

★★☆☆ 중요도 B

> **이것이 핵심!**
> 1. 예산 결정이론은 합리모형, 점증모형이 전통적 모형입니다.
> 2. 최근 신제도주의의 영향을 받은 단절균형모형과 정책의 창 모형의 영향을 받은 다중합리성모형 등이 등장했습니다.

01 총체주의(합리모형)

개념	예산은 합리적·경제적인 분석과정을 거쳐 포괄적·분석적으로 결정 - 예산은 한계효용에 따른 상대 가치에 의해 결정되고 규모는 사회후생 극대화 기준에 의해 결정
가정	합리적·분석적 의사결정과 최적의 자원 배분을 전제 - 비용편익분석 등의 분석기법이 활용
장점	• 계획예산, 영기준예산과 같은 예산제도 개혁, 거시적 예산결정, 예산삭감을 설명하기 적합 • 예산을 탄력적으로 활용하여 경기변동에 대응하는 재정정책적 기능 수행에 용이
한계	• 규범적 논의로 현실성이 부족 • 목표에 대한 사회적 합의가 없는 경우 적용이 곤란

02 점증주의

개념	예산은 이해당사자들의 협상, 타협, 적응, 상호작용을 통한 여러 단계의 합의를 통해 전년도 예산을 기준으로 소폭 변화

특징	• 환경 불확실성과 인간 능력의 부족이라는 제한된 합리성으로 대안을 모두 고려하지 못함을 전제
	• 예산결정을 정치적 과정으로 이해하고 정치적 합리성을 중시
	   - 예산과정을 행정부와 의회의 선형적 함수관계로 파악
	   - 정치적 다원주의와 사회 안정성을 전제

장점	다원화된 민주주의 사회에서의 현실적인 예산결정을 설명하기 용이
한계	• 기존 사업에 대한 당위적 제어가 곤란하여 긴축재정 시의 예산행태를 잘 설명하지 못함 • 예산을 활용하여 경기변동에 대응하는 재정정책적 기능을 수행하기 어려움 • 사회적 불안정 지속 시 적용이 어려움

03 기타 예산이론

단절균형	• 점증적 예산결정 행태를 보이다 특정 사건이나 상황이 발생할 경우 예산결정 패턴을 급격히 변화 • 단절의 크기와 시기 예측이 어려운 사후적 설명으로, 예측성 확보가 곤란
루빈의 실시간 예산운영모형	세입, 세출, 예산균형, 예산집행, 예산과정의 다섯 가지 의사결정흐름이 느슨한 상호의존성을 보이며 예산 결정

다중합리성모형	예산은 일관성 있게 결정되기보다 예산과정의 다양한 단계별 특성들이 복합적으로 작용
	   - 정부예산의 성공을 위해 예산과정 각 단계에서 예산활동 및 형태를 구분해야 함
	   - 루빈의 실시간 예산운영모형과 킹던의 정책의 창 모형에 기초

기출 선지 OX

01 총체주의는 계획예산(PPBS), 영기준예산(ZBB)과 같은 예산제도 개혁을 설명하기에 적합한 이론이다. `23국9` O | X

02 점증주의는 거시적 예산결정과 예산삭감을 설명하기에 적합한 이론이다. `23국9` O | X

03 점증주의는 예산을 결정할 때 대안을 모두 고려하지는 못한다는 것을 전제로 한다. `23국9` O | X

04 총체주의는 합리적·분석적 의사결정과 최적의 자원 배분을 전제로 한다. `23국9` O | X

실전 문제

01 점증주의예산이론에 대한 설명으로 가장 적절하지 않은 것은? `22경승`
① 점증주의예산이론은 환경의 불확실성과 인간 능력의 부족을 전제로 한다.
② 예산결정은 전년도예산을 기준으로 소폭의 변화만 이루어진다고 보았다.
③ 예산결정을 정치적 과정으로 이해하기보다는 경제적 과정으로 이해한다.
④ 정치적 다원주의와 사회의 안정성을 전제로 한 예산이론이다.

02 다음 중 예산결정이론에 대한 설명으로 가장 옳은 것은? `22해승`
① 합리모형은 예산상의 편익을 극대화하기 위한 결정방식이지만 규범적 성격은 약하다.
② 예산결정에서 기존 사업에 대한 당위적 예산 배분을 제어할 수 있다는 점은 점증모형의 유용성이다.
③ 단절균형모형을 따르는 예산결정자는 사후후생을 고려하지 않고 최악을 피하는 전략을 사용한다.
④ 다중합리성모형은 정부예산의 성공을 위해서는 예산과정 각 단계에서 예산활동 및 형태를 구분해야 함을 강조한다.

03 예산결정이론과 제도에 대한 설명으로 가장 적절하지 않은 것은? `22경간`
① 계획예산(PPBS)과 영기준예산(ZBB)은 자원의 합리적 배분을 중시하는 대표적인 예산결정제도이다.
② 점증주의 예산은 다수의 참여자들이 복잡하게 연결되어 있는 예산 배분상황에서 상호작용을 통한 합의를 바탕으로 예산을 결정하게 될 때 나타난다.
③ 예산결정의 합리성을 높이기 위해 비용편익분석, 체제분석 등의 분석기법이 사용된다.
④ 점증주의에 기반한 단절균형예산이론(punctuated equilibrium theory)은 급격한 단절적인 예산변화를 예측할 수 있다는 장점이 있다.

04 예산결정이론으로서의 합리모형과 점증모형에 대한 설명으로 가장 옳지 않은 것은? `24해간`
① 점증모형은 예산을 탄력적으로 활용하여 경기변동에 대응하는 재정정책적 기능을 수행하기 어렵다.
② 합리모형은 예산상의 편익을 극대화하기 위한 결정방식이지만 규범적 성격은 약하다.
③ 점증모형은 긴축재정 시의 예산행태를 잘 설명해 주지 못한다.
④ 합리모형은 거시적 예산결정과 예산삭감을 설명하기에 적합한 이론이다.

정답
[OX] 01 O 02 X 03 O 04 O
[실전] 01 ③ 02 ④ 03 ④ 04 ②

해설 229쪽

> **이것이 핵심!**
> 3. 윌다브스키는 국가 특성에 따라 예산 결정행태가 달라진다고 보아 유형을 분리했습니다.
> 4. 예산결정에 대한 인식을 바탕으로 학자들은 예산이 과다하게 팽창한다고 주장하기도, 혹은 예산이 축소된다고 주장하기도 했습니다. 이는 공공재 공급 규모와도 관련되어 있습니다.

04 윌다브스키의 예산 결정행태

구분		경제력	
		낮음	높음
재정 예측력	낮음	• 반복적 예산 결정행태 • 그때그때 필요에 따라 수시로 예산결정	• 추가적 예산 결정행태 • 여러 차례 수정하는 방법으로 예산결정
	높음	• 세입 중심적 예산 결정행태 • 세입을 고려해 통제에 치중하는 양입제출	• 점증적 예산 결정행태 • 안정적이고 다원화된 사회에서 나타남

05 예산 규모이론

예산 팽창이론	바그너	• 경제 발전에 따라 **국민의 욕구 부응을 위한 공공재 증가**로 인해 정부예산이 증가 • 1인당 소득이 증가할 때 경제에서 차지하는 공공부문의 크기가 증대
	피코크와 와이즈맨의 전위효과	전쟁과 같은 변동 후에도 **공공지출이 이전 수준으로 돌아가지 않아서** 예산 팽창
	보몰	• 정부부문과 민간부문 간에는 생산성 격차가 있고, **노동집약적 정부 특성상 민간부문에 비해 생산비용이 빠르게 증가**하여 예산 팽창 • 공공부문의 낮은 생산성이 사회 전체의 경쟁력을 저하
	니스카넨의 예산극대화모형	관료들이 **권력극대화를 위해 필요 이상으로 자기 부서의 예산을 추구**함에 따라 정부예산이 지속적으로 증가
	파킨슨의 법칙	공공부문의 **인력과 업무는 지속적으로 팽창**해 예산이 늘고 공공재가 과다 공급
	뷰캐넌	**다수결투표는 예산 규모를 팽창**시키고 공공재의 과다 공급을 초래
	리바이어던 가설	공공지출에 대한 **통제권한이 정부에 집중**되어 지출 증대
과소 예산이론	다운스	국민의 **합리적 무지 내지 무관심**으로 공공재가 과소 공급
	머그스레이브	세금납부자인 시민이 부담에 비해 **편익이 적다고 느끼게 되는 재정착각에서 조세 저항**이 발생하여 공공재가 과소 공급

기출 선지 OX

05 바그너(Wagner)는 경제 발전에 따라 국민의 욕구 부응을 위한 공공재 증가로 인해 정부예산이 증가한다고 주장한다. 23지9 O | X

06 보몰(Baumol)은 정부부문과 민간부문 간의 생산성 격차를 통해 정부예산의 팽창 원인을 설명하고 있다. 23지9 O | X

07 피코크(Peacock)와 와이즈맨(Wiseman)은 전쟁과 같은 사회적 변동이 끝난 후에도 공공지출이 그 이전 수준으로 되돌아가지 않는 데에서 예산 팽창의 원인을 찾고 있다. 23지9 O | X

08 파킨슨(Parkinson)은 관료들이 자신들의 권력 극대화를 위해 필요 이상으로 자기 부서의 예산을 추구함에 따라 정부예산이 지속적으로 증가한다고 주장한다. 23지9 O | X

실전 문제

05 윌다브스키(Wildavsky)가 분류한 국가유형별 예산 결정행태와 그에 관한 설명으로 가장 적절하지 않은 것은? 24경승

구분		경제력	
		낮음	높음
재정예측력	낮음	㉠	㉡
	높음	㉢	㉣

① ㉠ '반복적 예산 결정행태' – 그때그때 필요에 따라 수시로 결정된다.
② ㉡ '추가적 예산 결정행태' – 여러 차례 수정하는 방식으로 결정된다.
③ ㉢ '세입 중심적 예산 결정행태' – 양출제입(量出制入)식으로 결정된다.
④ ㉣ '점증적 예산 결정행태' – 비교적 안정적이고 다원화된 사회에서 나타난다.

06 정부 규모(예산) 팽창이론에 대해 바르게 설명한 것만 고른 것은? 25경간

> ㄱ. 바그너(Wagner) 법칙: 1인당 국민소득이 증가할 때 국민 경제에서 차지하는 공공부문의 크기가 상대적으로 증대
> ㄴ. 보몰(Baumol) 효과: 공공부문의 낮은 생산성이 사회 전체의 경쟁력을 저하시키는 현상
> ㄷ. 파킨슨(Parkinson) 법칙: 관료들이 자신과 자신부서의 효용(권력)을 극대화하기 위해 필요 이상의 예산을 추구
> ㄹ. 전위효과 및 대체효과: 전쟁 등 위기상황 발생 시 공공지출이 상향 조정되며 위기상황 해소 후에는 민간지출이 공공지출을 대체하는 현상

① ㄱ, ㄴ ② ㄱ, ㄹ ③ ㄴ, ㄷ ④ ㄷ, ㄹ

07 공공재 공급에 관한 설명으로 가장 적절하지 않은 것은? 23경승

① 리바이어던(Leviathan) 가설은 공공부문 서비스의 노동 집약적 성격으로 인해 민간부문에 비해 생산비용이 빨리 증가하는 것을 설명한다.
② 뷰캐넌(Buchanan)의 다수결투표는 예산 규모를 팽창시키고 공공재의 과다 공급을 초래한다는 것을 설명한다.
③ 머스그레이브(Musgrave)는 공공재의 경우 세금납부자인 시민이 자신이 부담한 것에 비해 적은 편익이 돌아간다고 인식하는데, 이러한 재정착각의 상황에서 조세에 대한 저항이 발생하여 공공재가 과소 공급된다고 주장한다.
④ 피콕과 와이즈만(Peacock & Wiseman)의 전위효과는 위기 시에 증가한 재정수준은 정상적으로 회복된 후에도 감소하지 않고 다른 사업에서 지속적으로 지출되는 것을 말한다.

08 다음 중 공공재의 공급 규모에 대한 설명으로 가장 적절하지 않은 것은? 24군9

① 니스카넨(Niskanen)의 예산극대화모형에 따르면 공공재는 과다 공급된다.
② 파킨슨(Parkinson)의 법칙이 적용되면 공공재는 과다 공급된다.
③ 보몰(Baumol)의 효과로 인하여 정부의 지출 규모가 감소하여 공공재는 과소 공급된다.
④ 다운스(Downs)에 의하면, 국민의 합리적 무지 내지 무관심은 공공재의 과소 공급을 가져온다.

정답
OX 05 O 06 O 07 O 08 X 실전 05 ③ 06 ① 07 ① 08 ③ 해설 229쪽

TOPIC 24 예산 결정이론과 예산의 결정행태 105

TOPIC 25 예산제도

최근 3개년 출제 빈도
9급	7급
6	16

★★★★ 중요도 S

이것이 핵심!

1. 예산제도는 미국 행정학의 발전과 연결됩니다. 정치행정이원론 시기에 품목별예산제도가 등장했다가 행정의 역할이 강조되는 2차 세계대전 이후 성과주의예산제도와 계획예산제도가 나타납니다.
2. 실제 제도는 모든 예산제도를 종합하여 활용합니다. 각각의 예산제도를 반드시 나누어 생각할 필요는 없습니다.

01 품목별예산제도

개념	• 예산을 **지출 대상별로 분류해 편성**하는 통제지향적 예산제도 • 예산집행의 **회계책임성 확보 및 개별 부서의 지출통제가 용이**한 통제지향제도
배경	**부정부패를 막고 행정의 절약과 능률을 향상시키기 위해** 1920년대 대부분의 미국 연방 부처가 도입
한계	• 투입 중심으로 **사업 성과보다 비용에 초점**을 맞추어 지출 목표와 **지출 효과가 고려되지 못함** • 정부활동에 대한 **총체적인 사업계획과 우선순위 결정이 곤란** • 예산집행 시 **재량권의 범위가 제약**되기 때문에 신축적이지 못함

02 성과주의예산제도

개념	• 산출을 강조하여 정부의 **예산 투입과 산출을 연계시키는** 예산제도
	   └ 투입요소 중심으로 **단위원가에 업무량을 곱하여 예산액 측정**
	   └ 주어진 재원 수준에서 성취한 **산출물 수준이 성과지표에 표시**
	• 계량화된 과학적 계산을 통해 합리적이고 효율적인 **예산편성과 집행 관리·개선에 기여**
	   └ **투입·산출 간 평가가 쉬워** 예산과 사업의 연계, 사업관리, 예산심의 및 **환류가 용이**
	   └ **집행결과를 쉽게 이해할 수 있고** 사업별 총액배정을 통한 **예산집행의 신축성 제고**

배경	• 2차 세계대전을 거치면서 **지출효과를 알 수 없는** 품목별예산제도에 대한 비판 제기 • 1950년 「예산회계법」을 제정하여 **산출물을 강조하는 성과주의예산제도**가 미국에 확산

한계	• **최종적이고 장기적 정책목표 설정과 괴리될 가능성**
	   └ 측정 단위 선정이 곤란
	   └ 산출 이후에 대한 고려 부재
	• 발생주의를 도입해야 운영이 용이

03 계획예산제도

개념	장기 **계획 – 사업(프로그램) – 예산의 체계적 연계**를 강조
	   └ 주요 관심 대상은 **사업의 목표**이나, 투입과 산출에도 관심
	   └ 프로그램을 이용하여 장기적인 **계획과 연차별 예산이 유기적으로 연계**
	   └ **총체주의적** 예산결정

배경	베트남 전쟁, 위대한 사회 프로그램 등 **예산이 팽창하던 1960년대에 체계적 사업을 위해 도입**
한계	• 행정부처 직원들이 **복잡한 분석기법을 이해하기 힘들고** 사업구조 작성도 곤란 • **하향식 예산과정**을 통해 재원 배분권한이 **집권화되는 문제** • 계획에 따른 대응이 적시에 이루어지지 못한 경우 합리성이 저하

기출 선지 OX

01 품목별예산제도는 미국에서 공무원의 부정부패를 막고 행정의 능률을 향상시키기 위해 도입되었다. `23지9` O | X

02 품목별예산제도는 예산집행의 책임성을 확보할 수 있는 통제지향 예산제도이다. `23지9` O | X

03 성과주의예산제도(Performance Budgeting System)는 계량화된 정보를 통해 합리적인 의사결정과 관리 개선에 기여할 수 있다는 장점이 있다. `21국회9` O | X

04 계획예산제도(Planning Programming Budgeting System)는 계획 – 사업 – 예산의 체계적 연계를 강조하며, 주요 관심대상은 사업의 목표이나, 투입과 산출에도 관심을 둔다. `21국회9` O | X

실전 문제

01 다음의 단점 혹은 한계로 인하여 정착이 어려운 예산제도는? `21국7`

- 사업구조를 작성하는 것이 어렵다.
- 결정구조가 집권화되는 문제가 있다.
- 행정부처의 직원들이 복잡한 분석기법을 이해하기 어렵다.

① 품목별예산제도 ② 성과주의예산제도
③ 계획예산제도 ④ 영기준예산제도

02 품목별예산제도에 대한 설명으로 옳지 않은 것은? `24소간`

① 투입 중심이기 때문에 지출에 따른 효과는 제대로 고려되지 않는다.
② 회계책임을 분명히 할 수 있고, 지출을 통제하는 것이 용이하다.
③ 미국에서는 1900년대 초반 행정의 절약과 능률을 증진시키기 위하여 도입되었다.
④ '무엇을 위한 지출인가'에 대해서 충분한 정보를 제공해 준다.
⑤ 예산을 집행할 때 재량권의 범위가 제약되기 때문에 신축적이지 못하다.

03 다음 〈보기〉 중 성과주의예산제도의 장점으로 옳은 것만을 모두 고르면? `23국회8`

〈보기〉
ㄱ. 예산심의가 용이하다.
ㄴ. 정책목표의 설정이 용이하다.
ㄷ. 예산과 사업의 연계가 용이하다.
ㄹ. 업무측정단위를 선정하기 용이하다.
ㅁ. 품목별예산제도에 비해 사업 관리가 용이하다.
ㅂ. 현금주의를 택하고 있는 조직에서 운영하기 용이하다.

① ㄱ, ㄴ, ㄷ ② ㄱ, ㄷ, ㅁ
③ ㄴ, ㄹ, ㅁ ④ ㄷ, ㅁ, ㅂ
⑤ ㄹ, ㅁ, ㅂ

04 다음의 특징을 지니는 예산제도는? `25경간`

- 예산항목에 대한 개별 부서의 지출통제
- 회계적 책임성 제고
- 구입한 재화나 자원에 의한 지출 분류
- 지출을 둘러싼 행정권 남용의 최소화

① 품목별예산제도 ② 성과주의예산제도
③ 계획예산제도 ④ 영기준예산제도

정답

OX 01 O 02 O 03 O 04 O   실전 01 ③ 02 ④ 03 ② 04 ①   해설 231쪽

> **이것이 핵심!**
>
> 3. 계획예산제도의 비현실성과 정부실패라는 시대적 배경 속에서 신공공관리론적 제도개혁이 예산제도에서도 나타납니다. 목표관리제도는 1년 단위로 구성원의 참여와 권한을 인정하되 구성원들이 그 결과에 책임을 지게 하는 제도입니다.
> 4. 영기준예산제도는 예산삭감을 위해 도입되었고 이후 클린턴 정부 때는 결과를 강조하는 결과지향예산제도가 도입됩니다.

04 목표관리제도

개념	• 참여를 통해 상향식으로 설정한 부서목표와 예산편성 및 운영을 연계하는 예산제도
	  — 분권 및 참여적 요소를 중시하여 조직구성원들이 결과에 책임을 느끼게 하는 조직문화 배양
	  — 조직 내적 관점에서의 목표에 따른 산출량에 초점
	  — 주로 계획기간은 1개년 위주의 단기
	• 성과주의예산제도와 계획예산제도의 특성을 배합

배경	예산과 부서의 운영이 괴리되며 비효율 발생

05 영기준예산제도

개념	• 기존 사업과 새로운 사업을 구분하지 않고 모든 사업에 대해 사업의 목적, 방법, 자원을 과거의 예산 배분 관행을 인정하지 않는 원점에서 근본적인 재평가를 바탕으로 예산을 편성
	  — 새로운 사업 구상보다 기존 사업 감축 관리가 목적
	  — 예산편성과정에 다수 구성원이 참여하는 분권화된 관리체계로 의사결정이 상향적으로 진행
	  — 사업 우선순위를 설정할 때 의사결정자들의 주관적 판단이 개입될 여지
	• 동일 사업에 대해 예산 배분 수준별로 예산이 책정된 후 배분 수준을 비교하여 예산액 결정
	  — 예산편성의 기본 단위는 의사결정 단위이며 조직 또는 사업 등을 지칭
	  — 사업 검토가 조직 경계 내에서 진행되는 폐쇄적 의사결정
	  — 합리적 선택을 강조하는 총체주의방식의 예산제도
	• 계속사업의 예산이 점증적으로 증가하는 과정에서 발생하는 비효율 개선 가능

배경	• 민간기업 Texas Instruments에서 시작되어 1970년대 정부실패 극복을 위해 미국 연방정부에 도입 • 우리나라 역시 예산절감을 위해 정부예산에 영기준예산제도를 적용
비판	• 계획예산제도에 비해 장기적인 안목이 부족 • 예산편성에 비용·노력의 과다한 투입을 요구 • 인건비, 임대료 등 경직성 경비 비중이 높은 사업의 경우 적용이 곤란 • 상급관리계층에게 정보홍수와 업무과다 초래

06 신성과주의예산제도(결과지향예산제도)

개념	예산 운영의 신축성과 효율성을 제고하고 집행의 재량과 결과에 대한 책임을 중시
	  — 사업의 목표, 결과 및 재원을 모두 연계해서 성과에 대해 판단
	  — 내부관리의 효율성 제고와 서비스 공급비용의 감소를 추구

배경	• 1990년대 재정사업에 대한 투입보다 산출이나 성과를 중심으로 예산을 운용할 필요성이 강조 • 미국 클린턴 정부의 1993년 '행정성과 및 결과에 관한 법률'(GPRA)이 결과지향적 예산을 위한 입법으로 의회의 예산감시국(GAO)에서 추진

기출 선지 OX

05 영기준예산은 기존 사업과 새로운 사업을 구분하지 않고 사업의 목적, 방법, 자원에 대한 근본적인 재평가를 바탕으로 예산을 편성하는 제도이다. 24국9 O | X

06 영기준예산에서 집권화된 관리체계를 갖기 때문에 예산편성 과정에 소수의 조직 구성원만이 참여하게 된다. 24국9 O | X

07 목표관리제도(Management By Objective)의 핵심은 부서목표와 예산운영을 연계시키는 것이다. 22국회9 O | X

08 성과주의예산은 프로그램을 이용하여 장기적인 계획과 연차별 예산이 유기적으로 연계된다. 23군9 O | X

실전 문제

05 예산제도에 대한 설명으로 옳지 않은 것은? 22국7
① 영기준예산제도는 예산 배분의 관행을 인정하지 않는 제도로서 미국의 민간기업 Texas Instruments에서 처음 시작되었고, 1970년대 미국 연방정부에 도입되었다.
② 계획예산제도는 장기적 계획, 사업, 예산을 연결시키는 제도로서 미국에서 베트남 전쟁, 위대한 사회 프로그램 등 정부예산이 팽창하던 1960년대에 도입·운영되었다.
③ 성과주의예산제도는 산출 이후의 성과에 관심을 가지며 예산집행의 재량과 결과에 대한 책임을 강조하는 제도로서 1950년대 연방정부를 비롯해 지방정부에 확산되었다.
④ 품목별예산제도는 예산을 지출 대상별로 분류해 편성하는 통제지향적 제도로서 1920년대 대부분 미국 연방 부처가 도입하였다.

06 목표관리예산제도에 관한 설명으로 옳지 않은 것은? 22소간
① 분권 및 참여적 요소를 중시한 예산제도이다.
② 종합적 5개년 사업계획에 기반하여 예산을 수립하여 집행한다.
③ 성과주의예산제도와 계획예산제도의 특성을 배합한 것이다.
④ 조직 내적 관점에서의 목표에 따른 산출량에 초점을 둔다.
⑤ 조직구성원들이 결과에 대해 책임을 느끼게 하는 조직문화를 배양할 수 있다.

07 영기준예산제도(Zero Based Budget, ZBB)에 대한 설명으로 옳지 않은 것은? 23국회8
① 사업의 우선순위를 설정할 때 의사결정자들의 주관적 판단이 개입될 여지가 있다.
② 과거연도의 예산지출을 고려하지 않는다.
③ 동일사업에 대해 예산배분 수준별로 예산이 편성된다.
④ 계속사업의 예산이 점증적으로 증가하는 과정에서 발생하는 비효율을 개선한다.
⑤ 인건비나 임대료 등 경직성 경비의 비중이 높은 사업에 특히 효과적이다.

08 다음 중 '결과지향적' 혹은 '성과주의'예산제도에 대한 설명으로 가장 적절하지 않은 것은? 24군7
① 재정사업의 운영과정이나 기능을 강조하면서 설계되었다.
② 사업의 목표, 결과 및 재원을 모두 연계해서 성과에 대한 계약으로 활용한다.
③ 지출에 대한 집권적 통제와 지출 관련 행정권 남용의 최소화를 목표로 한다.
④ 내부관리의 효율성 제고와 서비스 공급 비용의 감소를 추구한다.

정답
OX 05 O 06 X 07 O 08 X   실전 05 ③ 06 ② 07 ⑤ 08 ③

해설 231쪽

TOPIC 25 예산제도 109

TOPIC 26 한국의 예산제도

최근 3개년 출제 빈도
9급	7급
4	17

★★★★ 중요도 S

> **이것이 핵심!**
> 1. 한국의 예산개혁은 2000년대 중반 노무현 정권에서 대부분 이루어집니다. 국가재정운영계획은 계획예산제도에, 재정사업성과관리는 성과주의예산제도에 상응합니다.
> 2. 중앙예산기관의 변천은 '세입'을 관장하는 재무기능과 '세출'을 관장하는 예산 및 기획 기능이 합쳐져 있는지 여부로 보아야 합니다.

01 주요 예산제도

프로그램 예산제도	• 유사 정책을 시행하는 사업의 묶음인 프로그램별로 예산을 편성하는 제도
	  ─ 일반회계, 특별회계, 기금이 포괄적으로 표시되어 총체적 재정 배분 파악이 가능
	  ─ 하향식 예산편성의 근간
	• 2007년 중앙정부에 도입되어 성과평가체계와 연계되었고 이후 지방정부에도 도입

국가재정 운용계획	매년 당해 회계연도부터 5회계연도 기간에 대해 수립하는 중기적 시계의 재정운용계획
	  ─ 예산안과 함께 국회에 제출하며 단년도 편성의 기본 틀로 기능하나 국회 심의 및 의결은 거치지 않음
	  ─ 다년간의 재정수요와 재원을 예측하여 거시적 관점에서 자원을 배분하기 위한 제도로 연동계획

재정사업 성과관리	• 성과목표관리와 성과평가로 구성되고, 성과평가는 재정사업 자율평가와 심층평가로 구성
	  ─ 성과목표관리제도는 성과예산서와 결산서를 국회에 제출하는 제도
	  ─ 재정사업 자율평가제도는 각 중앙관서의 장과 기금관리주체가 기획재정부장관이 정하는 바에 따라 주요 재정사업을 스스로 평가(미국 OMB의 PART를 우리나라에 도입)
	  ─ 재정사업 심층평가제도는 자율평가 결과 등을 토대로 기획재정부가 평가사업을 결정
	• 재정사업 성과평가 결과는 지출구조조정 등의 방법으로 재정운용에 반영 가능

총액배분 자율편성	국가재정운용계획에 따라 정부가 부처별 지출한도를 설정하고, 부처는 지출한도 내에서 자율적으로 예산을 편성하는, 재정의 집권과 분권의 조화를 추구하는 하향식(Top-down) 예산편성
	  ─ 중장기적 전략적 계획을 통해 재정의 경기조절기능 및 합리성을 강화
	  ─ 각 부처는 정책의 우선순위에 따라 지출 한도 내에서 사업의 재원을 자율적으로 배분
	  ─ 한도액의 설정으로 각 부처의 과도한 예산요구 관행을 줄일 수 있음
	  ─ 부처의 전문성을 활용하여 사업별 예산 규모를 결정할 수 있어 책임성과 권한이 강화

디지털예산회계 시스템	2007년 구축되어 예산편성·집행·결산 등 재정활동과정에서 생성된 정보를 종합관리

02 중앙예산기관의 변천

초기	국무총리 직속 기획처 예산국이 우리나라 최초로 중앙예산기관의 역할을 담당
1961년	1961년 성립된 경제기획원이 중앙예산기관의 역할을 담당하고 재무부는 수입과 지출을 총괄
1994년	1994년 김영삼 정부는 경제기획원과 재무부를 재정경제원으로 통합하여 세제, 예산, 국고기능 일원화
1999년	IMF 등을 계기로 기획예산처와 재정경제부로 분리
2008년	기획재정부로 세제, 예산, 국고기능이 일원화되고 예산실에서 중앙예산기관의 역할 담당

기출 선지 OX

01 국가재정운용계획은 국회가 심의하여 확정한다. `22군9` O | X

02 우리나라 중앙정부는 2007년부터 프로그램예산제도를 도입하였다. `24지9` O | X

03 예산안과 함께 국회에 제출하는 국가재정운용계획은 5년 단위 계획이다. `22군9` O | X

04 재정사업 성과관리의 내용은 성과목표관리와 성과평가로 구성된다. `23국9` O | X

실전 문제

01 총액배분 자율편성 예산제도에 대한 설명으로 가장 적절하지 않은 것은? `22경간`
① 정부 각 기관에 예산 자율권을 부여하는 예산관리 모형이다.
② 부처의 사업별 재원 배분에 대해 보다 세밀한 관리·통제가 가능하다.
③ 전략적 계획의 발전을 촉진하고 재정의 경기조절 기능을 강화할 수 있다.
④ 의사결정의 주된 흐름은 하향적이다.

02 총액배분 자율편성제도에 대한 설명으로 옳은 것만을 모두 묶은 것은? `23경간`

ㄱ. 중기적 재정운영보다는 개별 사업 위주의 단년도 예산편성에 적합하다.
ㄴ. 각 부처는 소관 정책의 우선순위에 따라 지출 한도 내에서 사업의 재원을 자율적으로 배분한다.
ㄷ. 재정운용의 집권과 분권의 조화를 추구하는 하향적 예산편성방식이다.
ㄹ. 한도액의 설정으로 각 부처의 과도한 예산요구 관행을 줄일 수 있다.
ㅁ. 지출 한도가 사전에 제시됨에 따라 부처의 전문성을 활용하여 사업별 예산 규모를 결정할 수 있어 책임성과 권한이 강화된다.

① ㄱ, ㄴ, ㄷ
② ㄴ, ㄷ, ㄹ
③ ㄱ, ㄴ, ㄹ, ㅁ
④ ㄴ, ㄷ, ㄹ, ㅁ

03 우리나라 중앙예산기관의 변천에 대한 설명으로 옳지 않은 것은? `22국7`
① 국무총리 직속 기획처 예산국이 우리나라에서 처음으로 중앙예산기관의 역할을 담당하였다.
② 1961년 설립된 경제기획원은 수입·지출의 총괄기능을 담당하였으며, 재무부는 중앙예산기관의 역할을 담당하였다.
③ 김영삼 정부는 1994년 정부조직개편을 통해 경제기획원과 재무부를 재정경제원으로 통합하여 세제, 예산, 국고 기능을 일원화하였다.
④ 현재는 기획재정부 예산실이 중앙예산기관의 역할을 담당하고 있다.

04 예산제도에 대한 설명으로 가장 옳지 않은 것은? `24해간`
① 하향식 예산편성제도인 총액배분자율편성예산제도를 도입하였다.
② 새로운 성과주의예산의 도입에 따라 품목별예산제도는 사용하지 않게 되었다.
③ 「국가재정법」에 성인지 예산서뿐만 아니라 조세지출예산서도 작성하도록 규정하고 있다.
④ 예산과정에 주민이 참여할 수 있도록 하는 주민참여예산제도가 시행되고 있다.

정답
OX 01 X 02 O 03 O 04 O **실전** 01 ② 02 ④ 03 ② 04 ② 해설 232쪽

> **이것이 핵심!**
> 3. 총사업비관리제도는 1999년도에 도입된 제도로 대규모 사업에 대한 총체적 관리를 가능하게 했던 제도입니다.
> 4. 총액인건비제도와 예산성과금제도는 신공공관리론적 행정개혁의 일환으로 도입되었습니다.
> 5. 성인지예산, 참여예산, 온실가스예산은 「국가재정법」상 예산원칙에 포함되어 있습니다. 자주 출제됩니다.

03 기타 예산제도

총사업비관리제도	1999년 도입된 제도로 중앙관서의 장은 완성에 2년 이상이 소요되는 사업으로 대통령령으로 정하는 대규모 사업에 대해 사업규모·총사업비 및 사업기간을 미리 기획재정부장관과 협의

총액인건비제도	• 인건비 총액 범위 내에서 각 기관의 장이 인사행정을 자율적으로 수행하고 성과에 책임을 지는 제도
	  — 성과상여금에 대한 지급액의 증감 가능
	  — 성과관리와 관리유인체계를 제공하기 위한 신공공관리적 시각을 반영
	• 직급 인플레이션 발생 가능

예산성과금제도	집행 또는 제도 개선 등으로 지출 절약 및 수입 증대에 기여한 자에게 예산성과금을 지급
	  — 공무원뿐만 아니라 시민, 조직 등이 지급의 대상이며 절약된 예산을 다른 사업에 사용 가능
	  — 예산성과금을 지급하고자 하는 경우에는 예산성과금심사위원회의 심사가 필요
	  — 「국가재정법」 제49조에 근거

성인지예산제도	• 예산 및 기금이 남녀에게 어떠한 영향을 미치는지에 대한 효과를 평가하고 반영
	  — 남녀 차별을 철폐하고 평등을 구현하려는 예산으로 성중립이 아닌 성주류적 입장
	  — 예산이 남성과 여성에게 미치는 영향이 서로 다를 수 있다는 것을 전제
	• 호주가 1984년에 처음 도입한 후 우리나라에서는 2010회계연도 성인지 예산서가 국회에 제출
	  — 「국가재정법」에 따라 중앙부처 및 지방자치단체에 성인지 예산 및 결산서를 작성할 의무가 존재
	  — 기금에도 적용되며 분석에는 양성평등 기대효과, 성과목표, 성별수혜분석 등이 포함

참여예산제도	• 「국가재정법」과 「지방재정법」에 근거해 예산 전 과정에 국민·주민이 참여할 수 있도록 하는 제도
	  — 예산과정의 투명성을 높여 재정민주주의를 강화
	  — 다만 예산심의, 결산 승인 등 의회의 의결사항은 참여예산의 관여범위가 아님
	• 지방자치단체들의 경우 참여예산제도를 운영해야 할 의무가 존재
	  — 주민참여예산제도의 구체적인 내용은 각 지방자치단체의 조례로 규정
	  — 운영을 위하여 지방자치단체장의 소속으로 주민참여예산기구를 둘 수 있음

온실가스예산제도	정부는 예산과 기금이 온실가스 감축에 미칠 영향을 미리 분석한 보고서 및 결산 보고서를 작성

04 법률안과 예산안의 차이

편성	법률안은 국회의원과 정부가 제출할 수 있지만, 예산안은 정부만 편성·제출
심의	• 국회는 법률안에 대해 정부 동의 없이 수정할 수 있지만, 예산안을 심의할 때는 정부예산안의 범위 내에서 삭감할 수 있을 뿐, 정부 동의 없이 지출예산 금액을 증가하거나 새 비목을 설치할 수 없음 • 국회는 예산안 심의·의결을 거부할 수 없음
효력	• 법률안은 효력을 인정받기 위해 공포절차를 거쳐야 하지만 예산안은 국회에서 의결되면 효력이 인정 • 대통령은 국회가 의결한 법률안에 대한 재의요구권(거부권)이 있지만, 국회에서 의결된 예산에 대해서는 재의요구권(거부권)을 행사할 수 없음 • 법률로 예산변경은 불가

기출 선지 OX

05 프로그램예산제도는 세부 업무와 단가를 통해 예산 금액을 산정하는 상향식(bottom up) 방식을 사용한다. `24지9` O | X

06 「지방재정법」은 예산과정의 주민참여범위를 예산편성으로 제한하고 있다. `23국회8` O | X

07 프로그램예산제도는 프로그램을 중심으로 예산을 편성하는 제도이며, 우리나라는 1998년 공식적으로 도입했다. `21국회9` O | X

08 성인지예산제도는 예산이 여성과 남성에게 미치는 영향을 분석해 예산편성에 반영·집행하는 제도로 「국가재정법」에 명시되어 있다. `25경간` O | X

실전 문제

05 총액인건비제도에 대한 설명으로 가장 옳지 않은 것은? `24해승`
① 성과관리와 관리유인체계를 제공하기 위한 신공공관리적 시각을 반영한다.
② 일반적으로 기구·정원 조정에 대한 재정당국의 중앙통제는 그대로 둔 채 수당의 신설·통합·폐지와 절감예산 활용 등에서의 부처 자율성을 부여하는 특성을 갖는다.
③ 직급 인플레이션을 발생시킬 수도 있다.
④ 성과상여금에 대한 지급액의 증감이 가능하다.

06 다음 성인지예산에 대한 설명으로 가장 옳지 않은 것은? `22군7`
① 「국가재정법」에서는 성인지 예산서와 성인지 결산서 작성을 의무화하고 있다.
② 성인지예산제도는 기금에도 적용하고 있다.
③ 성인지예산제도는 성중립적(gender neutral) 관점에 기반하고 있다.
④ 세입뿐만 아니라 세출에 대해서도 차별철폐를 추구한다.

07 성인지예산제도에 대한 설명으로 옳은 것은? `21국7`
① 2010회계연도 성인지 예산서가 처음으로 국회에 제출되었다.
② 성인지예산제도의 목적은 여성성을 지원하는 것이다.
③ 1984년 독일에서 처음 도입되었다.
④ 우리나라 성인지예산제도는 예산사업만을 대상으로 하고 기금사업을 제외한다.

08 예산제도에 대한 설명으로 옳은 것은? `21지7`
① 주민참여예산제도는 정부가 지역주민에 대해 비과세, 감면, 공제 등 세제상 각종 유인장치를 통해 간접적 지원을 해주는 제도이다.
② 예비타당성조사는 총사업비와 국가의 재정지원 규모가 일정 금액 이상인 신규사업 중 특정 요건에 해당하는 경우에 실시하며, 국회가 의결로 요구하는 사업에 대해서도 실시하여야 한다.
③ 예산성과금은 수입이 증대되거나 지출이 절약된 때에 이에 기여한 자에게 지급할 수 있으며 절약된 예산은 다른 사업에 사용할 수 없다.
④ 총사업비관리제도는 소요 기간에 관계없이 고속 도로, 국도 등 일정 규모 이상의 대규모 사업의 경우, 사업 규모 총사업비 및 사업기간 등을 정하여 미리 기획재정부장관과 사전협의할 것을 요구한다.

정답
OX 05 X 06 X 07 X 08 O **실전** 05 ② 06 ③ 07 ① 08 ② 해설 232쪽

TOPIC 27 예산과정과 예산집행

최근 3개년 출제 빈도
9급	7급
13	22

★★★★ 중요도 S

이것이 핵심!

1. 회계연도는 1년입니다. 세입과 세출은 1년 단위의 수입과 지출을 의미합니다. 예산순기는 3년입니다.
2. 예산과정의 일자가 시험에 나옵니다. 순서와 일자를 기억해 주세요.

01 회계연도와 예산주기

회계연도	예산이 효력을 갖는 기간을 뜻하며 1년을 단위로 함
예산주기 (예산순기)	• 우리나라는 3년으로 예산의 편성 및 의결, 집행, 그리고 결산 및 회계 검사가 반복되는 주기 • 한 시점(t)을 놓고 보면 t+1년의 예산을 편성하고, t년의 예산을 집행하고, t-1년의 예산을 결산

02 예산과정

중기사업계획서 제출	• 기획재정부장관은 각 중앙관서의 장에게 전년도 12월 31일까지 국가재정운용계획 수립지침 통보 • 각 중앙관서의 장은 기획재정부장관에게 1월 31일까지 중기사업계획서를 제출
예산안편성 지침 통보	기획재정부장관은 국무회의의 심의 및 대통령 승인을 얻은 다음 연도 예산안편성 지침을 매년 3월 31일까지 중앙관서의 장에게 통보
예산편성	• 중앙관서의 장은 소관에 속하는 다음 연도의 세입세출예산·계속비·명시이월비 및 국고채무부담행위 요구서를 작성하여 매년 5월 31일까지 기획재정부장관에게 제출 • 기획재정부는 총액배분 자율편성제도에 따라 지출 한도를 설정하고 각 중앙부처는 그 한도 내에서 예산을 자율적으로 편성
국회 제출	「국가재정법」에 의하면 정부는 회계연도 개시 120일 전까지 정부예산안을 국회에 제출

국회의 예산심의	내용	• 국회에 예산이 제출되면 국회 본회의에서 정부 시정연설이 진행
		• 정부가 제출한 지출예산 금액을 증가하거나 새 비목을 설치하는 경우 정부 동의 필요
		• 상임위원회의 예비심사 후 예산결산특별위원회의 종합심사를 통해 종합정책질의
		  — 예결특위는 예산안 및 기금운용계획안, 결산에 대하여 공청회를 개최해야 하나, 추가경정예산안, 기금운용계획안 또는 결산의 경우 위원회 의결로 생략 가능
		  — 예산결산특별위원회는 상임위원회에서 삭감한 세출예산을 증가하게 하거나 새 비목을 설치할 경우 소관 상임위원회의 동의가 필요
		  — 실제 결정권한을 가지고 있는 소소위원회가 회의록 없이 활동하는 것이 문제
		• 종합심사 후 본회의에 상정되어 질의와 투표를 거쳐 회계연도 개시 30일 전에 의결
		  — 위원회가 「국회법」에서 정한 기한까지 심사를 마치지 아니하였을 때는 그다음 날에 위원회에서 심사를 마치고 바로 본회의에 부의된 것으로 봄

	특징	• 심의과정에서 정당이 영향 • 우리나라는 대통령 중심제로 인해 의원내각제에 비해 예산심의가 엄격

기출 선지 OX

01 「국가재정법」에서는 대통령의 승인을 얻은 정부예산안이 회계연도 개시 90일 전까지 국회에 제출되어야 한다고 규정하고 있다. `24국9` O | X

02 국회 예산결산특별위원회는 소관 상임위원회에서 삭감한 세출예산 각 항의 금액을 증가하게 하거나 새 비목을 설치할 경우 소관 상임위원회의 동의를 받아야 한다. `24국9` O | X

03 기획재정부장관은 국무회의의 심의를 거쳐 대통령의 승인을 얻은 다음 연도의 예산안편성지침을 매년 3월 31일까지 중앙관서의 장에게 통보해야 한다. `24국9` O | X

04 중앙관서의 장은 소관 부처의 세입세출예산, 계속비, 명시이월비 및 국고채무부담행위 요구서를 작성하여 매년 5월 31일까지 기획재정부장관에게 제출하여야 한다. `23국회9` O | X

실전 문제

01 우리나라 예산과정을 순서대로 바르게 연결한 것은? `25경간`

> ㄱ. 예산안편성 지침 통보
> ㄴ. 중기사업계획서 제출
> ㄷ. 예산요구서 작성 및 제출
> ㄹ. 예산안 편성(국무회의 심의 및 대통령 승인)
> ㅁ. 상임위원회 예비심사
> ㅂ. 예산안 국회 제출
> ㅅ. 예산결산특별위원회 종합심사
> ㅇ. 본회의 심의·확정

① ㄱ → ㄴ → ㄷ → ㄹ → ㅂ → ㅁ → ㅅ → ㅇ
② ㄴ → ㄱ → ㄷ → ㄹ → ㅂ → ㅁ → ㅅ → ㅇ
③ ㄱ → ㄷ → ㄴ → ㄹ → ㅂ → ㅁ → ㅅ → ㅇ
④ ㄴ → ㄱ → ㄷ → ㄹ → ㅂ → ㅅ → ㅁ → ㅇ

02 예산과정에 대한 설명으로 옳지 않은 것은? `23지7`

① 각 중앙관서의 장은 그 소관에 속하는 다음 연도의 세입세출예산·계속비·명시이월비 및 국고채무부담행위 요구서를 작성하여 매년 5월 31일까지 기획재정부장관에게 제출하여야 한다.
② 정부는 예산안을 국회에 제출한 후 부득이한 사유로 그 내용의 일부를 수정하고자 할 때에는 국무회의의 심의를 거쳐 대통령의 승인을 얻은 수정예산안을 국회에 제출할 수 있다.
③ 국회에 제출된 예산안은 예산결산특별위원회에서 예비심사하여 그 결과를 의장에게 보고하고, 의장은 소관 상임위원회에 회부하여 심사가 끝난 후 본회의에 부의한다.
④ 기획재정부장관은 회계연도마다 작성하여 대통령의 승인을 받은 국가결산보고서를 다음 연도 4월 10일까지 감사원에 제출하여야 한다.

03 ㉠~㉣에 들어갈 숫자를 바르게 연결한 것은? `21지7`

> • 정부는 재정운용의 효율화와 건전화를 위하여 매년 해당 회계연도부터 (㉠)회계연도 이상의 기간에 대한 재정운용계획을 수립하여야 한다.
> • 기획재정부장관은 대통령의 승인을 얻은 다음 연도의 예산안편성지침을 매년 (㉡)월 31일까지 각 중앙관서의 장에게 통보해야 한다.
> • 기획재정부장관은 「국가회계법」에 따라 회계연도마다 국가결산보고서를 작성하여 대통령의 승인을 얻어 다음 연도 4월 (㉢)일까지 감사원에 제출하여야 한다.
> • 예산의 편성 및 의결, 집행, 그리고 결산 및 회계 검사의 단계가 일정한 주기로 반복되는 것을 예산주기 또는 예산순기라고 하는데 우리나라의 경우 통상 (㉣)년이다.

	㉠	㉡	㉢	㉣
①	10	3	10	1
②	5	3	10	3
③	5	5	20	1
④	10	5	20	3

04 예산심의에 대한 설명으로 가장 옳은 것은? `24해간`

① 상임위원회 예비심사는 기획재정부장관의 제안설명으로부터 시작된다.
② 예산결산특별위원회 종합심사에서는 종합정책질의가 이루어진다.
③ 예산결산특별위원회는 다른 상임위원회와는 달리 비상설 기구라는 특징이 있다.
④ 「국회법」에 따라 예산결산특별위원회 내 소소위원회 활동도 회의록을 작성하여야 한다.

정답

OX 01 X 02 O 03 O 04 O 실전 01 ② 02 ③ 03 ② 04 ② 해설 234쪽

> **이것이 핵심!**
> 3. 예산이 편성되었다고 바로 집행할 수 있는 것은 아닙니다. 예산배정이 있어야 계약행위가 가능해집니다.
> 4. 전통적으로 예산집행은 엄격하게 통제되었습니다. 그러나 행정환경이 복잡해지면서 집행의 신축성을 확보할 수 있는 방법이 많이 논의되고 있습니다.

03 예산배정제도

개념	• 기획재정부장관은 분기별 혹은 수시로 국회 심의 없이 예산을 배정하며 예산배정 이후 지출원인행위(계약)가 가능
	• 정기배정, 수시배정, 조기배정, 당겨배정, 감액배정 등이 존재하며 기획재정부장관은 필요한 때 대통령령으로 정하는 바에 따라 회계연도 개시 전에도 예산 배정이 가능
	   ┌ 재배정: 기재부장관이 중앙관서의 장에게 배정한 예산을 중앙관서의 장이 재무관별로 다시 배정
	   └ 배정과 재배정은 신축성 확보수단이 아님

04 예산집행의 신축성 확보제도의 종류

이용	국회의 의결을 얻은 때 기획재정부장관의 승인을 얻어 입법과목(장, 관, 항) 간 예산을 유용하는 것
전용	중앙관서의 장이 대통령령이 정하는 바에 따라 기획재정부장관의 승인을 얻어 행정과목(세항, 목) 간 예산을 유용하는 것
이체	• 폐지되거나 기능이 이관된 기관의 예산을 신설된 기관의 예산으로 재분배하는 것 • 정부조직 등에 관한 법령의 개정으로 중앙관서의 직무와 권한에 변동이 있을 때 중앙관서 장의 요구에 따라 예산 이체가 가능
계속비	완성에 수년을 요하는 공사나 제조 및 연구개발사업에 대하여 경비의 총액과 연부액을 정하여 미리 국회의 의결을 얻은 범위 안에서 5년 이내(예외적으로 10년 이내) 계속하여 지출하는 경비 ┌ 연부액은 다시 국회의 의결이 필요 └ 필요시 국회의결을 거쳐 지출연한 연장 가능

예비비	• 예측할 수 없는 예산 외의 지출 또는 예산초과지출에 충당하기 위하여 일반회계 예산총액의 100분의 1 이내의 금액을 세입세출예산에 계상하는 것
	  – 공무원의 보수 인상 등과 같은 법으로 정해진 목적 외의 용도에는 사용이 불가
	• 목적예비비는 예산총칙 등에서 미리 사용목적을 지정해야 하며, 별도로 세입·세출예산에 계상 가능
	  – 재해대책비·공공요금·환율 상승에 따른 원화 부족액 보정 등

명시이월	연도 내에 그 지출을 마치지 못한 것이 예측된 때 미리 국회의 승인을 얻어 다음 연도에 이월해 사용
사고이월	• 연도 내에 지출원인행위를 하고 불가피한 사유로 인하여 연도 내에 지출하지 못한 경비를 다음 연도로 이월해 사용하는 것 • 명시이월된 예산은 다시 사고이월이 가능하나, 사고이월된 예산은 재이월이 불가
국고채무 부담행위	금전급부의무 부담행위로서 채무 이행 책임은 다음 연도 이후에 부담해 지출권한을 부여한 것은 아님 ┌ 사항마다 필요한 이유를 명백히 하고 행위를 할 연도와 상환연도, 채무부담의 금액을 표시 ├ 국고채무부담행위는 미리 예산으로서 국회의 의결을 얻어야 할 필요 └ 재해복구를 위해 필요할 때는 일반회계 예비비 사용절차에 준해 집행
기타	수입대체경비, 총액계상예산, 추가경정예산 등

기출 선지 OX

05 이용(移用)이란 세항·목 등 행정과목 간의 예산을 상호융통하는 것이다. `24행정사` O | X

06 이체(移替)란 폐지되거나 기능이 이관된 기관의 예산을 신설된 기관의 예산으로 재분배하는 것이다. `24행정사` O | X

07 여러 해가 걸리는 공사나 R&D 사업 등이 단년도 예산주의의 예외가 된다. `22국회9` O | X

08 계속비의 지출기간은 5년 이내이며 연장이 불가하다. `22국회9` O | X

실전 문제

05 중앙정부의 예산집행에 관한 설명으로 옳은 것만을 〈보기〉에서 있는 대로 고른 것은? `23소간`

〈보기〉
ㄱ. 예산의 배정에는 정기배정, 수시배정, 조기배정, 당겨배정, 감액배정 등이 있다.
ㄴ. 기획재정부장관은 예산배정요구서에 따라 반기별 예산배정계획을 작성하여 국회의 심의를 거친 후 대통령의 승인을 얻어야 한다.
ㄷ. 기획재정부장관은 필요한 때에는 대통령령으로 정하는 바에 따라 회계연도 개시 전에 예산을 배정할 수 있다.
ㄹ. 세출예산의 재배정이란 기획재정부장관이 각 중앙관서의 장에게 배정한 예산을 각 중앙관서의 장이 재무관별로 다시 배정하는 것을 말한다.

① ㄱ, ㄴ ② ㄱ, ㄹ ③ ㄴ, ㄷ
④ ㄱ, ㄷ, ㄹ ⑤ ㄴ, ㄷ, ㄹ

06 예산집행의 신축성 유지 방안 중 한정성 원칙의 예외가 아닌 것은? `24해간`
① 계속비 ② 수입대체경비
③ 이용   ④ 사고이월

07 국고채무부담행위에 관한 설명으로 옳지 않은 것은? `22소간`
① 국고채무부담행위는 완성에 수년이 필요한 공사나 제조 및 연구개발사업에 한정되어 있다.
② 국고채무부담행위는 미리 예산으로서 국회의 의결을 얻어야 한다.
③ 재해 복구를 위해 필요한 때에는 일반회계 예비비의 사용절차에 준해 집행한다.
④ 국고채무부담행위는 국가가 법률에 따른 것과 세출예산 금액 또는 계속비의 총액의 범위 안의 것 외에 채무를 부담하는 행위를 의미한다.
⑤ 국고채무부담행위 사항마다 행위연도와 상환연도 및 채무부담 금액을 명시해야 한다.

08 다음 중 예산집행의 신축성을 보장하기 위한 제도에 대한 설명으로 가장 옳은 것은? `22해승`
① 예산의 이용은 입법과목 간 융통을 의미하는 것으로 예산 집행상 필요에 따라 예산으로써, 국회의 의결을 얻은 때에는 기획재정부장관의 승인을 얻어 이용할 수 있다.
② 예산의 이체는 정부조직 등에 관한 법령의 제정··개정 또는 폐지로 인하여 중앙관서의 직무와 권한에 변동이 있을 때 이루어지는 것으로 국회의 승인이 있어야 한다.
③ 예산의 이월은 당해 회계연도에 집행되지 않은 예산을 다음 연도의 예산으로 사용하는 것으로 각 중앙관서의 장이 자유롭게 이월 및 재이월 할 수 있다.
④ 계속비는 원칙상 5년 이내로 국한하지만 필요시 기획재정부장관의 승인을 통해 연장할 수 있다.

정답
OX) 05 X 06 O 07 O 08 X   실전) 05 ④ 06 ② 07 ① 08 ①   해설 234쪽

TOPIC 28 결산과 국가채무

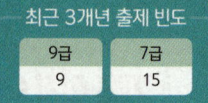

★★★★ 중요도 S

> **이것이 핵심!**
> 1. 예산집행이 끝나면 결산이 진행됩니다. 결산과 관련해서는 제출 시기와 국회의 권한이 주로 출제됩니다.
> 2. 예산회계는 단기부기와 현금주의를 따르고 있고 재무회계는 현금주의와 발생주의를 따릅니다.

01 결산

개념	• 회계연도에서 **국가의 수입과 지출 실적을 확정적 계수로 표시하는 행위** • 예산의 범위 내에서 재정활동을 했는지 확인하고 그 결과를 재정운용에 반영하는 과정

특징	• **기획재정부장관**은 회계연도마다 작성하여 대통령의 승인을 받은 국가결산보고서를 **다음 연도 4월 10일까지 감사원에 제출**
	• 정부는 감사원 검사를 거친 국가결산보고서를 다음 연도 **5월 31일까지 국회에 제출**
	• 국회는 국가결산보고서를 상임위원회와 예산결산특별위원회를 거쳐 본회의에서 확정
	   ┌ 결산 심사 결과 위법·부당·재정운용의 **비능률이** 발견된 경우 본회의 의결 후 **시정·변상·징계 조치 등**
	   │ 을 요구하며 **감사원 감사 요구 가능**
	   └ 결산 결과는 차년도 예산과정에서 쟁점화가 가능

02 국가 회계제도

결산보고서상 재무제표	• 재정상태표, 재정운영표, 순자산변동표 • 거래 발생 시 차변과 대변 양쪽에 동일한 금액으로 이중 기입하는 **복식부기 채택** • **국가회계는 디브레인 시스템을 통해, 지방자치단체회계는 e-호조 시스템**을 통해 처리

발생주의	• 모든 경제자원을 측정 대상으로 하여 **거래사실의 발생 시 회계처리**
	   ┌ 현금주의는 금전이동 시 회계처리를 하여 통제와 간편성이 높음
	   ├ 발생주의에서는 현금주의에서 인식하지 못하는 **미수수익, 미지급금, 무상거래, 감가상각을 인식**
	   └ **현금주의보다 비용과 수익 파악이 용이**하여 재정성과 파악이 용이
	• **현금주의 회계에 비해 복잡**하여 통제에 불리하고 인식방식에 따라 재정상태가 달라지는 주관성 발생

03 재정투명성

개념	재정에 관한 **정보를 체계적으로 적시에 공개하는 것**
특징	• 2007년 IMF '재정투명성 규약'에 '예산과정의 공개', '재정 정보의 완전성 보장', '정부의 역할과 책임에 대한 명확성' 등이 규정 • 「국가재정법」은 **예산·기금의 불법 지출에 대한 국민감시** 등을 규정
재정공개제도	• 정부는 예산, 기금, 결산 등 일반정부 및 공공부문 재정통계, 그 밖의 **국가와 지방자치단체의 재정에 관한 중요한 사항을 매년 1회 이상 정보통신매체 등 적당한 방법으로 알기 쉽고 투명하게 공표** - 중요한 사항에는 국가채권의 현황 및 그 변동내역, 국가재정운용계획, 국가채무관리계획 등이 포함 • 각 중앙관서의 장은 세입·세출예산 운용상황을, 기금관리주체는 기금 운용상황을 홈페이지에 공개 • 지방자치단체 재정에 관한 공시는 행정안전부 소관

기출 선지 OX

01 국가회계는 디브레인(dBrain) 시스템을 통해, 지방자치단체회계는 e-호조 시스템을 통해 처리된다. `22지9` O | X

02 발생주의에서는 미수수익이나 미지급금을 자산과 부채로 표시할 수 있다. `22지9` O | X

03 재무회계는 현금주의 단식부기 회계방식이, 예산회계는 발생주의 복식부기 방식이 적용된다. `22지9` O | X

04 재무제표는 거래가 발생하면 차변과 대변 양쪽에 동일한 금액으로 이중기입하는 복식부기 방식을 채택하고 있다. `22지9` O | X

실전 문제

01 현금주의 회계방식과 발생주의 회계방식에 대한 설명으로 옳은 것은? `22국회8`
① 현금주의 회계방식은 재정상태표에 해당하며, 발생주의 회계방식은 재정운영표에 해당한다.
② 현금주의 회계방식은 정보의 적시성을 확보할 수 있으며, 발생주의 회계방식은 회계처리의 객관성 확보에 용이하다.
③ 현금주의 회계방식은 재정 건전성 확보가 가능하며, 발생주의 회계방식은 이해와 통제가 용이하다.
④ 현금주의 회계방식은 의회통제를 회피하기 위해 악용될 가능성이 있으며, 발생주의 회계방식 또한 의회통제와는 거리가 있다.
⑤ 현금주의 회계방식은 화폐자산과 차입금을 측정 대상으로 하며, 발생주의 회계방식은 재무자원, 비재무자원을 포함한 모든 경제자원을 측정 대상으로 한다.

02 재정투명성에 대한 설명으로 옳지 않은 것은? `23국7`
① 재정투명성이란 재정에 관한 정보를 체계적으로 적시에 공개하는 것을 의미한다.
② 2007년의 IMF「재정투명성 규약」에는 '예산과정의 공개', '재정 정보의 완전성 보장', '정부의 역할과 책임에 대한 명확성' 등이 규정되어 있다.
③ 「국가재정법」에서는 공공부문을 제외한 일반정부의 재정통계를 매년 1회 이상 투명하게 공표하도록 규정하고 있다.
④ 「국가재정법」은 예산·기금의 불법 지출에 대한 국민감시 규정을 두고 있다.

03 정부회계제도에 대한 설명으로 가장 옳지 않은 것은? `23경간`
① 복식부기에서 자산의 증가, 부채의 감소, 비용의 발생은 차변에 기입해야 한다.
② 현금주의는 비용과 수익을 알 수 없어서 경영성과 파악이 어렵다.
③ 발생주의 회계방식은 자의적인 회계 처리가 불가능하여 통제에 유리하다.
④ 현금주의는 교량, 박물관, 체육관 등 가시적 치적 쌓기에 관심이 있는 정치인들이 선호하는 회계제도이다.

04 다음 〈보기〉는 우리나라 예산의 과정에 대한 내용이다. 괄호 안에 들어갈 숫자의 합(㉠ + ㉡ + ㉢ + ㉣)으로 가장 옳은 것은? `23해승`

〈보기〉
- 정부는 재정운용의 효율화와 건전화를 위하여 매년 해당 회계연도부터 (㉠)회계연도 이상의 기간에 대해 재정운용계획을 수립하여야 한다.
- 기획재정부장관은 대통령의 승인을 얻은 다음 연도 예산편성지침을 매년 (㉡)월 31일까지 각 중앙관서의 장에게 통보해야 한다.
- 기획재정부장관은 「국가회계법」에 따라 회계 연도마다 국가결산보고서를 작성하여 대통령의 승인을 얻어 다음 연도 4월 (㉢)일까지 감사원에 제출하여야 한다.
- 예산편성 및 의결, 집행 그리고 결산 및 회계검사의 단계가 일정한 주기로 반복되는 것을 예산주기 또는 예산순기라고 하는데 우리나라의 경우 통상 (㉣)년이다.

① 19 ② 20 ③ 21 ④ 22

정답
OX 01 O 02 O 03 X 04 O   실전 01 ⑤ 02 ③ 03 ③ 04 ③

> **이것이 핵심!**
> 3. 국가의 부채는 국가채무(D1), 일반정부부채(D2), 공공부문채(D3)로 나뉩니다. IMF 등 국제비교의 기준이 되는 것은 일반정부부채입니다.
> 4. 건전성 확보를 위해 재정준칙을 만드는 것이 논의되고 있습니다. 또한 1999년부터 예비타당성조사가 도입되었습니다. 조세지출예산제도도 건전성 확보 수단 중 하나입니다.
> 5. 조세지출예산제도도 건전성 확보 수단 중 하나입니다.

04 국가부채

개념	• 국가채무와 공공부문 부채 　─ D1: 국가채무로 중앙정부, 지방정부, 교육자치단체의 채무 　─ D2: 비영리공공기관까지 포함하여 국가 간 비교에 쓰이는 발생주의로 측정된 부채 　─ D3: D2에 비금융 공기업 부채를 포함 • 국가채무는 크게 금융성 채무와 적자성 채무로 구분되며 채권으로 존재 　─ 회계 및 기금에서 발행한 총 채권 　─ 채권의 발행 주체가 중앙정부일 때는 국채, 지방자치단체일 때는 지방채 　─ 중앙정부 발행 국채에는 국고채권, 국민주택채권, 외국환평형기금채권, 재정증권 등이 존재

05 건전성 확보 제도

재정준칙	• 총량적 재정지표에 대해 **구체적인 목표수치를 정한 국가의 재정운용목표를 법제화하여 구속력 부여** 　─ 행정부의 재량을 통제하여 재정 건전성 확보 • 채무준칙, 재정수지준칙, 지출준칙, 수입준칙 등이 존재 　─ **채무준칙**: 국가채무 규모나 비율에 상한선을 설정 　─ **재정수지준칙**: 수입과 지출의 차이인 재정수지를 통제하는 것으로 경제 안정화를 저해 　─ **지출준칙**: 지출 상한이나 증가율 상한을 설정 　─ **수입준칙**: 수입 수준을 설정
페이고제도	의무지출 증가를 내용으로 하는 **신규입법 시** 이에 상응하는 세입 증가나 다른 의무지출 감소 등과 같은 **재원조달 방안을 동시에 입법**하도록 의무화하는 제도
예비타당성조사	• 1999년 도입 후 기획재정부장관 주관으로 시행되는 **사전적 타당성 검증제도** 　─ 신규투자 우선순위결정, 예산낭비 방지, 재정운영의 효율성 제고가 목적 　─ 직권·신청·국회의결에 따라 **총사업비가 500억 원 이상이고 국가의 재정지원 규모가 300억 원 이상인 신규 사업**으로서 건설공사가 포함된 사업 및 그 외 법령에 따른 사업에 실시 　─ 결과를 요약하여 국회 소관 상임위원회와 예산결산특별위원회에 제출 • 경제적, 정치적 이해관계를 고려한 타당성 검토 　─ 수요편익 분석, 재무성 평가, 민감도 분석 등 경제적 타당성은 물론 정책적 타당성도 분석 대상 　─ 경제성이 낮은 경우라도 정책성 분석이나 지역균형발전 분석 등을 통한 종합평가 결과에 의해 통과 가능 　─ 종합평가는 계층화 분석(AHP)에 따라 수행 • 공공청사 신축 및 증축, 재난복구 지원사업, 지역균형발전사업 등 다양한 사업에 대해 예비타당성조사를 면제할 수 있도록 규정

기출 선지 OX

05 기획재정부장관은 총사업비가 600억 원 이상이고 국가의 재정지원 규모가 300억 원 이상인 신규 사업으로서 건설공사가 포함된 사업 등에 대한 예산을 편성하기 위하여 미리 예비타당성조사를 실시하고, 그 결과를 요약하여 국회 소관 상임위원회와 예산결산특별위원회에 제출하여야 한다. 22지9 O | X

06 국고채무부담행위는 국가가 채무를 부담할 권한과 채무의 지출권한을 부여받은 것으로, 지출을 위한 국회 의결 대상에서 제외된다. 24국9 O | X

07 국고채무부담행위는 국가가 금전급부의무를 부담하는 행위로서 그 채무 이행의 책임은 다음 연도 이후에 부담됨을 원칙으로 한다. 24국9 O | X

08 국고채무부담행위의 경우, 사항마다 필요한 이유를 명백히 하고 그 행위를 할 연도와 상환연도, 채무부담의 금액을 표시해야 한다. 24국9 O | X

실전 문제

05 국가채무에 대한 설명으로 옳지 않은 것은? 23국7
① 「국가재정법」에 따른 국가채무는 국가의 회계가 발행한 채권을 포함하며, 모든 기금이 발행한 채권은 제외된다.
② 우리나라 중앙정부가 발행하는 국채에는 국고채권, 국민주택채권, 외화표시 외국환평형기금채권 등이 있다.
③ 국가채무는 크게 금융성 채무와 적자성 채무로 구분한다.
④ 채권의 발행 주체가 중앙정부일 때는 국채, 지방자치단체일 때는 지방채라고 할 수 있다.

06 예비타당성조사에 대한 설명으로 옳은 것은 〈보기〉에서 모두 몇 개인가? 24국회8

〈보기〉
ㄱ. 예비타당성조사제도는 재정운용의 효율성을 제고하기 위해 1999년 김대중 정부 때 도입된 제도로서, 건설공사가 포함된 사업만 대상으로 한다.
ㄴ. 예비타당성조사는 총사업비가 500억 원 이상인 대규모 신규 사업을 대상으로 국토교통부가 실시하고, 조사 결과를 토대로 기획재정부가 사업추진 여부를 결정한다.
ㄷ. 예비타당성조사를 실시하는 경우 경제성 분석, 정책성 분석, 지역균형발전 분석을 반드시 실시해야 하고, 종합평가는 비용효과분석에 의해 이루어진다.
ㄹ. 편익비용비율이 1보다 작아 경제성이 낮은 경우라도 정책성 분석이나 지역균형발전 분석 등을 통한 종합평가 결과에 의해 예비타당성조사를 통과할 수 있다.
ㅁ. 「국가재정법」은 공공청사 신축 및 증축, 재난복구 지원사업, 지역균형발전사업 등 다양한 사업에 대해 예비타당성조사를 면제할 수 있도록 규정하고 있다.

① 1개 ② 2개 ③ 3개
④ 4개 ⑤ 5개

07 재정준칙에 대한 설명으로 옳지 않은 것은? 22지7
① 국가채무준칙은 재정 건전성을 확보하기 위해 국가채무 규모에 상한선을 설정한다.
② 재정수지준칙은 경기변동과 무관하게 설정되므로 경제 안정화를 오히려 저해할 수 있다.
③ 재정지출준칙은 경제성장률이나 재정적자 규모의 예측에 의존하지 않는다.
④ 재정수입준칙은 조세지출을 우회적으로 활용함으로써 재정 건전성이 훼손될 가능성이 있다.

08 재정준칙(Fiscal Rule)에 대한 설명으로 가장 적절하지 않은 것은? 22경승
① 재정준칙의 유형에는 채무준칙, 재정수지준칙, 지출준칙, 수입준칙 등이 있다.
② 재정에 대한 행정부의 재량권을 확대하고 재정규율을 확립하여 재정건전화를 도모할 수 있다.
③ 총량적인 재정지표에 대해 구체적인 목표수치를 포함한 국가의 재정운용목표를 법제화한 재정운용정책을 의미한다.
④ 미국의 페이고(PAYGO: Pay-As-You-Go)제도는 의무지출의 증가를 내용으로 하는 신규입법 시 이에 상응하는 세입 증가나 다른 의무지출 감소 등과 같은 재원조달방안을 동시에 입법하도록 의무화하는 것이다.

정답
OX 05 X 06 X 07 O 08 O   **실전** 05 ① 06 ② 07 ④ 08 ②   해설 235쪽

2026 신성우 행정학 압축 이론 기본서

인사행정은 누구를 공무원으로 채용해서 어떻게 업무를 부여하는지가 핵심입니다. 이 두 요소가 인사행정의 총론을 이룹니다. 1883년 이전까지 미국에서 공무원은 엽관주의적 방식으로 임용되었습니다. 그러다 펜들턴법이 제정되면서 실적주의가 정착되었죠. 이후 직업공무원제와 대표관료제 방식의 채용도 점점 확대됩니다.

한편 어떻게 업무를 부여하는지와 관련하여서는 계급제로 운영하는 방식과 직위분류제로 운영하는 방식이 나뉩니다. 우리나라는 계급제 방식을 택하고 있습니다.

인사행정의 각론은 공직 분류, 채용, 보직이동, 평가, 보수지급, 교육훈련, 징계, 윤리 등을 단계적으로 학습하는 과정으로 이루어집니다. 여러분의 연금은 어떻게 지급되는지 알고 계신가요? 인사행정에서 이제 공부하게 됩니다.

CHAPTER 6

인사

TOPIC 29	채용의 방식
TOPIC 30	업무의 부여방식
TOPIC 31	공무원의 분류와 중앙인사기관
TOPIC 32	임용, 인사이동, 인사평가
TOPIC 33	보수, 연금, 경력개발
TOPIC 34	징계, 소청, 공무원단체와 중립
TOPIC 35	부패와 윤리

TOPIC 29 채용의 방식

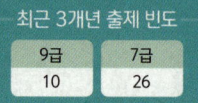

★★★★ 중요도 S

> **이것이 핵심!**
>
> 1. 누구를 공무원으로 채용할지에 대한 문제는 행정학의 핵심 주제 중 하나입니다. 19세기 말까지 채용은 엽관제 방식으로 진행되었습니다. 그 이후 가필드 대통령 암살과 행정환경의 복잡화로 인하여 실적제가 등장합니다.

01 엽관제

개념	• 주기적 선거 결과에 기초하여 선거에서 승리한 정당이 관직을 차지하는 개방형 인사제도 　└ 정당 발달과 행정 민주화에 기여하고 공직을 민주적으로 교체 　└ 관료 특권화를 방지하고 국민 요구에 대한 관료의 대응성을 높임 　└ 공무원의 정치적 책임성 및 충성심을 확보하며 정치지도자의 국정 지도력 강화 • 우리나라 정무직공무원 임명 및 고위공무원단제도, 미국 플럼북
정실주의와의 비교	• 유럽에서 발달한 정실주의는 혈연, 학연, 지연 등 인사권자의 사적 인간관계에 따라 공무원을 선발 • 정실주의는 정당 발전 및 민주주의와 무관
배경	공직은 건전한 상식과 인품을 가진 대중 누구나 수행할 수 있다고 인식 　└ 19세기 미국 잭슨 대통령은 엽관제를 민주주의의 실천 원리로 인식하고, 관료 개혁을 시도 　└ 20세기 후반 관료제의 경직성과 비민주성이 부각되면서 엽관제 명분과 전통이 다시 대두
한계	• 행정의 안전성과 중립성 및 전문성 저하 • 공직의 상품화를 가져올 가능성

02 실적주의

개념	개인의 능력과 자격에 따라 채용 　└ 공개경쟁시험, 신분보장, 공무원의 정치적 중립을 강조하며 효율성과 전문성을 강조 　└ 개방형 결원충원방식과 직위분류제적 공직분류제도와 가까우며 전문행정가 양성에 유리 　└ 보수는 직무급과 성과금이 중심
배경	• 가필드 대통령 암살로 엽관주의의 폐해가 부각 • 급격한 경제 발전으로 공무원들의 전문적 지식과 기술이 필요 • 영국은 추밀원령으로 정실주의에서 실적제로 전환되었으며, 이후 미국이 펜들턴법(1883) 제정으로 엽관주의에서 실적주의로 변화
한계	• 정치적 중립에 집착하여 인사행정을 소극화, 형식화, 경직화 • 국민에 대한 관료의 대응성 저하

기출 선지 OX

01 실적주의는 공직의 일은 건전한 상식과 인품을 가진 일반대중 누구나 수행할 수 있는 것이라고 전제하였다. `24국9` O | X

02 엽관제 공무원제도는 행정의 안정성과 중립성에 도움이 된다. `23군9` O | X

03 공개경쟁시험, 신분보장, 정치적 중립이 실적주의의 핵심적인 요소이다. `24국9` O | X

04 실적주의는 사회적 형평성을 가장 중요한 가치로 삼는 인사제도이다. `24국9` O | X

실전 문제

01 정실주의와 엽관제에 대한 설명으로 옳지 않은 것은? `22국7`
① 실적제로 전환을 위한 영국의 추밀원령은 미국의 펜들턴법보다 시기적으로 앞섰다.
② 엽관제는 전문성을 통한 행정의 효율성 제고와 정부관료의 역량 강화에 기여한 것으로 평가된다.
③ 미국의 잭슨 대통령은 엽관제를 민주주의의 실천적 정치원리로 인식하고 인사행정의 기본 원칙으로 채택하였다.
④ 엽관제는 관료제의 특권화를 방지하고 국민에 대한 대응성을 높인다는 점에서 현재도 일부 정무직에 적용되고 있다.

02 엽관주의의 정당화 근거로 옳지 않은 것은? `21국7`
① 행정 민주화에 기여
② 정치지도자의 행정 통솔력 강화
③ 정당정치 발달에 공헌
④ 행정의 안정성과 지속성 확보

03 공무원 인사제도에 대한 설명으로 옳지 않은 것은? `21지7`
① 실적주의는 공무원의 인적 구성이 사회의 인구학적 특성과 비례가 되도록 해야 한다는 대표관료제를 비판하면서 등장하였다.
② 엽관주의는 정당제도 유지에 기여하고 공무원의 정치적 책임성을 확보할 수 있다는 장점이 있어 오늘날에도 부분적으로 남아 있다.
③ 실적주의는 엽관주의의 폐해와 급격한 경제 발전으로 행정기능이 양적으로 확대되고 질적으로 복잡해짐에 따라 공무원들의 전문적 지식과 기술이 필요해지면서 정당성이 강화되었다.
④ 엽관주의에 따른 인사는 관료기구와 집권정당의 동질성을 확보할 수 있으며, 정부가 공무원의 충성심을 확보하고 공무원을 효과적으로 통솔할 수 있다.

04 엽관주의에 대한 설명으로 옳지 않은 것은? `23국회8`
① 선거에서 승리한 정당이 관직을 차지한다.
② 혈연, 학연, 지연 등 사적 인간관계를 반영하여 공무원을 선발한다.
③ 정당정치의 발달은 물론 행정의 민주화에 기여할 수 있다.
④ 행정의 전문성을 저하시킬 수 있다.
⑤ 펜들턴법(Pendleton Act)이 제정되면서 엽관주의에서 실적주의로 미국정부의 인사제도가 변하였다.

정답
OX 01 X 02 X 03 O 04 X 실전 01 ② 02 ④ 03 ① 04 ②

> **이것이 핵심!**
>
> 2. 베버는 이념형으로 관료제를 제시하면서 직업공무원을 강조했습니다. 관료제의 역할이 커지면서 인구 비례로 공무원을 뽑아야 한다는 대표관료제도 등장합니다.

03 직업공무원제도

개념	• 젊고 유능한 인재들이 신분보장 아래에서 일생을 바쳐 공무원으로 성실히 근무
	  ┌ 폐쇄형 결원충원, 계급제, 실적주의 등을 요소로 하며 전보 및 교육훈련을 통한 능력 발전 강조
	  └ 호봉제, 연공급이 중심이며 공직이 매력적이고 보람있는 직업으로 인식될 필요
	• 공무원의 신분을 보장해 행정의 일관성과 연속성을 유지
	  ┌ 자부심과 일체감과 단결심을 강화하며 공직 봉사정신과 행동규범을 유지
	  └ 폭넓은 능력 발전을 통해 정책결정 및 행정관리를 담당하는 일반행정가인 고급공무원 양성

배경	• 영국에서는 국왕 영향 차단을 목적으로 종신직 행정관료가 제도화 • 미국에서 실적주의가 확립된 이후로도 공무원의 이직률이 높았고, 행정의 전문성을 높이기 위해 능력 있는 인재가 평생직업으로 공무원을 선택하게 할 필요성이 강조됨

한계	• 신분보장으로 환경에 둔감하고, 무사안일과 관료병리현상이 초래 가능
	  ┌ 전문행정가의 양성을 저해
	  └ 국민에 대한 관료의 대응성이 저하되고 관료가 특권계층화될 염려
	• 실적주의가 개방형 충원과 동시에 시행되면 직업공무원제 확립이 곤란

04 대표관료제

개념	• 공무원의 인적 구성이 사회의 인구학적 특성과 비례가 되도록 채용하는 제도
	  ┌ 소외집단 출신을 공직에 채용하여 사회적 형평성을 제고
	  └ 크랜츠는 관료제 내 직무와 계급 구성까지 인구에 상응해야 한다고 주장
	• 대응성, 민주적 국민 대표성, 행정의 민주성, 행정 통제를 강화
	  ┌ 출신, 성장배경, 사회화 등에 의해 주관적 책무성이 형성되고 이것이 임용 후 행태를 결정
	  ├ 소극적 대표성이 적극적 대표성을 보장하여 관료제 내부통제의 효과
	  └ 관료 증원에 있어 다양한 집단을 참여시킴으로써 정부 관료제를 민주화
	• 양성평등채용, 지역인재추천채용, 장애인의무고용, 저소득층할당, 과학기술인재채용 등

배경	실적주의를 비판하며 사회적 약자를 보호하기 위해 등장
	  ┌ 현대사회의 구조적 문제로 인한 기회 불평등을 해소하고자 노력
	  ├ 관료들의 객관적 책임은 현실적이지 않다고 인식
	  └ 킹슬리가 처음 사용

한계	• 실적주의적 공무원제도를 저해하여 행정의 전문성과 생산성을 저하 • 할당제를 강요하게 되어 역차별 문제가 야기됨 • 관료 입직 이후의 재사회화가 일어날 경우 대표성 및 대응성 저하

기출 선지 OX

05 직업공무원제는 직무급 중심의 보수체계를 특징으로 한다. `22국9` O | X

06 직업공무원제의 장점은 개방적인 임용으로 공직분위기가 활성화된다는 점이다. `23국회9` O | X

07 직업공무원은 일생 동안 일할 수 있도록 신분을 보장받고 근무하는 공무원이다. `23군9` O | X

08 결원충원방식 및 공직분류제도에 있어서 실적주의는 개방형 직위분류에, 직업공무원제는 폐쇄형과 계급제에 가깝다고 할 수 있다. `24군9` O | X

실전 문제

05 직업공무원제에 대한 설명으로 옳지 않은 것은? `21국7`
① 공무원의 신분을 보장해 행정의 연속성과 일관성을 유지하는 데 긍정적인 제도이다.
② 젊고 유능한 인재들이 공직을 보람 있는 직업으로 선택하여 일생을 바쳐 성실히 근무하도록 유도하는 인사제도이다.
③ 공무원이 환경적 요청에 민감하지 못하고 특권집단화할 염려가 있다.
④ 공무원의 일체감과 단결심 및 공직에 헌신하려는 정신을 강화하는 데 불리한 제도이다.

06 개방형 또는 폐쇄형 인사제도에 대한 설명으로 옳은 것은? `21국7`
① 개방형 인사제도는 외부전문가나 경력자에게 공직을 개방하여 새로운 지식과 기술, 아이디어를 수용해 공직사회의 침체를 막고 행정의 효율성을 높이는 데 유리하다.
② 일반적으로 폐쇄형 인사제도는 직위분류제에 바탕을 두고 있으며, 일반행정가보다 전문가 중심의 인력구조를 선호한다.
③ 개방형 인사제도는 폐쇄형 인사제도에 비해 안정적인 공직사회를 형성함으로써 공무원의 사기를 높이고 장기근무를 장려한다.
④ 폐쇄형 인사제도는 개방형 인사제도에 비해 내부승진과 경력 발전을 위한 교육훈련의 기회가 적다.

07 대표관료제(Representative Bureaucracy)에 대한 설명으로 옳지 않은 것은? `23국회8`
① 개인의 출신 및 성장배경, 사회화 과정 등에 의해 개인의 주관적 책무성이 형성된다고 본다.
② 대표관료제는 현대사회의 구조적 문제로 인한 기회의 불평등을 해소하고자 하는 노력이다.
③ 대표관료제는 소극적 대표가 자동적으로 적극적 대표를 보장한다는 가정에서 출발한다.
④ 대표관료제는 실적주의 원칙에 기반하여 행정능률성을 제고한다.
⑤ 정부 관료의 증원에 있어서 다양한 집단을 참여시킴으로써 정부 관료제의 민주화에 기여할 수 있다.

08 다음 중에서 대표관료제(representative bureaucracy)에 대한 설명과 거리가 가장 먼 것은? `23군7`
① 킹슬리(D. Kingsley)가 처음 사용한 개념이다.
② 주기적인 선거 결과에 기초하여 주요 관직을 임명하는 제도이다.
③ 정부정책의 형평성과 대응성을 제고할 수 있다.
④ 실적주의 공무원제도 확립에 저해된다.

정답
OX 05 X 06 X 07 O 08 O   실전 05 ④ 06 ① 07 ④ 08 ②   해설 237쪽

TOPIC 30 업무의 부여방식

최근 3개년 출제 빈도
9급	7급
4	15

★★★★ 중요도 S

이것이 핵심!
1. 직무와 책임이 1명에게 부여되면 직위가 됩니다. 직무평가를 통해 직무의 등급과 직군 등이 결정됩니다.
2. 직위분류제는 직위에 맞는 사람을 임용합니다. 계급제는 사람을 계급으로 나눈 후 그에 맞는 직위를 부여합니다.

01 직위와 직무 평가

직위	직위: 1명의 공무원에게 부여할 수 있는 직무와 책임 — 직급은 직무의 종류·곤란성과 책임도가 상당히 유사한 직위의 군을, 직무등급은 직무 곤란성과 책임도가 상당히 유사한 직위의 군을 의미 — 직군은 직무의 성질이 유사한 직렬의 군을, 직렬은 직무가 유사하고 책임 등이 다른 군을, 직류는 같은 직렬 내에서 분야가 같은 직무 군을 의미
직무평가	• 점수법: 직무를 구성하는 하위 요소별 점수를 평가 요소별 가중치 부여 후 합산하여 평가 • 요소비교법: 기준직무를 선정해 직무와 기준직무의 평가요소를 상호비교하여 상대적 가치를 판단 • 분류법: 등급기준표 완성 후 기준표와 직무를 비교하여 등급을 결정하는 비계량적 방법 • 서열법: 직무 수가 적은 조직 등에서 직무 중요도를 종합적으로 평가하여 비계량적으로 서열 부여

02 직위분류제

개념	• 직위를 직무 종류, 책임 및 난이도에 따라 분류하고 직무 능력과 기술 전문성을 갖춘 사람을 임용 — 개방형 충원을 통해 전문행정가를 양성할 수 있으므로 분화된 산업사회에 적합 — 직위의 권한과 책임의 한계가 명확하여 직무 한계와 책임 소재가 명확 • 직무분석에 입각한 합리적 인사운영 가능 — 직위와 계급을 연동하지 않아 수직적 융통성이 높고 직무가 없어지면 원칙적으로 퇴사 — 동일직렬에서의 장기 근무가 가능하여 전문가 양성에 도움이 되며 직무 중심 동기유발 가능 — 교육훈련 수요 파악 및 근무성적평정에 유리 — 동일노동 동일보수 제공이 원칙으로 직무급 확립에 유용하고 보수 형평성이 높음
배경	인사행정에서의 과학적 관리법에 영향을 받아 미국에서 발전
한계	인사이동(전보·전직) 등 인력의 융통성 있는 활용이 곤란하여 환경변화에 대응하기 곤란

03 계급제

개념	자격과 능력을 기준으로 계급을 설정하고 계급이 어떠한 일을 할 수 있는가를 결정 — 연공주의를 통해 장기근무를 유도하고 신분안정성이 높아 일반행정가 양성과 직업공무원제에 기여 — 폐쇄형 충원을 통해 단체정신과 조직에 대한 충성심 확보에 유리 — 같은 계급 공무원 사이의 탄력적 운용이 가능하여 인력활용의 신축성과 융통성이 높음 — 계급에 따른 조직 내 상하관계와 차등대우가 상대적으로 명확하게 제시
한계	• 출신, 연공서열 등 사람 중심 인사관리를 강조해 보수 및 직무부담의 형평성 확보 곤란 • 행정의 전문성 확보, 보수와 업무 사이의 형평성 확보가 곤란

기출 선지 OX

01 직위분류제는 교육훈련 수요 파악 및 근무성적평정을 명확하게 할 수 있다. 22국회9 O | X

02 요소비교법은 기준직무(key job)와 평가할 직무를 상호비교해 가며 평가하는 비계량적 방법이다. 23국9 O | X

03 직류(職類)란 같은 직렬 내에서 담당분야가 같은 직무의 군을 말한다. 23행정사 O | X

04 직위분류제는 동일직무·동일보수 원칙에 입각한 직무급 수립이 용이하여 보수의 형평성이 높다. 22국회9 O | X

실전 문제

01 직위분류제에 대한 설명으로 가장 적절하지 않은 것은? 22경간
① 직위분류제는 직무의 종류·책임도·곤란도를 고려한 인사행정을 수행한다.
② 직위분류제하에서는 동일직렬에서의 장기간 근무가 가능하여 전문가 양성에 도움이 된다.
③ 직무 간 인사이동이 용이하여 직무 관련 부패가 발생할 가능성이 낮다.
④ 동일직무에 대한 동일보수제공을 원칙으로 한다.

02 다음 중 직무평가방법에 대한 설명으로 가장 옳은 것은? 22해송
① 서열법은 직무와 직무를 직접 비교하기 때문에 주관성 배제에는 유리하지만 비용이 많이 든다는 단점이 있다.
② 점수법은 직무평가표에 따라 구성요소별 점수를 매기고 이를 합계해 총점을 계산하므로 시간과 노력이 적게 든다는 장점이 있다.
③ 요소비교법은 점수법과 같이 시행의 단순성과 편의성으로 인해 가장 광범위하게 사용되고 있다.
④ 분류법에서는 등급기준표가 완성되기까지 직무평가가 이루어져서는 안 된다.

03 계급제와 직위분류제에 대한 설명으로 옳지 않은 것은? 22지7
① 계급제는 보직관리범위를 제한하여 공무원의 시야를 좁게 만드는 측면이 있다.
② 직위분류제는 공무원의 전문성을 강화하고 직무 중심의 동기유발이 가능하다.
③ 계급제는 공무원의 장기 근무를 유도하고 직업공무원제도 확립에 유리하다.
④ 직위분류제는 직무 한계와 책임 소재가 명확하다.

04 다음 중 인사행정에서 '직위분류제'에 대한 설명으로 가장 적절하지 않은 것은? 24군7
① 수평적 인사이동의 폭이 넓어 인력을 융통성 있게 활용할 수 있다.
② 모든 대상 직위를 직무의 종류, 책임 및 난이도에 따라 수직·수평적으로 분류한다.
③ 미국에서 발달한 제도로 인사행정에서 과학적 관리법이 강조되면서 발전하였다.
④ 같은 직급이나 직무등급에 속하는 직위에 대해 같거나 유사한 보수가 지급되도록 분류한다.

정답
OX 01 O 02 X 03 O 04 O 실전 01 ③ 02 ④ 03 ① 04 ①

TOPIC 31 공무원의 분류와 중앙인사기관

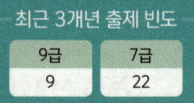

★★★★ 중요도 S

이것이 핵심!
1. 공무원은 경력직공무원과 특수경력직공무원으로 구별됩니다. 여러분이 공무원 시험에 합격하여 공직에 임용될 경우 경력직공무원이 됩니다.
2. 고위공무원단은 중앙정부의 인사시스템으로 국가공무원에 대해서만 적용됩니다.

01 공무원의 분류

경력직 공무원		실적과 자격에 의해 임용되어 신분이 보장되며 일반직공무원과 특정직공무원으로 다시 구분
	일반직 공무원	• 검찰 사무관 등 기술·연구 또는 행정 일반에 대한 업무를 담당하는 공무원으로 1급부터 9급까지의 계급으로 구분하며, 직군과 직렬별로 분류 • 일반직공무원 중 전문경력관은 계급 구분과 직군 및 직렬 분류를 적용하지 않고 직무 특성, 난이도 및 직무에 요구되는 숙련도 등에 따라 가군, 나군, 다군으로 구분 ─ 일반직공무원을 전문경력관으로 전직시키거나 전문경력관을 일반직공무원으로 전직 ─ 소속 장관은 해당 기관 일반직공무원 직위 중 순환보직이 곤란하거나 장기 재직 등이 필요한 특수 직위를 인사혁신처장과 협의하여 전문경력관 직위로 지정 가능
	특정직 공무원	법관, 군인, 군무원, 국가정보원의 직원 등과 특수 분야의 업무를 담당하는 공무원으로, 다른 법률에서 특정직공무원으로 지정하는 공무원 - 군인, 군무원, 경호공무원, 경찰청장, 소방서장, 경찰서장, 헌법재판소 헌법연구관, 법관, 검사, 외무공무원, 공립학교 교원, 국가정보원 직원 등
특수경력직 공무원		별정직공무원과 정무직공무원으로 구분되며 「국가공무원법」에 규정된 보수와 복무규율을 적용
	정무직 공무원	선거로 취임하거나, 임명할 때 국회의 동의가 필요하거나 그 외 법령 내지 조례에서 정무직으로 정한 공무원으로 실적주의와 직업공무원제가 적용되지 않음 - 장관, 국회사무총장, 서울특별시 행정2부시장, 헌법재판소 사무차장, 감사원장 등
	별정직 공무원	국회 수석전문위원, 비서관·비서 등 보좌업무 등을 수행하거나 특정한 업무수행을 위하여 법령에서 별정직으로 지정하는 공무원

02 고위공무원단

개념	• 고위직 인사의 질적 관리를 위하여 교육훈련과 역량평가를 거친 범 부처적 고위공무원단 중 부처 장관이 적임자를 인선해 임용 제청한 후 인사와 복무를 관리 ─ 계급과 연공서열보다 직무와 성과 중심으로 인사관리 ─ 고위직의 개방과 부처 간 인사교류를 확대하여 경쟁을 촉진하고 성과에 대한 책임성 확보 • 중앙행정기관의 실장·국장 및 이에 상당하는 보좌관이 고위공무원단에 해당하며 그 직위는 민간과 경쟁하는 개방형직위(20%), 다른 부처와 경쟁하는 공모직위(30%), 기관(부처) 자율직위로 구분 ─ 국가공무원으로 보하는 지방자치단체 지위 중 중앙행정기관의 실장·국장에 상응하는 직위도 해당 ─ 고위공무원단 대상에는 일반직공무원뿐 아니라 특정직공무원(외무직)도 포함
배경	1978년 미국의 「연방공무원개혁법」에 의하여 최초로 도입되었고 우리나라는 2006년 도입
단점	고위직에 정치적 정실 임용이 확대될 수 있어 직업공무원의 사기 저하 우려

기출 선지 OX

01 고위공무원단을 구성하는 공무원은 전원 중앙행정기관 소속이다. `22행정사` O | X

02 고위공무원단제도는 계급과 연공서열보다는 직무와 성과 중심의 인사관리를 추구한다. `22행정사` O | X

03 각 부처장관은 소속에 관계없이 전체 고위공무원단 중에서 적임자를 인선한다. `22행정사` O | X

04 행정부처에 배치된 고위공무원의 인사와 복무는 소속 장관이 관리한다. `22행정사` O | X

실전 문제

01 특수경력직공무원이 아닌 것은? `24국회8`
① 국회사무총장
② 서울특별시 행정2부시장
③ 헌법재판소 사무차장
④ 고위공직자범죄수사처 차장
⑤ 국회 수석전문위원

02 전문경력관제도에 대한 설명으로 옳지 않은 것은? `22국7`
① 계급 구분과 직군 및 직렬의 분류를 적용하지 않는다.
② 직무의 특성, 난이도 및 직무에 요구되는 숙련도 등에 따라 가군, 나군, 다군으로 구분한다.
③ 전직시험을 거쳐 다른 일반직공무원을 전문경력관으로 전직시킬 수 있으나, 전문경력관을 다른 일반직공무원으로 전직시킬 수는 없다.
④ 소속 장관은 해당 기관의 일반직공무원 직위 중 순환보직이 곤란하거나 장기 재직 등이 필요한 특수 업무 분야의 직위를 인사혁신처장과 협의하여 전문경력관직위로 지정할 수 있다.

03 다음 중 우리나라의 공직분류 중 특정직에 해당하지 않는 것은? `22군7`
① 경호공무원
② 경찰청장
③ 감사원 사무차장
④ 헌법재판소 헌법연구관

04 다음 중 우리나라 공무원의 구분과 관련된 설명으로 가장 적절하지 않은 것은? `24군7`
① 일반직공무원이란 기술·연구 또는 행정 일반에 대한 업무를 담당하는 공무원으로 1급부터 9급까지의 계급으로 구분하며, 직군(職群)과 직렬(職列)별로 분류된다.
② 특정직공무원이란 법관, 군인, 군무원, 국가정보원의 직원 등과 특수 분야의 업무를 담당하는 공무원으로서 다른 법률에서 특정직공무원으로 지정하는 공무원을 말한다.
③ 정무직공무원이란 고도의 정책결정업무를 담당하는 공무원으로서 법률에서 지정하는 공무원으로 임명 시 반드시 국회의 동의가 필요한 공무원이다.
④ 별정직공무원은 비서관·비서 등 보좌업무 등을 수행하거나 특정한 업무수행을 위하여 법령에서 별정직으로 지정하는 공무원에 해당한다.

정답
OX 01 X   02 ○   03 ○   04 ○
실전 01 ④   02 ③   03 ③   04 ③

해설 239쪽

TOPIC 31 공무원의 분류와 중앙인사기관

> **이것이 핵심!**
> 3. 우리나라의 중앙인사기관은 비독립단독형으로 운영되며, 인사혁신처를 의미합니다. 다만, 법원이나 국회 그리고 선관위는 별도의 중앙인사기관이 있습니다.
> 4. 다양성관리는 협의로는 소수자우대정책 등을 의미하고 광의로는 다양한 일가정양립정책을 의미합니다.

03 인사기관

개념	• 인사운영과 공무원 공직규범 등의 기준을 제공하는 기관으로 중앙인사기관과 각 부처의 인사기관, 각 지방자치단체의 인사기관이 존재 • 행정수반으로부터의 독립성과 협의에 의한 의사결정을 하는 합의성을 기준으로 비독립합의형, 독립합의형, 독립단독형, 비독립합의형이 존재
비독립단독형	한 명의 인사기관의 장이 조직을 관장하며 행정수반의 지휘 아래 결정과 집행 ― 행정수반이 인사관리 책임을 지며, 행정수반이 임명한 인사기관의 장은 행정수반을 보좌하여 집행 ― 신속한 결정을 추진할 수 있지만, 정실화를 막기 어렵고 일관성 유지도 어렵다는 것이 단점
독립합의형 (위원회형)	인사행정의 계속성 확보를 위해 행정수반으로부터의 독립성과 의사결정에서의 합의성을 중시 ― 특정 기관과의 밀착을 방지하고 입법부나 일반국민 및 행정부와의 관계를 원만하게 설정 가능 ― 엽관주의를 배제하여 정치적 중립보장과 실적제 발전에 유리하지만, 책임소재가 불분명

04 우리나라의 중앙인사기관

역사	• 정부수립 이후 비독립형 단독제 기관으로서 총무처 설치 • 비독립형 합의제 기관으로 중앙인사위원회가 운영되다가 행정안전부(구 안전행정부) 인사실로 이관 • 2014년 세월호 사고를 계기로 안전행정부 인사기능을 분리하여 국무총리 소속으로 인사행정을 수행하는 비독립형 단독제 기관인 인사혁신처가 신설(처장은 인사청문회 대상이 아님)
중앙인사관장기관	행정부 인사를 관장하는 인사혁신처장 외에 국회사무총장, 법원행정처장, 헌법재판소사무처장, 중앙선거관리위원회 사무총장 등이 해당되며 감사원 사무총장은 해당 없음
인사혁신처	• 법률의 범위 내에서 인사규칙을 제정해 인사행정에 관한 구체적인 사무를 수행 • 행정 공무원 징계처분 등을 심사하기 위해 중앙징계위원회와 소청심사위원회를 설치해 준사법기능 수행

05 다양성관리

개념	내·외적 차이를 가진 조직구성원을 공평하고 효율적으로 활용하기 위한 체계적인 인적자원관리 ― 다양성은 가시성과 변화가능성을 기준으로 유형화가 가능 ― 동화주의에 근거한 멜팅팟 접근과 다원주의에 근거한 샐러드 볼 접근이 존재 ― 오늘날 개인의 성격·가치관의 차이와 같은 내면적 다양성의 중요성이 커지는 중
협의의 다양성관리	소외집단의 공평한 임용을 추구하는 등 평등성을 추구(적극적 조치) ― 대표관료제, 소수자우대정책, 균형인사정책, 고용평등정책 등 ― 적극적 조치는 불평등을 받아온 집단에 대한 고용평등의 결과까지를 보장
광의의 다양성관리 (탄력근무제 등)	• 일과 삶 균형정책과 같이 일과 삶의 균형을 통한 효율성과 생산성 향상 • 업무시간에 대한 자율성 부여로 근로의욕을 고취하고 통근 혼잡 회피 등 사회적 비용을 절감

기출 선지 OX

05 1948년 정부수립 이후 우리나라 중앙인사기관은 비독립단독제 형태를 유지하여 오고 있다. `24행정사` O | X

06 인사혁신처는 인사행정의 공정성을 제고하기 위한 독립합의형 대통령 직속기관이다. `22행정사` O | X

07 인사혁신처는 법률의 범위 내에서 인사규칙을 제정한다. `22행정사` O | X

08 인사혁신처는 행정기관 소속 공무원의 징계처분 등에 대한 소청을 심사·결정하기 위하여 소청심사위원회를 둔다. `22행정사` O | X

실전 문제

05 중앙인사기관에 대한 설명으로 옳은 것은? `24소간`
① 위원회형은 독립성과 합의성을 중시한다.
② 미국의 실적제보호위원회(MSPB)는 비독립합의형에 해당한다.
③ 위원회형은 비독립단독형에 비해 책임소재가 분명하다.
④ 소청심사 등 준사법기능은 중앙인사기관의 기능으로 볼 수 없다.
⑤ 비독립단독형은 위원회형에 비해 인사행정의 계속성을 더 보장한다.

06 다음 중앙인사기관의 유형에 대한 설명으로 옳은 것은? `21소간`

> • 행정수반이 인사관리에 직접적인 책임을 지며, 인사기관의 장은 행정수반을 보좌하여 집행업무를 담당한다.
> • 인적자원 확보, 능력 발전, 유지, 보상 등 인사관리에 대한 기능을 부처의 협조하에 통합적으로 수행한다.
> • 인사기관의 결정과 집행의 행위는 행정수반의 승인과 검토의 대상이 된다.

① 정치권력의 부당한 개입을 막아 정치적 중립성과 공직의 안정성을 확보할 수 있다.
② 인사기관의 구성방식을 통해서 인사정책의 일관성을 확보할 수 있다.
③ 합의에 따른 결정방식으로 인사의 공정성을 유지하는 것이 중요하다.
④ 한 명의 인사기관의 장이 조직을 관장하고 행정수반의 지휘 아래 놓이게 된다.

07 중앙인사행정기관에 대한 설명으로 가장 옳지 않은 것은? `23경간`
① 2014년 세월호 침몰 사고를 계기로 안전행정부의 인사기능을 분리하여 인사혁신처가 신설되었다.
② 인사혁신처는 비독립단독형 기관으로 입법부·행정부·사법부의 인사업무를 총괄한다.
③ 준사법기능은 중앙징계위원회와 소청심사위원회에서 수행한다.
④ 국무총리 소속이며 처장은 인사청문회 대상이 아니다.

08 다양성 관리(diversity management)에 대한 설명으로 옳지 않은 것은? `21국7`
① 오늘날 개인의 성격, 가치관의 차이와 같은 내면적 다양성의 중요성이 커지고 있다.
② 다양성 관리란 내적·외적 차이를 가진 다양한 조직구성원을 공평하고 효율적으로 활용하기 위한 체계적인 인적자원관리과정이다.
③ 균형인사정책, 일과 삶 균형정책은 다양성 관리의 방안으로 볼 수 없다.
④ 대표관료제를 통한 조직 내 다양성 증대는 실적주의와 충돌할 가능성이 있다.

정답 OX 05 X 06 ○ 07 ○ 08 ○   실전 05 ① 06 ④ 07 ② 08 ③

TOPIC 32 임용, 인사이동, 인사평가

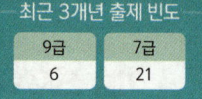

★★★★ 중요도 S

> **이것이 핵심!**
> 1. 임용은 채용뿐만 아니라 공무원과 관련된 일체의 신분변동을 의미합니다. 채용은 시험을 통해 이루어집니다. 시험은 타당성과 신뢰성이 있어야 합니다. 그중 인사이동은 전입, 전보, 전직, 겸임, 파견으로 나눕니다.
> 2. 중요 공직자를 임용하려는 경우에는 국회에서 인사청문회가 열립니다. 임명에 동의가 필요한 경우와 국회에서 선출하는 경우, 그 외 인사청문이 요청된 경우를 구별할 수 있어야 합니다.

01 임용

임용	• **신규채용, 승진**, 승급, 강임, 강등, 휴직, 직위해제, 해임 및 파면 등 **공무원 관련 신분의 변동** 　└ **승진은 보수 및 계급 변동을 수반하는 책임의 증대**로 계급 변동을 수반하지 않는 승급과 구분 　└ 강임은 현재 직급에서 하위 직급으로 이동하는 것으로 **강등은 징계이나 강임은 징계가 아님** • 시험성적, 근무성적, 그 밖의 능력에 따라 임용이 진행 　└ 시보 역시 공무원법상 공무원으로 **보직 부여 및 소청심사가 가능하며 시보 면제 및 단축 가능** 　└ 국가기관의 장은 국가안보 및 보안에 관계되는 분야를 제외하고 **외국인을 공무원으로 임용 가능**
시험의 신뢰성	• **종적 일관성은 서로 다른 시점**에서의 측정결과가 안정된 값을 가지는 것을 의미하고 **횡적 일관성은 동일한 시점에서의 안정성**을 의미 • 신뢰성을 검증하는 방법으로는 이분법, 재시험법, 동질이형법 등이 존재 　├ **이분법**: 문항을 반으로 나누어 이들 사이의 상관관계를 종합하여 일관성을 검증 　├ **재시험법**: 일정한 시간이 지난 뒤, 다시 같은 문제로 시험을 보게 하여 일관성을 확인 　└ **동질이형법**: 동일 집단을 대상으로 비슷한 두 개의 시험을 보게 한 후 성적 간 상관관계를 분석

02 인사이동

전입	국회, 법원, 헌법재판소, 선관위 및 **행정부 상호 간 관할을 달리하는 공무원을 이동시켜 임용**하는 것
전보	**동일직렬, 동일직급 내 보직변경** 또는 고위공무원단 직위 간 보직변경
전직	**상이한 직렬**의 동일한 계급 또는 등급으로의 수평이동
겸임	**한 사람의 공무원에게 둘 이상의 직위를 부여하는 것**
파견	공무원의 소속을 바꾸지 않고 **다른 국가기관이나 그 외 기관 및 단체에서 근무**하게 하는 것

03 인사청문회

구분	인사청문특별위원회의 인사청문과 소관 상임위원회의 인사청문으로 구분
인사청문 특별위원회	• 대법원장·헌법재판소장·국무총리·감사원장 및 대법관에 대한 임명동의안 및 국회에서 선출하는 헌법재판소 재판관 및 중앙선거관리위원회 위원에 대한 선출안에 대해 13인의 위원으로 구성 • 국회에서 **임명동의안이나 선출안이 통과되지 않을 경우 임용이 불가**
소관 상임위원회	• 대통령이 임명하는 헌법재판소 재판관, 중선관위 위원, 국무위원, 한은 총재, 한국방송공사 사장 등 • 인사청문회의 **인사청문경과보고서 내용은 법적 구속력이 없음**

기출 선지 OX

01 시보기간 동안은 신분이 보장되지 않기 때문에 그 기간은 공무원 경력에 포함되지 아니한다. `22군9` O | X

02 파견은 「국가공무원법」상 국회, 법원, 헌법재판소, 선거관리위원회 및 행정부 상호 간에 소속을 달리하는 인사이동 임용방법이다. `24행정사` O | X

03 전보는 「국가공무원법」상 국회, 법원, 헌법재판소, 선거관리위원회 및 행정부 상호 간에 소속을 달리하는 인사이동 임용방법이다. `24행정사` O | X

04 시보기간 동안은 신분이 보장되지 않기 때문에 징계 처분에 대한 소청심사청구를 할 수 없다. `22군9` O | X

실전 문제

01 다음 〈보기〉 중 시험의 요건에 대한 설명으로 옳지 않은 것만을 모두 고르면? `23국회8`

〈보기〉
ㄱ. 구성타당성이란 결과의 측정을 위한 도구가 반복적인 측정에서 얼마나 일관성 있는 결과를 얻을 수 있는가에 대한 타당성이다.
ㄴ. 기준타당성이란 직무수행능력의 예측이 얼마나 정확한가에 대한 타당성이다.
ㄷ. 내용타당성이란 직무수행에 필요한 지식, 기술, 태도에 관한 요소를 제대로 측정할 수 있는가에 대한 타당성이다.
ㄹ. 종적 일관성이란 서로 다른 시점에서의 측정결과가 안정된 값을 가지는 것을 의미한다.
ㅁ. 시험의 신뢰성을 검증하는 방법으로 재시험법, 동질이형법, 이분법 등이 있다.

① ㄱ   ② ㄱ, ㄴ   ③ ㄱ, ㄹ
④ ㄴ, ㄷ, ㅁ   ⑤ ㄷ, ㄹ, ㅁ

02 다음 중 내부임용에 대한 설명으로 가장 옳지 않은 것은? `23해경`

① 승진은 일반적으로 직무의 곤란도와 책임의 증대를 의미하며 보수의 증액을 수반한다.
② 승급은 계급이나 직책의 변동을 수반하지 않기에 승진과 구분된다.
③ 강임은 현재의 직급에서 하위 직급으로 이동하는 것으로, 강등과 달리 징계는 아니다.
④ 전직은 동일한 직렬과 직급 내에서 직위만 바꾸는 것을 의미한다.

03 공무원 임용에 대한 설명으로 옳지 않은 것은? `23지7`

① 국가기관의 장은 국가안보 및 보안·기밀에 관계되는 분야를 제외하고 대통령령 등으로 정하는 바에 따라 외국인을 공무원으로 임용할 수 있다.
② 임용시험 성적과 임용 후 근무성적 간의 연관성이 높다면 임용시험의 기준타당성이 높다고 할 수 있다.
③ 국가기관의 장은 업무의 특성이나 기관의 사정 등을 고려하여 소속 공무원을 대통령령 등으로 정하는 바에 따라 통상적인 근무시간보다 짧게 근무하는 공무원으로 임용할 수 있다.
④ 신규 채용되는 공무원의 경우 시보 임용을 면제하거나 그 기간을 단축할 수 없다.

04 우리나라 국회 인사청문회제도에 관한 설명으로 가장 적절하지 않은 것은? `23경승`

① 인사청문특별위원회의 인사청문과 소관 상임위원회의 인사청문으로 구분되며 인사청문특별위원회의 위원정수는 13인이다.
② 인사청문특별위원회의 인사청문 대상자에는 국무총리, 헌법재판소장, 감사원장, 대법원장, 대법관, 헌법재판소 재판관 및 대통령이 임명하는 중앙선거관리위원회 위원 3인이 포함된다.
③ 인사청문특별위원회는 임명동의안에 대한 인사청문회를 마친 날로부터 3일 이내에 심사경과보고서 또는 인사청문경과보고서를 의장에게 제출한다.
④ 소관 상임위원회 인사청문회의 인사청문경과보고서 내용은 법적 구속력이 없다.

정답
OX 01 X   02 X   03 X   04 X
실전 01 ①   02 ④   03 ④   04 ②

해설 241쪽

> **이것이 핵심!**
>
> 3. 인사평가는 4급 승진 시까지 활용되는 협의의 근무성적평가와 고위공무원단 진입 시 사용되는 역량평가로 나뉩니다. 다면평가제도도 보조적 참고 수단으로 활용되고 있습니다. 근무성적평정과 관련하여 오류가 자주 출제됩니다.

04 근무성적평정

개념		• 공무원의 근무성적이나 수행능력, 태도, 실적, 성과 등을 평가하는 것. 평정결과는 소청이 불가 • 근무실적과 직무수행능력을 평가하되, 필요한 경우 직무수행태도나 부서 평가를 반영
평정방법	자기평정법	평정대상자가 자신의 근무실적을 보고
	중요사건기록법	중요 사건들을 기술하여 태도·직무수행 개선 등 행태변화를 도모하고 평정에 참고
	도표식평정척도법	다수 평정요소별로 해당하는 평가수준에 해당하는 등급에 표시 ┌ 평정의 추상성이 높아 평정자의 자의적 해석·편견이 가능하고 연쇄효과 발생 가능 └ 직관을 바탕으로 하여 작성이 빠르고 쉬우며 경제적이며 상벌에 이용하기 편리
	체크리스트법	평정요소에 대한 설명이나 질문 중 피평정자에게 해당하는 사실 표지 항목을 골라 표시
	강제배분법	피평정자들의 성적이 정규분포가 되도록 한 할당 비율에 따라 피평가자들을 배정 ┌ 집중화 경향, 관대화 경향 등의 평정치 편중 오류를 방지 └ 다수가 우수해도 일정한 비인원은 하위 등급을 받을 수 있고 역산식 평가도 우려
	목표관리제평정법	• 참여를 통한 명확한 목표의 설정과 개인과 조직 간 목표의 통합을 추구 • 협의를 통해 목표를 정하는 참여를 바탕으로 평정하기에 비용과 시간이 많이 소요
다면평가		• 상급자뿐 아니라 동료, 부하 등 다수 평정자가 다면적인 평가를 하여 평가의 객관성과 공정성을 향상 • 하급자가 상급자를 평가함에 따라 계층제를 통한 내부통제를 약화시킬 우려가 있어 참고자료로만 활용
역량평가		• 고위공무원 역량의 검증장치로 도입하여 다양한 모의상황을 설정해 직무상황 관찰을 통해 평가 • 다수 평가자 간 합의로 공정성을 높이며 과거 성과를 평가하는 것이 아니라 미래 행동에 대한 잠재력을 측정

05 근무성적평정의 오류

총계적 오류	평정기준이 일정하지 않아 관대화 및 엄격화 경향이 불규칙하게 나타나는 현상
체계적 오류	평정자가 후한 점수(관대화), 박한 점수(엄격화), 평균 점수(집중화)를 일관되게 부여(규칙적 오류)
연쇄효과	피평정자의 두드러진 특성이 다른 특성을 평가하는 데에도 긍정적 영향을 미치는 현상(후광효과)
선입견	나이, 성별, 학교 등 개인적 특성에 대해 평정자가 평소에 지닌 편향성을 평정에 반영(상동 오류)
시간적 오류	평가시점에 가까운 실적을 더 많이 반영(근접현상)하거나 초기 업적이 평가에 더 큰 영향(초두효과)
근본적 귀속 착오	타인 실패나 본인 성공은 개인 특성으로 인식하고 개인 실패나 타인 성공은 상황 특성으로 인식
대비오차	평정자가 평정대상자를 다른 평정대상자와 비교함으로써 발생하는 오류
역산식 평정	연공서열에 따라 순위를 설정한 후 순위에 따라 점수를 부여

기출 선지 OX

05 평정자가 피평정자를 잘 모르는 경우 집중화 경향이 발생할 수 있다. 〈23지9〉 O | X

06 평정자의 평정기준이 일정하지 않은 경우 총계적 오류(total error)가 발생할 수 있다. 〈23지9〉 O | X

07 관대화 경향의 폐단을 막기 위해 강제배분법을 활용할 수 있다. 〈23지9〉 O | X

08 평정자의 직관과 선험을 바탕으로 하여 평정하기 때문에 작성이 빠르고 쉬우며 경제적이라는 강점이 있으나, 연쇄효과가 나타나기 쉬운 근무성적평정방법은 목표관리제평정법이다. 〈21국회9〉 O | X

실전 문제

05 근무성적평정방법 중 강제배분법에 대한 설명으로 옳지 않은 것은? 〈23국7〉
① 역산식 평정이 불가능하며 관대화 경향을 초래한다.
② 평가의 집중화 경향을 억제하는 효과가 있다.
③ 평정대상 다수가 우수한 경우에도 일정한 비율의 인원은 하위 등급을 받을 수 있다는 단점이 있다.
④ 등급별 할당 비율에 따라 피평가자들을 배정하는 것이다.

06 근무성적평정의 타당도, 신뢰성, 수용성을 저해하는 요소로서 다음 설명에 해당하는 것은? 〈24소간〉

> 평가자가 피평가자들에게 중간이나 평균치(보통) 정도의 점수를 주는 심리적 경향을 말한다.

① 연쇄효과(halo effect)
② 역산식(逆算式) 평정 관행
③ 집중화 경향(central tendency)
④ 선입견과 편견
⑤ 근접효과(recency effect)

07 다음 설명에 해당하는 근무성적평정방법은? 〈23지7〉

> • 다수의 평정요소와 평정요소별 수준을 나타내는 등급으로 구성
> • 평정요소별 해당 등급에 표시하는 방법으로 평정대상자 평가
> • 평정요소와 평정등급에 대한 평정자의 자의적 해석 가능

① 도표식평정척도법 ② 가감점수법
③ 서열법 ④ 체크리스트 평정법

08 근무성적평정에 대한 설명으로 옳지 않은 것은? 〈22지7〉
① 다면평정법은 상급자, 동료, 부하, 고객 등 다양한 구성원에게 평정에 참여할 기회를 준다.
② 목표관리제 평정법은 참여를 통한 명확한 목표의 설정과 개인과 조직 간 목표의 통합을 추구한다.
③ 강제배분법은 평정치의 편중과 관대화 경향을 막기 위해 등급별로 비율을 미리 정해 놓는다.
④ 도표식평정척도법은 근무성적을 객관적 사실에 기초하여 평가하므로 평정자의 편견이 개입할 가능성이 작다.

정답
OX 05 O 06 O 07 O 08 X   **실전** 05 ① 06 ③ 07 ① 08 ④

TOPIC 33. 보수, 연금, 경력개발

최근 3개년 출제 빈도
9급	7급
5	19

★★★★ 중요도 S

> **이것이 핵심!**
> 1. 우리나라 공무원의 보수는 연공급제를 근간으로 성과급적 연봉제가 결합되어 있습니다.
> 2. 공무원연금은 지연된 보수의 성격과 사회보장적 성격을 지닙니다. 제도 개편 이후 바뀐 연금제도가 출제됩니다.

01 보수

보수		• 기본급과 부가급으로 구성 • 부가급은 보수체계의 유연성을 제고할 수 있으나 보수체계를 복잡하게 만드는 등 부정적인 측면이 있음
종류	연공급 (속인급)	근속연수를 기준으로 보수를 책정하는 것으로 전문기술인 확보에 불리 ― 배치전환, 노동의 자유 이동 등의 인사관리상 융통성 강화 ― 계급제 국가의 보수체계
	직무급	직무의 곤란도와 난이도에 따라 보수를 차등 책정하는 것으로 동일노동에 동일임금을 지급 ― 직무를 중시하여 개인별 보수차 등에 대한 불만 해소가 가능 ― 능력위주의 인사풍토 조성 ― 직위분류제 국가의 보수체계
	직능급	직무능력에 따라 보수를 차등 지급하는 것으로 자격증을 갖춘 유능한 인재의 확보에 유리
	성과급	결과에 따른 변동급
	생활급	공무원과 그 가족의 생활을 보장하려는 속인적 급여로 경유에 따라 연령급과 연공급을 포함
연봉제		임금 전부 또는 일부를 연단위로 결정하는 보수체계
	고정급적 연봉제	대통령, 국무총리 및 정무직공무원 등에게 적용되며 일정액으로 지급
	성과급적 연봉제	• 국가공무원 5급(상당) 이상 및 국립대 교원, 임기제공무원 등이 적용 대상으로 기본연봉과 업무실적에 따라 차등 지급되는 성과연봉으로 구성 • 연봉 외에 가족수당, 시간외근무수당, 직급보조비, 연가보상비, 정액급식비 등이 지급
	직무성과급적 연봉제	고위공무원단이 대상으로 기본 골격은 성과급적 연봉제와 같으나 기본연봉이 기준급과 직무급으로 구분되며 성과급 비중이 더 높음

02 공무원연금 등

주체	제도는 인사혁신처가 관장하고, 연금기금은 공무원연금공단에서 관리·운용
연금	장기재직과 직무충실을 유도하기 위해 10년 이상 재직 공무원에 대해 은퇴 후 매월 소득을 제공 ― 공무원 및 대통령령으로 정하는 국가나 지자체 직원이 대상으로, 군인, 선거 취임 공무원은 제외 ― 기금제와 기여제를 적용하고 있으며, 최대 인정 재직기간인 36년까지 납부가능하고 기여율은 기준소득월액의 9% ― 유족연금 적용률은 60% ― 지급률은 1년당 평균 기준소득월액의 1.7%이며 기준소득월액 상한은 공무원 평균액의 160%
퇴직수당 등	1년 이상 재직하고 퇴직하거나 사망한 단기재직 공무원을 위하여는 퇴직수당이 지급 ― 퇴직연금의 재원은 정부와 공무원이 분담하나 퇴직수당은 정부가 단독으로 분담

기출 선지 OX

01 직능급은 자격증을 갖춘 유능한 인재의 확보에 유리하다. 22지9 O | X

02 2015년 공무원연금 개혁은 퇴직연금 수급 재직요건을 20년에서 10년으로 완화하는 것을 내용으로 한다. 22지9 O | X

03 연공급은 근속연수를 기준으로 하기 때문에 전문기술인 확보에 유리하다. 22지9 O | X

04 2015년 공무원연금 개혁은 퇴직연금 기여율을 기준소득월액의 9%로 단계적 인상하는 것을 내용으로 한다. 22지9 O | X

실전 문제

01 다음 중 '직무성과급적 연봉제'의 적용을 받는 공무원으로 옳은 것은? 22군7
① 고위공무원단
② 1~5급공무원
③ 임기제공무원
④ 정무직공무원

02 공무원 보수에 대한 설명으로 옳은 것은? 24국회8
① 공무원의 보수는 기본급과 부가급을 포함하는 개념인데, 이 중 부가급은 보수체계의 유연성을 제고할 수 있으나 보수체계를 복잡하게 만드는 등 부정적인 측면이 있다.
② 생활급은 공무원과 그 가족의 생활을 보장하려는 목적을 지닌 속인적 급여이며, 경우에 따라서 직무급과 직능급을 포함하기도 한다.
③ 실적급은 직무의 상대적 가치를 기준으로 기본급을 결정하는 보수체계로, '동일직무에 대한 동일보수'의 원칙에 충실하여 보수의 공정성을 높일 수 있다.
④ 연공급은 공무원 개인의 연공을 기준으로 기본급을 결정하는 보수체계로, 주로 직위분류제를 채택하고 있는 국가에서 보수체계의 기초로 활용되고 있다.
⑤ 직능급은 직무수행능력을 기준으로 기본급을 결정하는 보수체계로, 주로 계급제를 채택하고 있는 국가에서 보수체계의 기초로 활용되고 있다.

03 직무급(Job-based Pay)의 장점으로 가장 적절하지 않은 것은? 22경승
① 동일직무에 대한 동일보수의 적용
② 배치전환, 노동의 자유 이동 등의 인사관리상 융통성 강화
③ 직무를 중시하여 개인별 보수차 등에 대한 불만 해소
④ 능력위주의 인사풍토 조성

04 우리나라 공무원연금제도에 관한 설명으로 가장 적절하지 않은 것은? 23경승
① 1960년 「공무원연금법」 제정으로 공무원연금제도의 법적 토대가 마련되었다.
② 연금조성방식은 기금제와 기여제를 적용하고 있다.
③ 보건복지부는 공무원연금제도를 총괄하고 있으며, 공무원연금공단은 연금업무를 집행하고 있다.
④ 기여금을 부담하는 재직기간은 최대 36년이다.

정답

OX 01 O 02 O 03 X 04 O **실전** 01 ① 02 ① 03 ② 04 ③

> **이것이 핵심!**
> 3. 직무에서 요구되는 능력을 구성원이 갖추도록 하는 것이 경력개발이고 그 핵심은 교육훈련입니다.
> 4. 교육훈련의 여러 종류와 그 개념을 기억합시다.

03 경력개발

개념	조직 직무에서 요구되는 능력치를 구성원이 갖추도록 관리하는 것 ― 구성원 스스로 경력목표와 경력개발계획을 작성하고 능동적으로 학습하는 것이 원칙 ― 기회가 모든 구성원에게 공평하게 주어져야 하고, 보직이동 기회도 공정한 경쟁을 통해 제공될 필요

04 교육훈련

롤플레잉	피훈련자에게 역할이 주어지고 그 역할에 대한 책임과 대처능력을 피훈련자가 연기(역할연기)
시뮬레이션	업무수행상황을 가상적으로 만들고 대처하게 지시(모의훈련)
액션러닝	팀을 구성해 전문가 지원을 통해 문제를 해결하며 학습하는 방식으로 2005년 고위공직자 훈련에 적용
행태적 접근방법 (감수성 훈련)	전문가 지도 아래에서 서로 모르는 10명 내외의 소집단을 만들어 허심탄회하게 느낌을 말하고 다른 사람이 자신을 어떻게 생각하는지를 듣는 방법의 훈련을 통해 가치관, 신념, 태도의 변화를 유도
워크아웃 프로그램	조직의 수직적·수평적 장벽을 제거하고 전 구성원의 자발적 참여에 의한 행정혁신, 관리자의 신속한 의사결정과 문제 해결을 도모하는 역량기반 교육훈련제도
사례연구	실제 조직 사례 혹은 가상의 시나리오 연구를 통해 문제 해결능력 배양
인턴십	조직의 전반적인 구조, 문화, 과정에 대한 이해와 간단한 업무를 경험할 수 있는 기회 부여
실무지도	일상 직무를 수행하면서 선임자나 상사가 신규직원이나 후임자를 지도
멘토링	조직 내 선임직원이 후임직원을 맡아 관리하는 방식으로 핵심 인재의 육성과 지식 이전, 구성원 간의 학습활동을 촉진하여 조직 내 업무 역량의 조기 배양 가능
직장 내 훈련 (현장훈련)	• 근무상황에서 일을 배워가는 훈련으로 피훈련자 습득도와 능력에 맞게 훈련이 가능하며 상사나 동료 간 이해와 협동정신을 강화, 촉진하며 동기 유발 가능 • 계획에 따라 실시하기 곤란
발전방향	• 공직 역량 계발을 촉진하는 자발적인 학습조직으로의 전환 필요 ― 수평적 구조의 팀으로 구성되며 구성원이 조직 자료에 접근할 수 있어야 함 ― 구성원의 권한 강화와 리더의 사려 깊은 리더십이 필요 ― 암묵적 지식의 체계적 관리가 가능하나 조직설계기준 제시가 곤란 • 직무수행의 전문성을 높이기 위해서 분야별 전문교육 강화 • 교육훈련에 대한 다면적 평가를 통해 교육효과성 평가와 환류체제 확립 • 교육훈련 저항을 줄이기 위해 계획 수립 시 피훈련자 의견을 반영한 학습자 중심의 교육 필요

기출 선지 OX

05 학습조직은 리더의 사려 깊은 리더십이 요구된다.
23행정사 O | X

06 학습조직은 수평적 구조의 팀으로 구성된다. 23행정사
O | X

07 감수성 훈련 등을 통해 관료의 가치관, 신념, 태도의 변화를 유도하는 행정개혁의 접근방법은 행태적 접근방법이다.
23행정사 O | X

08 학습조직은 구성원의 권한 강화를 강조한다. 23행정사
O | X

실전 문제

05 다음 설명에 해당하는 공무원 교육훈련방법은? 24소간

> 이 방법은 2005년에 중앙공무원교육원 고위정책과정과 신임관리자과정 훈련에 적용되었다. 행동하면서 학습하는 이 교육훈련방법은 교육참가자들이 소그룹 규모의 팀을 구성해 개인, 그룹 또는 조직에 중요한 의미를 갖는 실제 현안 문제를 해결하면서, 동시에 문제 해결과정에 대한 성찰을 통해 학습하는 방식이다.

① 감수성 훈련   ② 역할연기
③ 신디케이트   ④ 사례연구
⑤ 액션러닝

06 다음 〈보기〉의 설명에 해당하는 교육훈련방법은? 24해승

〈보기〉
> 서로 모르는 사람 10명 내외로 소집단을 만들어 허심탄회하게 자신의 느낌을 말하고 다른 사람이 자신을 어떻게 생각하는지를 귀담아듣는 방법으로 훈련을 진행하기 위한 전문가의 역할이 요구된다.

① 역할연기   ② 직무순환
③ 프로그램화 학습   ④ 감수성 훈련

07 경력개발(career development)에 관한 설명으로 가장 적절하지 않은 것은? 24경승
① 경력개발은 구성원의 적성, 지식, 경험, 능력과 조직의 목표 달성에 필요한 직무가 잘 조화되도록 관리하여야 한다.
② 경력개발은 직무가 아닌 직급 중심의 경력계획을 세우고, 직급에서 요구되는 필요 역량의 개발에 중점을 두어야 한다.
③ 경력개발 기회가 모든 구성원에게 공평하게 제공되어야 하고, 보직이동의 기회도 역량을 갖춘 구성원들 간의 공정한 경쟁을 통해 제공되어야 한다.
④ 경력개발은 구성원 스스로가 적극적인 정보 수집을 통해 경력목표와 경력개발계획을 작성하고 능동적으로 학습하는 것을 원칙으로 한다.

08 공무원 교육훈련제도의 발전방향에 대한 설명으로 옳지 않은 것은? 23국회8
① 공직 역량 계발을 촉진하는 자발적인 학습조직으로 전환해야 한다.
② 교수(teaching) 중심 체제로의 전환과 함께 현장 체험식 교육훈련을 추가해야 한다.
③ 직무수행의 전문성을 높이기 위해서 분야별 전문교육을 강화해야 한다.
④ 교육훈련에 대한 다면적 평가를 통해 교육효과성 평가와 환류체제를 확립해야 한다.
⑤ 교육훈련에 대한 저항을 줄이기 위해 교육훈련계획 수립 시 피훈련자, 관리자, 감독자 등의 의견을 충분히 반영해야 한다.

정답
OX 05 ○   06 ○   07 ○   08 ○   실전 05 ⑤   06 ④   07 ②   08 ②   해설 242쪽

TOPIC 34 징계, 소청, 공무원단체와 중립

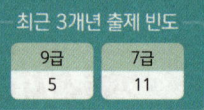

★★★ 중요도 A

> **이것이 핵심!**
> 1. 직권휴직, 직위해제, 직권면직은 징계가 아닙니다. 징계의 종류를 구분할 수 있어야 합니다.
> 2. 징계 등에 대해 소청이 가능합니다. 광범위한 신상 문제에 대해 고충처리를 요청할 수 있습니다.

01 직권휴직, 직위해제, 직권면직, 징계

직권휴직	신체·정신상 장애, 소재불명, 노조전임자 등 **사정 시 공무원 의사와 관계없이 휴직을 명해야 함**

직위해제	• 공무원 **신분을 유지하나 직위를 부여하지 않는 것으로 직위해제 사유 소멸 시 지체 없이 직위 부여**
	  ┌ **중대비위 조사대상자 및 형사사건 기소자**
	  ├ **파면·해임·강등·정직** 의결 대상자 및 고위공무원 중 **적격심사 요구자**
	  └ 직무수행능력이 부족하거나 **근무성적이 극히 나쁜 자**
	• 직무수행능력이 부족하여 3개월 범위에서 대기를 명할 경우 교육훈련 및 연구과제 부여 등 필요

직권면직	• 공무원 **신분을 해제하는 것으로** 법률상 사유에 해당할 경우 임용권자가 일방적으로 면직처분 가능
	  ┌ **직제 정원 개폐 또는 예산 감소에 따른 폐직 및 과원**
	  ├ 휴직 후 미복귀, 전직시험 3회 이상 불합격 및 능력 부족, 고공단 공무원 중 적격심사 부적격자
	  └ 능력부족으로 직위해제 중 능력 향상을 기대하기 어렵다고 인정될 때
	• **징계는 아니나** 징계위원회의 의견을 들어야 하며 **능력부족의 경우 징계위원회 동의**가 필요

징계	• 중징계인 파면·해임·강등·정직과 경징계인 감봉·견책으로 구분(강임은 징계가 아님)
	  ┌ **감봉**: 1개월 이상 3개월 이하 동안 보수의 3분의 1을 감하고 12개월 동안 승진과 승급이 불가
	  ├ **정직**: 1개월 이상 3개월 이하 공무원 신분은 보유하나 직무에 종사하지 못하며 보수 전액을 감함
	  ├ **강등**: 정직에 더해 직급을 1계급 아래로 낮춤
	  ├ **해임**: 해임의 경우 3년간 재임용이 불가능하며, 해임이 부패와 관련이 없을 경우 연금삭감은 없음
	  └ **파면**: 5년간 재임용될 수 없고, 퇴직급여액 및 퇴직수당을 50% 감액(재직기간 5년 미만인 경우 25%)
	• 징계위원회는 위원 5인 이상 출석과 과반수 찬성으로 의결. 불리한 경우에서 유리한 의견 순으로 판단

02 소청과 고충

소청	• **인사혁신처에 징계처분 등을 다투는 소청심사위원회를 설치**
	  ┌ **지방공무원, 지방교육공무원은 각 시·도의 지방공무원 소청심사위원회나 교육소청심사위원회 관할**
	  ├ 국회사무처, 법원행정처, 헌재 사무처 및 중선관위 사무처에 해당 소청심사위원회를 설치
	  └ 군인, 군무원, 교원도 별도 소청심사위원회가 구성되나 검사는 소청제도가 없음
	• 원징계보다 무거운 징계를 부과하지 못하고 소청심사 결정 후에만 인사처분에 대한 행정소송 가능

고충처리	• 고충 대상은 직무조건과 성폭력범죄 등으로 인한 신상 문제에 대하여 광범위하게 인정 • **임용권자 단위로 고충심사위원회가 설치**되고 5급 이상 공무원 및 고위공무원단에 속하는 일반직 공무원의 고충을 다루는 중앙고충심사위원회의 기능은 소청심사위원회가 관장 • 30일 이내에 고충심사결정을 해야 하며 위원 3분의 2 이상의 출석과 출석위원 과반수 합의에 따름 • 소청심사위원회 결정은 처분청에 대한 법적 기속력이 있지만, 고충심사위원회 결정은 처분청에 대한 법적 기속력이 없음

기출 선지 OX

01 직권면직은 법률상 징계의 종류로 규정되어 있지 않다.
22국9 O | X

02 정직은 징계처분의 일종으로, 정직기간 중에는 보수의 1/2을 감하도록 되어 있다.
22국9 O | X

03 임용권자는 사정에 따라서는 공무원 본인의 의사에도 불구하고 휴직을 명해야 한다.
22국9 O | X

04 지방검찰청 소속의 검사 乙의 소청 관할 기관은 법무부 소청심사위원회이다.
24국9 O | X

실전 문제

01 공무원 고충 처리에 대한 설명으로 옳지 않은 것은?
21지7

① 5급 이상 공무원 및 고위공무원단에 속하는 일반직공무원의 고충을 다루는 중앙고충심사위원회의 기능은 소청심사위원회가 관장한다.
② 고충 처리대상은 인사·조직·처우 등의 직무조건과 성폭력범죄, 성희롱 등으로 인한 신상문제에 대하여 광범위하게 인정된다.
③ 소청심사위원회의 결정은 처분청에 대한 법적 기속력이 있지만, 고충심사위원회의 결정은 처분청에 대한 법적 기속력이 없다.
④ 고충심사위원회가 청구서를 접수한 때에는 30일 이내에 고충 심사에 대한 결정을 해야 하고 그 결정은 위원 과반수의 출석과 과반수의 합의에 의한다.

02 우리나라 소청심사제도에 대한 설명으로 옳은 것은?
24소간

① 「정당법」에 따른 정당의 당원도 인사혁신처 소청 심사위원회의 위원이 될 수 있다.
② 본인의 의사에 반한 불리한 처분에 관한 행정소송은 소청심사위원회의 심사·결정을 거치지 않고 제기할 수 있다.
③ 소청심사위원회의 결정은 원징계부가금 부과처분보다 무거운 징계부가금을 부과하는 결정을 하지 못한다.
④ 중앙선거관리위원회사무처는 별도의 소청심사위원회를 두지 않는다.
⑤ 소청심사위원회의 결정은 처분 행정청을 기속하지 않는다.

03 「국가공무원법」상 징계에 관한 설명으로 옳은 것은?
23소간

① 정직은 1개월 이상 3개월 이하의 기간 동안 직무에 종사하지 못하며 그 기간 중 보수의 3분의 2를 감한다.
② 감봉은 1개월 이상 3개월 이하의 기간 동안 보수의 3분의 1을 감한다.
③ 해임처분을 받은 때부터 5년이 지나지 아니한 자는 공무원으로 임용될 수 없다.
④ 견책은 전과(前過)에 대하여 훈계하고 회개하게 하는 것으로 징계에 속하지 아니한다.
⑤ 강등은 1계급 아래로 직급을 내리고 3개월간 직무에 종사하지 못하며 그 기간 중 보수의 3분의 2를 감한다.

04 우리나라의 공무원 복무와 징계에 대한 설명으로 옳은 것은?
23국7

① 공무원은 직무상의 관계가 있든 없든 그 소속 상관에게 증여하거나 소속 공무원으로부터 증여를 받아서는 아니 된다.
② 중징계의 일종인 파면의 경우 5년간 공무원으로 재임용될 수 없으나, 연금급여의 불이익은 없다.
③ 공무원은 어떠한 경우에도 자신의 직무권한을 행사하여 직무 관련자로부터 사적 노무를 제공받아서는 아니 된다.
④ 감봉은 경징계에 해당하며 1개월 이상 3개월 이하 기간 동안 직무에 종사하지 못하고, 보수의 1/3을 삭감하는 처분이다.

정답

OX 01 O   02 X   03 O   04 X
실전 01 ④   02 ③   03 ②   04 ①

해설 244쪽

> **이것이 핵심!**
>
> 3. 직무수행성과가 부진한 공무원의 경우 퇴출 대상이 될 수 있습니다. 퇴직관리의 일환입니다.
> 4. 공무원은 직장협의회 가입만이 가능했으나 2006년 노동조합 결성도 가능해졌습니다. 경찰공무원의 대다수는 여전히 노동조합 가입이 불가능하고 직장협의회 가입만이 가능합니다.
> 5. 공무원은 정치적 중립을 지켜야 합니다. 오늘날은 적극적 의미로 변화되고 있습니다.

03 퇴직관리

퇴직관리	• 인력의 퇴직상황을 분석·예측하여 적정 인력 보전을 위한 대책을 강구 　- 퇴직에 따르는 경제적 비용과 편익뿐만 아니라 사회적 비용과 편익도 고려 • 퇴직촉진전략은 직무수행성과가 부진한 공무원에 대한 퇴출, 조기퇴직 및 명예퇴직 활성화 등 • 퇴직억제전략은 경력개발기회 부여, 직무만족도 향상, 근로조건 개선 등

04 공무원 단체

공무원노동조합	• 공무원은 조합을 형성하여 대표가 인사혁신처장과 보수·복지에 관하여 교섭하고 단체협약 체결 가능 　┌ 공무원의 승진 및 전보에 관한 사항은 교섭대상이 될 수 없고 쟁의행위와 정치활동도 금지 　└ 공무원이 노조 전임자임을 이유로 승급이나 신분과 관련하여 불리한 처우를 할 수 없음 • 조직과 정원 관리 업무 담당 공무원과 수사 등 공공안녕과 국가안전보장 업무 종사 공무원은 가입 불가 　┌ 교원으로 임용되어 근무하였던 사람으로서 노동조합 규약으로 정하는 사람은 가입 가능 　└ 소방공무원, 외무영사직, 퇴직공무원 등도 노동조합에 가입 가능
공무원직장협의회	• 4급 이상 공무원을 기관장으로 하는 기관단위로 설립되어 노동환경을 기관장과 협의 　┌ 국가기관뿐만 아니라 지방자치단체 및 하부기관에 설립 가능 　└ 하나의 기관에는 하나의 협의회만이 가능하며, 2022년 10월부터 연합협의회 설립이 가능 • 공무원은 노동조합에도 가입 가능하고 직장협의회에도 가입 가능 　┌ 경찰공무원도 가입 대상 　└ 협의회를 전담하는 전임자는 둘 수 없음

05 정치적 중립

배경 및 내용	• 미국은 1883년 펜들턴법에서 공무원의 정치적 중립을 규정한 후 1939년 해치법에서 이를 강화 • 한국도 「국가공무원법」에 따라 공무원은 정당 등 정치단체의 결성에 관여하거나 가입할 수 없음 　- 공무원은 국민 전체의 이익을 위해 공평무사하게 봉사해야 하는 신분
장점	• 실적주의, 직업공무원제에 기여하고 공정선거를 통해 민주적 기본질서 제고 • 엽관주의의 폐해를 극복하여 행정의 안정성과 계속성, 전문성을 제고
단점	정치적 중립의 강조는 공무원집단을 오히려 폐쇄적으로 만들고 정치적 무감각을 조장
최근의 정치적 중립성	소극적 공무원의 정치적 중립의 개념은 정치적 민주주의 확립으로 실적주의가 정착되고 있는 시대상황과 맞지 않으므로 적극적 개념으로 변화하여 완화 - 정치와 행정은 현실적으로 분리하기 어렵고 유기적 협력이 필요

기출 선지 OX

05 정치적 기본권을 강화하여 공직의 계속성을 제고할 수 있다는 것이 공무원의 정치적 중립의 정당화 근거이다. 〔22국9〕 O | X

06 경찰공무원과 소방공무원은 공무원직장협의회에 가입할 수 없다. 〔23국회9〕 O | X

07 행정기관의 조직과 정원(定員)의 관리에 관한 업무를 담당하는 공무원은 노동조합에 가입할 수 없다. 〔23국회9〕 O | X

08 공무원의 승진 및 전보에 관한 사항은 노동조합의 교섭 대상이 될 수 없다. 〔23국회9〕 O | X

실전 문제

05 공무원의 정치적 중립을 완화해야 한다는 주장의 논거로 가장 적절하지 않은 것은? 〔22경승〕
① 정치와 행정은 현실적으로 분리하기 어렵고 유기적으로 협력해야 한다.
② 공무원은 국민 전체에 대한 봉사자로서 불편부당한 직무활동을 통하여 공익성과 객관성을 확보할 수 있다.
③ 공무원의 정치적 중립의 개념은 정치적 민주주의의 확립으로 실적주의가 정착되고 있는 시대적 상황에 맞지 않으므로 적극적 개념으로 변화해야 한다.
④ 지나친 정치적 중립의 강조는 공무원집단을 오히려 폐쇄적으로 만들 수 있다.

06 다음 중 공무원의 정치적 중립에 대한 설명으로 가장 옳지 않은 것은? 〔23해간〕
① 미국은 1883년 펜들턴법(Pendleton Act)에서 최초로 공무원의 정치적 중립을 규정하였고, 1939년 해치법(Hatch Act)에서 정치적 중립을 강화하였다.
② 우리나라 「국가공무원법」에 따르면 공무원은 정당이나 그 밖의 정치단체의 결성에 관여하거나 이에 가입할 수 없다.
③ 공무원의 정치적 중립은 행정의 안정성과 계속성을 보장할 수 있지만, 공무원들의 정치적 무감각을 조장하여 참여관료제의 발전을 저해할 우려도 있다.
④ 공무원의 정치적 중립은 실적주의 및 직업공무원제 확립에 기여하고, 자율적 자기 통제를 통한 정당정치 발전에 이바지한다.

07 퇴직관리에 관한 설명으로 가장 적절하지 않은 것은? 〔24경승〕
① 퇴직관리는 조직 인력의 퇴직상황을 분석·예측하여 적정 인력 보전을 위한 대책을 강구하는 활동을 말한다.
② 퇴직의 비용편익분석에서는 퇴직에 따르는 경제적 비용과 편익뿐만 아니라 사회적 비용과 편익도 고려하여야 한다.
③ 퇴직억제전략으로는 퇴직 전 재직자 경력개발기회 확대, 직무만족도 향상, 조기퇴직 및 명예퇴직 활성화, 근로조건 개선 등을 사용할 수 있다.
④ 퇴직촉진전략으로는 직무수행성과가 부진한 공무원들을 적격심사를 거쳐 직권으로 면직시키는 퇴출을 사용할 수 있다.

08 공무원 노동조합에 대한 설명으로 옳은 것은? 〔22국회8〕
① 노동조합과 그 조합원은 정치활동이 허용된다.
② 6급 이하의 일반직공무원만 노동조합에 가입할 수 있다.
③ 퇴직공무원도 노동조합에 가입할 수 있다.
④ 소방공무원과 교원은 노동조합 가입이 허용되지 않는다.
⑤ 교정·수사 등에 관한 업무에 종사하는 공무원은 노동조합에 가입할 수 있다.

정답
OX 05 ✕ 06 ✕ 07 ○ 08 ○   실전 05 ② 06 ④ 07 ③ 08 ③

TOPIC 35 부패와 윤리

최근 3개년 출제 빈도
9급	7급
4	7

★★☆☆ 중요도 B

이것이 핵심!
1. 공직부패는 다양한 기준에 따라 구분할 수 있습니다. 명칭을 기억해 주세요.
2. 우리나라의 반부패위원회는 국민권익위원회입니다. 직권조사가 불가능하고 권한도 부족하다는 한계가 있습니다.

01 공직윤리와 부패

공직윤리	• 왈도는 자신과 가족보다 광범위한 **대중의 이익에 봉사하는 행위**로 정의
	• 소극적 의미로 부정부패, 직권남용, 무사안일과 같은 **비윤리적행위를 하지 말아야 한다는 것**을 의미
	  ┌ 「공직자윤리법」에 퇴직공무원 취업제한 등이 규정되어 있고 부패방지법 등도 존재
	  ├ 공무원은 직무상 관계와 무관히 상관에게 증여할 수 없고, 소속 공무원에게 증여받을 수도 없음
	  └ 법령에 따라 허용되는 경우 외에는 직무 관련자에게 사적 노무를 제공하고 대가를 받을 수 없음

공직부패	• 공직자가 지위 또는 권한을 남용하거나 법령을 위반하여 **자기 또는 제3자의 이익을 도모**하는 행위
	• 부패방지를 위해서는 공직 **투명성 확보**가 필요
	
	접근
	  ┌ **도덕적 접근**: 개인의 성격 및 독특한 습성과 **윤리 문제가 부패와 관련**
	  ├ **제도적 접근**: 사회의 법과 **제도상의 결함**이나 관리기구·운영상 문제로 부패가 발생
	  ├ **문화적 접근**: 특정한 **관습이나 경험**이 부패를 초래
	  └ **체제론적 접근**: 하나의 변수로 설명되는 것이 아니라 **다양한 요인에 의해 복합적으로 발생**
	
	종류
	• 부당하게 사익을 추구하는 **흑색부패**, 선의의 목적으로 행해지는 **백색부패**, 그 중간지대의 **회색부패**
	• 정치인 등이 권력을 남용해 이익을 추구하는 **권력형 부패**와 적은 소득을 보충하기 위한 **생계형 부패**
	• 공무원 대부분이 민원인에게 '급행료'를 받는 등 제도화된 부패와 개인 일탈에 의한 일탈형 부패
	• 이익을 보는 사람과 특혜를 제공받는 사람으로 이루어지는 **거래형 부패**와 회계 부정 등 거래당사자 없이 공무원에 의해 일방적으로 발생하는 **비거래형 부패(사기형 부패)**

02 부패방지제도

부패방지제도	국민감사청구권, 내부고발보호제도, 국민권익위원회 옴부즈만제도 등 - 국가인권위원회는 부패방지기능을 수행하지 않음
특징	• 국민권익위원회는 부패행위 신고사항을 **접수일부터 60일 이내에 처리**. 단, 신고내용 보완 등이 필요하다고 인정되는 경우에는 그 기간을 **30일 이내에서 연장 가능** `21지7` • 국민권익위원회는 공익 신고자 등으로부터 보호조치를 신청받은 때에는 공익 신고자 등이 공익 신고 등을 이유로 불이익 조치를 받았는지에 대한 조사를 시작 `21지7`

옴부즈만제도	• **공무원의 불법행위** 및 부당성에 대해 **국민을 대신해 조사·감사**하는 자
	  ┌ 일반적으로 직무상 독립이 보장되고 시민 요구 없이도 **직권조사 가능**
	  └ 1809년 **스웨덴에서 입법부**에 독립 조직으로 최초로 창설
	• 1994년 '국민고충처리위원회'가 우리나라 옴부즈만제도의 시초이며 현재는 법률에 근거하여 행정부 내 국무총리 소속으로 '**국민권익위원회**'로 존재
	  ┌ **국민권익위원회**는 조정만 직권으로 가능하고 **신청이 있어야 조사**(직권조사 불가)
	  ├ 입법부, 사법부, 선거관리위원회, 감사원, 지방의회 사항 등과 관련된 사항은 통제가 아닌 이송 대상
	  ├ 부패행위 신고사항을 **접수일로부터 60일 이내에 처리**. 단, 신고내용 보완 등이 필요하다고 인정되는 경우에는 그 기간을 **30일 이내에서 연장 가능**
	  └ 공익 신고자 등으로부터 보호조치를 신청받은 때에는 불이익 조치를 받았는지에 대한 조사
	• **인력과 예산이 부족**하여 국민 권익 구제에 한계가 존재
	• **시정조치를 법적으로 강제하거나 대행할 수 있는 권한 부재**

기출 선지 OX

01 부패의 접근법 중 체제론적 접근법은 복합적 요인보다 하나의 변수에 의해 부패가 발생한다고 본다. 22국회9 O | X

02 거래형 부패는 뇌물을 주고받아 금전적 이익을 보는 사람과 특혜를 제공받는 사람으로 이루어지는 부패행위이다. 22국회9 O | X

03 백색부패는 흑색부패와 달리 사익을 추구하는 부패가 아니다. 22국회9 O | X

04 투명성은 공무원 부패를 방지하기 위해 가장 중요한 가치로서 인식된다. 22군9 O | X

실전 문제

01 옴부즈만제도에 대한 설명으로 옳은 것은? 21국7
① 시민의 요구가 없다면 직권으로 조사활동을 할 수 없다.
② 부족한 인력과 예산으로 국민의 권익을 구제하는 데 한계가 있다.
③ 사법부가 임명한다.
④ 시정조치를 법적으로 강제할 수 있는 권한이 있다.

02 우리나라의 행정통제제도에 대한 설명으로 옳은 것은? 24국회8
① 국민권익위원회는 행정부와 독립된 옴부즈만기능을 수행하는 헌법상 기관으로서, 독립적인 직권조사권과 시찰권은 갖고 있지만 소추권은 갖고 있지 않다.
② 국회는 대통령을 비롯하여 국무총리, 국무위원, 행정각부의 장, 감사원장 등이 직무를 집행함에 있어 법률을 위반할 때 탄핵소추를 의결할 수 있다.
③ 감사원은 헌법적 지위를 갖는 대통령 직속기구로서 회계검사와 직무감찰을 수행하는데, 직무감찰은 행정부, 입법부, 사법부에 소속된 공무원들을 대상으로 한다.
④ 헌법재판소는 9명의 재판관으로 구성되며, 위헌법률심판, 탄핵심판, 정당해산심판, 행정심판, 행정소송 등을 담당한다.
⑤ 국무총리실은 2006년 시행된 「정부업무평가 기본법」에 의해 각 부처의 자체평가를 폐지하고 매년 각 부처를 대상으로 직접 업무평가를 실시하고 있다.

03 공직부패의 유형에 대한 설명으로 옳지 않은 것은? 22국7
① 인허가 업무처리 시 소위 '급행료'를 당연하게 요구하는 행위를 일탈형 부패라고 한다.
② 정치인이나 고위공무원이 자신의 권력을 남용해 사적 이익을 추구하는 것을 권력형 부패라고 한다.
③ 공금 횡령, 회계 부정 등 거래당사자 없이 공무원에 의해 일방적으로 발생하는 부패를 사기형 부패라고 한다.
④ 사회체제에 파괴적 영향을 미칠 잠재성이 있음에도 불구하고, 일부 집단은 처벌을 원하는 반면, 다른 집단은 처벌을 원하지 않는 경우를 회색부패라고 한다.

04 행정윤리에 대한 설명으로 가장 적절하지 않은 것은? 22경승
① 왈도(D. Waldo)는 공공윤리를 자신과 가족보다는 광범위한 대중의 이익에 봉사하는 행위로 정의한다.
② 소극적 의미의 행정윤리는 부정부패, 직권남용, 무사안일과 같은 비윤리적 행위를 하지 말아야 한다는 것을 의미한다.
③ 「공직자윤리법」은 퇴직공직자의 취업제한을 규정하고 있다.
④ 현대행정이 전문화, 과학화되어 감에 따라 행정윤리의 중요성이 과거에 비해 감소하고 있다.

정답
OX 01 X 02 O 03 O 04 O   실전 01 ② 02 ② 03 ① 04 ④   해설 245쪽

2026 신성우 행정학 압축 이론 기본서

조직이론은 다시 조직구조론과 조직행태론, 그리고 조직문화론으로 나뉩니다.

조직구조론은 조직이 어떤 형태를 취해야 하는지 배우는 영역입니다. 우리는 조직 설계의 기본 원리를 학습하고 구체적인 조직의 형태와 한국의 조직구조를 학습하게 됩니다.

조직행태론은 동기부여이론과 리더십이론이 핵심입니다. 어떻게 구성원이 동기를 느끼게 만들지를 학습하게 되는 것이죠. 조직문화론은 행정조직을 위계적인지, 혁신적인지 등으로 구분합니다.

우리나라는 보다 혁신적인 조직으로 관료조직이 변해야 할 것입니다. 많은 부분이 경영학 이론과 동일합니다. 사실 행정학은 관리에 있어서는 경영학 이론을 대부분 차용하고 있습니다.

CHAPTER 7

조직

TOPIC 36	조직 원리와 환경
TOPIC 37	조직이론 변화와 조직의 유형
TOPIC 38	우리나라 정부조직
TOPIC 39	공공기관과 정보공개
TOPIC 40	조직 행태론 - 동기부여
TOPIC 41	조직 행태론 - 리더십
TOPIC 42	조직 문화, 갈등, 변화관리
TOPIC 43	성과관리기법과 정부업무평가

TOPIC 36 조직 원리와 환경

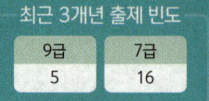

★★★★ 중요도 S

> **이것이 핵심!**
> 1. 조직구조란 구성원 간 상호작용을 결정하는 조직 내 부문 간 결합의 형태입니다. 전통적 관료제는 공식성, 복잡성, 집권성이 높은 조직입니다. 그러나 환경을 고려하지 못했다는 한계가 있습니다.
> 2. 귤릭의 전통적 조직 원리는 크게 업무 분화의 원리와 업무 조정의 원리로 나누어집니다.

01 조직구조의 변수

공식성	업무수행방식에 대한 공식적 규정의 수준으로 표준화·문서화를 의미 - 높을수록 업무는 표준화되고 재량권은 축소되며 환경변화에 대한 조직적응력이 저하

복잡성	• 조직이 수직, 수평, 공간적으로 분화된 정도
	  ┌ 수직적 분화: 조직 내 계층의 세분화 정도로 계층제를 의미
	  ├ 수평적 분화: 단위 부서 간 업무의 세분화 정도
	  └ 공간적 분화: 조직의 시설과 구성원이 물리적으로 분리되어 있는 정도
	• 계층제는 통상 수직적, 수평적 복잡성이 높은 조직을 의미
	  ┌ 계층은 조직 내 권한이 위임되는 통로로, 책임의 한계를 분명히 하는 준거이나 환경대응이 곤란
	  └ 상위 계층은 하위 계층 간 갈등과 분쟁을 조정하여 조직의 통일성과 안정성 유지에 기여
	• 수직적 복잡성(계층 수) 증가 시 의사전달 왜곡이 일어날 가능성 증가
	• 수평적 복잡성 증가 시 부처할거주의로 동일 계층의 부서 간 조정이 곤란

집권성	• 의사결정권한이 조직의 고위층에 집중되어 있는 정도
	  ┌ 교통통신기술의 발전, 규모가 작고 신설 조직일 때 집권화
	  ├ 행정기능 중복과 혼란을 피하고 분열을 억제하며 전문적 기술 활용가능성 향상과 경비절감
	  └ 탄력적 업무수행이 곤란
	• 민주화, 기술·환경변화, 대응성과 창의성 요구, 탄력적 업무수행 요구 등이 분권화를 초래

02 직무 전문화와 과제 성격

구분		수직적 전문화	
		높음	낮음
수평적 전문화	높음	비숙련 직무	전문가적 직무
	낮음	일선관리 직무	고위관리 직무

03 귤릭 등의 조직구조 설계원리

전문화의 원리	한 사람이 한 가지 업무를 분담하도록 전문화되는 것으로 높을수록 통솔범위는 좁아지고 계층은 증가
부성화의 원리	목표, 절차, 장소, 대상에 따라 기능이 유사한 업무를 조직단위로 묶을 것(부문화의 원리)
계선과 참모	업무를 지시하고 수행하는 계선조직과 기획·정보분석 등을 수행하는 참모조직을 나눌 것
명령통일의 원리	명령을 내리고 보고를 받는 사람이 한 사람일 것
통솔범위의 원리	부하의 수가 한정되어야 한다는 원리로 통솔범위가 넓을수록 평면구조가, 좁을수록 수직적 분화가 일어남
계층제의 원리	직무를 권한과 책임 정도에 따라 등급화하여 통합할 것
집권과 분권	의사결정이 상위 계층에서 일어나는 경우 집권이고 하위 계층이 권한을 독자적으로 가지면 분권

기출 선지 OX

01 누구에게 보고하는지를 정하는 명령체계는 조직구조 설계 시 고려해야 할 기본 요소이다. 23행정사 O | X

02 조직의 일차적 목표와 관련된 사업을 수행하는 참모와 이를 지원하는 계선은 조직구조 설계 시 고려해야 할 기본 요소이다. 23행정사 O | X

03 계층제에서 계층 수가 증가하게 되면 의사전달의 왜곡이 일어날 가능성이 커진다. 23국회9 O | X

04 계층제는 부처할거주의가 발생하여 동일계층의 부서 간 조정이 어려워질 수 있다. 23국회9 O | X

실전 문제

01 집권화와 분권화에 대한 설명으로 옳지 않은 것은? 23국7
① 집권화는 조직의 규모가 작고 신설 조직일 때 유리하다.
② 집권화의 장점으로는 전문적 기술의 활용가능성 향상과 경비절감을 들 수 있다.
③ 탄력적 업무수행은 분권화의 장점이다.
④ 분권화는 행정기능의 중복과 혼란을 회피할 수 있고 분열을 억제할 수 있다.

02 조직구조의 기본 변수에 대한 설명으로 가장 적절하지 않은 것은? 22경승
① 신설조직의 경우 조직을 안정적으로 운영하기 위해 집권화되는 경향이 강하다.
② 조직 규모가 커질수록 집권성 정도가 높은 조직구조가 적절하다.
③ 공식화의 정도가 높을수록 환경변화에 대한 조직적응력은 떨어진다.
④ 교통통신기술의 발전은 집권화를 강화하는 데 유리하다.

03 일반적인 조직구조 설계원리에 대한 설명으로 옳은 것만을 모두 고르면? 21국7

> ㄱ. 계선은 부하에게 업무를 지시하고, 참모는 정보제공, 자료분석, 기획 등의 전문지식을 제공한다.
> ㄴ. 부문화의 원리는 일정한 기준에 따라 서로 기능이 같거나 유사한 업무를 조직단위로 묶는 것을 의미한다.
> ㄷ. 통솔범위가 넓을수록 고도의 수직적 분화가 일어나 고층구조가 형성되고, 좁을수록 평면구조가 이뤄진다.
> ㄹ. 명령통일의 원리는 부하가 한 사람의 상관으로부터 명령을 받게 해야 함을 의미한다.

① ㄱ, ㄴ, ㄷ ② ㄱ, ㄴ, ㄹ
③ ㄱ, ㄷ, ㄹ ④ ㄴ, ㄷ, ㄹ

04 다음 중 귤릭(Gulick)의 조직설계의 고전적 원리에 대한 설명으로 가장 옳지 않은 것은? 22해승
① 전문화의 원리란 전문화가 되면 될수록 행정능률은 올라간다는 것을 의미한다.
② 명령통일의 원리는 명령을 내리고 보고를 받는 사람이 한 사람이어야 한다는 것을 의미한다.
③ 통솔범위의 원리는 부하들을 효과적으로 통솔하기 위해 부하의 수가 한정되어야 한다는 것을 의미한다.
④ 부서편성의 원리는 조직편성의 기준을 제시하며 그 기준은 수단과 절차, 자원 및 환경 등 네 가지이다.

정답
OX 01 O 02 X 03 O 04 O   실전 01 ④ 02 ② 03 ② 04 ④   해설 246쪽

> **이것이 핵심!**
> 3. 구조적 상황이론과 조직적 생태학은 환경에 따라 조직구조가 결정된다는 입장입니다.
> 4. 전략적 선택이론과 자원의존이론은 조직이 환경에 따라 전략적 선택을 하여 능동적으로 변화할 수 있음을 강조합니다.

04 상황론적 조직이론

개념		• 상황요인으로 조직 규모, 기술, 환경, 전략을 중시하며 상황에 적합한 조직구조를 처방 　├ 모든 상황에 적합한 최선의 조직은 없다고 전제하고 환경에 적응하는 조직 구조를 강조 　├ 상황적 조건들을 유형화하여 중범위라는 제한된 수준 내의 일반성과 규칙성을 발견하고 처방 　└ X, Y이론 같은 극단을 피하고, 조직이 상황에 따라 다른 관리방식을 취해야 한다는 입장 • 조직 규모가 커질수록 분권화된 조직이 적절 • 조직을 기계적 구조와 유기적 구조로 구분해 환경이 복잡하고 불안정한 경우 유기적 구조가 적합
기술과 조직구조	페로우	• 과업 다양성과 문제의 분석가능성을 기준으로 조직 기술을 유형화 　├ 다양성 ↑: 분석가능성이 낮은 비일상기술과 분석가능성이 높은 공학기술로 구분 　└ 다양성 ↓: 분석가능성이 낮은 장인기술과 분석가능성이 높은 일상기술로 구분 • 분석가능성이 높고 다양성이 낮을수록 공식화 수준이 높음
	톰슨	업무처리과정에서의 조직 간·개인 간 상호의존도로 기술을 분류 　├ 집약적 기술: 교호적 상호의존성을 갖추어 수평적 방식으로 조정(병원) 　├ 연속적 기술: 순차적 상호의존성을 갖추어 수직적 방식으로 조정(대량생산 공장) 　└ 중개적 기술: 집합적 상호의존성을 갖추어 규칙과 표준화를 통해 조정(부동산 중개)
	우드워드	복잡성 증가에 따라 단위생산기술, 대량생산기술, 연속공정생산기술로 구분 　├ 대량생산기술에 관료제와 같은 기계적 구조가 효과적 　└ 단위생산기술 및 연속공정생산기술에는 유기적 구조가 효과적

05 기타 조직 환경 이론

조직군생태론	환경에 대한 조직 적합도에 따라 조직이 생성, 발전, 소멸 　├ 조직은 외부 환경의 선택에 따라 좌우되는 피동적인 존재 　├ 여러 조직을 분석의 단위로 인식하고 그중 환경에 맞추어 살아남는 조직이 확산 　└ 조직군에서 변이는 우연한 사건, 행운, 전략적 선택, 환경 적응 등으로 발생
전략적 선택이론	동일한 환경에 처한 조직이라 하더라도 환경에 대한 관리자의 지각 차이로 상이한 선택과 결과가 가능
자원의존이론	조직을 피동적인 존재로 보지 않고 스스로의 이익을 위해 능동적으로 환경에 대처하는 존재로 인식 　├ 환경에 능동적인 조직의 특성을 강조하고 환경을 조직에 유리하도록 관리 　├ 상황이 조직에 미치는 영향과 조직의 능동성을 동시에 고려 　└ 조직과 환경의 관계에서 조직에 의한 전략적 선택의 중요성을 강조

기출 선지 OX

05 조직구조에서 기술(technology)과 집권화의 관계는 상관도가 높다. `22군9` O | X

06 조직구조에 대해 우드워드(J. Woodward)는 대량생산기술에는 관료제와 같은 기계적 구조가 효과적이라고 주장했다. `22군9` O | X

07 구조적 상황이론에 따르면 불안정한 환경 속에 있는 조직은 유기적인 조직구조를 선택하는 것이 효과적이다. `23국9` O | X

08 조직군 생태학이론에 따르면 조직군의 변화를 이끄는 변이는 우연적 변화(돌연변이)로 한정되며, 계획적이고 의도적인 변화는 배제된다. `23국9` O | X

실전 문제

05 조직구조에 대한 설명으로 옳지 않은 것은? `22국7`
① 일상적 기술을 가진 조직의 경우 높은 공식화 구조를 가진다.
② 조직구조의 형태를 기계적 구조와 유기적 구조로 구분할 수 있다.
③ 환경이 복잡하고 불안정한 경우 유기적 구조가 적합하다.
④ 조직구조는 조직 내 여러 부문 간 결합의 형태로 구성원 간 상호작용과는 관련성이 없다.

06 톰슨(Thompson)의 기술 분류에 따른 상호의존성과 조정 형태를 바르게 연결한 것은? `21지7`
① 집약형 기술(intensive technology) – 연속적 상호의존성(sequential interdependence) – 정기적 회의, 수직적 의사전달
② 공학형 기술(engineering technology) – 연속적 상호의존성(sequential interdependence) – 사전계획, 예정표
③ 연속형 기술(long-linked technology) – 교호적 상호의존성(reciprocal interdependence) – 상호조정, 수평적 의사전달
④ 중개형 기술(mediating technology) – 집합적 상호의존성(pooled interdependence) – 규칙, 표준화

07 상황론적 조직이론에 대한 설명으로 가장 적절하지 않은 것은? `24군7`
① 상황요인으로 조직의 규모, 기술, 환경, 전략을 중시하며 이들 상황요인과 조직구조 변수의 관계를 설명하고 특정 상황에 적합한 조직구조를 처방하고자 노력했다.
② 기존의 조직이론에서 제기된 보편·일반원리적인 이론을 긍정하면서도 조직설계와 관리방식의 융통성을 꾀한다.
③ 기존의 X이론이나 Y이론과 같은 극단을 피하고, 어떤 조직이든 각각의 상황에 따라 서로 다른 관리 방식을 취해야 한다는 입장을 취한다.
④ 독립변수를 한정하고 상황적 조건들을 유형화하여 중범위라는 제한된 수준 내의 일반성과 규칙성을 발견하고 문제에 대한 처방을 추구한다.

08 페로우(C. Perrow)의 기술유형 중 과업의 다양성과 문제의 분석가능성이 모두 높은 경우에 해당하는 기술은? `24해승`
① 장인 기술   ② 비일상적 기술
③ 공학적 기술   ④ 일상적 기술

정답
OX 05 X   06 O   07 O   08 X
실전 05 ④   06 ④   07 ②   08 ③

해설 246쪽

TOPIC 37 조직이론 변화와 조직의 유형

최근 3개년 출제 빈도
9급 13 / 7급 38

★★★★ 중요도 S

이것이 핵심!
1. 두 명 이상이 모여 활동하는 조직은 구성원 간 목표의 상충이 존재할 수밖에 없고, 이는 조직관리를 통해 해결하게 됩니다. 최근의 조직이론은 행정 환경을 강조합니다.
2. 조직구성원에 대한 가정은 단순한 인간관에서 복잡한 인간관으로 변화하고 있습니다.

01 고전적 조직이론

개념	• 기계적 능률을 높이기 위한 작업수행에 대한 공식구조와 과학적 방법을 발전
	  — 테일러가 시간과 동작 중심의 연구를 통해 1911년 『과학적 관리의 원리』 출간
	  — 생산량 최적화를 위한 유일최선의 작업방법이 있다는 가정에서 주먹구구식 방법을 지양
	  — 조직 속의 인간을 합리적 경제인으로 간주하여 관리자에 의한 타율적인 조직관리를 전제
	• 페이욜은 최고관리자 관점에서 14가지 조직 관리의 원칙을 제시
	• 귤릭이 행정관리론으로 발전시켜 최고관리자의 역할(POSDCoRB) 및 조직 원리 제시
	  – 관료제 모형 등 폐쇄·합리적 조직으로 발전(스콧의 분류)

02 인간관계론(신고전적 조직이론)

개념	조직 내 사회적 능률을 강조하고, 조직의 비공식적 구조나 요인에 초점
	  — 메이요 등에 의한 호손공장실험에서 시작
	  — 구성원 소외를 초래한 관료제 등 고전적 조직이론을 비판
	  — 여전히 타율적 조직관리를 가정하고 환경을 고려하지 못함

03 현대적 조직이론

개념	인간을 자아실현인·복잡인으로 파악하며 조직 내 인간행태의 발전을 중시
	  — 가치의 다원화 및 행정현상의 다양성을 인정하고 조직변동과 갈등을 인정
	  — 효과성·생산성·민주성·대응성·사회적 적실성과 종합적인 행정개혁을 중시
	  — 조직을 환경과 상호작용하는 유기체적 개방체제로 파악하며 조직 발전을 중시

04 기타이론

혼돈이론	• 현실의 복잡성과 불확실성 등 무질서를 용인하며 그 속에서의 창의적 학습 등을 도모 • 조직이라는 복잡한 체제의 총체적 이해를 도울 수 있다는 장점이 있으나, 복잡한 현상에 대한 통합적 연구를 지향하기에 현실세계에 적용이 곤란
거래비용이론	• 조직이 생겨나고 일정한 구조를 가지게 되는 이유를 조직경제학적으로 설명 • 시장에서의 거래비용이 조직 내부의 거래비용보다 클 경우 내부 조직화를 선택
공동체 생태학이론	조직 간 관계에 대한 이론

기출 선지 OX

01 조직관리에서 조직은 구성원 간의 목표일치를 전제로 하여 관리전략을 수립한다. 〔23군9〕 O | X

02 조직관리에서 고전이론과 인간관계론은 관리자에 의한 타율적인 조직관리를 전제로 한다. 〔23군9〕 O | X

03 인간의 감정적·정서적 측면에 관심을 기울이는 것은 현대적 조직이론부터이다. 〔21국회9〕 O | X

04 호손실험연구 등을 포함한 인간관계학파가 대표적인 이론은 고전적 조직이론이다. 〔21국회9〕 O | X

실전 문제

01 과학적 관리론에 관한 설명으로 가장 적절하지 않은 것은? 〔24경승〕
① 대표적 학자인 테일러(Taylor)는 1911년 『과학적 관리의 원리(The Principles of Scientific Management)』를 출간하였다.
② 주먹구구식(rules of thumb) 방법을 지양하고, 작업 수행에 대한 과학적 방법을 발전시키려 하였다.
③ 테일러는, 노동자는 높은 임금을 고용자는 낮은 노동비용을 추구하기 위한 조건으로, 과업은 일류의 노동자(a first class man)가 달성할 수 있게끔 충분한 것이어야 한다는 원칙을 제시하였다.
④ 스콧(Scott)의 조직이론 분류에 따르면 개방·합리적 조직이론으로 구분된다.

02 조직이론의 주요 학자와 주장을 바르게 연결한 것은? 〔22국회8〕
① 테일러(F. Taylor)는 조직의 생산성과 능률성을 향상시키기 위해 관리자의 직관에 따를 것을 강조하였다.
② 페이욜(H. Fayol)은 최고관리자의 관점에서 14가지 조직관리의 원칙을 제시하였다.
③ 귤릭(L. Gulick)이 제시한 최고관리자의 기능 중에는 협력(Cooperation)이 포함된다.
④ 베버(M. Weber)는 근대관료제가 카리스마적 지배를 받는다고 주장하였다.
⑤ 메이요(E. Mayo)의 호손(Hawthorne)실험은 공식조직의 중요성을 강조하였다.

03 현대조직이론에 대한 설명으로 옳지 않은 것은? 〔23지7〕
① 자원의존이론은 조직을 환경적 결정에 피동적인 존재로 보지 않고 스스로의 이익을 위해 주도적·능동적으로 환경에 대처하며, 환경을 조직에 유리하도록 관리하려는 존재로 본다.
② 조직군생태론은 조직을 외부환경의 선택에 따라 좌우되는 피동적인 존재로 보고, 조직의 발전이나 소멸의 원인을 환경에 대한 조직 적합도에서 찾는다.
③ 혼돈이론은 조직이라는 복잡한 체제의 총체적 이해를 도울 수 있다는 장점이 있으나, 복잡한 현상에 대한 통합적 연구를 지향한다는 점에서 현실세계에 적용하기 어렵다는 한계를 보인다.
④ 상황론적 조직이론은 기술, 규모, 환경 등의 다양한 상황요인에 대한 조직적합성을 발견함으로써, 모든 상황에 적합하고 유일한 최선의 조직설계와 관리방법을 찾을 수 있다고 본다.

04 신고전 조직이론에 대한 설명으로 옳은 것은? 〔22국7〕
① 조직군생태론, 자원의존이론 등이 대표적이다.
② 인간을 복잡한 내면구조를 가진 복잡인으로 간주한다.
③ 환경과 상호작용하는 개방적·동태적·유기적 조직을 강조한다.
④ 조직 내 사회적 능률을 강조하고, 조직의 비공식적 구조나 요인에 초점을 둔다.

정답

OX 01 X 02 O 03 X 04 X **실전** 01 ④ 02 ② 03 ④ 04 ④

해설 247쪽

> **이것이 핵심!**
> 3. 데프트의 분류에 따라 조직 유형은 기능 – 사업 – 매트릭스 – 수평(팀) – 네트워크로 구별하는 것이 가장 일반적입니다. 데프트는 네트워크 구조로 갈수록 유기적이고 동태적인(변화하는) 조직이라 평가했습니다.
> 4. 최근 민츠버그 모형도 자주 출제되고 있습니다. 매트릭스구조도 애드호크라시 조직 중 하나입니다.

05 전통적 분류

기능구조	유사한 업무의 조직으로 안정적 환경에서 낭비 예방과 규모의 경제가 가능하나 부서 간 조정은 곤란
사업구조	상품 중심의 준독립 단위의 조직으로 분권화와 사업부 내 조정은 용이하나 운영비용이 증가
매트릭스구조	• 수직적 전문 기능구조에 수평적·대응적 사업구조를 화학적으로 결합하여 구성원들을 공동 활용 • 조직 신축성 및 구성원의 기술 및 안목을 높이나 이원적 권위로 책임에 대한 갈등 초래
수평(팀제)구조	• 관료제 병리 타파를 위해 부서 경계를 제거하고 핵심업무 중심으로 수평적으로 구조화한 조직 • 의사소통 원활, 권한 공유, 수직적 복잡성 완화, 분권화, 유연한 적응, 신속한 문제 해결 등의 장점
네트워크구조	• 상호독립적인 조직들이 수직적·수평적으로 자발적 네트워크 결합을 이루어 환경변화에 대처 　– 단일 지도자 없이 공통된 목표와 핵심기술을 중심으로 다수 협력체가 업무를 수행 • 기회주의를 방지하기 위한 감시비용, 품질저하, 안정성 부족, 낮은 조직 정체성 등이 문제
평가	데프트는 기능, 사업, 매트릭스, 수평, 네트워크 순으로 환경 대응이 용이한 유기적 구조라고 설명 　┌ 기계적 구조: 공식성(표준화), 복잡성, 집권성이 높은 조직구조로 베버의 관료제 등이 해당 　└ 유기적 구조: 공식성, 복잡성, 집권성이 낮고 넓은 직무와 책임, 상향·수평적 의사소통 추구

06 기타 조직구조

학습조직	• 개방체계, 자아실현적 인간관 등을 바탕으로 새로운 지식을 창출하고자 하는 수평적 조직 • 셍게는 비전 공유, 집단 학습, 자기 완성(개인 숙련), 시스템(체계)적 사고, 사고모형 강조
애자일조직	디지털 기술로 환경에 기민하게 대응하는 수평적이고 분권화된 정부로 빠른 처리와 환류가 핵심
비공식조직	• 공식조직 내에서 구성원들의 사적 상호관계로 발생한 구성원의 욕구 충족을 우선시하는 자연적 조직 • 안정감 등 심리 충족, 경직성 완화, 업무 능률 증대에 기여하나 비공식조직 간 서로를 적시하는 갈등 발생

07 민츠버그의 조직구조

단순구조	• 집권화되고 유기적인 구조로 신속한 의사결정을 내릴 수 있어 단순하고 동태적인 환경에 적합 • 최고 관리자가 위치한 전략 부문에서 행사하는 힘이 강력하고 소수에게 권한이 집중
기계적 관료제	공식적 계층, 절차, 표준화를 준수하여 단순하고 안정적 환경에 적합하고 기술전문가 권한이 높음
전문적 관료제	높은 분화성과 낮은 공식화로 복잡하고 안정적 환경에 적합하고 핵심운영부문의 개인 전문성에 의존
사업부조직	서비스에 따라 자율성을 가진 부서가 독립된 구조로 중간계선 중심의 조직이며 사업부 간 조정이 곤란
애드호크라시	• 기본 과업 외 문제 시 전문가들이 모여 해결 후 해산하는 임시조직으로 지원 부문 중심의 구조 　┌ 태스크포스: 특수 과업 달성을 목표로 서로 다른 부서에서 선발하여 구성한 횡적 팀 　└ 프로젝트 팀: 태스크포스에 비해 참여자의 전문성과 팀에 대한 소속감이 강함 • 탈관료화의 하나로 낮은 공식성·복잡성·집권성이 특징(수평적 분화는 강하나, 수직적 분화는 약함) 　┌ 동태적이고 복잡한 환경에서 고도의 창의성과 환경적응성이 필요한 상황에 적합 　└ 갈등과 비협조가 일어나기 쉽고 책임소재가 불분명하며, 창의적 업무과정에서 스트레스 발생

기출 선지 OX

05 민츠버그(Mintzberg)는 조직유형으로 사업부제구조, 애드호크라시(adhocracy), 홀라크라시(holacracy)를 제시했다. 23지9 O | X

06 팀제 조직은 결정과 기획의 핵심 기능만 남기고 사업집행기능은 전문업체에 위탁한다. 24지9 O | X

07 네트워크구조는 복수의 조직이 각자의 경계를 넘어 연결고리를 통해 결합관계를 이루어 환경변화에 대처한다. 23국9 O | X

08 민츠버그(Mintzberg)의 전문적 관료제 구조는 핵심운영층에 해당하는 작업 계층의 역할이 강조된다. 24군9 O | X

실전 문제

05 조직구조의 유형에 대한 설명으로 옳은 것만을 〈보기〉에서 모두 고르면? 24국회8

〈보기〉
ㄱ. 기계적 조직구조의 특징은 기능구조에서 나타난다.
ㄴ. 기계적 조직구조는 규칙과 절차의 고수, 업무의 명확한 구분을 특징으로 한다.
ㄷ. 조직의 외부환경이 안정적인 경우에는 유기적 조직구조가 적합하다.
ㄹ. 기계적 조직구조에서는 수평적 조정을 강조한다.
ㅁ. 유기적 조직구조의 대표적인 예는 학습조직이다.
ㅂ. 성과측정이 어려운 상황에서는 유기적 조직보다 기계적 조직이 적합하다.

① ㄱ, ㄴ, ㄷ ② ㄱ, ㄴ, ㅁ ③ ㄱ, ㄹ, ㅂ
④ ㄴ, ㄷ, ㅁ ⑤ ㄷ, ㄹ, ㅂ

06 셍게(P. Senge)가 제시한 학습조직(Learning Organization) 구축을 위한 다섯 가지 방법에 해당하지 않는 것은? 22국회8

① 조직이 달성하고자 하는 목표, 가치 등에 관한 비전 공유가 필요하다.
② 공동학습을 통해 지식을 공유하고 토론을 활성화하는 집단학습이 필요하다.
③ 개인의 전문지식 습득 노력을 통한 자기완성이 필요하다.
④ 조직에 대한 종합적·동태적 이해를 위해 시스템적 사고가 필요하다.
⑤ 학습효과를 극대화하기 위해 관리자의 리더십이 필요하다.

07 애드호크라시(adhocracy)에 대한 설명으로 옳지 않은 것은? 22지7

① 업무가 비정형적일 때 유용하다.
② 변화에 신속하게 대응할 수 있는 장점이 있다.
③ 책임소재가 명확하여 갈등이 생길 가능성이 작다.
④ 조직목표 달성을 위해 조직 내 전문능력이 있는 구성원들을 연결하는 구조이다.

08 애자일(agile) 조직에 대한 설명으로 가장 옳지 않은 것은? 24해간

① 피라미드형 위계조직으로는 급변하는 환경에 효과적으로 대응하기 어렵다는 인식이 바탕에 자리하고 있다.
② 우리나라 민간기업 중에서는 애자일 조직을 도입한 사례들이 있다.
③ 불필요한 관리자 계층으로 인한 생산성 저하 문제를 해결하는 데 효과적이다.
④ 조직의 계층을 줄여 최고 의사결정자가 민첩하게 의사결정 및 조치를 내릴 수 있도록 하는 시스템이다.

정답
OX 05 X 06 X 07 O 08 O   실전 05 ② 06 ⑤ 07 ③ 08 ④

TOPIC 38 우리나라 정부조직

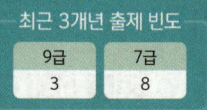

★★☆☆ 중요도 B

이것이 핵심!

1. 우리나라 중앙정부조직은 부, 처, 청 및 합의제 행정기관인 위원회 조직으로 구성되어 있습니다. 각각의 이름을 모두 암기하고 소속 기관을 기억하는 것은 쉬운 일이 아닙니다. 시험에 나왔던 내용 위주로만 학습합시다.
2. 책임운영기관과 위원회는 자주 출제됩니다. 특히 책임운영기관의 경우 운영의 특수성까지 정리하는 것이 좋습니다.

01 우리나라 중앙정부조직 개괄

중앙정부	• 19부 3처 20청으로 설치와 직무범위가 법으로 규정 └ 처는 국무총리 소속이며, 청은 부에 소속되어 통제 └ 기상청 – 환경부, 방사청 – 국방부, 소방청 · 해양경찰청 – 행정안전부, 특허청 – 산업통상자원부 등 • 공정거래위 · 금융위 · 국민권익위 · 개인정보보호위 · 원자력안전위가 국무총리 소속으로 있으며 국가인권위 · 선거관리위 등이 독립기관으로, 방송통신위가 대통령 소속으로 존재
조직개편	• 문재인 정부는 중소기업청을 중소벤처기업부로 승격하고 질병관리청을 신설했으며, 대통령경호실을 대통령경호처로 변경(처장 직급: 장관급 → 차관급)하고 독립기관으로 고위공직자 범죄수사처를 신설 • 윤석열 정부는 우주항공청과 재외동포청을 신설하고 국가보훈처를 국가보훈부로 승격하였으며 문화재청을 국가유산청으로 변경
조직의 종류	• 계선조직은 보조기관으로 결정과 집행을 수행하는 수직적 계층구조의 조직이며 명령 지시체계가 작동 • 참모조직은 보조기관으로 정보제공, 자료분석, 기획 등의 기능을 수행 – 부속기관은 행정권을 직접 행사하는 기관을 지원하는 기관으로 자문기관 등 참모조직으로 기능 • 중앙행정기관의 소속 기관은 부속기관과 특별행정기관을 의미

02 책임운영기관

개념	• 경쟁적 운영이나 성과 강화가 필요하여 조직 · 인사 · 예산 자율성을 보장받고 성과에 책임지는 행정기관 ┌ 신공공관리론에 따라 정책결정에서 집행기능을 분리한 집행 중심 조직으로 1999년 한국에 도입 ├ 중앙책임운영기관과 소속 책임운영기관으로 구분되며 중앙책임운영기관은 특허청이 유일 └ 직원의 신분은 공무원이며, 총 정원 한도는 대통령령, 계급별 정원은 총리령 또는 부령으로 규정 • 시장원리에 대한 강조로 인하여 공공서비스의 형평성과 안정성 저하 우려
운영	• 중앙책임운영기관인 특허청의 장은 정무직공무원으로 임기는 2년이며 한 차례만 연임 가능 – 소속 책임운영기관의 장은 임기제 공무원이며, 근무기간은 5년의 범위에서 중앙행정기관의 장이 결정하되, 최소한 2년 이상으로 규정 • 하부조직 및 소속 기관을 둘 수 있고 정원 일부를 임기제 공무원으로 임용 가능
통제	• 행정안전부장관은 5년 단위로 책임운영기관의 관리 및 운영 전반에 관한 중기관리계획을 수립 • 행정안전부 소속 15인 이내의 책임운영기관 운영위원회에서 중요 사항을 심의하고 종합평가 수행

03 위원회

개념	합의제 방식으로 의사결정을 수행하는 기구 ┌ 행정위원회(금융위 등 상시업무), 자문위원회(심의위원회 + 순수자문위원회), 의결위원회로 구분 └ 기상청 – 환경부, 방사청 – 국방부, 소방청 · 해양경찰청 – 행정안전부, 특허청 – 산업통상자원부 등
특징	민주성이 제고되나 책임성이 결여되는 한계

기출 선지 OX

01 정부조직체계에서 특허청의 소속 부처는 기획재정부이다.
22행정사 O | X

02 책임운영기관은 정책결정기능으로부터 집행기능을 분리한 집행 중심의 조직이다.
24군9 O | X

03 자문위원회는 업무가 계속성·상시성이 있어야 한다.
22지9 O | X

04 정부위원회 중 방송통신위원회, 공정거래위원회, 국민권익위원회, 금융위원회, 개인정보 보호위원회, 원자력안전위원회는 중앙행정기관이다.
22지9 O | X

실전 문제

01 다음 중 행정기관에 대하여 관계 법령에 규정된 내용으로 가장 옳은 것은? 22해승
① 부속기관이란 행정권의 직접적인 행사를 임무로 하는 기관에 부속하여 그 기관을 지원하는 행정기관을 말한다.
② 보조기관이란 행정기관이 그 기능을 원활하게 수행할 수 있도록 그 기관장을 보좌함으로써 행정기관의 목적 달성에 공헌하는 기관을 말한다.
③ 하부기관이란 중앙행정기관에 소속된 기관으로, 특별지방행정기관과 부속기관을 말한다.
④ 방송통신위원회, 공정거래위원회, 소청심사위원회 등은 행정기관의 소관 사무에 관하여 자문에 응하거나 조정, 협의, 심의 또는 의결 등을 하기 위해 복수의 구성원으로 이루어진 합의제 기관으로, 행정기관이 아니다.

02 다음 중 현재 그 설치와 직무범위를 법률로 정하고 있는 우리나라의 중앙행정기관은 어느 것인가? 23군7
① 중앙도시계획위원회
② 국가경찰위원회
③ 개인정보 보호위원회
④ 정보공개위원회

03 책임운영기관에 대한 설명으로 가장 옳은 것은? 24해간
① 신공공관리론의 영향으로 민영화한 결과 만들어진 기관이다.
② 기관의 성격은 준정부기관이다.
③ 기관의 장은 공무원이나 소속 구성원들은 공무원 신분이 아니다.
④ 해양경찰정비창 등을 포함하여 현재도 운영되고 있다.

04 우리나라의 책임운영기관에 대한 설명으로 옳지 않은 것은? 24소간
① 책임운영기관은 중앙책임운영기관과 소속 책임운영기관으로 구분된다.
② 행정안전부장관은 별도의 평가단을 구성하거나 지정하여 평가업무를 지원할 수 있다.
③ 특별회계의 예산 및 결산은 책임운영기관특별회계기관의 조직별로 구분할 수 있다.
④ 중앙책임운영기관의 장은 고위공무원단에 속하는 공무원을 포함하여 소속 공무원에 대한 일체의 임용권을 가진다.
⑤ 소속 책임운영기관은 정원의 일부를 임기제공무원으로 임용할 수 있다.

정답
OX 01 X 02 O 03 X 04 O
실전 01 ① 02 ③ 03 ④ 04 ④

해설 249쪽

TOPIC 38 우리나라 정부조직

TOPIC 39 공공기관과 정보공개

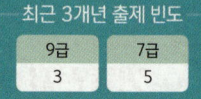

★★☆☆ 중요도 B

> **이것이 핵심!**
> 1. 공공기관은 정부가 운영비를 지급하거나 자산을 출자하여 설치한 기관 중에 기획재정부 장관이 정한 기관으로 「공공기관의 운영에 관한 법률」에 따라 통제됩니다.
> 2. 국가 조직 및 공공기관까지 포함하여 「정보공개법」이 제정되어 운영되고 있습니다.

01 공공기관

개념	• 정부가 법으로 출연·출자·재정지원한 기관 중 기획재정부장관이 정한 기관
	  — 공기업과 준정부기관 및 기타공공기관으로 구성되고 기타 공공기관은 연구목적 기관 등으로 세분 가능
	  — 한국방송공사, 한국교육방송공사, 구성원 복지를 위한 기관, 지자체 설립 기관은 공공기관으로 지정 불가
	  — 지방공기업은 지방공단, 지방공사, 지방직영기업으로 구분
	• 공공기관의 종류는 총수입액 중 자체수입액이 차지하는 비중에 따라 구분
	  — 직원 300명, 수입 200억 원, 자산 30억 원을 기준으로 공기업·준정부기관을 지정
	  — 기금 관리 공공기관 중 자체수입액이 총수입액의 100분의 85 이상이거나 총수입액 중 자체수입액 비중이 100분의 50 이상일 경우 기재부장관이 공기업으로 지정
	  — 공기업에는 시장형(지역난방공사, 공항공사)과 준시장형(조폐공사)이 있고, 자산 등으로 구분
	  — 공기업이 아닌 공공기관이 준정부기관이며 기금관리형(신용보증기금)과 위탁집행형이 존재

특징	• 공공기관 운영에 관하여 공기업·준정부기관의 지정, 지정해제, 경영평가 등에 관한 사항을 심의·의결하기 위하여 기획재정부장관 소속하에 공공기관 운영위원회를 둠
	  — 공공기관의 장은 임원추천위원회를 거쳐 주무부 장관 제청으로 대통령이 임명하되 직원 정원이 500명 미만인 공기업의 장은 주무기관의 장이 임명
	  — 공공기관 책임경영체제를 확립하기 위하여 공공기관의 자율적 운영을 보장할 필요가 있음
	  — 경영평가를 받고 경영실적이 부진한 공기업의 기관장 및 상임이사는 임명권자가 해임 가능
	• 공공기관은 정치적 이념에 따라 설립되기도 하며, 공공기관의 임직원은 「형법」 제129조(수뢰, 사전수뢰)부터 제132조(알선수뢰)까지의 규정을 적용할 때 등에 공무원으로 간주

모델	• **주주 자본주의 모델**: 주주가 기업의 주인이라고 보며 단기적 주주의 이익 극대화가 경영목표인 모델로, 기업규율방식에는 이사회의 경영감시, 시장에 의한 규율 등이 존재 • **이해관계자 자본주의 모델**: 기업을 하나의 공동체로 보며 이해관계자의 이익 극대화가 경영목표인 모델로, 근로자의 경영참여 등을 추구하며 장기적 시각에서 기업을 운영

02 정보공개제도

개념	• 「공공기관의 정보공개에 관한 법률」에 따라 공공기관이 보유·관리하는 정보를 공개 — 국가기관, 지방자치단체, 공공기관, 지방공사·공단 등이 해당 • 청주시에서 법률 제정 이전에 우리나라 최초로 행정정보공개조례가 제정되었고 그 이후 확산
특징	• 비공개 대상 정보를 제외한 모든 정보를 공개 대상으로 하는 네거티브 방식 • 청구에 의한 공개도 가능하지만, 특정 정보는 별도 청구 없이 사전 공개가 의무 • 비공개사유에 해당할 경우 해당 정보를 제외하고 공개

기출 선지 OX

01 한국방송공사는 공공기관 유형 중 준시장형 공기업에 해당한다. 22국회9 O | X

02 한국조폐공사는 공공기관 유형 중 시장형 공기업에 해당한다. 22국회9 O | X

03 우리나라의 지방공단은 지방직영기업에 속한다. 23국회9 O | X

04 우리나라의 기획재정부장관은 기금을 관리하는 공공기관 중 자체수입액이 총수입액의 100분의 85 이상인 기관을 공기업으로 지정한다. 23국회9 O | X

실전 문제

01 공공기관 기업지배구조의 이념형적 모델인 주주(shareholder) 자본주의 모델과 이해관계자(stakeholder) 자본주의 모델에 대한 설명으로 옳지 않은 것은? 23지7
① 주주 자본주의 모델은 주주가 기업의 주인이라고 보며, 주주의 이익 극대화가 경영목표이다.
② 주주 자본주의 모델의 기업규율방식에는 이사회의 경영감시, 시장에 의한 규율 등이 있다.
③ 이해관계자 자본주의 모델은 기업을 하나의 공동체로 보며, 이해관계자의 이익 극대화가 경영목표이다.
④ 이해관계자 자본주의 모델에서 근로자의 경영 참여는 종업원 지주제도 등을 통해서 이루어지며 단기 업적주의를 추구한다.

02 현행법령상 공공기관에 대한 규정으로 옳은 것은? 23군7
① 공기업과 준정부기관의 지정기준은 직원 정원 50명 이상, 총수입액 30억 원 이상, 자산규모 10억 원 이상이다.
② 기획재정부장관은 총수입액 중 자체수입액이 차지하는 비중이 대통령령으로 정하는 기준 이상인 기관은 공기업으로 지정하고, 공기업이 아닌 공공기관은 준정부기관으로 지정한다.
③ 기획재정부장관은 필요한 경우 구성원 상호 간의 상호부조·복리증진·권익향상 또는 영업 질서 유지 등을 목적으로 설립된 기관도 공공기관으로 지정할 수 있다.
④ 기획재정부장관은 기타 공공기관의 일부만을 세분하여 지정하여서는 아니 된다.

03 우리나라 공공기관의 정보공개제도에 대한 설명으로 옳지 않은 것은? 22국7
① 당시 법률의 구체적 위임은 없었으나 청주시에서 우리나라 최초로 행정정보공개조례가 제정되었다.
② 청구에 의한 공개도 가능하지만 특정 정보는 별도의 청구 없이도 사전에 공개해야 한다.
③ 비공개 대상 정보를 제외한 모든 정보를 공개 대상으로 하는 네거티브 방식을 취하고 있다.
④ 정보목록은 비공개 대상 정보가 포함된 경우라도 공공기관이 작성, 공개하여야 한다.

04 「공공기관의 운영에 관한 법률」에 대한 설명으로 가장 적절하지 않은 것은? 22경간
① 공공기관의 운영에 관하여 공기업·준정부기관의 지정, 지정 해제 등에 관한 사항을 심의·의결하기 위하여 기획재정부장관 소속하에 공공기관운영위원회를 둔다.
② 직원 정원이 500명 미만인 공기업의 장은 임원추천위원회가 복수로 추천하여 운영위원회의 심의·의결을 거친 사람 중에서 국무총리가 임명한다.
③ 공기업은 시장형과 준시장형으로, 준정부기관은 기금관리형과 위탁집행형으로 구분된다.
④ 정부는 공공기관의 책임경영체제를 확립하기 위하여 공공기관의 자율적 운영을 보장하여야 한다.

정답
OX 01 X 02 X 03 X 04 O   실전 01 ④ 02 ② 03 ④ 04 ②

TOPIC 40 조직 행태론 – 동기부여

★★★★ 중요도 S

이것이 핵심!

1. 동기부여는 내용이론과 과정이론으로 구성됩니다.
2. 내용이론은 '인간의 욕구는 무엇인가?'가 핵심입니다. 내용이론 중 인간관은 '공무원은 어떤 유형의 인간인지'를 파악하는 것이 핵심입니다. 내용이론은 인간의 욕구와 업무수행 간에 직접적 관련성이 있다고 여깁니다.

01 내용이론 – 욕구

매슬로우의 욕구 5단계설 (욕구계층이론)	• 인간 욕구는 생리적 욕구, 안전 욕구, 소속 욕구(사회적 욕구), 존경 욕구, 자아실현의 욕구 순서 – 자아실현의 욕구는 '성장의 욕구', 그 외 욕구는 '결핍의 욕구' • 욕구 단계는 고정되어 하위 욕구가 충족되어야 다음 단계를 원하고 욕구 좌절과 퇴행을 고려하지 못함
엘더퍼의 ERG이론	욕구계층이론을 보완하여 인간 욕구를 생존(E), 관계(R), 성장(G) 3단계로 구분하여 생리 욕구와 안전 욕구 일부를 생존 욕구로, 안전 욕구 일부와 사회적 욕구 및 존경 욕구 일부를 관계 욕구로 규정 ┌ 매슬로우와 같이 인간은 계층화된 여러 욕구를 지니고 있고, 욕구 충족은 순차적으로 이루어진다고 봄 └ 매슬로우와 다르게 둘 이상의 욕구가 동시에 작용할 수 있다고 가정하고 상위 욕구 좌절 시 하향적 욕구 단계로의 이동을 강조
허츠버그의 욕구충족이원론 (2요인이론, 동기위생원론)	불만족을 주는 위생요인과 만족을 주는 동기(만족)요인은 다른 차원에 별개로 존재하고 동기요인이 충족되어야만 동기부여 ┌ 감독, 보수, 대인관계, 직무환경 등 위생요인이 충족되었다고 하더라도 동기부여가 되는 것은 아님 └ 성취감, 인정, 책임감 같은 동기요인이 존재하지 않아도 이것이 불만족을 일으키지는 않음
맥클랜드의 성취동기이론	• 욕구에는 성취 욕구, 친교 욕구, 권력 욕구가 있고, 성취 욕구가 조직생산성에 가장 중요 • 개인의 동기는 문화의 영향을 받아 사람마다 욕구 계층이 다름
핵맨과 올드햄	기술다양성·직무정체성·직무중요성·자율성·환류로 직무특성이 결정되고, 이에 따라 동기가 결정

02 내용이론 – 인간관

분류	합리적	• 인간은 자기 이익을 극대화하기 위해 행동하는 존재이자 조직에 의해 통제, 동기화되는 수동적 존재 • 조직은 인간 감정과 같은 주관적 요소를 통제하도록 설계될 필요
	사회적	인간은 사회적·심리적 욕구에 따라 행동하며 동료관계를 통해 귀속감을 얻는 수동적 존재
	자아실현적	인간은 능동적 존재로 자율적 문제 해결(맥그리거의 Y이론과 아지리스의 성숙인 등)
	복잡인	• 인간은 다양한 욕구와 잠재력을 지닌 복잡한 존재로 인간의 동기는 상황에 따라 변화(샤인) • 조직의 관리자는 진단자가 되어 구성원을 맞춤형으로 관리할 필요
맥그리거의 XY이론		인간의 본질을 하위 욕구를 중시하는 X이론과 상위 욕구를 중요시하는 Y이론 두 가지로 구분 ┌ 매슬로우의 이론이 토대 └ Y이론은 창의력과 상상력을 중시하며 자율행동과 자기규제를 통한 성장욕구와 그 관리를 강조
아지리스		인간을 성숙인과 미성숙인으로 구분하고 성숙인의 동기를 위해서는 권한을 부여하는 직무풍요 필요
페리의 공공봉사동기이론		• 공공 종사자는 민간과 차별화되는 가치를 보유하여 봉사의식이 투철(정서적 차원)하고 공공문제에 관심(규범적 차원)을 가지며, 공공의 문제에 영향을 미칠 수 있다는 것에 가치를 부여(합리적 차원) • 공공봉사동기가 높은 사람은 물질적·외재적 동기보다 공익, 사명감, 이타심, 사회 형평성, 공공봉사 등 내재적 동기를 더 중요하게 여기고 공무원이 되고자 할 것 – 외재적 동기를 강조하게 되면 내재적 동기를 밀어내는 구축효과가 발생하기에 내재적 보상이 중요

기출 선지 OX

01 앨더퍼의 ERG이론은 동기유발의 과정을 설명하는 '과정이론'에 해당한다. `22국9` O | X

02 해크만과 올드햄(Hackman & Oldham)의 직무특성이론에서는 유의성, 수단성, 기대감을 동기부여의 핵심으로 보았다. `23지9` O | X

03 매슬로우(Maslow)의 욕구 5단계에서는 욕구의 좌절과 퇴행을 강조했다. `23지9` O | X

04 허즈버그(Herzberg)의 욕구충족요인 이원론에서 감독은 위생요인에 해당한다. `22지9` O | X

실전 문제

01 동기부여이론가와 주장을 바르게 연결한 것은? `22국회8`
① 맥클랜드(D. McCelland) – 동기의 강도는 행동이 일정한 결과로 이어진다는 기대감과 결과에 대한 선호의 정도에 달려 있다.
② 맥그리거(D. McGregor) – X이론은 주로 상위 욕구를, Y이론은 주로 하위 욕구를 중요시하는 것이다.
③ 매슬로우(A. Maslow) – 인간의 욕구는 생리적 욕구, 소속의 욕구, 안전에 대한 욕구, 존경에 대한 욕구, 자아실현의 욕구의 순서에 따라 유발된다.
④ 허즈버그(F. Herzberg) – 조직구성원에게 불만족을 주는 동기요인과 만족을 주는 위생요인이 각각 별개로 존재한다.
⑤ 앨더퍼(C. Alderfer) – 매슬로우의 욕구계층이론을 수정하여 인간의 욕구를 생존(존재), 관계, 성장의 3단계로 구분한다.

02 조직이론과 인간관에 대한 설명으로 가장 옳지 않은 것은? `24해간`
① 합리적·경제적 인간관은 주로 경제적 유인에 의해 동기가 부여된다고 본다.
② 사회적 인간관은 경제적 유인보다 개인에 대한 배려와 존중을 강조함으로써 조직보다는 인간 중심의 자율적 문제해결을 촉진한다.
③ 자아실현적 인간관을 대표하는 이론에는 맥그리거(McGregor)의 Y이론과 아지리스(Argyris)의 성숙인 등이 있다.
④ 복잡한 인간관은 인간의 동기가 상황에 따라 달라진다고 본다.

03 다음 중 동기부여이론에 대한 설명으로 적절한 것을 모두 고른 것은? `24군7`

> ㄱ. 매슬로우(Maslow)는 하위 단계의 욕구가 어느 정도 충족되면 다음 단계의 욕구가 발로된다고 본다.
> ㄴ. 앨더퍼(Alderfer)는 매슬로우처럼 욕구를 계층화하고 욕구의 계층에 따라 욕구의 발로가 이루어진다고 보았지만, 두 가지 이상의 욕구가 한 가지 행동을 유발한다고 보는 점에서 차이가 있다.
> ㄷ. 맥그리거(McGregor)의 X·Y이론은 욕구 좌절로 인한 후진적·하향적 퇴행을 제시하였다.
> ㄹ. 아지리스(Argyris)는 개인의 동기는 사회문화와 상호작용하는 과정에서 취득되고 학습된다고 보았다.

① ㄱ, ㄴ ② ㄱ, ㄷ
③ ㄴ, ㄷ ④ ㄴ, ㄹ

04 다음 〈보기〉에서 설명하는 조직의 인간관으로 가장 옳은 것은? `23해승`

> ─〈보기〉─
> • 인간을 자신의 이익을 극대화하기 위해 행동하는 존재로 본다.
> • 인간은 조직에 의해 통제, 동기화되는 수동적 존재이며, 조직은 인간의 감정과 같은 주관적 요소를 통제할 수 있도록 설계되어야 한다.

① 합리적·경제적 인간관 ② 사회적 인간관
③ 자아실현적 인간관 ④ 복잡한 인간관

정답
[OX] 01 X 02 X 03 X 04 O   [실전] 01 ⑤ 02 ② 03 ① 04 ①

> **이것이 핵심!**
> 3. 과정이론은 '어떤 과정을 통해 동기를 부여하나?'가 핵심입니다. 즉 동기를 부여하는 요소 상호 간 관계를 설명합니다.
> 4. 조직구성원이 동기부여되어 조직에 몰입되었을 때 적극행정이 구현됩니다.

03 과정이론

브룸의 기대이론	욕구와 직무수행 사이에 직접적 관련성이 있다는 내용이론에 의문을 제기하고 동기부여를 유의성(V), 수단성(I), 기대감(E)의 함수관계로 설명 ― 기대감(기대치): 개인의 노력이 성과로 이어질 것이라는 주관적 믿음 ― 수단성(도구성): 성과가 보상(결과)으로 이어질 수 있는지에 대한 인식 ― 유의성(유인가): 최종결과나 보상에 대해서 갖는 선호(매력)의 강도
아담스의 공정성이론	투입(노력, 기술)과 산출(보수, 인정)을 준거인과 비교한 후 지각한 불공정성에 대한 심리적 불균형 해소를 위해 공정성을 실현하는 방향으로 동기부여(공정한 경우 동기 유발되지 않음) ― 과소보상자와 과대보상자 모두 불공정하다고 인식 ― 불공정성을 느낄 때 자신의 지각을 의도적으로 왜곡하기도 함 ― 보상을 못 받는 경우 불공정성을 해소하려 조직을 떠날 수 있음
포터와 롤러의 성과만족이론 (기대이론확장)	• 동기는 행동이 일정한 결과로 이어진다는 기대감과 결과에 대한 선호의 정도인 유의성에 의존 • 노력, 성과, 보상, 만족, 환류로 이어지는 동기부여과정을 제시 ― 노력과 성과 간 관계에 있어 개인의 능력과 자질, 역할인지를 강조 ― 보상의 공정성 여부가 만족감에 영향 ― 직무성취수준 등도 직무 만족의 요인
로크의 목표설정이론	• 동기유발을 위해서는 목표가 어렵고(도전성, 난이도) 명확할 필요(구체성)가 있음 • 목표 성취에 대한 환류를 강조
스키너의 강화이론	행동의 결과를 강조하여 보상과 처벌을 가하는 이론 ― 강화는 긍정적 자극을 제공하는 정적강화와 불쾌한 자극을 제거하는 부적강화로 구성 ― 처벌은 불쾌한 자극을 제공하는 정적처벌과 긍정적 자극을 제거하는 부적처벌로 구성

04 조직몰입과 적극행정

조직몰입	조직원이 조직 목표와 일체화되어 조직원으로 활동하기를 원하는 수준 ― 태도적 조직몰입: 구성원이 조직 목적과 가치를 내재화할 때 발생 ― 행위적 조직몰입: 구성원이 번복 불가능한 의사를 표시하고 그것이 높은 공공성을 가질 때 발생 ― 타산적 조직몰입: 구성원이 보상과 비용을 계산하여 이익이라 생각할 때 발생
적극행정	• 공무원의 불합리한 규제 개선 등 공공 이익을 위한 창의적이고 전문적인 적극적 업무 처리 행위 • 개별 부처는 적극행정위원회를 두어 적극행정 우수공무원 선발 및 우수사례 선정과 면책 건의에 관한 사항을 심의(위원장은 차관급 공무원 또는 민간위원 중 장관이 결정) ― 인센티브: 적극행정 공무원으로 선정될 경우 특별승진이나 특별승급 등 인사상 우대 조치 ― 면책: 적극행정 결과에 대해 고의 또는 중대한 과실이 없는 경우에는 징계 요구 등 책임을 묻지 않음

기출 선지 OX

05 로크의 목표설정이론은 동기유발의 과정을 설명하는 '과정이론'에 해당한다. `22국9` O | X

06 공공봉사동기이론에서 공직 동기는 민간부문 종사자와는 차별화되는 공공부문 종사자의 가치체계를 의미한다. `22군9` O | X

07 애덤스(Adams)의 공정성이론에 따르면 불공정성을 느낄 때 자신의 지각을 의도적으로 왜곡하기도 한다. `24지9` O | X

08 성과·만족이론은 과정이론에 해당한다. `22국회9` O | X

실전 문제

05 브룸(Vroom)의 기대이론에 대한 설명으로 옳지 않은 것은? `21국7`
① 동기부여의 과정이론(process theory) 중 하나이다.
② 기대감(expectancy)은 개인의 노력(effort)이 공정한 보상(reward)으로 이어질 것이라는 주관적 믿음을 의미한다.
③ 수단성(instrumentality)은 개인의 성과(performance)와 보상(reward) 간의 관계에 대한 인식이다.
④ 유인가(valence)는 개인이 특정 보상(reward)에 대해 갖는 선호의 강도를 의미한다.

06 다음 글의 ㉠과 ㉡에 해당하는 이론으로 옳은 것은? `24국회8`

(㉠)은 인간이 행위를 하게 만드는 욕구를 확인하고 이를 설명하는 데에 그 초점이 집중되어 왔다. 그러나 인간의 행위에 관한 동기는 욕구만으로는 설명할 수 없으며 욕구가 충족되는 과정에 대한 설명이 수반되어야 한다. 그래서 (㉡)에서는 동기를 부여하는 요소를 규명하고, 동기를 부여하는 변수 상호 간의 관계를 설명하고 있다.

	㉠	㉡
①	맥클랜드의 성취동기이론	브룸의 기대이론
②	로크의 목표설정이론	포터와 롤러의 업적만족이론
③	브룸의 기대이론	애덤스의 공정성이론
④	허즈버그의 2요인이론	앨더퍼의 ERG이론
⑤	애덤스의 공정성이론	맥클랜드의 성취동기이론

07 동기부여이론에 대한 설명으로 옳은 것은? `22지7`
① 스키너(Skinner)의 강화이론은 인간의 내면적 과정에 초점을 맞추며, 행동의 결과보다 원인을 더 강조한다.
② 로크(Locke)의 목표설정이론에 따르면, 개인의 강력한 동기유발을 위해서는 추상적인 목표를 채택해야 한다.
③ 포터(Porter)와 롤러(Lawler)의 업적·만족이론은 직무성취 수준이 직무 만족의 요인이 될 수 있다고 주장한다.
④ 공공봉사동기(public service motivation)이론은 공공부문 종사자와 민간부문 종사자의 가치체계는 차이가 없고, 개인이 공공부문에 근무하면서 공공봉사 동기를 처음으로 획득하므로, 조직문화와 외재적 보상을 강조한다.

08 조직몰입에 대한 설명으로 가장 옳지 않은 것은? `23경간`
① 조직몰입은 조직구성원이 소속 조직 및 소속 조직의 목표와 일체화되어 그 조직의 구성원으로 남기를 원하는 태도의 수준을 말한다.
② 태도적 조직몰입은 조직구성원이 조직의 목적과 가치를 동일화하여 내재화할 때 발생된다.
③ 행위적 조직몰입은 조직구성원이 도덕적인 또는 윤리적인 이유로 조직에 남는 행동을 의무로 생각하는 태도이다.
④ 타산적 조직몰입은 조직구성원이 조직으로부터 보상과 비용의 이해 타산에 따라 조직에 몰입하게 되는 태도이다.

정답
OX 05 O 06 O 07 O 08 O
실전 05 ② 06 ① 07 ③ 08 ③

TOPIC 41 조직 행태론 - 리더십

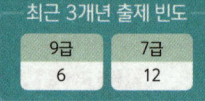

★★★ 중요도 A

이것이 핵심!
1. 리더십은 특성론에서 행태론으로, 그 이후 상황론으로 발달했습니다.

01 리더십 개괄

개념	조직구조와 설계의 불완전성을 보완하고 구성원의 행태를 변화시키는 리더의 역할
특징	리더십이론은 특성론으로부터 시작해 행태론을 거쳐 상황론으로 발전 ― 특성론(자질론, 속성론)은 성공한 리더는 공통적 자질과 특성이 있다고 전제했고 그 후 행태론은 바람직한 리더의 행태가 있다고 가정 ― 상황론은 리더십 효과가 리더와 구성원 관계, 과업구조, 그리고 리더의 직위에서 나오는 권력 등의 상황에 의존한다고 주장

02 리더십 행태론

행태론의 특징	• 리더행동과 리더십효과의 관계를 연구하여 특정 행태가 더 효과적이라고 주장 ― 공식적 권위가 아니라 개인에 대한 관심과 배려를 보여 주는 리더가 보다 효과적이라는 방식 • 리더십은 특정 행태에 기인하므로 훈련을 통해 습득 가능하다고 인식 • 효과적 리더의 행동은 상황에 따라 다르다는 사실을 간과
오하이오 주립대학	구조주도 행동과 배려 행동을 기준으로 4가지의 리더십 유형을 제시
미시간 대학의 연구	리더의 행태를 생산 중심과 직원 중심으로 구분
블레이크와 머튼의 관리격자모형	과업지향, 인간관계지향이라는 기준으로 리더십 유형을 분류하고 2가지 행태가 모두 높은 유형(단합형, 팀리더형)을 가장 성공적이라 인식
화이트와 리피트	권위형, 민주형, 자유방임형으로 리더를 구분

03 리더십 상황론

상황론의 특징	• 리더가 처한 상황에 따라서 리더십의 효과성이 변화 • 효과성 제고를 위해 리더 스타일을 정확히 파악하고 상황에 맞춰 리더를 배치할 필요가 있음
피들러의 상황적합적 리더십이론	• 리더 ― 구성원 관계, 직무구조, 직위권력의 3 변수를 리더의 유리성을 설명하는 상황요소로 설정 • LPC 점수를 사용하여 리더를 과업지향과 관계지향으로 분류(점수가 낮을 경우 과업중심적) • 리더에게 유리하거나 불리한 상황에서 과업지향적이 효과적이고 그 외 관계지향적이 효과적
하우스의 경로 ― 목표이론	리더는 부하의 특성과 환경을 고려하여 목표에 이르는 경로를 제시해 동기와 성과를 확보하는 것 ― 부하들이 업무수준이나 기술이 낮을 경우 지시적 리더십이 적합 ― 부하들이 구조화된 과업을 수행하는 경우 후원적 리더십이 적합 ― 부하들이 구조화되지 않은 작업을 수행할 때는 참여적 리더십이 적합 ― 성취욕구가 강하고 도전적인 부하에게는 성취지향적 리더십이 적합
허쉬 ― 블랜차드의 상황대응리더십이론 (생애주기이론)	• 부하의 성숙도가 낮으면 과업지향적 리더가, 성숙도가 높으면 관계지향적 리더가 적합 • 성숙도는 능력과 동기로 구성 ― 양자가 모두 낮을 경우에는 지시형 리더(높은 과업, 낮은 관계)가 적합 ― 동기만 강할 경우에는 설득형 리더(높은 과업, 높은 관계)가 적합 ― 능력만 강할 경우 참여형 리더(낮은 과업, 높은 관계)가 적합 ― 양자가 모두 강할 경우 위임형 리더(낮은 과업, 낮은 관계)가 적합

기출 선지 OX

01 리더십은 상황, 행태, 자질 등 다양한 요소를 바탕으로 설명할 수 있다. `22경간` O | X

02 블레이크와 머튼(Blake & Mouton)은 친목형 리더십이 가장 이상적인 리더십 유형이라고 규정한다. `24해간` O | X

03 피들러(F. Fiedler)의 상황조건론은 리더에게 유리한 리더십 상황(단순하고 명확한 과업구조, 강한 직위 권력 등)에서 인간관계 중심형 리더십이 효과적이라 주장한다. `22경간` O | X

04 리더십은 조직의 공식적 구조와 설계의 불완전성을 보완해 줄 수 있다. `22경간` O | X

실전 문제

01 피들러(Fiedler)의 상황적합적 리더십이론에 대한 설명으로 옳지 않은 것은? `21국7`
① 리더와 부하의 관계, 부하의 성숙도, 과업구조의 조합에 따라 리더의 상황적 유리성(situational favorableness)을 설명한다.
② 리더에게 매우 유리한 상황인 경우 과업지향적 리더십이 효과적이다.
③ LPC(Least Preferred Coworker) 점수를 사용하여 리더를 과업지향적 리더와 관계지향적 리더로 분류했다.
④ 리더가 처한 상황에 따라서 리더십의 효과성이 달라질 수 있다.

02 리더십의 행태적 접근법에 관한 설명으로 옳지 않은 것은? `22소간`
① 블레이크(Blake)와 머튼(Mouton)은 사람 중심과 생산 중심의 2가지 행태 모두 중간 수준인 유형을 가장 성공적인 리더로 본다.
② 화이트(White)와 리피트(Lippitt)는 권위형, 민주형, 자유방임형으로 리더유형을 구분하였다.
③ 미시간 대학의 연구에서는 리더의 행태를 생산 중심과 직원 중심으로 구분하였다.
④ 리더십은 특정 행태에 기인하므로 훈련을 통해 습득 가능하다고 본다.
⑤ 오하이오 주립대학의 연구에서는 구조주도 행동과 배려 행동을 중심으로 4가지의 리더십 유형을 제시하였다.

03 리더십에 대한 설명으로 가장 적절하지 않은 것은? `23군7`
① 초기 리더십이론에서는 리더가 갖추어야 할 기본적인 자질과 행태가 중요한 연구대상이었다.
② 리더십에 있어 행태론적 접근은 공식적인 권위가 아니라 개인에 대한 관심과 배려를 보여 주는 리더가 보다 효과적이라는 주장과 관련된다.
③ 행태론의 대표적 연구로 리더십 격자모형은 리더의 행태를 사람과 상황의 통합으로 다룬다.
④ 리더십 효과는 리더와 구성원 관계, 과업구조, 그리고 리더의 직위에서 나오는 권력에 의존한다는 것이 상황론이다.

04 리더십에 대한 설명으로 가장 옳은 것은? `24해간`
① 피들러(Fiedler)의 상황적응모형은 LPC(least preferred coworker) 점수가 낮은 경우 인간관계형으로 분류한다.
② 하우스와 에반스(House & Evans)는 리더십을 지시형, 설득형, 참여형, 위임형으로 구분한다.
③ 블레이크와 머튼(Blake & Mouton)은 친목형 리더십이 가장 이상적인 리더십 유형이라고 규정한다.
④ 리더십이론은 속성론으로부터 시작해 행태론을 거쳐 상황론으로 발전해 왔다.

정답
OX 01 O 02 X 03 X 04 O 실전 01 ① 02 ① 03 ③ 04 ④

> **이것이 핵심!**
>
> 2. 오늘날 리더십이론은 특성, 행태, 상황을 모두 고려한 종합적 리더십이론으로 발달했습니다.
> 3. 리더십이론은 이 외에도 여러 가지가 존재합니다. 최근 진실성을 강조하는 진성 리더십, 윤리성을 강조하는 윤리적 리더십 등이 강조되기도 하며 이들은 변혁적 리더십, 서번트 리더십과 함께 리더와 구성원의 관계를 더 높은 수준의 도덕성과 동기수준으로 서로를 이끄는 상호관계로 인식합니다.

04 종합적 리더십이론

거래적 리더십	업무 성과와 보상 및 처벌 간의 합리적인 교환과정을 강조하는 리더십 - 보상과 처벌(예외관리)이 핵심관리수단 - 변혁적 리더십 등에 비해 의사소통이 하향적이며 수직적
번스의 변혁적 리더십	구성원에게 도전적 목표와 임무, 미래에 대한 비전을 추구하도록 하는 리더십 - 조직변화를 주도하고 관리하는 리더십(카리스마적 리더십 등과 일부 중첩) - 이상적 영향력, 영감적 동기부여, 지적 자극, 카리스마, 개별적 배려를 부하 성장 지원을 위해 발휘 - 구성원 개개인을 배려하고 새로운 관점에서 문제를 재구성하고 해결책을 찾도록 자극
그린리프의 서번트 리더십	구성원들이 공동의 목표를 이뤄 나갈 수 있도록 환경을 조성하고 돕는 리더십 - 존중, 봉사, 정직, 공동체 윤리를 강조 - 업무지시를 강조하지 않음

05 기타 이론

리더-구성원 교환이론		구성원의 능력이나 태도, 성과에 기반한 차별을 강조하는 리더십 - 내집단에 속한 구성원이 많을수록 집단 성과가 증진 - 리더와 구성원이 파트너십 관계로 발전하는 과정이 '리더십 만들기'
리더십 대체이론		• 부하의 경험·능력·훈련·지시가 지시적 리더십을 대체 • 리더의 통솔이나 지도행위가 없더라도 조직구성원들의 역할과 임무를 명확하게 하여 구성원들의 행동통제 및 조직목표 달성 가능
켈리의 리더십이론		소외적, 순응적, 수동적, 효과적, 실무적의 다섯 가지 추종자 유형을 제시 - 소외적 추종자가 가장 위험
켈리의 귀인이론	내적 귀인	• 판단 대상이 동일한 상황에서 과거와 동일한 행동을 보이는 정도가 높은 경우 • 판단 대상이 다른 상황에서도 동일하게 행동하는 정도가 높은 경우
	외적 귀인	• 판단 대상이 다른 상황에서는 달리 행동하는 정도가 높은 경우 • 판단 대상 외 다른 사람들이 동일한 상황에 대해 동일한 행동을 보이는 정도가 높은 경우

기출 선지 OX

05 서번트 리더십은 보상과 처벌을 핵심 관리수단으로 한다. 22지9 O | X

06 리더 - 구성원교환이론은 내집단(in-group)에 속한 구성원이 많을수록 집단의 성과가 높아진다고 본다. 24지9 O | X

07 리더십 유형 중 리더와 조직구성원의 관계를 점점 더 높은 수준의 도덕성과 동기수준으로 서로를 이끄는 상호관계로 접근하지 않는 것은 변혁적 리더십이다. 21국회9 O | X

08 변혁적 리더십은 상황적 보상과 예외관리를 특징으로 한다. 23지9 O | X

실전 문제

05 리더십과 팔로워십이론에 대한 설명으로 옳은 것만을 모두 고르면? 23국7

> ㄱ. 켈리(Kelley)는 소외적 추종자(alienated followers), 순응적 추종자(sheep), 수동적 추종자(yes people), 효과적 추종자(effective followers) 등 네 가지 추종자 유형을 제시하였고, 그중 소외적 추종자가 가장 위험하다고 주장하였다.
> ㄴ. 블레이크(Blake)와 머튼(Mouton)은 생산에 대한 관심과 사람에 대한 관심이 모두 높은 단합형(team management) 리더십 유형을 최선의 관리방식으로 제안하였다.
> ㄷ. 상황적응적 리더십 모형의 주창자 중 하나인 피들러(Fiedler)는 리더 - 구성원 관계, 직무구조, 직위권력 등 3가지 변수를 중요한 상황요소로 설정하였다.
> ㄹ. 오하이오 주립대 리더십 연구자들은 리더의 행동을 구조주도(initiating structure)와 배려로 설명하며 가장 훌륭한 리더유형을 중간 수준의 구조주도와 배려를 갖춘 균형 잡힌 리더형태로 보았다.

① ㄱ, ㄴ   ② ㄱ, ㄹ   ③ ㄴ, ㄷ   ④ ㄷ, ㄹ

06 변혁적 리더십의 구성요소에 해당하지 않는 것은? 23소간

① 지적 자극(intellectual stimulation)
② 예외 관리(management by exception)
③ 이상적 영향력(idealized influence)
④ 영감적 동기부여(inspirational motivation)
⑤ 개별적 배려(individualized consideration)

07 리더십에 대한 설명으로 가장 옳은 것은? 25경간

① 피들러(Fiedler)의 상황적합형 리더십이론에 따르면 상황적 유리성(favorableness)이 매우 높거나 매우 낮은 경우 과업지향적 리더십이 효과적이다.
② 하우스(House)의 경로 - 목표 모형에 따르면 높은 구조도 행동과 높은 배려 행동을 동시에 보이는 리더십이 효과적이다.
③ 변혁적(transformational) 리더는 상황적 보상과 예외에 의한 관리를 통해 부하의 바람직한 행동을 유도한다.
④ 서번트(servant) 리더는 부하의 성장을 지원하기 위해 이상적 영향력, 영감적 동기부여, 지적 자극, 개별적 배려를 발휘한다.

08 다음 중 리더십에 대한 설명으로 가장 옳지 않은 것은? 24해승

① 행태론적 접근법은 효과적인 리더의 행동은 상황에 따라 다르다는 사실을 간과한다.
② 특성론적 접근법은 성공적인 리더는 그들만의 공통적인 특성이나 자질을 가지고 있다고 전제한다.
③ 상황론적 접근법은 리더의 어떠한 행동이 리더십 효과성과 관계가 있는가를 파악하고자 하는 접근법이다.
④ 거래적 리더십은 합리적 과정이나 교환과정의 중요성을 강조한다.

정답

OX 05 X 06 O 07 X 08 X   실전 05 ③ 06 ② 07 ① 08 ③   해설 252쪽

TOPIC 42 조직문화, 갈등, 변화관리

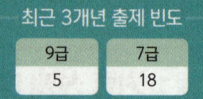

★★★★ 중요도 [S]

이것이 핵심!
1. 조직문화에는 퀸과 킴벌리의 경쟁가치모형과 홉스테드의 문화분석이 있습니다. 조직효과성 중 조직몰입 등이 이 조직문화의 영향을 받습니다. 조직문화는 혁신을 촉진하기도 하고, 혁신의 장애요인이 되기도 합니다.
2. 조직갈등은 과거에는 부정적으로만 인식되었지만 오늘날에는 조직발전의 원동력으로 여겨지기도 합니다.

01 조직문화

퀸과 킴벌리	'내부(인과)지향 – 외부(조직생산성)지향'과 '유연성 – 통제(안정성)'라는 차원에서 **4가지 유형 도출** ― 혁신지향(개방체제): **유연성과 외부를 지향**하며 구성원들의 도전성과 창의성을 강조 ― 과업지향(합리): **통제를 강조하고 조직은 외부를 지향**하며 생산성을 강조 ― 인간관계(집단): **유연성을 강조하는 내부지향형**으로 사기 유지, 인적자원 개발, 참여를 강조 ― 위계(내부과정): **통제 중심의 조직 내부지향**적인 위계적 모형
홉스테드	• 개인주의 – **집단주의**, 불확실성 **회피**, **권력거리**, 남성성 – **여성성**, **장기** – 단기, 관용 – **절제** • 개인이 1차 집단과 맺는 관계, 불확실성, 불평등성, 성별감정, 미래관 선호를 의미 ― **불확실성 회피 정도가 강한 경우 공식적 규정을 많이 만들어 불확실한 요소를 최대한 통제** ― **권력거리가 큰 경우** 제도나 조직 내에 내재되어 있는 상당한 **권력의 차이를 자연스럽게 인정** ― **남성성이 강한 문화는 남성과 여성의 역할에 대한 분명한 차이를 인정** ― **장기지향성이 강한 문화는 미래지향적**

02 조직갈등

개념		조직 내 의견 충돌 등 ― **전통적인 시각**에서 갈등은 **비용과 비합리성을 초래**하는 해로운 것 ― **현대적 접근방식**은 갈등을 **정상적인 현상**으로 보고 경우에 따라서는 **새로운 아이디어를 촉발**하고 문제 해결력을 개선하는 등 **조직발전의 원동력**으로 봄
요인		― **희소한 자원**: 예산, 인력 등 조직 내 경쟁을 유발시켜 갈등을 초래 ― **분업구조**: 하위 부서 간 업무특성, 업무수행태도, 문제를 보는 시각 차이로 갈등 초래 ― **보상시스템**: 집단 성과급은 집단 내 개인 간 협력을 유도하지만, 집단 간의 갈등을 초래 ― **상호의존성**: 쌍방향 상호의존성이 있는 경우 일방향에 비해 갈등이 심화
토마스의 갈등관리	회피	갈등이 존재함을 알면서도 표면상으로는 그것을 **무시하거나 인정하지 않음** - 갈등상황에 소극적으로 대응
	수용	**자신의 이익을 양보하고 상대방의 이익을 배려해 협조**
	협력	갈등당사자 간 서로 존중하고 **자신과 상대방 모두의 이익을 극대화**하는 win-win 전략 - 갈등 쌍방의 관심사가 너무 중요해 절충할 수 없을 때 효과적
	경쟁	갈등당사자가 **자기 이익은 극대화하고 상대방 이익은 최소화** - 신속하고 결단력이 필요한 경우나 구성원들에게 인기 없는 조치 실행 시 사용
	타협	자신과 상대방 **이익의 중간 정도를 만족**(상호만족) - 서로 양보하여 관심사를 부분적으로 충족하는 것으로 분명한 승자와 패자가 없음

기출 선지 OX

01 조직문화의 경쟁가치모형 중 위계문화는 응집성을 강조한다. 22지9 O | X

02 수용(accommodating)은 자신의 이익을 양보하고 상대방의 이익을 배려해 협조한다. 24국9 O | X

03 회피(avoiding)는 갈등이 존재함을 알면서도 표면상으로는 그것을 무시하거나 인정하지 않음으로써 갈등 상황에 소극적으로 대응한다. 24국9 O | X

04 타협(compromising)은 갈등당사자 간 서로 존중하고 자신과 상대방 모두의 이익을 극대화하려는 유형으로 'win-win' 전략을 취한다. 24국9 O | X

실전 문제

01 홉스테드(Hofstede)의 문화 차원에 대한 설명으로 옳지 않은 것은? 21국7
① 불확실성 회피 정도가 강한 경우 공식적 규정을 많이 만들어 불확실한 요소를 최대한 통제하려 한다.
② 집단주의가 강한 문화는 개인주의가 강한 문화보다 상대적으로 느슨한 개인 간 관계를 더 중요시한다.
③ 권력거리가 큰 경우 제도나 조직 내에 내재되어 있는 상당한 권력의 차이를 자연스럽게 인정한다.
④ 남성성이 강한 문화는 여성성이 강한 문화보다 상대적으로 남성과 여성의 역할에 대한 분명한 차이를 인정하려고 한다.

02 다음 중 호프스테드(Hofstede)가 비교한 문화의 비교차원과 가장 옳지 않은 것은? 22군7
① 불확실성의 회피
② 보편주의 대 특수주의
③ 개인주의 대 집단주의
④ 장기성향 대 단기성향

03 토마스(Thomas)의 갈등해결전략에 대한 설명으로 가장 옳지 않은 것은? 24경간
① 경쟁(competing)은 신속하고 결단력이 필요한 경우 효과적이다.
② 회피(avoiding)는 자신이 원하는 것을 포기하고 상대방이 원하는 것이 충족되는 경우를 말한다.
③ 협동(collaborating)은 갈등 쌍방의 관심사가 각자에게 너무 중요하여 절충할 수 없을 때 효과적이다.
④ 타협(compromising)은 자신과 상대방이 다 같이 양보하여 서로의 관심사를 부분적으로 충족하는 방식이다.

04 경쟁적 가치 접근법(Competing Values Approach)에 대한 설명으로 가장 적절하지 않은 것은? 22경승
① 퀸과 로보그(R. E. Quinn & J. Rohrbaugh)는 조직의 효과성은 이를 평가하는 평가자의 이익과 가치에 크게 의존한다고 주장하였다.
② 이 접근법은 조직구조가 통제를 강조하는지 유연성을 강조하는지와 조직의 초점이 인간인지 조직 자체인지를 기준으로 네 가지 효과성 평가모형을 제시하였다.
③ 네 가지 조직 효과성 평가모형은 개방체제모형, 합리적 목표모형, 내부과정모형, 인간관계모형이다.
④ 이 접근법은 창업단계에서는 개방체제모형으로 평가하는 것이 적절하고, 집단공동체단계에서는 합리적 목표모형을 적용하는 것이 적절하다고 주장한다.

정답
OX 01 X 02 O 03 O 04 X **실전** 01 ② 02 ② 03 ② 04 ④

> **이것이 핵심!**
> 3. 신공공관리론 이후 행정개혁이 본격화되었습니다. 개혁에는 저항이 따르기에 극복방안을 알아야 합니다.
> 4. 조직변화를 통해 조직발전을 이끌어 내는 것이 행정개혁의 목표입니다. 총체적 품질관리와 업무과정 재설계가 대표적인 조직발전의 방법입니다.

03 행정개혁

각국의 행정개혁	1980년대 이후 선진국들이 정부실패를 배경으로 신자유주의와 신공공관리론의 시각에서 공공부문 개혁 ― 1993년 클린턴 행정부가 공무원 중심인 국정성과평가팀(NPR)을 구성해 고객주의, 분권화, 성과주의, 감축관리 등을 내용으로 하는 정부혁신백서인 고어보고서를 제출하고 행정부를 개혁(미국) ― 고객 서비스 품질 향상을 목표로 한 시민헌장제도가 진행되어 1996년 서비스 제일주의 지향(영국)
저항원인	행정개혁의 내용이나 그 실행계획의 모호성, 행정개혁에 요구되는 지식이나 기술의 부족, 행정개혁에 필요한 관련 법규의 제·개정의 어려움 등에 기인
극복방안	근본적인 해결 전략은 개혁지도자의 신망을 개선하고 의사전달과 참여를 원활히 하는 것 ― 규범적·사회적 전략: 교육훈련과 자기계발 기회, 의사전달과 참여 확대, 사명감 고취, 가치갈등해소 ― 기술적·공리적 전략: 신분보장과 경제적 보상, 개혁방법 개선, 개혁시기 조절 ― 강제적 전략: 권력구조 개편

04 조직변화

레빈의 조직변화	조직변화를 현재 상태에 대한 해빙, 원하는 상태로의 변화, 변화가 지속되는 재동결의 3단계로 제시
임파워먼트	구성원들에게 권한을 부여하여 새로운 아이디어를 내고 실험하는 태도 조성 ― 통제 중심의 관료제구조, 연공서열 중심의 평가 및 보상 시스템 등을 바꾸는 작업이 필요 ― 변화관리 기법들이 구성원들에게 전달되어 자율적이고 지속적인 변화가 가능하도록 만들 필요
구조적 접근방법	행정체계의 구조적 설계를 개선함으로써 행정개혁의 목표를 달성하려는 접근 ― 분권화 수준의 개선, 권한 배분의 개편, 명령계통의 수정, 작업집단의 설계 등 ― 주된 목표는 기능중복의 제거 및 표준적 절차의 간소화 ― 조직의 분권화를 통해 조직계층의 단순화, 명령과 책임 등의 명확화가 가능

05 조직발전

개념	조직 전체의 변화를 추구하는 계획적이고 의도적인 개입방법
총체적 품질관리(TQM)	공공서비스의 품질 향상과 고객만족을 목표로 공무원 행태를 고객 중심적(외부지향)으로 전환 ― 업무수행 노력의 초점이 개인적 노력에서 집단적 노력으로 전환 ― 품질관리가 서비스 생산 및 공급이 이루어지는 과정의 매 단계에서 진행 ― 신공공관리에 영향
업무과정 재설계(BPR)	업무처리과정을 원점에서 다시 검토하여 설계하는 것으로 디지털예산회계시스템(dBrain)과 전자조달시스템(나라장터) 등이 프로세스 중심으로 업무를 재설계하고 정보시스템화한 예

기출 선지 OX

05 행정개혁을 담당하는 조직의 중복성 혹은 가외성(redundancy)의 존재로 인해 행정개혁에 대한 저항이 나타난다. `22군9` O | X

06 조직개혁에 있어서 임파워먼트(empowerment)는 갈등을 줄이기 위해 일단 변화의 장애가 되는 요소는 그대로 두지만 구성원들이 변화의 비전과 전략을 직접 행동으로 옮길 수 있도록 힘을 실어주고 실행에 옮기는 것이다. `23군9` O | X

07 행정개혁의 저항을 극복하기 위한 규범적·사회적 전략으로 권력구조 개편과 긴장조성, 신분보장과 경제적 보상, 가치갈등 해소 등을 수행하는 것이 적절하다. `22행정사` O | X

08 행정개혁의 구조적 접근방법은 분권화 수준의 개선, 권한배분의 개편, 명령계통의 수정, 작업집단의 설계 등을 추진한다. `22행정사` O | X

실전 문제

05 조직발전(organization development)에 대한 설명으로 가장 적절한 것은? `22경간`
① 조직 전체의 변화를 추구하는 계획적이고 의도적인 개입방법이다.
② 과정지향적이며 아래로부터의 자율적이고 자발적인 접근방법이다.
③ 조직 내·외부의 컨설턴트가 참여할 여지가 적다.
④ 조직발전은 조직의 구조나 형태를 바꾸는 것을 최우선 목표로 한다.

06 정보기술의 활용을 통해 업무처리의 절차를 근본적으로 개선하는 데 초점을 맞추고, ICT 기반 행정혁신을 촉진하는 것은? `23국7`
① 혼합현실(mixed reality)
② 업무재설계(business process reengineering)
③ 정보자원관리(information resource management)
④ 제3의 플랫폼(the 3rd platform)

07 조직문화 및 변동의 이론에 대한 설명으로 옳은 것만을 모두 고르면? `23지7`

> ㄱ. 퀸(Quinn)은 경쟁가치모형을 활용해 '내부지향 – 외부지향'과 '유연성 – 통제(안정성)'라는 두 가지 차원에서 4가지 조직문화유형을 도출하였다.
> ㄴ. 홉스테드(Hofstede)는 '권력거리'의 크기가 큰 문화에서는 평등한 관계를 중시하기 때문에 조직 내 의사소통이 활발하고 분권화된 경우가 많다고 본다.
> ㄷ. 레빈(Lewin)은 조직변화의 과정을 현재 상태에 대한 해빙(unfreezing), 원하는 상태로의 변화(moving), 새로운 변화가 지속될 수 있도록 재동결(refreezing)하는 3단계로 제시하였다.

① ㄱ
② ㄱ, ㄷ
③ ㄴ, ㄷ
④ ㄱ, ㄴ, ㄷ

08 행정개혁에 대한 저항을 극복하는 전략 및 방법에 관한 설명으로 옳은 것은? `21국7`
① 경제적 손실 보상, 임용상 불이익 방지는 규범적·사회적 전략이다.
② 개혁지도자의 신망 개선, 의사전달과 참여의 원활화, 사명감 고취는 공리적·기술적 전략이다.
③ 교육훈련과 자기계발 기회 제공은 규범적·사회적 전략이다.
④ 개혁 시기 조정은 강제적 전략이다.

정답
OX 05 X 06 X 07 X 08 O
실전 05 ① 06 ② 07 ② 08 ③
해설 254쪽

TOPIC 43 성과관리기법과 정부업무평가

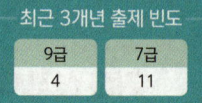

★★★ 중요도 A

> **이것이 핵심!**
> 1. 성과관리기법은 전략적 기획, 목표관리제, 균형성과표 등이 있습니다. 모두 실제 업무에서 활용되는 방법입니다.
> 2. 정부업무평가는 자체평가와 국무총리실에서의 특정평가로 구성됩니다.

01 성과관리

개념		성과를 중심으로 개인을 평가하고 성과에 따른 보상을 통해 조직 공정성을 제고하는 것 ─ 경쟁을 통해 개인의 능력개발 및 자아실현에 기여하고 조직의 경직성을 완화 ─ 대상자 간 과열 경쟁과 다른 부서 및 개인과의 협력에 대한 부정적 태도로 성과 저하 가능 ─ 즉각적 환류에 한계가 있고 성과평가 등 관리활동에 따른 비용 추가
전략적 기획	개념	• 미래에 대한 체계적이고 능동적인 대응전략을 만드는 것 • SO(적극 전략), WO(방향전환 전략), ST(다양화 전략), WT(방어적 전략)로 나뉘는 SWOT
	특징	환경 분석과 조직진단을 통한 설계를 강조하여 안정적 환경에서 유용하며 전문가 역할이 중요
목표관리제	개념	• 상급자와 하급자 간 상호협의를 통해 일정 기간 달성해야 할 구체적인 업무목표를 설정한 후 목표 달성 과정의 자율성과 성과에 따른 보상과 환류 제공 • 개인목표와 조직목표의 통합을 촉진해 목표 달성에 유리하게 조직을 재구조화
	특징	• Y이론에 입각해 있으며 조직 내·외 상황이 안정적이고 예측 가능한 조직에서 성공확률이 높음 • 계급과 서열을 근거로 위계적으로 운영되는 조직문화에서는 제도 도입의 효과가 크지 않음 • 성과 몰입으로 쉽거나 중요하지 않은 목표를 채택하도록 유도할 우려 • 중장기목표보다 단기목표를 강조하며 양적 평가는 가능하나, 질적 평가에는 한계
균형성과표	개념	1990년대 초 카플란과 노턴이 결과에 초점을 둔 재무지표방식의 성과관리에 대한 대안으로 개발하여 고객, 재무, 학습과 성장, 내부 프로세스를 모두 강조 ─ 고객: 고객이 조직을 어떻게 평가하는가에 초점을 맞춘 것으로 고객만족도, 민원불만 등 ─ 재무: 예산에서의 자원의 효율적 배분으로 조기집행률, 예산 현액 대비 불용률, 부채규모 등 ─ 학습과 성장: 인적 자원개발에 초점을 맞춘 것으로 성과지표로 지식관리·직무만족 등 ─ 내부 프로세스: 적법절차·정보시스템 구축 등
	특징	• 단기적 관점과 장기적 관점, 내부요소와 외부요소, 선행지표와 후행지표 사이의 균형을 중시 • 관점의 변화도 가능하며 성과에 대한 조직구성원 간의 커뮤니케이션 도구로 사용 가능

02 정부업무평가

자체 평가	중앙행정기관 또는 지방자치단체가 소관 정책 등을 스스로 평가하는 것 ─ 중앙행정기관의 장은 3분의 2 이상을 민간위원으로 자체평가위원회를 구성 ─ 지방자치단체 장은 정부업무평가시행계획에 기초하여 자체평가계획을 매년 수립하고 행정안전부장관은 평가 관련 사항에 대하여 지방자치단체를 지원 ─ 지방자치단체에 대한 국가위임사무는 행정안전부장관과 관계 중앙행정기관의 장이 합동으로 평가
특정 평가	• 국무총리는 주요 시책 등에 대한 특정 평가를 중앙행정기관을 대상으로 실시하고 결과를 공개 ─ 국무총리하에 정부업무평가위원회를 구성하고 자체평가 점검 후 필요한 경우 의결로 재평가 ─ 정부업무평가위원회는 위원장 2명을 포함한 15인 이내의 위원(행안부 장관 등)으로 구성 • 기획재정부장관은 평가 결과를 중앙행정기관의 다음 연도 예산편성 시에 반영

기출 선지 OX

01 전략기획(strategic planning)은 상대적으로 정치 및 경제 등이 불안정한 환경 속에서 유용성이 높다. `22군9` O | X

02 성과주의의 장점은 개인성과평가 등 추가적 관리 활동에 따른 비용을 절감할 수 있다는 것이다. `22국회9` O | X

03 목표관리제(MBO)는 부하와 상사의 참여를 통해 목표를 설정한다. `22국9` O | X

04 정부업무평가제도에 따르면 특정 평가는 국무총리가 중앙행정기관과 공공기관을 대상으로 국정을 통합적으로 관리하기 위한 목적을 갖는다. `22국9` O | X

실전 문제

01 균형성과표(Balanced Score Card)를 활용한 성과관리에 대한 설명으로 옳지 않은 것은? `22국회8`
① 결과에 초점을 둔 재무지표 방식의 성과관리에 대한 대안으로 개발되었다.
② 성과관리를 위한 단기적 관점과 장기적 관점의 균형을 중시한다.
③ 고객관점의 성과지표로 고객만족도, 민원인의 불만율 등을 제시한다.
④ 재무적 관점은 전통적인 선행 성과지표이다.
⑤ 성과에 대한 조직구성원 간의 커뮤니케이션 도구로 사용할 수 있다.

02 목표관리제(MBO)에 대한 설명으로 가장 옳은 것은? `24해승`
① 부하와 상사의 참여를 통해 목표를 설정하므로, 하향적 성격을 갖는다.
② 단기목표보다 중·장기목표를 강조한다.
③ 조직 내외의 상황이 안정적이고 예측 가능한 조직에서 성공확률이 높다.
④ 개별 구성원의 직무특수성을 반영하기 위하여 목표의 정성적, 주관적 성격이 강조된다.

03 「정부업무평가 기본법」상 정부업무평가제도에 대한 설명으로 옳은 것은? `23지7`
① 기획재정부장관은 중앙행정기관의 자체평가결과를 확인·점검 후 평가의 객관성과 신뢰성에 문제가 있어 다시 평가가 필요하다고 판단되는 경우, 위원회의 심의·의결을 거쳐 재평가를 실시할 수 있다.
② 중앙행정기관의 장은 자체평가조직 및 자체평가위원회를 구성·운영하여야 하며, 이 경우 평가의 공정성과 객관성을 확보하기 위하여 자체평가위원의 3분의 2 이상은 민간위원으로 하여야 한다.
③ 행정안전부장관은 둘 이상의 중앙행정기관 관련 시책, 주요 현안 시책, 혁신관리 및 대통령령이 정하는 부문에 대하여 특정 평가를 실시하고 그 결과를 공개하여야 한다.
④ 지방자치단체 또는 그 장이 위임받아 처리하는 국가사무, 국고보조 사업 그리고 국가의 주요 시책사업 등에 대해 국무총리는 관계 중앙행정기관의 장과 합동으로 평가를 실시할 수 있다.

04 SWOT분석을 기초로 한 전략에서 방향전환전략으로 가장 옳은 것은? `22군7`
① SO전략 ② WO전략
③ ST전략 ④ WT전략

정답
OX 01 X 02 X 03 O 04 X
실전 01 ④ 02 ③ 03 ② 04 ②

해설 255쪽

TOPIC 43 성과관리기법과 정부업무평가

2026 신성우 행정학 압축 이론 기본서

전자정부는 정보기술을 학습하는 것에서 시작합니다. 최근에는 블록체인 기술이 시험으로 출제되기도 했습니다. 그 후 구축된 전자정부를 학습하는 것으로 이어집니다. 이미 우리는 전자정부를 고도화시켰습니다. 대부분의 행정관리는 전자적으로 이루어지는 것이죠.

지방행정은 정부 간 관계와 지방자치의 원리를 학습하는 것에서 시작합니다. 지방정부와 중앙정부의 독립성의 정도 등을 배우는 것이지요. 그 후 실제 지방행정의 종류를 구분하고 단체장, 주민, 지방의회의 권한을 배우게 됩니다.

마지막은 지방재정을 학습하게 됩니다. 한국의 지방행정에서는 지방재정이 중요합니다. 중앙정부로부터 의존하는 정도가 많아서 그렇습니다.

CHAPTER **8**

전자정부와 지방행정

TOPIC 44	정보기술과 지능정보사회
TOPIC 45	전자정부
TOPIC 46	정부 간 관계와 지방자치원리
TOPIC 47	지방행정의 종류와 주요 행위자
TOPIC 48	사무의 배분과 자치경찰
TOPIC 49	주민참여예산제도
TOPIC 50	지방재정

TOPIC 44 정보기술과 지능정보사회

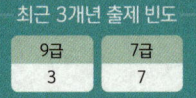

★★☆ 중요도 B

> **이것이 핵심!**
> 1. 4차 산업혁명의 핵심은 인공지능, 사물인터넷, 빅데이터, 블록체인입니다.
> 2. 지능정보사회에서 행정은 수평화된 학습조직으로 바뀌어 증거기반으로 정책을 수립해야 합니다.

01 4차 산업혁명

개념	산업과 산업 간 **초연결성을 바탕으로 초지능성을 창출**하는 사이버 물리시스템 혁명 ─ 사물인터넷, 인공지능, 빅데이터 등의 기술로 기존 제조업과 융합해 생산능력과 효율을 극대화 ─ 4차 산업혁명 사회는 변동성, 불확실성, 복잡성, 모호성이 특징 ─ 지식정보사회라는 3차 산업혁명과 비교할 수 없는 전반적 문화혁명으로 세계경제포럼은 4차 산업혁명시대 정부모형으로 FAST 정부를 제시
빅데이터	대규모, 빠른 속도, 높은 다양성을 특징으로 하는 **정형 또는 비정형의 데이터** - **센서 장비의 발달**로 늘어났으며 정형 데이터도 포함하며 최근 데이터의 실시간 처리도 가능
사물인터넷	각종 사물에 센서와 통신 기능을 내장하여 인터넷에 연결하는 기술
인공지능	• 인간의 지능을 컴퓨터가 모방하여 기계가 배우고, 판단할 수 있도록 하는 기술 • 특정 업무를 수행하는 약인공지능과 인간처럼 문제를 해결하는 강인공지능(인공일반지능)으로 구분
블록체인	거래정보의 기록을 **분산원장을 기반**으로 모든 참여자에게 분산된 형태로 배분하는 탈집중화 기술

02 정보사회

특징	• 정보사회 조직은 계층 수가 감소하고 수평화된 **네트워크조직, 가상조직, 후기기업가조직, 공동조직 등** • 계급욕구보다 고급욕구에 의한 동기 유발, 조직 내 개인 간 경쟁 가속화, **유연한 근무문화** 등의 특징
한계	• 부정확한 정보가 유통되는 **인포데믹스**, 좋은 정보는 사장되고 불필요한 정보만 유통되는 정보 그레샴 법칙 등으로 **정부의 합리적 정책결정이 곤란** • 정보화의 역기능이 사회적 질서를 위협하는 **디지털 위험**으로 진행될 우려 ─ 정보취약계층은 정보획득, 참여, 전자정부 서비스를 누리지 못하는 **디지털 소외에 노출** ─ **개인 권리 침해가 증가할 수 있고** 전자기기를 활용한 국가감시의 증대라는 **전자 판옵티콘도 우려**

03 지식행정

개념	**지식사회를 설계하고 지식관리를 통해 가치를 창출**하고 극대화하는 것 ─ 문제 해결 및 사회변화 예견을 위해 정보관리기술을 응용한 행정활동 프로세스 개선 ─ 지식이란 정보가 축적되어 체계화된 것
지식관리	• 조직의 **형식지를 암묵지화**하고, 업무에서 얻어진 **암묵지를 형식화**하여 축적하는 과정 ─ 조직구성원은 지식의 활용자로 조직의 형식지식을 자신의 암묵지식으로 변환해 업무 생산성 증대 ─ 개인의 전문적 자질이 향상되는 효과를 기대 • 지식관리는 계층제적 조직보다는 **학습조직이 기반**
증거기반 정책 (데이터기반)	• **실증 증거와 근거 자료를 바탕**으로 정책을 수립하고 집행하는 것 ─ 데이터기반행정 활성화에 관한 법률상 데이터는 기계 판독이 가능한 정형 또는 비정형의 정보 ─ 보건정책, 사회복지정책, 교육정책, 형사정책 분야 등에서 상대적으로 용이하게 적용 가능 • 정보를 활용할 수 있는 **정보 기반이 갖추어져야 함** ─ 정치적 결정은 데이터기반으로 대체하는 것에 한계가 있음

기출 선지 OX

01 블록체인(block chain)은 거래정보의 기록을 중앙집중화된 서버 관리기능에 의존하지 않고, 분산원장(distributed ledger)을 기반으로 모든 참여자에게 분산된 형태로 배분함으로써, 데이터 관리의 탈집중화된 환경을 제공하는 기술이다. 〈24국9〉 O | X

02 증거기반 정책결정은 정책이 이념, 신념, 의견 등에 기반하거나 과학적 사실이 부족한 담론 등에 의한 정책 결정을 지양한다는 것이다. 〈24군9〉 O | X

03 행정지식은 구조적이고 단기간에 창출되기 때문에 관리에 많은 시간과 자원이 소요되지 않는다. 〈23행정사〉 O | X

04 증거기반 정책결정을 주장하는 학자들은 정치적 결정 과정을 증거기반 정책결정으로 대체할 수 있다고 주장한다. 〈24군9〉 O | X

실전 문제

01 빅데이터에 대한 설명으로 옳지 않은 것은? 〈21국7〉
① 사진은 빅데이터에 포함되지 않는다.
② 정형 데이터도 포함하는 개념이다.
③ 각종 센서 장비의 발달로 데이터가 늘어나면서 나타났다.
④ 데이터를 실시간으로 처리하기도 한다.

02 지식관리에 관한 설명으로 가장 적절하지 않은 것은? 〈23경승〉
① 조직구성원은 지식의 활용자로서 조직에 공유된 형식지식(explicit knowledge)을 자신의 암묵지식(tacit knowledge)으로 변환시킴으로써 업무의 생산성을 높일 수 있다.
② 지식관리는 계층제적 조직보다는 학습조직을 기반으로 한다.
③ 업무 매뉴얼, 정부 보고서 등은 대표적 암묵지식에 해당한다.
④ 지식관리를 통해 개인의 전문적 자질이 향상되는 효과를 기대할 수 있다.

03 데이터기반 행정에 대한 설명으로 가장 적절하지 않은 것은? 〈22경간〉
① 공공기관이 데이터를 수집·저장·가공·분석·표현하는 등의 방법으로 정책 수립 및 의사결정에 활용하는 것을 말한다.
② 「데이터기반 행정 활성화에 관한 법률」이 정의하는 데이터는 기계에 의한 판독이 가능한 형태로 존재하는 정형 또는 비정형의 정보를 의미한다.
③ 미국의 증거기반정책(evidence-based policy)과 유사한 개념이다.
④ 데이터기반 행정은 행정의 정치성과 민주성을 높이는 것을 최우선 목표로 한다.

04 4차 산업혁명에 대한 설명으로 가장 적절하지 않은 것은? 〈22경승〉
① 4차 산업혁명을 지식정보혁명이라고 한다.
② 사물인터넷(Internet of Things), 빅데이터(Big Data), 인공지능(Artificial Intelligence) 등을 핵심기술로 한다.
③ 4차 산업혁명의 사회는 변동성(Volatility), 불확실성(Uncertainty), 복잡성(Complexity), 모호성(Ambiguity)으로 설명된다.
④ 세계경제포럼은 4차 산업혁명시대의 정부모형으로 FAST(Flatter, Agile, Streamlined, Tech-savvy) 정부를 제시했다.

정답
[OX] 01 O 02 O 03 X 04 X   [실전] 01 ① 02 ③ 03 ④ 04 ①   해설 256쪽

TOPIC 45 전자정부

최근 3개년 출제 빈도
9급	7급
5	10

★★★ 중요도 A

이것이 핵심!

1. 전자정부란 정보기술로 효율성과 민주성을 동시에 높인 정부형태입니다.
2. 정보시스템이 핵심이며 우리나라는 예산, 인사, 조달 각 영역별로 정보시스템을 구축하여 운영하고 있습니다.

01 전자정부 일반론

관련 개념	• **전자정부**: 정보기술을 통해 행정기관 상호 및 국민에 대한 업무를 효율적으로 수행하는 정부 　┌ 전자정부의 경계는 사립대학 등에도 적용되는 등 기존 정부의 범위보다 훨씬 넓음 　└ 「전자정부구현을 위한 행정업무 등의 전자화촉진에 관한 법률」을 2001년 제정 • **전자민주주의**: 주권자인 국민이 정보통신기술을 이용해서 정치과정에 직접 참여하는 것 • **온라인 시민참여**: UN에 따르면 국민 의견을 수렴하여 정책 우선순위를 조정할 수 있는 정책수단
특징	• **효율성, 민주성, 투명성, 대응성**을 중요시하며 **거래비용과 기회비용 및 민원업무 감소**에 기여 • 정부 내 공문서나 자료가 전자적으로 처리되어 **종이 없는 행정**을 구현 　┌ **전자적 문서처리**: 문서 처리 과정을 종이가 아니라 컴퓨터 등의 장치를 통해 전자적으로 처리 　└ 「전자정부법」상 '전자화문서'는 종이 문서 등을 정보시스템이 처리할 수 있는 형태로 변환한 문서
정보공유	• 공공재적 성격이 강한 정보를 개방하고 공유하여 **행정정보 비대칭성 문제를 완화** 　┌ 공공데이터 민간 개방을 위해 「공공데이터의 제공 및 이용 활성화에 관한 법률」을 시행 　└ 맞춤형 전자서비스와 빅데이터 산업을 위해 **개인정보의 행정기관 간 공동활용 역시 강조** • 국가안전보장을 위한 정보 등은 제외

02 우리나라의 전자정부

개괄	**네트워크를 통한 서비스 연계 및 국민수요에 반응하는 어디에서나 이용 가능한 행정** 도모 　┌ 「전자정부법」을 제정하여 대민서비스 전자화, 업무혁신, 중복투자방지 등을 규정 　└ 전자정부 업무 총괄은 행정안전부가 담당하며, 그 외에도 **범부처적인 차원에서 디지털 행정**이 진행
주요 내용	• **과학기술정보통신부장관**은 **지능정보사회 종합계획을 3년 단위**로 수립 • **행정안전부장관은 전자정부기본계획을 5년마다** 수립하고 행정기관 등의 장은 해당 기관의 전자정부 기본계획을 5년마다 수립하여 중앙사무관장기관의 장에게 제출 • 중앙행정기관과 지방자치단체는 **정보 정책을 총괄하는 '지능정보화책임관'을 임명** 　– 해당 기관의 지능정보사회 시책의 수립·시행업무와 지능정보화 사업의 조정 등 • **6월 24일을 전자정부의 날로 지정**했고 둘 이상의 지자체가 공동으로 지역 정보통합 센터 운영이 가능

종류	G2G	전자인사관리시스템인 온-나라 시스템 등 **정부 내 업무처리의 전자화**를 의미 – 그룹웨어 등을 통한 원격지 연결, 정보 공동처리 등으로 유연성과 생산성 향상
	G2C(G4C)	**국민에 대한 행정 서비스 제공과정에 정보기술을 활용** 　┌ 정부24 등 단일창구를 통한 민원업무혁신, 데이터베이스 공동활용시스템 구축 　└ 시민요구에 부응하는 질 높은 행정서비스를 촉진시키고 행정의 대응성을 높임
	G2B	**조달 행정 등**에 활용되어 거래비용, 정부 지침 전달 등에 따른 **정보비용의 감소** – 공사, 용역, 물품 등 발주정보를 공개하고 절차를 인터넷으로 처리하는 '나라장터'

기출 선지 OX

01 우리나라 전자정부의 개념은 「전자정부법」에 명시되어 있으며, 정보기술 및 행정업무의 효율화에 초점을 둔다. 〈22국회9〉 O | X

02 우리나라 스마트 전자정부의 비전은 국민이 직접 증명하는 공급자 중심의 획일적인 서비스를 극대화하는 정부이다. 〈24행정사〉 O | X

03 이른바 '민첩한 정부(agile government)'는 데이터 분석 등 디지털 기술을 활용하여 기민하게 환경변화에 대응하는 정부를 말한다. 〈22국회9〉 O | X

04 우리나라 전자정부에서 정부는 '지능정보사회 종합계획'을 3년 단위로 수립하여야 한다. 〈23국9〉 O | X

실전 문제

01 전자정부 구현사례에 대한 설명으로 옳지 않은 것은? 〈22국7〉

① 'G2B'의 대표적 사례는 '나라장터'이다.
② 'G2C'는 조달 관련 온라인 서비스를 통합적으로 제공하는 것이다.
③ 'G4C'는 단일창구를 통한 민원업무혁신사업으로 데이터베이스 공동활용시스템 구축을 내용으로 한다.
④ 'G2G'는 정부 내 업무처리의 전자화를 내용으로 하고 있으며 대표적 사례로는 '온-나라시스템'이 있다.

02 다음 〈보기〉 중 우리나라 전자정부에 대한 설명으로 옳지 않은 것만을 모두 고르면? 〈23국회8〉

〈보기〉
ㄱ. 전자정부란 정보기술을 활용하여 행정기관 상호 간 행정업무 및 국민에 대한 행정업무를 효율적으로 수행하는 정부이다.
ㄴ. 전자정부는 행정이념 중에서 효율성과 민주성을 중요시한다.
ㄷ. 행정기관 등의 장은 전자정부의 구현·운영 및 발전을 위하여 5년마다 전자정부기본계획을 수립하여야 한다.
ㄹ. 디지털예산회계시스템(dBrain)과 전자조달시스템(나라장터)은 업무재설계(Business Process Re-engineering)를 통해 프로세스 중심으로 업무를 재설계하고 정보시스템화한 것으로 평가할 수 있다.
ㅁ. 전자정부의 경계는 국가기관, 지방자치단체, 공공기관으로 한정된다.

① ㄱ, ㄷ   ② ㄴ, ㄷ   ③ ㄷ, ㅁ
④ ㄹ, ㅁ   ⑤ ㄷ, ㄹ, ㅁ

03 전자정부에 대한 설명으로 가장 옳지 않은 것은? 〈24해간〉

① 인사정책 수립과 부처 인사업무를 지원하기 위한 전자인사관리시스템이 운영되고 있다.
② 기존의 '정부24'를 전면 개편한 온라인 통합민원창구 '민원24'가 운영되고 있다.
③ 모든 공공기관의 공사, 용역, 물품 등의 발주정보를 공개하고 조달절차를 인터넷으로 처리하도록 만든 '나라장터'가 운영되고 있다.
④ 공공데이터의 민간 개방을 위해 「공공데이터의 제공 및 이용 활성화에 관한 법률」이 시행되고 있다.

04 「전자정부법」상 전자정부 추진에 대한 설명으로 옳지 않은 것은? 〈21지7〉

① 「고등교육법」상 사립 대학은 적용받지 않는다.
② 행정기관 등의 장은 해당 기관의 전자정부의 구현·운영 및 발전을 위한 기본계획을 5년마다 수립하여야 한다.
③ 전자정부의 날이 지정되었다.
④ 필요한 경우 둘 이상의 지방자치단체가 공동으로 지역정보통합센터를 설립·운영할 수 있다.

정답
OX 01 ◯ 02 ✕ 03 ◯ 04 ◯
실전 01 ② 02 ③ 03 ② 04 ①

해설 257쪽

TOPIC 46 정부 간 관계와 지방자치원리

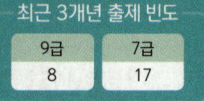

★★★★ 중요도 S

이것이 핵심!
1. 정부 간 관계모형에서 라이트모형은 연방 – 주 – 지방 정부 간 관계임에 주의할 필요가 있습니다.
2. 기관대립형은 대통령제를, 기관통합형은 유럽의 내각제를 생각하면 됩니다.

01 지방분권화

개념	중앙집권의 낮은 대응성과 구조적 부패 등을 지방 성장의 장애로 인식하여 지방의 독자적 권한을 확대 – 신공공관리론의 정부 혁신과 내생적 발전전략에 기반한 도시경쟁력 확보가 강조되면서 등장
특징	• 주민 대응성이 제고되고 지방 실정에 맞는 유연한 행정이 가능 • 중앙행정과 지방행정 간의 관계가 대등한 협조체제의 관계로 발전 • 갈등의 통일적 해결과 지역평등 실현이 곤란

02 정부 간 관계모형

라이트모형	미국 연방정부, 주정부, 지방정부 관계에 주목하여 권력관계와 기능적 의존관계를 기준으로 구분 ┌ 조정(분리)권위모형: 연방정부, 주정부가 독자적 자치권을 행사하고 주정부에 지방정부가 종속 ├ 내포(포함)권위모형: 연방정부, 주정부, 지방정부를 수직적 포함관계로 구분 └ 중첩권위모형: 연방정부, 주정부, 지방정부가 상호독립적인 실체로 존재하며 협력하는 관계로 인식
엘코크의 대리인모형	지방정부의 자율성이 제약되는 상황이 특징
로데스(로즈)	집권화된 영국의 수직적인 중앙·지방 관계하에서도 상호의존 현상이 나타남을 권력의존모형으로 설명
무라마쓰	일본의 중앙·지방 관계의 변화에 주목하여 수직적 행정통제모형과 수평적 정치경쟁모형을 제시
챈들러	대리인모형·동반자모형·소작인(지주 – 마름)모형·상호의존형모형을 제시

03 지방정부 구조

의회-정부 관계	기관 분리형	• 의결기관과 집행기관이 분리된 방식으로 우리나라의 일반적 구조 – 기관통합형 강시장 – 의회형과 시장의 거부권을 인정하지 않는 약시장 – 의회형으로 구분 • 견제와 균형을 통해 권력 남용이 방지되나 의결기관과 집행기관의 대립 및 마찰이 가능
	기관 통합형	• 주민이 선출한 지방의회에서 의결기능과 집행기능인 행정까지 모두 수행하는 방식으로 영국 의회형 • 주민의 의사를 보다 정확히 반영할 수 있으나 행정의 총괄 조정이 어려움
내부 관계	중층제	하나의 자치단체가 다른 자치단체를 구역 안에 포괄하는 우리나라의 원칙적 구조
	단층제	세종특별자치시나 제주특별자치도의 경우와 같이 자치단체 안에 단체가 없는 구조로 책임소재가 명확
기타 구조		• 자치계층은 정치적 민주성과 자치권을 바탕으로 하는 계층 간 독립적 관계구조이며, 행정계층은 행정 효율성을 중심으로 계층 간 지휘·감독적인 관계구조 • 지방자치단체에는 특별시, 광역시, 도, 특별자치도, 특별자치시와 시·군·구(자치구)가 포함 – 자치구는 특별시, 광역시 등에 설치되며 그 외 인구 50만 명 이상의 시는 자치구가 아닌 구를 설치

기출 선지 OX

01 라이트(Wright)의 정부 간 관계(Inter-Governmental Relations: IGR) 모형은 정부 간 상호권력관계와 기능적 상호의존관계를 기준으로 정부 간 관계(IGR)를 3가지 모델로 구분한다. `23지9` O | X

02 지방 분권화는 지방 간 갈등을 통일적으로 해결하는 데 기여한다. `22국회9` O | X

03 그리피스(J. A. Griffith)는 영국의 중앙·지방 관계는 중세 귀족사회에서 지주와 그 지주의 명을 받아 토지와 소작권을 관리하는 마름(steward)의 관계에 가깝다고 하여 지주 - 마름 모형을 제시했다. `22군9` O | X

04 자치계층이 자치권을 바탕으로 하는 계층 간 독립적 관계구조라면, 행정계층은 계층 간 지휘·감독적 관계구조라고 할 수 있다. `24군9` O | X

실전 문제

01 지방자치단체의 기관구성형태에 대한 설명으로 옳지 않은 것은? `22국7`
① 기관통합형은 행정에 주민들의 의사를 보다 정확하게 반영할 수 있다는 장점이 있다.
② 기관통합형은 지방의회에서 의결기능과 집행기능을 모두 수행하는 형태로, 영국의 의회형이 대표적이다.
③ 기관대립형 중 약시장 - 의회형은 시장의 고위직 지방공무원 인사에 대해서 의회의 동의를 요하는 반면, 시장은 지방의회 의결에 대한 거부권을 가진다.
④ 기관대립형은 견제와 균형을 통해 권력남용을 방지하는 장점이 있지만, 의결기관과 집행기간 간의 대립 및 마찰가능성이 있다는 단점이 있다.

02 지방분권화가 확대되는 이유로 옳지 않은 것은? `21지7`
① 내생적 발전전략에 기반한 도시경쟁력 확보가 중요해지고 있다.
② 중앙집권체제가 초래하는 낮은 대응성과 구조적 부패 등은 국가성장의 장애요인으로 작용하고 있다.
③ 사회적 인프라가 어느 정도 갖춰진 국가에서는 지역 간 평등한 공공서비스의 수요가 증가하고 있다.
④ 신공공관리론에 근거한 정부혁신이 강조되고 있다.

03 지방자치단체의 기관구성에 대한 설명으로 옳지 않은 것은? `23경간`
① 기관통합형은 주민이 선출한 의원들이 행정을 담당하기 때문에 행정에 주민의 의사를 보다 정확하게 반영할 수 있다.
② 기관분리형은 견제와 균형의 원리가 적용되어 권력 남용을 방지할 수 있다.
③ 우리나라는 기본적으로 기관통합형이며 중앙통제형 강시장 - 약의회의 구도를 취하고 있다.
④ 우리나라는 따로 법률로 정하는 바에 따라 주민투표를 거쳐 지방자치단체의 기관구성 형태를 달리할 수 있다.

04 기관대립형에 대한 설명으로 가장 옳은 것은? `25경간`
① 의원내각제와 유사한 구조이며, 지방의회만 주민직선으로 선출한다.
② 지방의회와 주민들의 의견이 상반되는 경우 이를 중재하거나 견제와 균형의 원리에 따라 권력의 편중과 남용을 방지할 수 있다.
③ 의결기관과 집행기관 간의 불필요한 갈등을 줄일 수 있으며, 다수의 위원이 의결과 집행에 관여하게 되어 민주적이고 신중한 행정에 유리하다.
④ 선거로 선출된 의원은 각자의 정치적 기반과 색채가 강하여 행정의 총괄조정이 어렵다.

정답
OX 01 O 02 X 03 X 04 O
실전 01 ③ 02 ③ 03 ③ 04 ②

해설 258쪽

> **이것이 핵심!**
>
> 3. 지방자치는 90년대 이후 다시 시작되었습니다. 지방자치의 근거로는 티부모형 등이 있습니다.
> 4. 지방자치 이론은 도시이론으로도 발전합니다. 개발과 공동체 복원이 대립합니다.

04 지방자치

개념	지역주민이 그 지역의 제반 문제를 결정하고 처리하는 것 ┌ 주민자치는 고유권설 아래에서 정치적 의미인 민주주의 원리를 바탕으로 수행(미국) └ 단체자치는 수탁권설 아래에서 법률적 의미인 지방분권 원리를 바탕으로 수행(유럽)
특징	• 참여를 통해 '풀뿌리민주주의'를 구현하고 시민은 민주주의를 배우고 민주정치를 훈련(브라이스) • 주민에게 필요한 정책을 검증하고 지역 특성에 맞는 행정을 통해 능률성과 책임성 및 대응성 제고
역사	• 1948년 제헌헌법과 1949년 「지방자치법」에 따라 1952년 이후 1960년 제3차 선거까지 지방자치 • 1961년 이후 지방의회가 해산되고 자치단체장은 임명제로 전환되어 1990년까지 중단 • 1988년 「지방자치법」 개정 후 1991년부터 지방의원을 선출하고 1995년부터 자치단체장을 선출

05 지방자치의 근거

티부모형	지방자치는 지방정부 간 경쟁을 심화시켜 자원을 효율적으로 배분하도록 유도 ┌ 선호에 따른 자유로운 이주가 가능하고 지방정부 재정패키지에 대한 완전한 정보가 있을 것 ├ 외부효과가 발생하지 않고 지방정부 재원에 국고보조금은 포함되지 않을 것 └ 고용기회와 관련된 제약은 거주지 의사결정에 왜곡을 초래할 수 있으므로 고려하지 않을 것
오츠의 분권화	지방정부가 해당 지역에서 파레토 효율적 수준으로 공공재를 공급 가능 – 공공재의 지역 간 외부효과가 없고 각 단계별 정부의 공공재 생산비용이 동일할 것

06 도시이론

레짐이론	정부와 비정부기관의 행위자가 협력하고 조정하는 상호의존관계에 초점
뉴어바니즘	근린주구가 중심이 되는 도시개발 패턴으로 혼합토지이용 체계가 원칙
스마트 성장	도시의 무계획적인 확산을 방지하고 환경과 커뮤니티를 고려한 경제적 성장을 지향
압축도시	공간 이용과 토지 이용의 고도화로 효율적인 도시의 모습을 제안
지역 거버넌스	재정비 방식의 하향식 결정이나 이익 극대화가 주민을 배제했기에 공동체 복원과 지역 거버넌스 필요
피터슨의 『도시한계』	개방체제로서의 지방정부는 재분배정책보다 개발정책을 추구

07 신중앙집권화와 신지방분권화

신중앙집권화	• 분권의 비능률성과 전통적 집권의 비민주성을 해결하기 위한 새로운 형태의 집권 • 비권력적 지도의 폭이 넓어진 수평적이고 협동적인 집권 ┌ 중앙 – 지방 간의 관계를 기능적·협력적 관계로 인식 └ 지방정부의 자율성은 상대적으로 제한되나 행정구역의 광역화 가능
신지방분권화	중앙정부의 필요성을 인정하고 지방정부가 국가 발전에 적극적으로 동참하는 분권 ┌ 중앙집권적 국정운영은 총량적 성과를 달성하였으나 지역 간 불균형 발전 초래 └ 국내 지방도시와 외국의 지방도시가 네트워크로 상호연결되어 교류·협력·경쟁

기출 선지 OX

05 티부(Tiebout)모형은 고정적 생산요소의 부존재를 전제한다. `22지9` O | X

06 민주정치에 대한 훈련은 지방자치의 정치적·행정적인 기능이다. `23군9` O | X

07 주민자치는 자치권이 국가로부터 파생 내지 위임된 것으로 보는 전래설 또는 수탁설에 기초한다. `23행정사` O | X

08 티부(Tiebout)모형은 지방정부 재정패키지에 대한 완전한 정보를 전제한다. `22지9` O | X

실전 문제

05 우리나라 지방자치의 역사에 대한 설명으로 옳은 것은? `22국7`

① 제헌의회가 성립하면서 1949년 전국에서 도의회의원 선거가 실시되었다.
② 1991년 지방선거에서 지방의회의원을 선출하였으나, 지방자치단체장 선거는 실시되지 않았다.
③ 1995년부터 주민직선제에 의한 시·도교육감 선거가 실시되면서 실질적 의미의 교육자치가 시작되었다.
④ 1960년 지방선거에서는 서울특별시장·도지사 선거는 실시되었으나, 시·읍·면장 선거는 실시되지 않았다.

06 오츠(Oates)의 분권화정리가 성립하기 위한 조건에 대한 설명으로 옳은 것을 모두 고르면? `21국7`

> ㄱ. 중앙정부의 공공재 공급비용이 지방정부의 공공재 공급비용보다 더 적게 든다.
> ㄴ. 공공재의 지역 간 외부효과가 없다.
> ㄷ. 지방정부가 해당 지역에서 파레토 효율적 수준으로 공공재를 공급한다.

① ㄱ   ② ㄷ
③ ㄱ, ㄴ   ④ ㄴ, ㄷ

07 지방자치에 관한 이론에 대한 설명으로 옳은 것은? `22지7`

① 피터슨(Peterson)의 저서 『도시한계(City Limits)』에 따르면, 개방체제로서의 지방정부는 재분배정책보다 개발정책을 추구하는 경향이 있다.
② 라이트(Wright)는 정부 간 관계를 분쟁형, 창조형, 교환형으로 분류하고, 연방정부와 주정부 간 사회적·문화적 측면의 동태적 관계를 기술하였다.
③ 로즈(Rhodes)의 정부 간 관계론은 지방정부가 조직자원과 재정자원 측면에서 중앙정부보다 우월한 지위에 있다고 본다.
④ 티부(Tiebout)의 발에 의한 투표(voting with feet)가 가능하기 위해서는 주민의 자유로운 이동성, 공공서비스 제공에서 외부효과 존재 등의 전제조건이 충족되어야 한다.

08 다음 중 신중앙집권화와 관련된 특징에 대한 설명으로 가장 옳지 않은 것은? `22군7`

① 행정구역의 광역화가 나타날 수 있다.
② 중앙-지방 간의 관계는 기능적·협력적 관계이다.
③ 지방정부의 자율성을 상대적으로 제한할 수 있다.
④ 세계화와 신자유주의가 신중앙집권화를 촉진하였다.

정답

OX 05 X 06 O 07 X 08 O
실전 05 ② 06 ④ 07 ① 08 ④

해설 258쪽

TOPIC 46 정부 간 관계와 지방자치원리

TOPIC 47. 지방행정의 종류와 주요 행위자

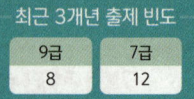

★★★★ 중요도 S

> **이것이 핵심!**
> 1. 지방행정은 자치단체뿐만 아니라 특별지방행정기관으로도 존재합니다.
> 2. 특별지방자치단체는 최근 등장한 제도로 충청지방정부연합 등이 해당됩니다.

01 일반적인 지방행정

개념	주민복지 등 주민 생활공간 안에서의 생활행정이자 근접행정을 제공하는 기관 - 지방자치단체는 자치사무와 국가로부터의 위임사무를 관장
지방행정의 집행기관	직속기관, 합의제행정기관, 자문기관으로 구분
자치법규	자치입법권에 근거해 법령 범위 안에서 조례, 규칙 및 교육규칙 등 자치법규 제정

02 특별지방행정기관

개념	지방환경청, 지역세무서 등 특별지방행정기관은 **국가사무를 관장**하며 국가공무원이 소속 ┌ 행정서비스 특성에 따른 적정수준의 광역행정 실현을 위해 특별지방행정기관이 필요 └ 고유 법인격과 자치권은 가지고 있지 않음
특징	• 지방자치단체와 **업무 중복 문제 발생** 가능 　- 일반적인 **업무책임은 중앙정부**에 있으나, 사안에 따라 지방의회 또는 자치단체장에게도 책임 • 광역 단위 지방청 아래 소속 기관들을 두는 중층 구조가 대부분으로 중앙행정기관이 지시 및 감독 　- 중앙 통제로 인해 주민 직접 통제와 참여, 책임 확보가 어려워 **주민의 요구에 대한 대응이 둔감**

03 특별지방자치단체

개념	2개 이상의 지방자치단체가 특정 목적을 위하여 광역적으로 사무를 처리할 필요가 있을 때 설치하는 단체로 보통 지방자치단체와 같이 법인격 보유
특징	특별지방자치단체를 구성하는 지방자치단체는 상호협의에 따른 규약을 정하여 지방자치단체의 지방의회 의결을 거쳐 행정안전부장관의 승인을 통해 구성 ┌ 지방자치단체 장이 특별지방자치단체의 장을 겸할 수 있으며 특별지방자치단체의 장은 규약으로 정하는 바에 따라 특별지방자치단체의 의회에서 선출 ├ 특별지방자치단체의 의회는 규약으로 정하는 바에 따라 특별지방자치단체를 형성하는 지방자치단체 의회의원으로 구성 └ 특별지방자치단체의 사무가 이를 구성하는 지방자치단체 구역의 일부에만 관계되는 등 특별한 사정이 있을 때 해당 지방자치단체 구역의 일부만을 구역으로 할 수 있음
예시	충청지방정부연합 등

기출 선지 OX

01 2개 이상의 지방자치단체가 공동으로 특정한 목적을 위하여 광역적으로 사무를 처리할 필요가 있을 때에는 특별지방자치단체를 설치할 수 있다. 22국9 O | X

02 특별지방자치단체는 보통의 지방자치단체와 같이 법인격을 갖는다. 22국9 O | X

03 지역에서의 행정서비스 전달주체는 크게 특별지방행정기관과 지방자치단체로 구분된다. 23군9 O | X

04 지방자치단체는 독자적인 법인격은 없지만 국가의 위임사무나 자치사무를 수행한다. 23군9 O | X

실전 문제

01 특별지방자치단체에 대한 설명으로 옳지 않은 것은? 24국회8

① 2개 이상의 지방자치단체가 공동으로 특정한 목적을 위하여 광역적으로 사무를 처리할 필요가 있을 때 설치할 수 있다.
② 특별지방자치단체는 법인으로 한다.
③ 지방의회의원은 특별지방자치단체의 의회의원을 겸직할 수 없다.
④ 특별지방자치단체를 구성하는 지방자치단체(이하 '구성 지방자치단체'라고 함)는 상호협의에 따른 규약을 정하여 구성 지방자치단체의 지방의회 의결을 거쳐 행정안전부장관의 승인을 받아야 한다.
⑤ 특별지방자치단체의 사무가 구성 지방자치단체 구역의 일부에만 관계되는 등 특별한 사정이 있을 때에는 해당 지방자치단체 구역의 일부만을 구역으로 할 수 있다.

02 「지방자치법」상 특별지방자치단체에 대한 설명으로 옳은 것을 모두 고른 것은? 24경간

ㄱ. 2개 이상의 지방자치단체가 공동으로 특정한 목적을 위하여 광역적으로 사무를 처리할 필요가 있을 때에는 특별지방자치단체를 설치할 수 있다.
ㄴ. 특별지방자치단체를 구성하는 지방의회의원은 특별지방자치단체의 의회의원을 겸할 수 없다.
ㄷ. 특별지방자치단체의 장은 규약으로 정하는 바에 따라 특별지방자치단체의 의회에서 선출한다.

① ㄱ, ㄴ
② ㄱ, ㄷ
③ ㄴ, ㄷ
④ ㄱ, ㄴ, ㄷ

03 특별지방행정기관에 대한 설명으로 옳지 않은 것은? 23국회8

① 특별지방행정기관의 소속 공무원은 지방공무원이기 때문에 상급기관과의 인사이동에 장벽이 있다.
② 특별지방행정기관은 광역 단위 지방청 아래 소속 기관들을 두는 중층구조를 가진 경우가 많다.
③ 특별지방행정기관은 중앙의 통제를 받다 보니 지방자치단체에 비해 주민의 요구에 대한 대응이 둔감하다.
④ 행정서비스의 특성에 따른 적정수준의 광역행정을 실현하기 위하여 특별지방행정기관의 설치가 필요하다.
⑤ 「지방자치분권 및 지방행정체제 개편에 관한 특별법」에 따르면 국가는 특별지방행정기관이 수행하고 있는 사무 중 지방자치단체가 수행하는 것이 더 효율적인 사무는 지방자치단체가 담당하도록 하여야 한다.

04 특별지방행정기관에 대한 설명으로 가장 옳은 것은? 24해간

① 지방자치단체와 명확한 역할 배분으로 행정의 효율성을 높일 수 있다.
② 중앙정부의 통제를 받다 보니 지방자치단체에 비해 주민의 요구에 대한 대응이 둔감하다.
③ 지방분권과 지방자치 측면에서 볼 때 자치단체인 일반행정기관의 책임행정 구현에 공헌한다.
④ 중앙부처의 할거성이 특별지방행정기관을 통해 지방의 종합행정으로 전환되는 장점이 있다.

정답

OX 01 O 02 O 03 O 04 X 실전 01 ③ 02 ② 03 ① 04 ②

> **이것이 핵심!**
> 3. 지방행정은 지방자치단체장과 지방의회로 그 역할이 나뉩니다.
> 4. 교육행정은 교육감이 수행합니다.

04 지방자치단체장

개념	자치단체의 대표로 사무 총괄권을 보유한 자

권한	• 법령 또는 조례의 범위에서 그 권한에 속하는 사무 수행
	  ┌ 지방의회 의결 없이 법령과 조례의 범위에서 규칙 제정 가능
	  ├ 조례나 규칙에 따라 사무 일부를 보조기관 등에 위임 가능
	  └ 주민 생명 및 재산보호를 위해 필요할 경우 지방의회 의결 없이 선결처분 가능
	• 지방의회에 조례안을 제출할 수 있고 지방의회에 대한 발언권 보유
	• 주민에게 큰 영향을 미치는 결정사항 등에 대해 주민투표 진행 가능

05 지방의회

조직 및 구성	• 지방의회의 의장이 지방의회 사무직원을 지휘·감독 • 지방의회 정수의 2분의 1 범위에서 정책지원 전문인력 보유 가능 • 교섭단체 보유가 가능하며 정당이 선거구별로 소속 당원을 후보자로 추천
권리와 의무	• 매월 의정활동비와 월정수당 지급 • 불체포특권이 없고 수사기관의 장은 체포된 의원이 있을 경우 지방의회 의장에게 알려야 함 • 지방의회의원은 각급 선거관리위원회 위원 겸직 불가

정족수	• 재적의원 3분의 1 이상의 출석으로 개의
	• 「지방자치법」 규정 외에는 재적의원 과반수의 출석과 출석의원 과반수의 찬성으로 의결
	  ┌ 지방의원의 자격상실 및 제명은 재적의원 3분의 2 이상의 찬성이 필요
	  └ 찬성과 반대의 수가 같으면 부결로 간주

조례제정·개폐권	• 법령 범위 내에서 자치단체의 내부구조, 운영, 사무처리 등을 규정하는 조례 제정 가능 • 조례 위반한 행위에 대하여 1천만 원 이하의 과태료 규정 가능
행정통제	• 지방의회는 지방자치단체의 사무 감사 가능 • 주민투표의 청구 가능 • 예산 의결 및 결산 승인

기출 선지 OX

05 우리나라 지방의회에서 지방의원의 자격상실 및 제명은 재적의원 3분의 2 이상의 찬성이 있어야 한다. 22국회9 O | X

06 우리나라 지방의회에서 찬성과 반대의 수가 같으면 부결된 것으로 본다. 22국회9 O | X

07 우리나라 지방의회의 권한에는 의안 발의가 있다. 21국회9 O | X

08 우리나라 지방의회의 권한에는 통할대표가 있다. 21국회9 O | X

실전 문제

05 지방자치단체장의 권한 및 기능에 해당하지 않는 것은? 22국회8
① 지방의회에 조례안을 제출할 수 있다.
② 교육기관을 설치, 이전 및 폐지할 수 있다.
③ 조례나 규칙으로 정하는 바에 따라 그 권한에 속하는 사무의 일부를 보조기관 등에 위임할 수 있다.
④ 법령 또는 조례의 범위에서 그 권한에 속하는 사무에 관하여 규칙을 제정할 수 있다.
⑤ 주민에게 과도한 부담을 주거나 중대한 영향을 미치는 지방자치단체의 주요 결정사항 등에 대하여 주민투표에 부칠 수 있다.

06 지방의회와 지방자치단체장의 권한에 대한 설명으로 가장 옳지 않은 것은? 25경간
① 지방의회는 조례제정 및 개폐권을 갖고, 지방자치단체장은 자치단체의 대표 및 사무 총괄권을 갖는다.
② 지방의회는 규칙제정권을 갖고, 지방자치단체장은 사무관리 집행권을 갖는다.
③ 지방의회는 행정사무 감사권을 갖고, 지방자치단체장은 지방의회에 대한 발안권을 갖는다.
④ 지방의회는 예산의결권과 결산승인권을 갖고, 지방자치단체장은 선결처분권을 갖는다.

07 「지방자치법」상 지방의회에 대한 설명으로 옳지 않은 것은? 23국7
① 지방의회의원의 의정활동을 지원하기 위하여 정책지원 전문인력을 둘 수 있다.
② 지방의회의 의장은 지방의회의 사무직원을 지휘·감독한다.
③ 지방의회는 매년 4회 정례회를 개최한다.
④ 지방의회의원은 각급 선거관리위원회 위원을 겸직할 수 없다.

08 우리나라 지방의회의원에 관한 설명으로 가장 적절하지 않은 것은? 22경승
① 「정당법」에 따라 정당의 당원이 될 수 있는 교원이 지방의회의원으로 당선되면 임기 중 그 교원의 직은 휴직된다.
② 지방의회의원이 준수하여야 할 지방의회의원의 윤리강령과 윤리실천규범은 「공직자윤리법」에 따르도록 「지방자치법」에 규정되어 있다.
③ 국회의원과 달리 지방의회의원은 불체포특권을 갖지 않는다.
④ 정당은 비례대표자치구·시·군의원의 경우에는 선거구별로 선거할 정수범위를 초과하여 소속 당원을 후보자로 추천할 수 있다.

정답
OX 05 O 06 O 07 O 08 X 실전 05 ② 06 ② 07 ③ 08 ② 해설 259쪽

TOPIC 47 지방행정의 종류와 주요 행위자

TOPIC 48 사무의 배분과 자치경찰

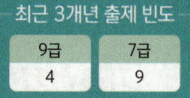

★★★ 중요도 B

이것이 핵심!
1. 자치 – 단체 – 기관위임사무 순서로 지방자치단체 자율성은 감소합니다.
2. 사무 배분과 관련하여 자치경찰제가 최근 도입되었습니다.

01 사무의 종류와 배분 원칙

자치사무		• 지방자치단체 **고유 사무** • **지방의회**는 자치사무에 대해 **행정사무 감사 및 조사의 실시** 가능 • **중앙정부**는 자치사무에 대해 회계감사 등을 통해 **합법성 위주로 통제**
국가위임사무	기관위임사무	• 국가사무를 **지방자치단체의 장에게 국가기관적 지위를 부여**하여 업무 위임 • **소요 경비는 원칙적으로 국가가 전액 부담**하고 주무부장관이 광범위하게 지도·감독 • 기관위임사무는 원칙적으로 지방의회 감사 및 조사 대상이 아니며 지방의회는 사업수행에 필요한 경비부담에 한해 관여
	단체위임사무	• 집행기관장이 아닌 **지방정부 그 자체에 위임된 사무**로 지방의회는 단체위임사무의 처리과정에 관한 **조례 제정이 가능**하고 통제도 가능 – 시·군의 재해구호, 도의 국도 유지 및 보수에 관한 사무 등 • 주무부장관이 지도·감독 가능
사무 배분 원칙	포괄성 원칙	지방자치단체가 자기 책임하에 **종합적이고 독자적으로 처리할 수 있도록 배분** – 배분방식이 간단하고, 사무 배분의 유연한 운영이 가능
	보충성 원칙	**모든 사무는 지방정부가 담당하고 중앙정부는 지방정부가 곤란한 사무를 처리** – 사무권한을 원칙적으로 기초자치단체에 부여하고 **특별한 규정이 있는 경우 상위 지방자치단체 혹은 중앙정부에 권한을 부여**하는 방식으로 사무 배분
	중복금지 원칙	**지방자치단체가 사무를 종합적·자율적으로 수행**하고 주민 편익증진 및 집행 효율성 등을 고려하여 **사무를 중복되지 아니하도록 배분**
기타 원칙		• 지방자치단체는 조직과 운영을 합리적으로 하고 규모를 적절히 유지할 필요 • 시·군·자치구는 해당 구역 시·도의 조례를 위반하여 사무 처리 불가 • 자치단체가 사무를 원활히 처리할 수 있도록 행정적·재정적 지원 필요

02 자치경찰제

개념	국가경찰과 자치경찰 **조직을 나누지 않고 사무만 구분**하여 **국가경찰사무는 경찰청이, 자치경찰사무는 광역자치단체장 소속의 시·도 자치경찰위원회가 지휘·감독**하는 모형 – 국가경찰사무는 **국민 생명·신체 및 재산의 보호, 범죄의 예방·진압** 및 수사 등 – 자치경찰사무는 주민 **생활안전활동에 관한 사무**, 지역 내 다중운집 행사, **교통 및 안전 관리** 등 – 자치경찰사무 **담당경찰관의 신분도 국가경찰**로서 신분을 유지
특징	• 2006년 제주특별자치도 자치경찰제 시범 도입에 이어 2021년부터 시행 • 자치경찰제 실시 시 지역 간 치안 격차의 발생가능성이 존재 • **자치경찰위원회**는 자치경찰사무를 관장하는 **합의제행정기관**으로 별도 지휘·감독을 받지 않고 업무를 독립적으로 수행 – 단, 국민안전에 중대한 사안에 대하여 다수의 시·도에 적용되는 정책을 시행할 필요가 있다고 인정할 만한 **충분한 사유가 있는 경우 경찰청장은 자치경찰사무를 수행하는 경찰공무원을 직접 지휘명령**

기출 선지 OX

01 기관위임사무의 처리에 드는 경비는 중앙정부와 지방정부가 공동 부담하는 것이 원칙이다. 23지9 O | X

02 중앙정부는 자치사무에 대해 합법성 위주의 통제를 주로 한다. 23지9 O | X

03 단체위임사무는 집행기관장이 아닌 지방정부 그 자체에 위임된 사무이다. 23지9 O | X

04 지방의회는 단체위임사무의 처리과정에 관한 조례를 제정할 수 있다. 23지9 O | X

실전 문제

01 중앙정부의 지방자치단체 사무 배분 원칙에 대한 설명으로 옳은 것만을 모두 고르면? 21국7

> ㄱ. 지역주민생활과 밀접한 관련이 있는 사무는 원칙적으로 시·군 및 자치구의 사무로 배분하여야 한다.
> ㄴ. 서로 관련된 사무들을 배분할 때는 포괄적으로 배분하여야 한다.
> ㄷ. 시·군 및 자치구가 처리하기 어려운 사무는 국가보다는 시·도에 우선적으로 배분하여야 한다.
> ㄹ. 시·군 및 자치구가 해당 사무를 원활히 처리할 수 있도록 행정적·재정적 지원을 병행하여야 한다.
> ㅁ. 주민의 편익증진과 집행의 효과 등을 고려하여 지방자치단체 상호 간 중복되지 않도록 해야 한다.

① ㄱ, ㄷ, ㅁ
② ㄴ, ㄷ, ㄹ
③ ㄱ, ㄴ, ㄹ, ㅁ
④ ㄱ, ㄴ, ㄷ, ㄹ, ㅁ

02 기관위임사무에 대한 설명으로 가장 옳지 않은 것은? 24경간

① 법령에 의해 해당 지방자치단체에 위임된 사무로서 전국적 이해관계를 가지는 통일적 사무들이다.
② 기관위임사무에 드는 소요 경비는 원칙적으로 국가가 부담해야 한다.
③ 지방의회는 국회와 상급 자치단체가 직접 감사하기로 한 기관위임사무 외에는 감사 가능하다.
④ 단체위임사무에 비해 기관위임사무에 대한 상급기관의 감독은 더 광범위하다.

03 다음 중 우리나라 지방자치단체의 사무에 대한 설명으로 가장 적절하지 않은 것은? 24국7

① 지방자치단체의 사무는 자치사무와 위임사무로 구분된다.
② 지방의회는 지방자치단체의 자치사무에 대해 행정사무 감사 및 조사를 실시할 수 있다.
③ 지방자치단체나 그 장이 위임받아 처리하는 국가사무에 대하여 주무부장관의 지도·감독을 받는다.
④ 지방자치단체의 자치사무에 대하여는 행정안전부장관이 그 회계를 감사할 수 없다.

04 우리나라 자치경찰에 대한 설명으로 가장 적절하지 않은 것은? 23국회9

① 시·도자치경찰위원회는 특별시장·광역시장·특별자치시장·도지사·특별자치도지사 소속으로 자치경찰사무를 관장한다.
② 2019년부터 자치경찰제가 시행되었다.
③ 시·도자치경찰위원회는 합의제행정기관으로서 그 권한에 속하는 업무를 독립적으로 수행한다.
④ 국가경찰사무로 국민의 생명·신체 및 재산의 보호, 범죄의 예방·진압 및 수사 등이 있다.
⑤ 자치경찰사무로 지역 내 주민의 생활안전활동에 관한 사무, 지역 내 다중운집 행사 관련 혼잡 교통 및 안전 관리 등이 있다.

정답

OX 01 X 02 O 03 O 04 O   실전 01 ④ 02 ③ 03 ④ 04 ②

해설 261쪽

TOPIC 49 주민참여예산제도

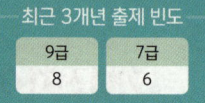

★★☆☆ 중요도 B

이것이 핵심!

1. 주민은 조례제정청구권, 주민소환권, 감사청구권, 주민소송권, 의견제출권, 주민투표권 등을 보유합니다.
2. 지역에 거주하지 않더라도 주민등록만 되어 있다면 「지방자치법」상 주민으로서의 권리와 의무의 주체입니다.

01 주민의 권리

주민청원		지방의회의원의 소개를 받아 지방의회에 청원서를 제출하는 것
조례제정 및 개폐청구권 등		• 일정 조건을 충족한 주민은 해당 지방의회에 조례를 제정하거나 개정 또는 폐지할 것을 청구 가능 • 2021년 개정된 「지방자치법」을 통해 규칙의 제정과 개정·폐지 관련 의견 제출도 보장
주민감사 청구	개념	지방자치단체 사무가 법령을 위반하거나 공익을 해칠 경우 주무부장관이나 시·도지사에 감사청구
	특징	사무처리가 있었던 날이나 끝난 날부터 3년이 지나면 제기할 수 없음
주민 소송	개념	• 감사청구한 일정한 재무회계와 관련이 있는 사항을 지자체의 장을 상대로 손해를 배상하게 하는 제도 • 위법한 행위 등에 대해 제기 가능
	특징	• 먼저 감사를 청구해야 하고 감사를 청구한 개인은 누구라도 주민소송 제기 가능 • 주민 전체 이익을 위한 소송으로 법원 허가 없이는 소의 취하 등이 불가능 • 소송을 제기한 주민의 사망 시 소송절차 중단
주민 소환	개념	주민이 지방자치단체장 및 지방의회의원(비례대표는 제외)을 소환, 즉 임기종료 전 해직하는 것
	특징	• 주민소환투표권자의 연령은 19세 이상이며 일정한 요건을 갖춘 외국인에게도 주민소환투표권 부여 • 선출직 지방공직자의 임기개시일로부터 1년이 경과하지 아니한 때와 임기만료일로부터 1년 미만일 때는 주민소환투표의 실시를 청구할 수 없음
주민 투표	개념	• 주민이 지방자치단체의 장이나 의회의원 권한을 제약하거나 행사하여 주요안건을 해결 • 일정 요건 아래에서 주민, 지방의회, 지자체장의 판단으로 실시 가능
	특성	• 주민투표의 대상·발의자·발의요건, 그 밖에 투표절차 등에 관한 사항은 따로 「주민투표법」으로 규정 • 주민투표사항은 투표권자 총수의 4분의 1 이상의 투표와 유효투표수 과반수의 득표로 확정

02 주민참여예산제도

개념	• 「지방재정법」에 의거 지방자치단체의 예산편성에 주민이 참여하는 의무적 제도 • 지자체의 장은 주민참여예산제도를 통하여 수렴한 의견서를 지방의회에 제출하는 예산안에 첨부
특징	• 결과적 측면보다는 과정적 측면의 이념을 지향 • 주민참여예산기구의 구성·운영과 그 밖에 필요한 사항은 해당 지방자치단체의 조례로 규정

03 주민자치회 및 주민자치위원회

개념	주민자치위원회 위원은 읍·면·동장이, 주민자치회 위원은 시·군·구청장이 위촉
특징	• 주민자치회가 주민자치위원회보다 더 주민 대표성이 강함 • 지방자치단체와의 관계는 주민자치회가 주민자치위원회보다 더 대등한 협력관계

기출 선지 OX

01 일정 조건을 충족한 주민은 해당 지방의회에 조례를 제정하거나 개정 또는 폐지할 것을 청구할 수 있다. `24국9` O | X

02 2021년 1월 전부개정된 「지방자치법」에서 처음으로 도입된 주민참여제도는 규칙의 제정과 개정·폐지 관련 의견 제출이다. `23국9` O | X

03 일정 기간 지역에 거주하지 않았더라도 주민등록만 되어 있다면 「지방자치법」상 주민으로서의 권리와 의무의 주체가 된다. `24행정사` O | X

04 지방의회에 청원을 할 때에는 지방의회의원의 소개를 받아 청원서를 제출하여야 한다. `23국회9` O | X

실전 문제

01 주민참여제도에 대한 설명으로 옳은 것은? `23지7`
① 주민투표의 대상·발의자·발의요건, 그 밖에 투표절차 등에 관한 사항은 따로 「주민투표법」으로 정하고 있다.
② 주민은 지방자치단체의 권한에 속하는 사무의 처리가 법령에 위반되거나 공익을 현저히 해친다고 판단될 때 해당 지방자치단체장에게 감사를 청구할 수 있다.
③ 주민은 지방자치단체의 공금지출에 관한 위법한 행위에 대하여 해당 지방자치단체의 장을 상대방으로 주민소송이 가능하며, 이 제도는 2021년 「지방자치법」 전부개정을 통해 처음 도입되었다.
④ 주민은 지방의회의원과 지방자치단체장에 대해 소환할 권리를 가지며 비례대표지방의회의원도 소환 대상에 포함된다.

02 주민참여예산제도에 대한 설명으로 가장 옳지 않은 것은? `24경간`
① 지방자치단체의 예산편성과정에 주민이 참여하는 제도이다.
② 참여예산제는 결과적 측면보다는 과정적 측면의 이념을 지향한다.
③ 「지방재정법」에 당연규정이 아닌 임의규정으로 근거조항이 마련되어 있다.
④ 주민참여예산기구의 구성·운영과 그 밖에 필요한 사항은 해당 지방자치단체의 조례로 정한다.

03 주민참여예산제도에 관한 설명으로 가장 적절한 것은? `24경승`
① 예산심의과정에 주민이 직접 참여하는 제도이다.
② 주민참여예산기구 설치에 관한 법적 근거는 「지방자치법」에 있다.
③ 지방자치단체의 장은 주민참여예산제도를 통하여 수렴한 주민의 의견서를 지방의회에 제출하는 예산안에 첨부하여야 한다.
④ 주민참여를 중시한다는 점에서 뉴거버넌스론보다 신공공관리론이 환영하는 제도이다.

04 다음 〈보기〉의 주민참여제도 중 우리나라에서 실제로 사용된 사례가 있는 제도를 모두 고르면? `24해간`

〈보기〉
ㄱ. 주민소환   ㄴ. 주민투표
ㄷ. 주민감사청구   ㄹ. 주민발안

① ㄱ, ㄷ
② ㄱ, ㄴ, ㄷ
③ ㄴ, ㄷ, ㄹ
④ ㄱ, ㄴ, ㄷ, ㄹ

정답
OX 01 O 02 X 03 O 04 O   실전 01 ① 02 ③ 03 ③ 04 ④

TOPIC 50 지방재정

최근 3개년 출제 빈도
9급	7급
7	13

★★★★ 중요도 S

> **이것이 핵심!**
> 1. 지방재정의 재원은 수입에 따라 자주재원과 의존재원으로 구분됩니다.
> 2. 최근 고향사랑 기부금 제도가 활성화되었습니다.

01 지방재정 지출

내용	• 지역주민의 복지 및 후생에 직접 관계가 있는 지출이 다수 • 국가재정과 달리 지방교육재정이 별도로 운영
특징	• 수익자부담주의(응익주의)에 입각한 재정운영이 용이 • 중앙재정에 비해 외부효과로 인한 자원 배분의 비효율 발생가능성이 높음

02 재원

자주
재원
	지방세	• 광역자치단체 지방세와 기초자치단체 지방세로 구분
		   ─ **광역자치단체 지방세**: 지방소비세, 지역자원시설세, 레저세, 취득세 등
		   ─ **기초자치단체 지방세**: 담배소비세, 재산세 등
		• 법률 근거 없이는 세원을 발굴할 수 없는 등 **지방자치단체의 역할은 제한적**
		   ─ 일부 세목의 세율에 대해 **일정 범위 내 결정만이 가능**
		   ─ 레저세, 지방소비세 등에는 탄력세율도 적용되지 않음

	지방세외
	수입
		「지방자치법」에 규정된 **사용료, 임대수입, 분담금, 수수료 등 지방자치단체의 세금외수입**
		  ─ 사용료는 지방자치단체의 공공용재산을 사용함으로써 얻는 편익에 대한 대가
		  ─ 재산임대수입은 계속 반복되는 경상적 세외수입이며, 재산매각수입은 임시적 세외수입
		  ─ 분담금이란 지방자치단체의 재산 또는 공공시설로 특별한 이익을 받은 자에게 징수하는 공과금

의존
재원
	내용	지방자치단체 자체수입이 아닌 **중앙정부에서 지원되는 금액**
		  ─ 지방교부세, 지방교육재정교부금(지방교육자치단체), 보조금 등
		  ─ 내국세 일부가 지방교부세의, 내국세 및 교육세 일부가 지방교육재정교부금 재원

	특징	• **보통교부세, 부동산교부세**는 목적과 용도가 정해져 있지 않은 일반재원 • **국고보조금**은 국가 및 지방사업을 수행하는 지자체에 교부되며, **용도가 지정되어 있는 특정 재원** ─ 국가는 **정책상 필요하다고 인정할 때** 또는 지방자치단체의 재정 사정상 특히 필요하다고 인정할 때에는 예산의 범위에서 지방자치단체에 **보조금 교부 가능**
지방채		행정안전부의 지방채 발행 한도 내에서만 발행이 가능하며 한도 내라고 하더라도 외채 발행 시에는 지방의회의 의결 전 행정안전부장관 승인 필요

03 고향사랑 기부금

목적	지방자치단체가 주민복리 증진 등을 위해 기부금을 받고 특산물 등 답례품을 제공하는 제도
특징	• 지방자치단체는 고향사랑 기부금의 효율적인 관리·운용을 위하여 **기금을 설치**하여야 함 • 지방자치단체는 **현금, 고가의 귀금속 및 보석류를 답례품으로 제공하여서는 아니 됨** • 「고향사랑 기부금에 관한 법률」에 따른 고향사랑 기부금의 모금 접수 및 사용 등에 관하여는 「기부금품의 모집 및 사용에 관한 법률」을 적용하지 않음

기출 선지 OX

01 특별시·광역시의 보통세와 도의 보통세에 공통적으로 속하는 세목은 지방소득세, 지방소비세, 레저세이다. `22지9` O | X

02 지방재정의 세입구조는 수입원에 따라 자주재원과 의존재원으로 나눌 수 있다. `22국회9` O | X

03 지방세제도와 관련하여 지방자치단체의 역할이 제한적이다. `22국회9` O | X

04 소득 및 소비과세의 비중이 높아서 지방세의 세수확장에 한계가 있다. `22국회9` O | X

실전 문제

01 현행 지방세의 탄력세율제도에 대한 설명으로 옳은 것만을 모두 고르면? `22지7`

> ㄱ. 지방세 일부 세목의 세율에 대해 일정 범위 내에서 지방자치단체가 자율적으로 결정할 수 있다.
> ㄴ. 레저세, 지방소비세는 탄력세율이 적용되지 않는다.
> ㄷ. 조례로 담배소비세, 주행분 자동차세에 대해 표준세율의 50%를 가감하는 방식과 같이 일정 비율을 가감하는 방식이 주로 활용된다.

① ㄱ
② ㄱ, ㄴ
③ ㄴ, ㄷ
④ ㄱ, ㄴ, ㄷ

02 지방재정에 대한 설명 중 가장 적절하지 않은 것은? `22경간`

① 지방재정은 중앙재정에 비해 지역주민의 복지 및 후생에 직접 관계가 있는 지출의 비중이 크다.
② 지방재정은 중앙재정에 비해 외부효과로 인해 자원 배분의 비효율이 발생할 가능성이 높다.
③ 지방재정은 중앙재정에 비해 수익자부담주의(응익주의)에 입각한 재정운영이 쉽다.
④ 지방재정은 중앙재정에 비해 자원 배분기능, 소득재분배기능, 지역경제 안정화기능 등 더 포괄적인 기능을 수행한다.

03 우리나라 고향사랑 기부금에 대한 설명으로 옳지 않은 것은? `23국회8`

① 지방자치단체는 해당 지방자치단체의 주민이 아닌 사람 또는 법인에 대해서만 고향사랑 기부금을 모금·접수할 수 있다.
② 지방자치단체는 고향사랑 기부금의 효율적인 관리·운용을 위하여 기금을 설치하여야 한다.
③ 고향사랑 기부금은 지방자치단체가 주민복리 증진 등의 용도로 사용하기 위한 재원을 마련하기 위한 것이다.
④ 지방자치단체는 현금, 고가의 귀금속 및 보석류를 답례품으로 제공하여서는 아니 된다.
⑤ 「고향사랑 기부금에 관한 법률」에 따른 고향사랑 기부금의 모금 접수 및 사용 등에 관하여는 「기부금품의 모집 및 사용에 관한 법률」을 적용하지 아니한다.

04 지방자치단체의 재정에 관한 설명으로 옳지 않은 것은? `23소간`

① 「지방자치법」에 규정된 사용료, 수수료, 분담금 등은 지방자치단체의 세외수입에 해당한다.
② 지방자치단체는 새로운 세원(稅源)을 법률의 근거 없이 독자적으로 발굴할 수 없다.
③ 보통교부세는 재정적 결함이 있는 지방자치단체를 지원하는 데에 목적을 두며, 재원은 용도가 지정되어 있지 않은 일반재원의 성격을 갖는다.
④ 국고보조금은 국가사업이나 지방사업을 수행하는 지방자치단체에 교부되며, 재원은 용도가 지정되어 있는 특정 재원의 성격을 갖는다.
⑤ 지방자치단체의 장은 대통령령으로 정하는 지방채 발행 한도액의 범위를 초과하여 지방채를 발행하기 위해서는 기획재정부장관의 승인을 받아야 한다.

정답

OX 01 O 02 O 03 O 04 X
실전 01 ② 02 ④ 03 ① 04 ⑤

해설 262쪽

TOPIC 50 지방재정

> **이것이 핵심!**
> 3. 지방재정 평가지표로는 재정자립도가 많이 사용되나 실제 재정력과 차이가 있다는 비판을 받습니다. 그 대안으로 재정자주도가 등장했습니다.
> 4. 교부세와 교부금 등을 통해 지역별로 재정 격차가 줄어들도록 조정하고 있습니다.

04 지방재정 평가지표

재정자주도		• 일반회계 대비 자주재원과 지방교부세를 합한 일반재원이 차지하는 비율 • 지방자치단체가 외부 간섭 없이 자주적으로 편성·집행할 수 있는 재원의 비율
재정자립도	개념	일반회계 대비 지방세와 세외수입 합계액이 차지하는 비율

	비판	• 지방자치단체의 실제 재정력과 차이가 있다는 비판
		    ┌ 특별회계와 기금을 제외하고 일반회계만을 고려하기에 재정능력이 과소평가
		    └ 중앙정부 재정지원을 의존재원으로 처리하여 그 형태나 성격 파악이 불가
		• 자체재원만을 반영하고 세출 구조를 고려하지 않아 세출의 질을 알 수 없음

재정력지수		기준재정수요액에서 기준재정수입액의 비로 실질적 재정능력 판단의 기준
주민1인당 지방세 부담액		지방세액을 주민 수로 나눈 것으로 세입구조 안정성을 판단하는 기준

05 지방재정조정제도

목적			국가와 지방자치단체 간의 수직적 재정불균형을 시정하려는 목적 – 지방자치단체 사이에 재정력 차이가 지속될 경우 형평성 문제 초래
종류			국고보조금, 지방교부세(지방교육재정교부금), 지역균형발전특별회계 – 지역균형발전특별회계는 노무현 정부의 국가균형발전특별회계의 신설에서 비롯
지방교부세	개념		• 지방자치단체 의사결정에 따라 지출 용도가 자유로운 일반보조금으로서 지방자치단체의 세출 재량권이 보장 • 지역 간 재정력 격차를 완화시키는 재정 균등화 기능 수행
	종류		보통교부세, 특별교부세, 부동산교부세, 소방안전교부세
		보통교부세	• 재정적 결함이 있는 지방자치단체를 지원하는 데에 목적을 두며, 재원은 용도가 지정되어 있지 않은 일반재원의 성격 • 매년 기준재정수입액이 기준 재정수요액에 못 미치는 지방자치단체에 그 미달액을 기초로 교부
		특별교부세	• 행정안전부장관이 지방자치단체의 장이 법령에 따른 특별교부세의 교부를 신청하는 경우 심사하여 교부 • 단, 행정안전부장관이 필요하다고 인정하는 경우에는 신청이 없는 경우에도 일정한 기준을 정하여 특별교부세 교부 가능
		부동산교부세	종합부동산세를 재원으로 전액을 지방자치단체에 교부
국고보조금			• 용도나 조건이 정해져 있으며 지방정부는 보조금을 주는 중앙부처가 지정한 용도와 조건에 맞게 지출 • 국가정책·지방자치단체 재정사정상 필요시 중앙부처 예산에 반영
조정교부금			광역자치단체가 관할 기초자치단체 간 재정 격차를 해소함으로써 균형적 행정서비스를 제공하기 위한 재정조정제도

기출 선지 OX

05 지방교부세는 보통교부세, 특별교부세, 부동산교부세, 소방안전교부세로 구분한다. `22국9` O | X

06 부동산교부세는 종합부동산세를 재원으로 하며 전액을 지방자치단체에 교부한다. `22국9` O | X

07 재정자주도는 일반회계 세입에 대비하여 자주재원과 지방교부세를 합한 일반재원이 차지하는 비율로 계산된다. `21국회9` O | X

08 국고보조금의 구체적인 세출사항에 대해서는 국회 심의절차를 거치지 않고, 지방자치단체가 자율적으로 결정하되 사후적인 배분 내역만을 공개하고 있다. `21국회9` O | X

실전 문제

05 지방재정에 대한 설명으로 옳지 않은 것은? `23국7`
① 부동산교부세는 일반재원이다.
② 내국세 및 교육세의 일부는 지방교육재정교부금의 재원이다.
③ 지역균형발전특별회계는 노무현 정부의 국가균형발전특별회계의 신설에서 비롯되었다.
④ 지역상생발전기금은 지방소비세 도입과정에서의 광역지자체와 기초지자체 간 세수입 배분의 불균형을 해소하기 위한 것이다.

06 지방재정에 대한 설명으로 옳지 않은 것은? `23지7`
① 재정자립도는 일반회계 예산 규모에서 지방세와 세외수입 합계액의 비(比)를 의미하며 지방자치단체의 실제 재정력과 차이가 있다는 비판이 있다.
② 재정자주도는 일반회계 예산 규모에서 자체수입과 자주재원 합계액의 비를 의미하며 보통교부세 교부 여부의 적용 기준으로 활용된다.
③ 재정력지수는 기준재정수요액에서 기준재정수입액의 비를 의미하며 기본적 행정수행을 위한 재정수요의 실질적 확보능력을 판단하는 기준이 된다.
④ 주민 1인당 지방세 부담액은 지방세액을 해당 지방자치단체 주민 수로 나눈 것으로 세입구조 안정성을 판단하는 기준이 된다.

07 우리나라 지방재정조정제도에 대한 설명으로 옳은 것은? `21지7`
① 「지방교부세법」상 지방교부세는 보통교부세, 특별교부세, 부동산교부세 및 소방안전교부세로 구분된다.
② 지방교부세는 중앙정부가 국가사무를 지방정부에 위임하거나 지방정부가 추진하는 사업 경비의 전부 또는 일부를 보조하거나 지원하기 위한 제도이다.
③ 조정교부금은 전국적 최소한 동일 행정서비스 수준 보장을 위해 중앙정부가 내국세의 일정 비율을 자치단체에 배분하는 것이다.
④ 지방교부세 대비 국고보조금의 비중 증가는 지방 재정의 자율성을 강화한다.

08 지방재정조정제도에 대한 설명으로 가장 옳지 않은 것은? `24경간`
① 국가와 지방자치단체 간의 수직적 재정불균형을 시정하려는 목적이 있다.
② 지방교부세와 국고보조금은 지방자치단체의 자체수입이 아닌 중앙정부로부터 지원되는 의존재원이라는 공통점이 있다.
③ 보통교부세는 사용목적과 용도가 정해져 있지 않은 일반재원의 성격을 가진다.
④ 지방교부세 대비 국고보조금의 비중 증가는 지방재정의 자율성을 강화한다.

정답

OX 05 O 06 O 07 O 08 X   **실전** 05 ④ 06 ② 07 ① 08 ④

정답 및 해설

TOPIC 01~50

기출 선지 OX

실전 문제

TOPIC 01 행정학의 시작과 시장실패

기출 선지 OX

| 01 × | 02 ○ | 03 ○ | 04 ○ |
| 05 × | 06 × | 07 ○ | 08 × |

01 정답 ×
윌슨은 행정을 정치로부터 분리시킨 정치행정이원론의 입장을 취했습니다. 정치와 행정의 유사점에 초점을 두었다고 하였기에 틀린 내용입니다.

02 정답 ○
굿노우는 대표적인 정치행정이원론자입니다. 맞는 내용입니다. 굿노우가 쓴 책의 제목이 『정치와 행정』입니다.

03 정답 ○
관리기술적 측면에서 행정과 경영은 유사합니다. 이런 측면에서 우수한 경영기법이 행정에 사용됩니다.

04 정답 ○
정치행정이원론은 행정을 공공서비스와 관련된 비권력적 관리현상으로 이해합니다. 즉, 정치행정이원론은 공사행정일원론의 입장을 취합니다.

05 정답 ×
시장실패에 대한 대응으로는 큰 정부론이 등장했습니다. 틀린 내용입니다.

06 정답 ×
긍정적 외부효과가 있는 경우 사회적 적정수준보다 과소 생산됩니다. 틀린 내용입니다.

07 정답 ○
케인스주의, 뉴딜정책은 큰 정부를 강조합니다. 옳은 내용입니다.

08 정답 ×
애플비는 정치와 행정을 구분하는 것은 적절하지 않다고 했습니다. 틀린 내용입니다.

실전 문제

| 01 ④ | 02 ④ | 03 ④ | 04 ① |
| 05 ③ | 06 ④ | 07 ③ | 08 ② |

01 정답 ④

정답 찾기
④ 행정의 정책결정을 정당화하는 것은 정치행정일원론의 입장입니다.

오답 피하기
① 정치행정이원론은 공사행정일원론의 입장을 취합니다.
② 굿노우의 견해로 옳은 선지입니다.
③ 옳은 선지입니다. 윌슨의 논문으로부터 행정학이 시작되었습니다.

02 정답 ④

정답 찾기
이런 문제는 당연한 내용을 소거법으로 제거하는 방식으로 접근해야 합니다.
④ 행정이 정치권력을 배경으로 수행된다는 것은 맞습니다. 그러나 오늘날 공공서비스의 생산 및 공급은 정부와 민간이 협력하여 함께 수행합니다.

오답 피하기
① 최협의적으로는 국가 활동, 다시 말하여 행정부 조직과 공무원의 활동이 곧 행정입니다.
② 행정의 목적은 공공서비스 공급과 국민 삶의 증대에 있습니다.
③ 환경이 바뀌면 행정의 역할도 바뀝니다. 시대마다 달라진 행정의 역할을 기억하세요.

03 정답 ④

정답 찾기
④ 정책결정에 있어서 행정의 적극적 역할을 강조한 것은 정치행정일원론입니다.

오답 피하기
① 19세기 후반 미국은 부패 문제가 부각되면서 시정개혁운동, 진보주의 운동이 일어납니다. 행정학은 이를 배경으로 등장하였습니다. 윌슨은 정치행정이원론의 대표학자가 맞고 모두 옳은 내용입니다.
② 굿노우의 견해로 적절합니다.
③ 정치행정이원론은 선거에 승리한 정당이 공직을 차지한다는 엽관주의를 비판하고 행정의 전문성 확보를 강조합니다. 적절합니다.

04 정답 ①

정답 찾기
① 행정은 넓은 의미로 모든 조직에서 나타나는 협동행위를 뜻합니다.

오답 피하기
② 공사행정이원론은 행정과 경영의 차이점을 강조합니다. 공사행정일원론이 행정과 경영의 유사점을 강조합니다. 틀린 내용입니다.
③ 윌슨은 정치와 행정의 분리를 강조했습니다. 틀린 내용입니다.
④ 정치행정이원론은 행정과 정치의 분리를 강조합니다. 틀린 내용입니다.

05 정답 ③

정답 찾기
③ 옳은 선지입니다.

오답 피하기
① 공공재는 직접 공급 방식으로 대응해야 합니다.
② 외부효과의 경우 공적 유도나 정부규제로 대응해야 합니다.
④ 정보의 비대칭성의 경우 공적 유도나 정부규제로 대응해야 합니다.

06
정답 ④

정답 찾기
소거법으로 풀었어야 합니다.
④ 코오즈는 정부의 개입없이 민간의 협상으로 외부효과 문제를 해결할 수 있다고 보았습니다. 이때 그는 민간 협상 시 발생하는 거래비용은 거의 존재하지 않아야 한다고 했습니다. 거래비용이 크게 존재할 것을 전제로 했다는 내용은 틀립니다.

오답 피하기
① 의도하지 않게 불이익을 주는 것이 외부불경제입니다.
② 외부불경제는 과다 생산, 외부경제는 과소 생산을 초래합니다.
③ 정부는 공적유도, 즉 조세나 보조금 및 정부규제로 외부효과에 대응하게 됩니다.

07
정답 ③

정답 찾기
③ 공공재는 시장실패를 초래합니다. 공공재는 비배제성과 비경합성을 지닌 재화입니다. 적절하지 않습니다.

오답 피하기
① 정보의 비대칭성은 시장실패를 초래합니다. 적절합니다.
② 적절합니다.
④ 적절한 내용입니다. 선지 ③을 보고 바로 답을 골랐어야 합니다.

08
정답 ②

정답 찾기
② 적절한 내용입니다. 애플비는 행정은 정책결정과 집행의 혼합작용이라 보았으며 행정의 민주성을 강조했습니다.

오답 피하기
① 관리를 강조하는 것은 공사행정일원론의 입장입니다.
③ 애플비의 주장이 아닙니다. 뒤에서 배울 과학적 관리론, 행정관리론의 입장입니다.
④ 귤릭이라는 학자의 견해입니다. 애플비가 주장하지 않았습니다.

TOPIC 02 정부실패와 행정 참여자

기출 선지 OX

| 01 ○ | 02 × | 03 ○ | 04 × |
| 05 ○ | 06 ○ | 07 × | 08 ○ |

01
정답 ○

선거를 의식한 단기 처방과 문제 과장이 정부실패의 고전적 원인(정치 순환론)에 해당합니다.

02
정답 ×

X-비효율성은 경쟁 압력이 없는 공급자 내부의 관리적 느슨함을 말합니다. '수요 측' 때문이라는 설명은 틀렸습니다.

03
정답 ○

대처리즘, 레이거노믹스는 규제 완화·감세·민영화를 통해 작고 효율적인 정부를 지향하였습니다.

04
정답 ×

하이에크는 『노예의 길』(1944)에서 계획경제와 큰 정부가 자유를 파괴한다고 비판했습니다. 시장실패를 탓하며 큰 정부를 옹호했다는 진술은 사실과 반대입니다.

05
정답 ○

공유재는 경합성과 비배제성 때문에 '공유지의 비극'식의 과잉소비 우려가 있습니다.

06
정답 ○

집합재는 비경합·비배제 재화이므로 당연히 비배제성을 지닙니다.

07
정답 ×

정부가 NGO가 만든 공공재·집합재의 비용을 보조하면, NGO는 정부 프로그램을 보완하는 수행자가 됩니다. '대체적 관계'라는 설명은 틀렸습니다.

08
정답 ○

정부 주도로 특정 NGO 분야를 키우면서 형성되는 의존적 관계는 개발도상국에서 흔히 나타납니다.

실전 문제

| 01 ① | 02 ④ | 03 ① | 04 ③ |
| 05 ④ | 06 ④ | 07 ③ | 08 ③ |

01
정답 ①

정답 찾기
① X-비효율성은 조직 내부의 비효율성을 뜻할 뿐 '권력으로 인한 불평등 분배'를 지칭하지 않습니다.

오답 피하기
② 지대추구는 정부가 만든 인위적 지대를 차지하려고 사회적 자원을 낭비하는 행위입니다.
③ 파생적 외부효과는 정부개입이 초래한 의도하지 않은 부작용입니다.
④ 내부성은 관료와 기관의 사익을 공익보다 우선적으로 고려하는 것입니다.

02
정답 ④

정답 찾기
④ 주인-대리인 문제는 정보가 풍부한 대리인(관료)과 열위인 주인(국민) 사이의 비대칭에서 비롯됩니다. '공무원이 정보가 부족하다'는 진술은 반대입니다.

오답 피하기
① 독점적 특혜 획득을 위한 행위가 지대추구 행위입니다.
② 경쟁 부재로 생기는 것이 X-비효율성입니다.
③ 정부개입의 부작용을 뜻하는 것이 파생적 외부효과입니다.

03

정답 ①

정답 찾기
① '작지만 효율적인 정부'적 개혁은 규모 축소에 더하여 성과를 달성하고 효율성을 제고하려 합니다. 외형 축소만 강조한 설명은 부적절합니다.

오답 피하기
② 1980년대 이후 NPM 프로그램이 맞습니다.
③ 레이건 대통령이 주장한 작지만 효율적인 정부는 효율성 제고를 위해 시장지향적 경쟁 원리를 강조합니다.
④ 작지만 효율적인 정부는 재량 부여와 결과책임(성과관리)을 강조합니다.

04

정답 ③

정답 찾기
③ 케인스주의는 유효수요(총수요) 관리와 재정지출 확대를 중시하는 수요 중심 학파입니다. '공급 중시' 거시경제정책은 새고전주의 및 공급 중시 경제학입니다.

오답 피하기
① 1970년대부터 강조된 신자유주의로 흐름이 큰 정부에서 작은 정부로 전환됩니다.
② 신공공관리론(NPM)이 작은 정부와 시장원리를 옹호하는 행정개혁이론입니다.
④ 작은 정부와 규제 완화와 민영화를 강조하는 것이 신자유주의입니다.

05

정답 ④

정답 찾기
④ ㉣ 유형은 '비경합 + 비배제'인 집합재입니다. 집합재는 대규모 초기 투자와 규모의 경제가 발생하는 산업과는 성격이 다릅니다.

오답 피하기
① ㉠ 유형은 '경합 + 배제'에 해당하는 시장재입니다. 시장재는 일반적으로 수요와 공급에 따라 가격이 형성되므로, 시장 메커니즘으로 조정된다고 이해하시면 됩니다.
② ㉡ 유형은 '비경합 + 배제'에 해당하는 요금재입니다. 다수의 이용자가 함께 써도 소비량이 줄지 않지만, 요금을 내지 않으면 이용을 제한할 수 있으므로 공기업이나 민간 사업자가 요금을 부과하며 공급하는 경우가 많습니다.
③ ㉢ 유형은 '경합 + 비배제'인 공유재입니다. 공유재는 임의로 접근을 막기 어렵고, 사용자 간 경합이 일어나 자원이 고갈될 위험이 있으므로 '공유지의 비극'이 우려됩니다.
⑤ ㉢과 ㉣은 모두 비배제성이 있어 무임승차 문제를 동반할 가능성이 있습니다.

06

정답 ④

정답 찾기
④ 집합재는 비경합성과 비배제성을 동시에 지니는 재화·서비스입니다. 시장 가격으로 수익을 회수하기 어렵기 때문에 정부나 비정부조직(NGO)이 주로 공급하거나 보조금을 통해 제공되는 경우가 많습니다.

07

정답 ③

정답 찾기
③ 요금재는 배제성이 있으므로 요금을 통해 공급 주체가 비용을 회수할 수 있습니다. 따라서 X-비효율성을 이유로 '대부분 정부가 공급한다'고 단정하기는 어렵습니다. 공기업을 통해 공급하는 경우가 많습니다.

오답 피하기
① 시장재는 사적 재화이지만, 안전성이나 소비자 보호가 필요할 때 행정 규제가 이루어질 수 있습니다.
② 공유재는 비배제성과 경합성으로 인해 과다 소비가 발생할 수 있으며, 이용자 간 비용 전가 문제가 제기됩니다.
④ 집합재는 비배제성 때문에 비용 부담에 따른 차별이 어렵고, 무임승차 문제가 대표적으로 나타납니다.

08

정답 ③

정답 찾기
③ 제3섹터 조직 대부분은 등록·인가 등 제도적 절차를 거친 공식 조직입니다. 따라서 '비공식적이고 비제도적'이라는 설명은 제3섹터를 정확히 설명한다고 보기 어렵습니다.

오답 피하기
① 제3섹터에는 비영리 민간 활동뿐 아니라 공공기관과 민간이 합작하여 영리활동을 하는 법인(예 공사 합동 회사)도 포함될 수 있습니다.
② 비정부조직(NGO)은 시장실패와 정부실패를 보완하려는 움직임 속에서 등장하였습니다.
④ NGO는 시민의 자발적·자원적 참여를 기반으로 하며, 스스로 운영 방향을 결정하는 자치적 특성을 가지고 있습니다.

TOPIC 03 본질적 가치와 수단적 가치

기출 선지 OX

01 ✗	02 ✗	03 ○	04 ✗
05 ○	06 ✗	07 ✗	08 ✗
09 ✗	10 ✗	11 ✗	12 ✗

01

정답 ✗

효과성과 능률성은 모두 목표 달성을 위한 수단적 가치입니다. 따라서 능률성을 본질적 가치로 분류한 설명은 적절하지 않습니다.

02

정답 ✗

인간관계론은 조직 내 인간적·사회적 요인을 중시하여 사회적 능률을 강조합니다. 기계적 능률성을 추구한다는 설명은 사실과 다릅니다.

03

정답 ○

신공공관리론은 시장 원리와 경쟁 도입을 통해 효율성을 높이려는 이론이므로 설명이 적절합니다.

04 정답 ✗

형평성을 강조하는 것은 신행정학입니다. 신공공서비스론은 형평성을 명시적으로 강조하지 않았습니다.

05 정답 ○

공익 과정설은 사익 간 갈등을 조정하고 타협하는 절차에서 공익이 산출된다고 봅니다.

06 정답 ✗

공익 실체설이 아니라 과정설이 민주적 절차에 따라 공익이 보장된다고 주장합니다.

07 정답 ✗

롤스 정의론에서 기회 균등의 원리가 차등 원리에 우선합니다. '후자가 우선'이라는 진술은 부적절합니다.

08 정답 ✗

롤스는 자유와 평등의 조화를 추구하는 중도 입장으로서 전통적 자유방임주의와는 거리가 있습니다.

09 정답 ✗

효율성은 투입 대비 산출의 비율을, 효과성은 목표 달성도를 의미하므로 진술이 거꾸로 설명되었습니다.

10 정답 ✗

효과적인 대안이더라도 자원을 많이 소모한다면 능률적이라고 할 수 없으므로 항상 능률적이라는 진술은 성립하지 않습니다.

11 정답 ✗

효과성은 목표를 얼마나 달성했는지를 보며 자원 낭비 여부는 효율성의 문제입니다.

12 정답 ✗

가외성은 중복과 여유를 통해 신뢰성을 높이지만 경제성과 능률성 측면에서는 오히려 불리합니다.

실전 문제

01 ①	02 ②	03 ③	04 ①
05 ①	06 ①	07 ④	08 ③
09 ①	10 ③	11 ④	12 ①

01 정답 ①

[정답 찾기]
① 행정이 지향해야 할 바람직한 미래상은 행정목표입니다.

[오답 피하기]
② 행정이념은 시대와 정책 환경 변화에 따라 강조점이 달라집니다.
③ 행정이념은 '목표 달성을 위한 수단'의 성격을 가지고 있습니다.
④ 행정이념은 행정 활동 전반에서 판단 기준과 지침 역할을 합니다.

02 정답 ②

[정답 찾기]
② 민주적 의사결정은 수단적 가치입니다.

[오답 피하기]
① 공익 추구는 행정가치 중에서도 핵심이 되는 가치로 본질적 가치입니다.
③ 평등한 가치 배분은 형평성의 표현으로서 본질적 가치에 속합니다.
④ 사회적 약자 배려 역시 형평성 차원에서 본질적 가치입니다.
⑤ 사유재산권 보장과 직업선택의 자유는 자유권으로서 본질적 가치에 속합니다.

03 정답 ③

[정답 찾기]
③ 베버는 규칙과 직무 전문화를 통해 합리적이고 효율적인 조직 운영을 강조했으므로 능률성이 이에 해당합니다.

[오답 피하기]
① 민주성은 과거 엽관주의에서 강조했던 이념입니다.
② 형평성은 신행정론이 강조하는 이념입니다.
④ 대응성은 후기 행정이론에서 강조한 가치로 베버 관료제와는 거리가 있습니다.

04 정답 ①

[정답 찾기]
① 신공공관리론은 공익을 시장 과정으로 파악하려 했습니다. 즉, 개개 효율성의 합이 공익이 된다고 보았습니다.

[오답 피하기]
② 신행정학은 형평성, 사회적 약자 배려 등 가치를 중시했으며 효과성을 최고 가치로 본 것은 아닙니다.
③ 뉴거버넌스론자가 아닌 신공공서비스론자가 다양한 행위자들의 담론과 협의를 통해 형성되는 공유가치를 공익으로 봅니다.
④ 정치행정이원론의 핵심 관심은 정치와 행정의 분리 및 행정의 전문성을 확보하는 것이지, 민주적 대응성 자체를 높이는 데 있지는 않았습니다.

05 정답 ①

[정답 찾기]
① 공익 실체설이 아니라 과정설 측에서 실체설의 주장을 '상징적 수사'라고 비판합니다.

[오답 피하기]
② 적법절차 준수를 통한 공익 보장이 공익 과정설의 관점입니다.
③ 기초주의 인식론은 공익에 객관적 토대를 두려는 입장이므로 실체설입니다.
④ 공공재의 존재나 공유지 비극은 사익을 넘어서는 공익 필요성을 뒷받침하므로 실체설의 근거가 될 수 있습니다.
⑤ 다원주의에서 이익집단 간 상호조정과정을 통해 정책이 결정된다는 설명은 과정설과 가깝습니다.

06 정답 ①

[정답 찾기]
ㄱ. 공익 과정설은 집단이기주의가 나타날 수 있다는 한계가 있습니다.
ㄴ. 롤스의 정의론에서 기회 균등 원리가 차등 원리에 우선합니다.

오답 피하기
ㄷ. 공익 실체설은 개인주의라기보다 공동체적·규범적 성격을 가집니다.
ㄹ. 롤스의 정의관은 자유방임주의와 사회주의의 극단을 지양하는 중도적 입장입니다.

07 정답 ④
정답 찾기
④ 과정설은 정부를 중립 조정자로 상정하므로 정부의 독자적·적극적 역할을 강조하지 않습니다.

오답 피하기
① 실체설은 공익을 사익을 초월한 규범적 개념으로 봅니다.
② 과정설은 공익이 사익 간 타협·조정 과정에서 도출된다고 봅니다.
③ 실체설은 사익과 공익 중 공익이 우월하다고 보기에 공익과 사익의 갈등은 있을 수 없다고 봅니다.

08 정답 ③
정답 찾기
③ 수직적 형평성은 능력이나 여건이 다른 사람을 다르게 취급해 조세를 누진적으로 부과한다는 뜻입니다. '동등하게 취급'이라는 표현은 맞지 않습니다.

오답 피하기
① 사회적 형평성은 1968년 미노부룩 회의에서 신행정론이 강조한 가치입니다.
② 롤스의 정의론은 형평성 논의에 큰 영향을 주었습니다.
④ 수평적 형평성은 동등한 여건의 사람을 동등하게 취급한다는 뜻이며 동일노동 동일임금이 그 예입니다.

09 정답 ①
정답 찾기
① 가외성은 예기치 못한 수요에 대응할 여력을 제공하여 행정의 신뢰성을 높입니다.

오답 피하기
② 공익 실체설이 아니라 과정설이 공익을 사익의 총합이나 타협의 산물로 이해합니다.
③ 기계적 효율성은 투입 대비 산출을 정량적으로 파악한 개념이며 사회목적 실현이나 다차원적 이익 조정은 사회적 효율성에 해당합니다.
④ '다른 사람은 다르게 취급'은 수직적 형평성의 원칙입니다. 수평적 형평성은 동등한 여건에 있는 사람을 동일하게 대우하는 것입니다.

10 정답 ③
정답 찾기
③ 기계적 효율성은 수량적·기술적 효율을 중시하던 초기 행정학 시대에 강조된 개념입니다. '정치행정일원론'이 아닌 '정치행정이원론' 시대에 중시되었습니다.

오답 피하기
① 효율성은 투입 대비 산출의 비율로서 비용과 산출의 관계를 나타냅니다.
② 파레토 최적은 누구도 손해 없이 누구도 더 나아질 수 없는 상태를 말하며 자원 배분의 효율성을 이론적으로 뒷받침합니다.
④ 사회적 효율성은 인간적 가치·민주성 등 질적 요소까지 고려하는 효율 개념입니다.

11 정답 ④
정답 찾기
④ 효과성은 목표 달성도를 보며 비용이나 투입 문제에는 관심을 두지 않습니다.

오답 피하기
① 실체설은 공익을 사익을 초월한 규범적 실체로 파악합니다.
② 가외성은 불확실성과 위험을 줄이기 위해 기능이나 구조를 중첩·중복시키는 것을 의미합니다.
③ 파레토 효율성은 효율적 자원 배분 상태를 의미하지만 형평성까지 보장하지는 않습니다.

12 정답 ①
정답 찾기
① 가외성은 신뢰성과 적응력을 높이지만 중복 때문에 능률성은 떨어질 수 있습니다.

오답 피하기
② 가외성이 신뢰성을 높이려면 각 부분이 일정 범위 내에서 독립적으로 작동해야 합니다.
③ 대체수단을 확보하면 수단과 목표가 뒤바뀌는 현상을 완화할 수 있습니다.
④ 환경이 불확실할수록 가외적 구조는 생존가능성과 과업성취가능성을 높입니다.
⑤ 중복되는 조직들 사이에서는 이해관계 충돌가능성이 커집니다.

TOPIC 04 절차적 가치와 행정통제

기출 선지 OX
01 ○   02 ○   03 ○   04 ○
05 ✕   06 ✕   07 ○   08 ○

01 정답 ○
합리성은 궁극적 목표 달성을 위한 최적수단 여부를 따지는 개념입니다.

02 정답 ○
행정의 민주성은 대외적 관계뿐 아니라 관료조직 내부 의사결정과정에서도 실현되어야 합니다.

03 정답 ○
자율적 책임성은 직업윤리와 전문적 재량을 통해 스스로 책임을 완수할 때 확보됩니다.

04 정답 ○

도의적 책임은 국민의 수임자로서 정부가 지는 가장 광범위한 책임 차원입니다.

05 정답 ×

롬젝 책임유형에서 SOP · 내부규칙으로 통제되는 것은 관료적 책임이며, 법적 책임은 외부의 법령이나 사법 판결에 의해 통제됩니다.

06 정답 ×

감사원은 정부 부처 내에서 이루어지는 통제입니다. 외부통제가 아닙니다.

07 정답 ○

정치적 책임은 민간 고객 · 이익집단 등 외부이해관계자의 기대에 부응하는지를 중시합니다.

08 정답 ○

국무총리실을 통한 통제는 정부 내부의 공식 수단으로 이루어지는 행정통제입니다.

실전 문제

| 01 ② | 02 ③ | 03 ③ | 04 ③ |
| 05 ④ | 06 ① | 07 ③ | 08 ④ |

01 정답 ②

정답 찾기

② 국가공무원법과 지방공무원법 제1조는 '능률적 인사운영'과 '민주적 · 공정한 제도 확립'을 규정하고 있어 기본가치를 능률성과 민주성으로 명시합니다. 공정성과 민주성이라는 서술은 법문과 일치하지 않습니다.

오답 피하기

① 민주성이 강화될 때 복잡한 참여 절차로 인해 효과성이 떨어질 수 있습니다.
③ 행정의 공평성은 같은 사람을 같게, 다른 사람을 다르게 취급해야 한다는 수평 · 수직 공평성으로 구분할 수 있습니다.
④ 행정의 능률성은 투입 대비 산출 비율을 뜻합니다.

02 정답 ③

정답 찾기

③ 프리드리히는 심리적이고 전문적 · 내재적 통제를 중시하고 외부 제도 통제보다 이를 더 중요하다고 보았습니다.

오답 피하기

① 대응적 책임은 정부가 국민 요구에 신속히 부응해야 한다는 의미입니다.
② 도의적 책임은 국민의 수임자로서 정부가 지는 광범위한 책임 차원을 가리킵니다.
④ 내적 책임은 상급기관 · 상관에게, 외적 책임은 입법 · 사법 · 국민에게 진다는 구분이 맞습니다.
⑤ 파이너는 외부 기관의 강력한 법적 · 제도적 통제를 강조했습니다.

03 정답 ③

정답 찾기

③ 파이너는 전문가 재량을 강조한 것이 아니라 외부 통제를 강조했습니다.

오답 피하기

① 도의적 책임이 아니라 대응적 책임이 국민 · 고객 요구에 맞추는 책임입니다.
② 프리드리히는 외재적 · 민주적 책임보다 내부적 · 전문적 책임을 강조했습니다.
④ 입법국가에서는 외부통제가 핵심이었으나 행정국가로 이행하면서 내부통제(예 감사 · 윤리규범 · 프로그램평가)의 중요성이 부각되었습니다.

04 정답 ③

정답 찾기

③ 법적 책임은 위법 시 법적 제재가 뒤따르므로 국민여론이나 양심 비판에서 끝날 수 있다는 설명은 부적절합니다.

오답 피하기

① 행정책임은 공무원이 도덕 · 법률 규범에 따라 행동해야 할 의무를 뜻합니다.
② 행정책임은 도덕적 책임과 법적 책임으로 구분될 수 있습니다.
④ 파이너는 외재적 · 객관적 책임, 프리드리히는 내재적 · 주관적 책임을 강조했습니다.

05 정답 ④

정답 찾기

④ 기획재정부가 중앙부처 예산 편성 · 집행을 관리하는 것은 정부 조직 내부에서 이루어지는 공식적 통제로 내부통제에 해당합니다.

오답 피하기

① 공정한 감시와 견제기능을 하는 시민단체의 역할은 관료 조직 밖에서 일어납니다. 외부통제입니다.
② 국회의 입법 활동은 외부통제입니다.
③ 언론의 감시 기능 역시 외부통제입니다.

06 정답 ①

정답 찾기

① ㉠ 외부 · 공식적 통제: 청와대의 지휘 · 조정은 행정부 외부가 아니라 내부 위치에서 일어납니다.

오답 피하기

② ㉡ 내부 · 공식적 통제: 감사원은 각 부처 밖에 있으나 정부기구로서 내부 위치입니다.
③ ㉢ 외부 · 비공식적 통제: 이익집단 · 언론의 여론 형성은 외부 · 비공식 통제에 해당합니다.
④ ㉣ 내부 · 비공식적 통제: 공무원의 직업윤리 · 전문가 양심은 조직 내부에서 비공식적으로 작동합니다.

07 정답 ③

정답 찾기

③ 우리나라에서 감사원은 같은 행정부 안에 설치되어 있으므로 내부 통제에 해당합니다.

오답 피하기
① 입법부 통제는 외부통제입니다.
② 사법부 통제도 외부통제입니다.
④ 언론 통제는 외부통제입니다.

08 정답 ④
정답 찾기
외부의 낮은 통제수준은 정치적 책임성입니다. 제도적 책임성은 롬젝과 듀브닉이 강조한 적이 없습니다.
오답 피하기
내부의 높은 통제수준은 관료적 책임성, 외부의 높은 통제수준은 법적 책임성, 내부의 낮은 통제수준은 전문가적 책임성이 맞습니다.

TOPIC 05 관료제와 그 비판

기출 선지 OX
01 ○ 02 × 03 ○ 04 ×
05 ○ 06 × 07 ○ 08 ×

01 정답 ○
관리과학은 계량적 도구로 대안을 비교하고 최적안을 처방하므로 진술이 맞습니다.

02 정답 ×
베버가 설명한 관료제의 역사적 배경은 근대 합리주의의 확산과 함께 봉건질서가 해체되는 과정이지 '봉건체제의 확립'이 아닙니다.

03 정답 ○
베버의 이념형 관료제는 법적·합리적 권위를 토대로 한 조직 형태이므로 진술이 맞습니다.

04 정답 ×
베버 관료제에서 각 관료는 분업된 직무 범위 안에서 책임을 지며 '조직 전반의 일반 업무'에 대해 포괄적으로 책임지는 것은 아닙니다.

05 정답 ○
관료제에서 부처할거주의가 나타나면 부처 간 이해관계가 충돌하여 조정과 협조가 어려워집니다.

06 정답 ×
피터 원리는 '승진은 능력 한계에 이를 때까지 계속된다'는 내용입니다. 기구와 인력이 팽창한다는 설명은 파킨슨 법칙입니다.

07 정답 ○
전문화로 인한 무능은 한 분야 전문성에만 매몰되어 다른 분야 이해력이 떨어지는 현상을 뜻합니다.

08 정답 ×
전통적 관료제는 규칙과 분업에 기초해 안정성은 높지만 환경 변화에 대한 적응력은 낮습니다.

실전 문제
01 ② 02 ② 03 ③ 04 ②
05 ④ 06 ④ 07 ④ 08 ③

01 정답 ②
정답 찾기
② 과학적 관리론은 인간을 경제적-합리적 존재로 전제하며 사회적 욕구 동기를 강조하지 않았습니다.
오답 피하기
① 테일러는 과학적 관리로 생산을 높여 노동자와 경영자 모두가 이익을 얻어야 한다고 보았습니다.
③ 업무와 인력의 최적 결합(과학적 배치)은 관리자 책임이라는 주장은 테일러 이론에 부합합니다.
④ 동작연구·시간연구를 통해 '유일 최선의 방법'을 찾는 것이 테일러 접근의 핵심입니다.

02 정답 ②
정답 찾기
② 귤릭은 조직의 공식 구조를 중시하며 'POSDCoRB'를 제시했습니다. '비공식적 요인에 대한 관심이 높아 통제위주 관료제를 중시했다'는 서술은 사실관계가 맞지 않습니다.
오답 피하기
① 행정관리론은 과학적 관리론의 영향을 받아 능률성 원리를 찾으려 했습니다.
③ 사이먼은 고전적 관리 원리를 검증되지 않은 격언이라 비판했습니다.
④ 신행정학은 1968년 미노브룩회의에서 왈도 등을 중심으로 출발했습니다.

03 정답 ③
정답 찾기
③ 민원인과의 감정적 교류를 중시한다는 내용은 베버 관료제와 어긋납니다. 베버 관료제는 몰인정성을 강조합니다.
오답 피하기
① 관료 충원·승진이 자격과 능력에 따라 이뤄진다는 것은 베버 모델의 특징입니다.
② 모든 결정과 작동이 공식화된 규칙·법규에 따르는 것은 베버 모델의 핵심입니다.
④ 소관 업무는 문서로 처리한다는 문서주의가 베버 관료제의 특성입니다.

04 정답 ②
정답 찾기
② 베버 관료제는 직위별 고정급·연공급을 전제로 하며, 성과급제와는 철학이 다릅니다.

오답 피하기
① 전문화와 자격 요건은 관료의 기본 특징입니다.
③ 문서주의는 베버가 제시한 특징 중 하나로 타당합니다.
④ 성문화된 법령·규칙이 권위의 원천이라는 설명도 베버 관료제에 부합합니다.

05 정답 ④
정답 찾기
④ 동조과잉은 규칙 준수에 지나치게 몰두해 주어진 일만 형식적으로 처리하는 현상입니다.
오답 피하기
① 계층제는 관료제 조직의 기본 원리입니다.
② 관료제는 직업적 교육과 훈련을 받은 전문 관료를 요구합니다.
③ 훈련된 무능은 제한된 전문성 탓에 새로운 상황에 적응력이 떨어지는 현상을 뜻합니다.

06 정답 ④
정답 찾기
④ 머튼은 과도한 규칙 준수가 동조과잉과 목표 대치를 일으킨다고 분석했지, 부처할거주의를 집중 논의하지는 않았습니다.
오답 피하기
① 베블런은 관료가 규칙 준수에 길들여져 다른 대안을 고려하지 못하는 현상을 '훈련된 무능'이라 했습니다.
② 피터 원리는 폐쇄적 계층제가 구성원을 능력 한계 이상까지 승진시켜 무능한 보직을 양산한다고 설명합니다.
③ 굴드너는 규칙 속에서 최소 행동만 하는 '무사안일주의'를 지적했습니다.

07 정답 ④
정답 찾기
ㄱ. 외부 정치 환경이 목표를 정하는 현상은 목표가 다양해지고 상충되는 상황을 낳지만 수단이 목표로 바뀌는 '대치'와는 직접 관련이 없습니다.
ㄷ. 추상적 목표는 측정이 어려워 측정 가능성이 '높은' 하위 목표로 대체되기 쉽습니다.
ㅁ. 조직이 정당성을 확보하려고 목표 내용을 바꾸는 것은 목표수단 대체와 관련이 없습니다.
오답 피하기
ㄴ. 소수 간부 권력 집중(과두제의 철칙)은 내부 권력 유지를 위해 수단 목표 대치를 초래할 수 있습니다.
ㄹ. 규칙과 절차에 집착하는 형식주의는 본래 목표보다 수단을 중시하게 만듭니다.

08 정답 ③
정답 찾기
③ 분업화는 전통 관료제 특징으로 팀제와 유연한 역할 분담을 지향하는 탈관료제에 맞지 않습니다.
오답 피하기
① 탈관료제 조직은 위계 완화를 지향하므로 비계서구조 특징이 있습니다.
② 고정 직위보다 임무와 개인 능력을 중시합니다.
④ 환경 변화에 맞춰 신속히 재편되는 상황 적응성을 강조합니다.

TOPIC 06 전통 행정학 비판

기출 선지 OX
01 × 02 ○ 03 × 04 ×

01 정답 ×
신고전적 조직이론인 인간관계론은 인간을 사회심리적이고 감정적인 존재로 인식합니다.

02 정답 ○
인간관계론은 인간의 사회·심리적 요인을 강조했습니다.

03 정답 ×
환경과의 상호작용을 강조한 것은 생태론적 접근방식입니다. 행태론적 접근방법은 종합학문적 접근방법을 강조합니다.

04 정답 ×
비교행정론은 행정의 과학성을 강조했습니다.

실전 문제
01 ① 02 ③ 03 ④ 04 ④

01 정답 ①
정답 찾기
① 인간관계론은 조직 외부 환경을 고려하지 않은 폐쇄체제적 시각입니다.
오답 피하기
② 젖소 사회학은 만족한 소가 많은 우유를 생산하듯 만족한 노동자가 많은 산출을 낸다는 수단적 인간관인 인간관계론에 대한 비판입니다.
③ 호손실험을 통해 비공식적 집단이 개인의 태도와 생산성에 큰 영향을 미친다는 것을 발견하였습니다.
④ 인간에 대한 관심을 불러일으켰고 행태과학 연구를 촉발하였습니다.

02 정답 ③
정답 찾기
③ 인간관계론도 생산성을 증가시키는 것이 궁극적인 목적입니다.
오답 피하기
① 인간관계론이 민주적인 관리기법을 제시한 것은 맞으나 수단일 뿐이지 궁극적인 목적은 아닙니다.
② 인간관계론은 인간을 사회적 존재로 인정하지만 개인의 자아실현 측면은 간과합니다.
④ 인간관계론이 조직 내부의 비공식 집단의 활성화를 제시한 것은 맞으나 수단일 뿐이지 궁극적인 목적은 아닙니다.

03
정답 ④

정답 찾기
④ 귤릭(Gulick) 등이 제시한 행정관리론의 원리들은 상호 모순되는 격언(proverb, 속담)에 불과하다고 비판한 학자는 사이먼이고, 사이먼이 행태론을 체계화시켜 과학적 관리방법 등을 강조했습니다.

04
정답 ④

정답 찾기
④ 생태론적 접근은 주로 '행정체계 전체와 그 환경' 사이의 거시적 연계(시스템 수준)를 분석합니다. 개인 유기체에 초점을 맞춘 미시적 접근은 생태론의 핵심 방향이 아닙니다.

오답 피하기
① 생태론적 접근은 행정체계를 '유기체 – 환경' 관계로 파악하여, 행정이 사회·경제·정치적 생태계와 상호작용·상호의존한다는 전제를 세웁니다.
② 생태론자는 행정을 독립된 기계적 구조가 아니라 환경과 끊임없이 상호작용하는 유기체로 봅니다. 정치·경제·사회·문화 환경 변화가 행정 기능과 구조에 직접적 영향을 미치게 됩니다.
③ 대표적인 생태론자인 리그스 등은 서구 행정제도가 개발도상국에서 성과를 내지 못한 원인을 사회·문화·가치 체계의 이질성에서 찾았습니다.

TOPIC 07 신행정학과 공공선택론

기출 선지 OX
01 ×   02 ×   03 ○   04 ×
05 ○   06 ○   07 ○   08 ×

01
정답 ×

행정의 능률성과 중립성을 강조하는 것은 전통적 행정학입니다. 신행정학은 전통 행정학이 강조하던 능률성, 중립성, 형식적 합리성만으로는 사회적 불평등과 갈등을 해결할 수 없다고 보았습니다.

02
정답 ×

왈도를 중심으로 가치와 형평성을 중시하면서 사회의 문제 해결에 대한 현실 적합성을 갖는 새로운 행정학의 정립을 시도한 것은 신행정학입니다. 신행정학은 1960년대에 등장했습니다.

03
정답 ○

인간을 이기적·합리적 존재로 전제하고, 공공재의 공급에 있어서 서비스 기관 간 경쟁을 말한 것은 오스트롬의 공공선택론의 내용에 해당합니다. 공공선택론은 1970년대에 등장했습니다.

04
정답 ×

공공선택론은 경제주체 개인의 선택을 중시하고, 분석 대상으로 하는 방법론적 개체주의에 해당합니다.

05
정답 ○

뷰캐넌(Buchanan), 털럭(Tullock), 오스트롬(Ostrom) 등이 공공선택이론의 대표적인 학자입니다.

06
정답 ○

중위투표자이론에 따르면 다수결 투표는 중간선호자만을 만족시키고 모든 투표자의 선호를 고려하지 않기 때문에 자원 배분의 효율성을 보장하지 못합니다.

07
정답 ○

티부(Tiebout)에 의하면, 지역주민의 이동이라는 시장 배분적 과정을 통하여 지방공공재의 적정규모 공급이 가능합니다.

08
정답 ×

관청형성전략은 집권화된 대규모 조직을 지향하지 않습니다.

실전 문제
01 ③   02 ③   03 ④   04 ③
05 ②   06 ④   07 ②   08 ①

01
정답 ③

정답 찾기
지문이 제시하는 역사적 배경은 신행정학에 해당합니다.
③ 신행정학은 능률주의·논리실증주의·행태주의가 사회적 문제 해결에 무력했다고 비판했습니다. 능률성 중시·논리실증주의 지지라는 설명은 사이먼의 행정행태론에 해당합니다.

오답 피하기
① 신행정학은 행정의 고객지향성·시민 참여·가치 문제를 강조했습니다.
② 행정학의 실천성(적실성)을 회복하고 정책문제 해결에 기여해야 한다고 요구했습니다.
④ 소외계층을 위한 복지 확대와 사회적 형평을 적극적으로 추구했습니다.

02
정답 ③

정답 찾기
③ 신행정학은 논리실증주의적 경험주의 연구보다는 사회적 형평성, 가치 문제 등 규범적이고 실천적인 접근을 강조했습니다. 논리실증주의를 근거로 방법론적 엄격성을 강조한 것은 사이먼의 행정행태론에 해당합니다.

오답 피하기
① 사회적 형평성 증진이 신행정학의 핵심입니다.
② 행정과 행정이론의 현실적합성 또는 적실성 제고 역시 신행정학의 핵심입니다. 신행정학은 그간의 행정이론이 문제 해결능력을 상실했다고 보았습니다.

④ 분권화를 지향하고 조직구성원의 참여를 강조했습니다. 왈도는 비민주적인 조직은 민주적 결과물을 창출할 수 있다라고도 했습니다.

03   정답 ④

정답 찾기
④ 공공선택론은 방법론적 개체주의(개인주의)를 주장합니다. 즉, 개인의 합리적 선택을 연구대상으로 삼는 접근입니다. 방법론적 집합주의는 틀린 설명입니다.

오답 피하기
① 공공선택론은 관료제가 독점적으로 공공서비스를 공급하면 시민들의 욕구에 효율적으로 대응하지 못한다고 비판했습니다.
② 공공선택론은 동질적 수요집단을 설정하여 외부효과를 최소화하는 방식을 권장합니다. 즉, 동일한 수요를 가진 집단에 맞춘 서비스 공급을 강조한 것입니다.
③ 공공선택론은 공공재 공급의 효율성을 높이는 정책결정구조의 필요성을 강조합니다. 이를 수요와 공급을 고려한 다층적이고 다원적인 조직구조로 실현하려 합니다.

04   정답 ③

정답 찾기
③ 공공선택론은 정부를 공공재의 생산자, 시민을 공공재의 소비자로 규정하고, 방법론적 개체주의(개인주의)를 취합니다. '방법론적 전체주의'라는 표현은 틀렸습니다.

오답 피하기
① 행태론적 접근은 객관적 관찰을 통한 경험적 입증을 강조합니다.
② 현상학적 접근은 의식, 개념, 상호주관성을 강조합니다.
④ 생태론적 접근은 행정과 환경의 상호작용을 강조합니다.
⑤ 체제론적 접근방법은 행정현상을 포괄적인 전체를 구성하는 부분이라고 파악하여 통합적인 분석을 시도합니다.

05   정답 ②

정답 찾기
② 던리비의 관청형성모형에서는 합리적 경제인을 가정하므로 관료는 사적 이익 극대화를 추구합니다.

오답 피하기
① 뷰캐넌(Buchanan), 털럭(Tullock), 오스트롬(Ostrom) 등이 공공선택이론의 대표적인 학자입니다.
③ 공공선택론은 정부실패를 비판하고 이를 극복하기 위해 자유시장의 논리를 공공부문에 도입하고자 하였습니다. 하지만 공공선택론에서는 시장실패에 대한 고민은 부족하였습니다.
④ 티부모형의 가정 중 외부효과의 부존재가 있습니다.

06   정답 ④

정답 찾기
④ 던리비의 관청형성 모형에서는 소속기관의 성격이나 지위에 따라 관료들의 이익극대화 방식이 달라진다는 입장입니다.

오답 피하기
① 최적참여자 수 모형(Buchanan & Tullock)에서 외부비용이란 어떤 대안이 채택됨에 따라 반대 측이 부담해야 하는 비용을 의미합니다. 합의인원이 많아질수록 외부비용은 감소합니다.
② 티부모형은 중앙정부의 개입 없이 지방공공재 적정 공급이 가능하다고 주장합니다.

③ 관료는 총효용 = 총비용이 되는 지점까지 생산하려고 합니다.

07   정답 ②

정답 찾기
② X-비효율성이란 조직 내부의 방만한 경영으로 발생하는 근무태만, 무사안일, 사기저하 등과 같은 행정관리상의 비효율성입니다. 정부가 독점적 이익을 만들어 사람들에게 배분하는 과정에서 경쟁의 압박을 받지 않아서 발생하는 비효율성입니다. 따라서 주인과 대리인의 목표가 상충되는 것이 아닙니다.

오답 피하기
① 주인 – 대리인이론은 경제적 능률과 이기적 인간관을 전제로 합니다.
③ 주인 – 대리인이론은 인간의 인지적 한계와 정보 부족 등 상황적 제약으로 인해 주인이 대리인의 정보를 완전히 파악하지 못한다고 봅니다.
④ 주인과 대리인 간의 정보비대칭성으로 역선택이나 도덕적 해이가 나타날 수 있습니다.

08   정답 ①

정답 찾기
① 거래비용이론에서는 기회주의적 행동을 통제할 때 시장보다 내부화(계층제 방식)가 효율적이라고 설명합니다.

오답 피하기
② 거래비용은 상대방을 찾는 탐색비용, 계약의 이행 및 감시비용 등을 포함합니다.
③ 시장에서 거래비용이 크면 계층제(조직 내부화) 방식으로 대체하는 것이 효율적입니다.
④ 거래비용이론은 조직의 형성과 구조를 거래비용 절감이라는 경제학적 관점에서 설명합니다.

TOPIC 08 신공공관리론

기출 선지 OX

01 ×   02 ○   03 ○   04 ○

01   정답 ×

신공공관리론은 정부실패의 결과로 행정의 효율성을 회복하려는 시도입니다.

02   정답 ○

행정재정립운동(refounding movement)은 직업공무원제를 옹호했습니다.

03   정답 ○

블랙스버그 선언(Blacksburg Manifesto)은 행정의 정당성을 침해하는 정치·사회적 상황을 비판했습니다.

04

탈신공공관리(post-NPM)의 기본 목표는 신공공관리의 역기능적 측면을 교정하고 통치역량을 강화하며, 정치·행정의 통제와 조정을 개선하기 위해 재집권화와 재규제를 주창하는 것입니다.

실전 문제

01 ②   02 ①   03 ②   04 ④

01 정답 ②

정답 찾기
② 정부재창조론(오스본과 게블러)은 기존 정부의 규칙과 절차 중심 관리에서 사명과 성과 중심의 관리방식으로의 전환을 강조합니다. 즉, 조직의 미션(사명)을 강조합니다.

오답 피하기
① 노젓기(직접적인 서비스 제공)보다는 방향잡기(전략적 지휘·조정)를 강조합니다.
③ 문제 발생 후 치료하는 정부보다는 예방적 정부를 강조합니다.
④ 독점적 공급보다는 경쟁을 도입하여 효율성을 높이자는 입장입니다.
⑤ 단순한 서비스 제공보다는 시민(주민)에게 권한을 부여하여 자율적 참여를 높일 것을 강조합니다.

02 정답 ①

정답 찾기
① 신공공관리론은 시장에 대한 규제뿐 아니라 관료 조직 내부의 규정과 통제 역시 완화하여 자율성과 성과 중심의 운영을 강조합니다. 관료에 대한 규제를 강화한다는 설명은 옳지 않습니다.

오답 피하기
② 신공공관리론은 비효율적인 정부 팽창과 복지국가의 과도한 개입을 비판하는 성격이 강합니다.
③ 시장주의(시장원리 도입)와 신관리주의(성과 중심 관리)의 결합으로 보는 것이 적절합니다.
④ 시장화를 위해 민영화, 민간위탁 등을 활용합니다.

03 정답 ②

정답 찾기
② 신공공관리론은 정책기능(steering)과 집행기능(rowing)을 명확히 구분하여 책임을 명확히 하려고 합니다. 정책과 집행을 통합한다는 설명은 옳지 않습니다.

오답 피하기
① 신공공관리론은 시장원리를 정부 운영에 적극적으로 적용합니다.
③ 시민을 고객으로 간주하여 고객만족을 강조합니다.
④ 민영화, 민간위탁, 정부 보조금 삭감을 통해 정부의 규모 축소(작은 정부)를 추구합니다.

04 정답 ④

정답 찾기
④ 탈신공공관리론(Post-NPM)은 민간과 공공부문 간의 협력(파트너십)을 통한 공공서비스의 효율적이고 통합적인 전달을 강조합니다.

오답 피하기
나머지 내용은 모두 신공공관리론에 대한 설명입니다.
① 탈신공공관리론은 조직의 분절보다는 통합과 협력적 구조를 강조합니다.
② 탈신공공관리론은 무조건적인 규제완화보다는 적절한 조정과 협력을 강조합니다.
③ 분권화를 강조하긴 하지만, 정부의 전체적 통제 기능을 약화시키는 것이 아니라 조정능력과 통합적 관리를 강화하는 방향입니다.
⑤ 성과 책임을 중시하지만 운영의 자율성을 전적으로 보장하기보다는 정부의 전략적 관리와 감독을 중요시합니다.

TOPIC 09 뉴거버넌스와 제도주의

기출 선지 OX

01 ○   02 ○   03 ×   04 ×
05 ×   06 ×   07 ×   08 ×

01 정답 ○

시장모형은 피터스(Peters)가 『미래의 국정관리(The Future of Governing)』에서 제시한 정부개혁모형입니다.

02 정답 ○

뉴거버넌스(New Governance)는 국민을 고객으로만 보는 것을 넘어 국정의 파트너로 봅니다.

03 정답 ×

피터스는 뉴거버넌스에 기초한 정부개혁모형으로 네 가지 모형을 제시했습니다. 시장모형, 참여정부모형, 신축적정부모형, 탈규제모형이 그에 해당합니다.

04 정답 ×

뉴거버넌스는 행정의 정치적 역할을 강조하는 정치행정일원론적 입장입니다.

05 정답 ×

사회학적 제도주의에 대한 설명입니다.

06 정답 ×

역사적 제도주의에 대한 설명입니다.

07 정답 ×

서로 다른 국가들 사이의 제도가 유사해지는 현상을 설명하는 것은 사회학적 제도주의에 대한 설명입니다.

08 정답 ×

미시적·연역적 방법에 의존하는 것은 합리적 선택 제도주의에 해당합니다.

실전 문제

| 01 ② | 02 ② | 03 ② | 04 ③ |
| 05 ③ | 06 ② | 07 ④ | 08 ④ |

01
정답 ②

정답 찾기
② 시장정부의 구조 개혁방안으로 분권화를 제시했습니다.

오답 피하기
① 피터스는 계층제를 문제로 보고 참여정부를 제시했습니다.
③ 피터스는 평면조직으로의 구조 개편을 통해 상하단계 축소를 추구하여 참여정부를 제시했습니다.
④ 피터스는 신축정부 구조의 개혁방안으로 가상조직을 제시했습니다.
⑤ 피터스는 탈규제정부의 정책결정 개혁방안으로 기업가적 정부를 제시했습니다.

02
정답 ②

정답 찾기
② 피터스(B. Guy Peters)의 거버넌스유형 중 계층제를 문제로 진단하고, 관리 측면에서 총체적 품질 관리나 팀제를 중시하며, 구조면에서는 평면조직으로의 개편을 통해 상하단계를 줄이려고 하는 모형은 참여적 정부모형에 해당합니다.

03
정답 ②

정답 찾기
② 신공공관리(NPM)는 시장에서의 경쟁과 고객의 선택을 중시합니다. 뉴거버넌스는 다양한 이해관계자 간의 네트워크와 협력 관계를 강조합니다.

오답 피하기
① 신공공관리는 정부의 역할을 방향잡기(steering)로 보며, 뉴거버넌스는 정부 – 시장 – 시민사회의 협력적 관계를 강조합니다.
③ 신공공관리는 결과(성과)를, 뉴거버넌스는 과정(협력과 네트워크 형성)을 더 중시합니다.
④ 신공공관리는 관료를 기업가나 관리자로, 뉴거버넌스는 관료를 조정자(facilitator)로 봅니다.

04
정답 ③

정답 찾기
③ 거버넌스체제에서 정부는 고유한 권한과 역할을 포기하는 것이 아니라, 다양한 사회적 행위자들과의 협력을 강조하면서 정부의 역할과 권한을 재구성하고 재조정합니다. 따라서 '포기해야 한다'는 설명은 부적절합니다.

오답 피하기
① 복잡한 사회문제(난제)는 정부 단독으로 해결하기 어렵다는 점에서 거버넌스 필요성을 제기합니다.
② 거버넌스는 정부뿐 아니라 다양한 사회 세력의 참여 확대를 촉진합니다.
④ 거버넌스는 다수의 참여자들이 얽혀 있어서 집행과정이 분절화되어 통제가 어렵다는 비판이 있습니다.

05
정답 ③

정답 찾기
③ 사회학적 신제도주의는 방법론적 전체주의(holism)를 취합니다. 즉, 사회적 맥락과 구조를 강조하며 개인 행동이 사회적 규범과 문화적 맥락 속에서 구성된다고 보는 입장입니다. 방법론적 개체주의(개인주의)라는 설명은 틀렸습니다.

오답 피하기
① 신제도주의는 구제도주의와 마찬가지로 합리적 행동모형(합리적 선택이론)의 완전 합리성에 대해 회의적입니다. 적절합니다.
② 역사적 신제도주의는 제도의 경로의존성(path dependency)을 강조하여 제도가 향후 선택에 강력한 제약을 준다고 봅니다.
④ 합리적 선택 신제도주의는 개인의 합리적 행동을 전제하고 이를 통해 행동결과를 연역적으로 예측할 수 있다고 봅니다.

06
정답 ②

정답 찾기
② 역사적 제도주의는 제도의 횡단적(동일 시점에서 국가 간 비교) 측면보다 종단적(역사적 맥락에서 시간의 흐름에 따른 변화와 지속성) 측면을 중시합니다.

오답 피하기
① 사회학적 제도주의는 제도의 형성과 유지에 있어서 사회적 규범과 구조를 더 강조하고 개인의 능동적 역할은 인정하지 않는 편입니다.
③ 역사적 제도주의는 역사적으로 특정 국가들의 사례 연구를 통해 귀납적으로 접근하여 이론화합니다.
④ 합리적 선택 제도주의는 방법론적 개체주의(개인주의)를, 사회학적 제도주의는 방법론적 전체주의를 취합니다.

07
정답 ④

정답 찾기
④ 합리적 선택 신제도주의에서 개인의 행위는 전략적인 계산에 의해 크게 좌우되는데 이때의 계산은 자신의 상대자가 어떻게 나올 것인가 하는 기대에도 영향을 받는다고 봅니다. 전략적 상호작용은 때로는 집단행동에서 예기치 않은 딜레마를 가져올 수도 있습니다. 개인이 자기의 이익을 극대화하기 위해 취하는 행동이 집단적으로는 최적이 아닌 결과를 가져올 수 있는 것입니다. 이러한 상황에서 주인 – 대리인이론에서 보는 바와 같이 제도설계로 합리적 행위자인 대리인의 이기적 행태를 제약할 수 있습니다.

오답 피하기
① 신제도주의는 사회의 여러 현상을 설명하는 데 있어 제도를 사람과 대등한 위치의 독립변수 내지는 사람의 행태에 영향을 미치는 상위의 독립변수로 고려하는 입장을 포괄하여 붙인 이름입니다. 신제도주의는 제도에 대한 이해의 폭을 공식적인 권력구조나 법 또는 행정기관에 한정하지 않고 비공식적인 규범이나 관행으로 확대합니다.
② 사회학적 제도주의는 효율성, 결과성의 논리보다 사회적 정당성과 적절성을 강조합니다.
③ 역사적 신제도주의에서는 경로의존성을 중시합니다. 제도적 동형화가 강조되는 것은 사회학적 신제도주의입니다.

08

정답 ④

정답 찾기

④ 합리적 선택 제도주의에서 제도는 개별 행위자의 행동에 영향을 주며 거래의 불확실성과 거래비용을 감소시켜 거래의 안정성과 교환의 효율성을 높이는 역할을 수행한다고 봅니다. 주인–대리인이론에서 보는 바와 같이 제도설계로 합리적 행위자인 대리인의 이기적 행태를 제약할 수 있습니다.

오답 피하기

① 신제도주의에서 제도는 법률, 규범, 관습 등을 포함합니다.
② 역사적 신제도주의에서 제도는 지속성을 가지며, 그 결과 한 국가 제도의 역사적 발전은 일정한 경로를 가지게 되고, 새로운 투입이 발생하는 경우에도 그 경로를 벗어나지 못하고 과거와 유사한 선택을 하게 된다고 봅니다.
③ 사회적 제도주의는 효율성, 결과성의 논리보다 사회적 정당성과 적절성을 강조합니다.

TOPIC 10 포스트모더니티와 신공공서비스론

기출 선지 OX

01 ×   02 ○   03 ×   04 ○

01

정답 ×

파머에 따르면 나 아닌 다른 사람을 인식적 타인(epistemic other)이 아닌 도덕적 타인(moral other)으로 인정합니다.

02

정답 ○

신공공서비스 행정이론은 민주적 시민의식론과 조직적 인본주의를 이념으로 합니다.

03

정답 ×

신공공서비스론은 고객이 아닌 시민에 봉사해야 한다고 주장합니다.

04

정답 ○

무어의 공공가치창출론적 시각은 행정의 정당성 위기를 극복하기 위한 대안적 접근입니다.

실전 문제

01 ④   02 ③   03 ④

01

정답 ④

정답 찾기

④ 현상학에서 사회현상은 해석에 따라 달라지므로 사회현상과 자연현상은 다르다고 봅니다. 행태주의, 논리실증주의와 상반되는 성격으로 가치중립적 연구에서 벗어나 가치평가적 연구를 할 수 있게 하였습니다.

오답 피하기

① 생태론적 접근방법은 후진국의 행정 현상을 설명하는 데 크게 기여했습니다.
② 행태적 접근방법은 사회현상도 자연과학과 마찬가지로 엄밀한 과학적 연구가 가능하다고 봅니다.
③ 공식적 제도가 형성되는 과정에 분석의 초점을 맞추는 것은 전통적 제도주의고 행태주의에 대한 반발로서 사회적으로 형성된 제도가 개인의 행위를 지배한다고 보는 것은 신제도주의입니다.
⑤ 포스트모더니티 접근방법에서 진리의 기준은 상대적입니다.

02

정답 ③

정답 찾기

③ 신공공서비스론에서 정부는 방향잡기가 아닌 서비스 제공에 초점을 두어야 한다고 주장합니다.

오답 피하기

① 신공공서비스론은 신공공관리론의 오류에 대한 반작용으로 등장했습니다. 비판이론은 현대산업사회의 자본주의적 경제체제는 억압적이며 무자비하고 모순적이라는 입장으로 시민과 시민의 담론, 시민과 관료의 담론을 통해 공공정책결정에서 사용할 지식과 권력을 재분배해야 한다는 입장입니다.
② 신공공서비스론은 공익을 공유된 가치라고 여깁니다. 그러면서 이는 시민들의 담론으로 얻어져야 한다고 생각합니다.
④ 정부관료들은 시장의 요청에만 대응하면 되는 것이 아니라 헌법과 법률을 준수하고, 사회공동체의 가치·정치적 규범·직업상의 기준·시민의 이익을 존중해야 합니다.

03

정답 ④

정답 찾기

ㄷ. 무어는 공공가치창출을 세 가지 전략적 삼각형으로 구성하여 제안하였습니다. 전략적 삼각형 모델은 1. 정당성과 지원의 확보, 2. 공적 가치의 형성, 3. 운영 역량의 형성으로 구성됩니다.
ㄹ. 시장 메커니즘이 효율적으로 작동하고 있음에도 불구하고 본질적 가치를 제공하지 못하는 실패 현상이 발생하는 경우를 공공가치 실패라고 합니다.

오답 피하기

ㄱ. 무어가 아니라 보즈만이 정책과 프로그램에 대한 주로 효율성에 초점을 맞춘 협소한 경제적 평가의 적절성에 의문을 제기하면서 정책의 공공가치 전제들을 식별하고 그러한 전제들의 진화와 정책에 대한 영향을 추적하기 위한 접근법으로 공공가치 지도 작성 모형을 제시하였습니다.
ㄴ. 보즈만이 아니라 무어가 기본적으로 공공 자원이 민간 기업의 가치창출과 유사하게 가치 증대를 위해 사용되어야 한다는 생각에 기초하여 가치 창출에 대한 보다 전향적이고 기업가적 접근의 기반으로서의 공공가치 틀인 공공가치 회계를 제시했습니다.

TOPIC 11 행정이론 개괄

기출 선지 OX

| 01 ○ | 02 × | 03 × | 04 × |
| 05 × | 06 × | 07 ○ | 08 ○ |

01 정답 ○

과학적 관리론은 최고관리자의 운영원리로 POSDCoRB를 제시하였습니다.

02 정답 ×

사이먼의 행정행태론에 해당하는 내용입니다.

03 정답 ×

과학적 관리론, 행정행태론, 신행정론, 신공공관리론의 순서로 발전했습니다.

04 정답 ×

정치와 행정의 분리를 주장한 이론은 우드로 윌슨(Woodrow Wilson)이 주장한 정치행정이원론으로 19세기 말에 등장했습니다.

05 정답 ×

오스본과 게블러는 행정생태론자가 아닙니다. 이들은 정부 혁신과 시장원리 적용을 강조했습니다.

06 정답 ×

이스턴의 후기행태주의는 가치중립적이고 과학적인 연구만을 강조한 데 대한 반발로 등장했습니다.

07 정답 ○

신제도주의론은 공식적 제도나 구조는 물론 비공식적 제도와 규범도 중요하게 강조합니다.

08 정답 ○

체제이론은 행정현상을 여러 변수 중에서 환경을 포함해 거시적으로 접근합니다.

실전 문제

| 01 ④ | 02 ⑤ | 03 ⑤ | 04 ① |
| 05 ③ | 06 ② | 07 ① | 08 ③ |

01 정답 ④

정답 찾기

④ 신공공관리론은 민간부문의 경영기법 도입, 성과 중심 행정, 경쟁 메커니즘 강화 등을 강조하며 시민을 고객으로 보고, 관료가 중재자 역할을 강조하지는 않습니다. 관료가 가치 협상·중재 등의 역할을 강조한 것은 신공공서비스론입니다.

오답 피하기

① 신행정학은 사회적 형평성과 행정의 적실성 회복을 주장합니다.
② 발전행정론은 개발도상국의 국가발전을 위한 효율적 행정을 강조하며 정치·경제·사회적 환경과의 상호작용에 큰 관심을 가집니다.
③ 공공선택론은 정부를 시장처럼 분석하며 시민의 선택과 선호 반영, 정부 간 경쟁, 민간 부문의 활용 등을 통해 비효율을 개선하고 제도 설계를 강화하려 합니다.

02 정답 ⑤

정답 찾기

⑤ 오스본과 게블러는 '정부재창조'를 통해 정부는 재창조되어야 한다고 주장하였습니다. 또한 민간 부문이 공공 서비스 공급에 참여할 필요가 있다고 강조했습니다. 이들의 주장은 이후 클린턴 행정부에서 연방정부 개혁전략의 일환으로 고어 부통령이 주도해 구성한 국가성과평가위원회(National Performance Review)가 추진한 정부재창조운동에 이론적 기초를 제공하였습니다.

오답 피하기

① 제퍼슨은 과도한 중앙집권을 싫어하고, 작은 정부를 지향하였으며 연방주의를 반대했습니다. 또한 시민의 자유, 엄격한 헌법 해석을 지지했습니다.
② 비담은 관료제모형을 정의적, 규범적, 설명적으로 구분했고, 베버의 관료제를 정의적 모형에 포함시켰습니다.
③ 윌슨은 행정을 정치에서 분리하여 행정의 탈정치화를 제안했습니다.
④ 테일러는 계획·표준화·능률화를 통한 관리의 과학적 접근법을 제시했습니다.

03 정답 ⑤

정답 찾기

ㄱ. 뉴거버넌스에 대한 설명입니다.
ㄴ. 뉴거버넌스에 대한 설명입니다.
ㄷ. 뉴거버넌스에 대한 설명입니다.
ㄹ. 신공공관리론에 대한 설명입니다.
ㅁ. 신공공관리론에 대한 설명입니다.
따라서 ⑤가 옳은 선지입니다.

04 정답 ①

정답 찾기

① 행정학은 과학적 관리론 → 행정행태론 → 비교행정론과 발전행정론 → 신행정학 → 공공선택론과 신공공관리론 → 뉴거버넌스이론 → 신공공서비스론의 순서로 발달했습니다.

05 정답 ③

정답 찾기

③ 행정학은 과학적 관리론 → 행정행태론 → 비교행정론과 발전행정론 → 신행정학 → 공공선택론과 신공공관리론 → 뉴거버넌스이론 → 신공공서비스론의 순서로 발달했습니다.

06 정답 ②

정답 찾기

② 관리과학 중심의 전통행정학은 능률성과 효율성을 중시합니다. 반면 공정과 평등(fairness & equality)을 중시하는 것은 경영학보다는 신행정학이나 현대 행정이론의 특징에 더 가깝습니다. 일반적

으로 경영학은 효율성과 이윤 극대화를 보다 중시합니다.

오답 피하기
① 행정학은 윌슨(W. Wilson)의 정치 · 행정이원론에서 그 기원을 찾습니다.
③ 제2차 세계대전 이후 복지국가의 발전 등으로 행정의 역할과 행정학 연구의 범위는 크게 확대되었습니다.
④ 윌슨은 자신의 논문 「행정연구(The Study of Administration)」에서 행정과 경영이 관리적 기법 면에서 유사성을 가진다고 언급했습니다.

07   정답 ①

정답 찾기
① 행정학이 태동하던 초기는 행정과 경영의 차별성을 강조하는 공사행정이원론이 아니라 오히려 행정과 경영의 관리적 유사성을 강조한 공사행정일원론이 지배적이었습니다.

오답 피하기
② 신공공관리론에 입각한 정부개혁은 민간경영 기법을 도입하고 효율성을 강조하여 '행정의 경영화'라는 용어가 보편적으로 사용되었습니다.
③ 행정과 경영은 관리적 · 기술적 차원(인적 · 물적 자원의 관리)에서 공통점을 갖습니다.
④ 행정은 경영보다 정치적 · 법적 환경의 영향을 훨씬 강하게 받습니다.

08   정답 ③

정답 찾기
③ 공공선택론은 1960~70년대 등장하였고, 경제학 · 시장이론이 기반이 되는 이론입니다. 문제에서 제시한 정부 역할의 확대를 정당화하는 배경과는 다른 방향입니다.

오답 피하기
① 정책과학은 1950년대 라스웰(H.D. Lasswell) 등이 제창한 것으로 복잡해진 정부 기능, 정책결정의 전문화에 대응할 것을 주장했습니다. 관련이 있습니다.
② 신행정학은 1968년 미네소타 회의에서 등장하여 관료의 정책참여 확대, 사회적 형평, 적실성 강조했습니다.
④ 발전행정론은 제2차 세계대전 이후 신생 독립국과 제3세계에서 국가 수도의 개발을 강조하였습니다. 정부의 적극적 역할 확대가 필요했던 시대적 배경과 관련이 있습니다.
⑤ 비교행정론은 1950~60년대 냉전기 미국을 중심으로 발달하여 후진국의 행정 체계를 이해하고 원조를 위한 비교 연구의 필요성에서 출발했습니다. 마찬가지로 정부 기능의 확대와 밀접한 관계가 있습니다.

TOPIC 12 정책학과 정책

기출 선지 OX

01 ✗   02 ○   03 ✗   04 ○

01   정답 ✗
라스웰은 1950년대에 정책과학을 제시하였습니다.

02   정답 ○
사회구성원이나 집단의 활동을 통제해 다른 사람이나 집단을 보호하려는 목적을 가진 정책은 규제정책에 해당합니다.

03   정답 ✗
상징정책에 해당하는 내용입니다.

04   정답 ○
상징정책은 로위(Lowi)의 정책유형과 리플리와 프랭클린(Ripley & Franklin)의 정책유형에는 없지만, 앨먼드와 파월(Almond & Powell)의 정책유형에는 있습니다.

실전 문제

01 ①   02 ①   03 ②   04 ②

01   정답 ①

정답 찾기
① 드로어는 정책학의 목적은 정책결정체제에 대한 이해를 증진시키고 이를 개선하는 것이며, 정책학은 보다 구체적으로 바람직한 정책결정을 위한 방법, 지식, 그리고 체제(system)에 직접적인 관심을 기울여야 한다는 입장입니다.

오답 피하기
② 무의사결정이론과 관련이 있습니다. 무의사결정은 엘리트 자신의 이익과 상충되는 도전과 주장을 적극적으로 좌절시키는 의도적 무결정을 의미합니다.
③ 라스웰은 정책과정에 관한 지식과 정책에 필요한 지식 모두를 주장했습니다. 또한 라스웰은 정책연구의 필요성을 궁극적으로는 인간 존엄성의 실현과 확보에 두고 현실적으로는 문제 해결을 위한 정책과정의 합리화를 제고시키는 지식제공에 있다고 주장하였습니다.
④ 1950년대 정치학계를 휩쓸었던 행태주의는 과학적 · 실증적 · 경험적 연구방법을 특징으로 하고 정확한 계량화를 중요시하였습니다. 즉 후생경제학의 기법 활용에 소홀하지 않았습니다.

02   정답 ①

정답 찾기
① 혜택을 나누어 가지려는 포크배럴이나 의원들이 법안을 서로 협력해 통과시키는 로그롤링 발생하기 쉬운 정책유형은 분배정책에 해당합니다.

03 정답 ②

정답 찾기
② 보호적 규제정책은 국민을 보호하기 위해 개인이나 집단의 행동을 통제하는 정책입니다.

오답 피하기
① 돈이나 권력 등을 많이 소유하고 있는 집단으로부터 그렇지 못한 집단으로 이전시키는 정책은 재분배정책에 해당합니다.
③ 민간에게 인적·물적 자원을 부담시키는 정책은 추출정책에 해당합니다.
④ 로위가 제시한 정책유형론에서의 재분배정책은 규제 및 분배정책과 서로 중복되는 측면이 있습니다. 즉 분류된 정책유형들이 상호 배타적이지 않고 개념이 모호하다고 볼 수 있습니다.

04 정답 ②

정답 찾기
② 로위가 분류한 정책유형은 분배정책, 규제정책, 재분배정책, 구성정책입니다.

TOPIC 13 규제정책의 종류와 개혁

기출 선지 OX

| 01 O | 02 O | 03 X | 04 X |
| 05 O | 06 O | 07 X | 08 O |

01 정답 O
오염배출부과금제도, 이산화탄소 배출권거래제도는 시장유인적 규제유형에 속합니다.

02 정답 O
명령지시적 규제는 시장유인적 규제에 비해 일반국민이 이해하기 쉽고 직관적 설득력이 높다는 장점이 있습니다.

03 정답 X
피규제자의 자율성을 더 보장하는 것은 네거티브 규제방식입니다.

04 정답 X
규제의 편익이 집중되는 상황은 기업가정치에 해당합니다.

05 정답 O
규제일몰제(Sunset law)는 규제를 신설하거나 강화하려는 경우에 존속시켜야 할 명백한 사유가 없는 규제는 존속기한 또는 재검토기한을 설정하는 것입니다.

06 정답 O
규제피라미드(Regulation pyramid)는 규제영향분석 및 규제개혁위원회의 심사를 통해 규제법령을 줄여 나가는 것입니다.

07 정답 X
규제영향분석은 비용편익분석기법을 규제분야에 적용한 것으로 규제를 신설 또는 강화할 때 규제로 인한 비용과 편익을 체계적으로 분석하도록 한 것입니다. 그러나 우리나라의 경우 「행정규제기본법」에 규정은 되어있으나, 아직 효율적인 시행절차가 마련되어 있지 않아 제대로 활용되지는 못하고 있습니다.

08 정답 O
정부규제에 대한 민간의 순응비용을 '규제에 의한 조세' 또는 '숨겨진 조세'라고 설명하기도 합니다.

실전 문제

| 01 ② | 02 ① | 03 ④ | 04 ⑤ |
| 05 ① | 06 ② | 07 ① | 08 ④ |

01 정답 ②

정답 찾기
② 관리규제는 일반적으로 규제의 목적을 달성하기 위한 과정과 절차를 규제하는 것입니다. 즉, 관리규제는 주로 수단이나 성과가 아니라 과정을 중점적으로 규제하며, 성과나 목표 달성을 위한 구체적 수단을 자율적으로 선택할 수 있게 하는 경향이 있습니다.

오답 피하기
① 수행주체에 따라 규제를 직접규제(정부가 직접 규제 집행), 자율규제(민간 스스로 규제), 공동규제(정부와 민간의 협력적 규제)로 구분합니다.
③ 경제규제는 시장의 진입규제, 가격규제, 품질규제, 물량규제 등을 포함합니다.
④ 네거티브 규제(금지 사항 외 허용)는 포지티브 규제(허용 사항 외 금지)보다 피규제자의 자율성을 넓혀주어 바람직한 방식으로 평가됩니다.
⑤ 사회규제는 환경보호, 안전규제 등 사회 구성원의 삶의 질 향상을 위해 개인 및 기업의 사회적 책임과 부담을 부과하는 규제입니다.

02 정답 ①

정답 찾기
① 종합편성 채널 운영권은 진입규제에 해당하여 경쟁적 규제정책에 해당합니다.

오답 피하기
② 네거티브 규제는 원칙허용, 예외 금지이고, 포지티브 규제는 원칙 금지, 예외 허용이므로 포지티브 규제에 비해 네거티브 규제가 피규제자의 자율성을 보장해 줍니다.
③ 우리나라는 규제샌드박스제도를 도입하였습니다.
④ 감지된 편익이 좁게 집중되고 감지된 비용은 넓게 분산되는 고객정치의 상황에서는 규제로 특정 고객에게 이익이 집중됩니다. 기업의 본래 활동에 대한 규제인 경제적 규제는 대체로 고객정치의 상황으로 분류됩니다. 환경오염규제, 자동차안전규제 등 각종 사회적 규제는 감지된 편익이 넓게 분산되고, 감지된 비용이 좁게 집중되는 기업가적 정치의 상황으로 대체로 분류됩니다.

03
정답 ④

정답 찾기
④ 윌슨(Wilson)의 규제정치이론에 따르면 경제적 규제는 주로 이익집단정치(비용과 편익이 모두 집중)의 상황에 속하며, 사회적 규제는 기업가정치(편익 분산, 비용 집중)로 분류됩니다.

오답 피하기
① 종합편성 채널 운영권 부여는 특정 사업자의 시장 진입을 통제하거나 허가함으로써 해당 사업자를 보호하는 목적을 가진 규제입니다. 리플리와 프랭클린(Ripley & Franklin)의 분류 중 '보호적 규제정책'에 해당합니다.
② 네거티브 규제는 원칙적으로 자유롭게 허용하고 특정 금지사항만 명시하는 방식으로, 포지티브 규제보다 기업이나 피규제자의 자율성이 커 더 선호됩니다.
③ 우리나라는 신산업 및 신기술의 혁신적 성장을 촉진하기 위해 규제 샌드박스를 도입했습니다. 이는 신기술 개발의 불확실성을 낮추고 규제 장벽을 일시적으로 완화하거나 유예하는 제도입니다.

04
정답 ⑤

정답 찾기
⑤ 윌슨(James Q. Wilson)의 규제정치이론에 따를 때, 규제의 감지된 편익은 소수에게 집중되는 반면, 감지된 비용은 다수에게 분산되는 유형에 해당하는 것은 기업가정치에 해당합니다.

05
정답 ①

정답 찾기
① A가 옳지 않은 선지입니다. 신공공관리론의 학문적 토대는 신고전학파 경제학과 공공선택론입니다. 그러나 넛지이론의 기반은 공공선택론이 아니라 '행태경제학'입니다. 넛지는 사람들이 비합리적인 선택을 하는 경향을 인정하고, 이들을 부드럽게 유도하는 방식이므로, 공공선택론의 전제(합리적 인간, 이기적 계산)와는 다릅니다.

06
정답 ②

정답 찾기
② 포지티브(positive) 규제는 허용된 사항 외에는 모두 금지하는 규제방식으로, 피규제자의 자율성을 제한합니다. 반면, 네거티브(negative) 규제는 금지한 사항 외에는 모두 허용하여 피규제자에게 더 많은 자율성을 보장합니다.

오답 피하기
① 규제피라미드(regulatory pyramid)는 피규제자가 규제에 불응하면 정부가 점점 더 강력한 규제를 추가로 적용하여 피규제자의 규제부담이 점차 증가하는 현상을 나타냅니다.
③ 사회적 규제(안전, 환경 등)는 개인이나 기업의 사회적 행동에 관한 규제로, 1960년대 이후 주로 등장하여 경제적 규제(산업·가격 규제 등)보다 역사가 상대적으로 짧습니다.
④ 규제의 역설(regulatory paradox)은 규제가 의도하지 않은 부작용이나 역효과를 초래하여 원래 의도했던 목표와 정반대는 결과를 낳는 현상을 말합니다.

07
정답 ①

정답 찾기
① 「행정규제기본법」 제7조에 따르면 중앙행정기관의 장은 규제를 신설·강화하려면 규제영향분석을 하고 규제영향분석서를 작성하여야 합니다. 즉 완화는 아닙니다.

오답 피하기
② 「행정규제기본법」 제4조에 따르면 규제는 법률에 근거하여야 합니다.
③ 「행정규제기본법」 제23조에 따르면 정부의 규제정책을 심의·조정하고 규제의 심사·정비 등에 관한 사항을 종합적으로 추진하기 위하여 대통령 소속으로 규제개혁위원회를 둡니다.
④ 「행정규제기본법」 제6조에 따르면 중앙행정기관의 장은 소관 규제의 명칭·내용·근거 등을 규제개혁위원회에 등록하여야 합니다.

08
정답 ④

정답 찾기
ㄱ. 넛지방식으로 정책을 설계하는 것을 선택설계라고 합니다.
ㄴ. 정책대상집단의 행동에 개입하지만 개인의 자유로운 선택을 허용합니다.
ㄷ. 넛지는 디폴트 옵션 설정방식처럼 사람들의 인지적 편향을 전략적으로 활용하는 정책수단입니다.
따라서 ④가 옳은 선지입니다.

TOPIC 14 공공서비스의 민간화

기출 선지 OX

01 ○   02 ✗   03 ✗   04 ○

01
정답 ○

민간위탁은 계약을 통해 민간 생산자가 공공서비스를 생산·제공하도록 하는 방식입니다.

02
정답 ✗

자원봉사는 무보수 또는 실비 보전 수준만 허용되는 활동입니다. '간접적 보수 허용'이라는 설명은 부적절합니다.

03
정답 ✗

공공이 공급하고, 공급수단은 시장기법을 사용하는 유형은 책임경영입니다.

04
정답 ○

이용권(바우처)은 노인 돌봄, 장애인, 보육 서비스에서 실제로 확대·도입되고 있습니다.

실전 문제

01 ②   02 ②   03 ③   04 ②

01
정답 ②

정답 찾기

② 민간위탁의 수탁 주체에는 영리기업뿐 아니라 비영리단체도 포함됩니다. '비영리단체는 대상이 되지 않는다'는 서술이 틀렸습니다.

오답 피하기

① 민간위탁은 정부가 서비스 공급 책임을 유지한 채 민간에게 생산을 맡기고 대가를 지불하는 방식입니다.
③ 민간위탁은 계약 기간 동안 인력·임금 구조를 민간이 자율적으로 조정하므로 정부 직접 공급보다 고용·인건비의 유연성이 큽니다.
④ 생활폐기물 수거, 도로·시설 관리 등은 지방정부가 자주 계약으로 민간에 맡기는 전형적 사례입니다.

02
정답 ②

정답 찾기

② 바우처는 수혜자에게 구매력을 부여해 공급자를 선택하게 하는 제도이나, 관료와 공급자의 유착을 반드시 근절한다고 단정할 수 없습니다. 가장 부적절한 설명입니다. 모든 정부의 활동은 지대를 초래한다는 점을 기억해주세요.

오답 피하기

① 면허(프랜차이즈)는 제한된 공급자에게 독점적·배타적 권리를 부여하는 계약이므로 경쟁이 약하면 소비자 비용이 높아질 수 있습니다.
③ 민간위탁은 인력운영의 유연성을 높여 관료조직의 확장을 억제할 수 있다는 장점이 있습니다.
④ 집합적 공동생산은 시민의 자발적 참여가 필요하지만, 산출물(예 안전·환경 개선)은 비배제적이어서 참여하지 않은 시민도 혜택을 얻습니다.

03
정답 ③

정답 찾기

③ 보조금은 민간 행위자를 재정적으로 지원해 정책 목표를 달성하는 간접 수단입니다.

오답 피하기

① 공기업은 정부가 지분을 보유한 직접 수단입니다.
② 직접 대출은 정부가 자금을 직접 집행하므로 직접 수단입니다.
④ 경제적 규제는 정부가 규칙을 통해 목표를 실현하는 직접적인 수단입니다.

04
정답 ②

정답 찾기

② ⓒ 운영 기간의 소유권은 BTO든 BTL이든 준공과 동시에 정부로 이전됩니다. 표에서는 BTL의 운영 시 소유권을 '민간'이라고 하여 오류가 있습니다.

오답 피하기

① ⓐ BTO는 민간이 건설 후 운영권을 갖고, BTL은 준공 후 주 운영 주체가 정부이므로 '민간·정부' 순서가 맞습니다.
③ ⓒ 투자비 회수 방식은 BTO가 이용자 사용료, BTL이 정부로부터 임대료(임대료 상환 방식)로 맞습니다.

④ ⓓ 두 방식 모두 준공 시점에 소유권이 정부로 이전된다는 설명은 맞습니다.

TOPIC 15 정책이론과 정책참여자

기출 선지 OX

01 ○   02 ×   03 ○   04 ○
05 ×   06 ×   07 ×   08 ○

01
정답 ○

고전적 엘리트이론은 엘리트가 대중에게 선출·통제되지 않으며 책임을 지지 않는다고 전제합니다.

02
정답 ×

밀스는 정·군·재계의 핵심 위치를 점한 사람들을 '지위 접근'으로 파악했습니다. '명성접근'을 사용한 것은 헌터입니다.

03
정답 ○

달은 사회 권력이 다수 집단에 분산돼 있다고 보고 다원주의를 전개했습니다.

04
정답 ○

바흐라흐와 바라츠의 '무의사결정'은 정책 전 과정에서 일어날 수 있습니다. 따라서 의제설정과정뿐만 아니라 정책결정과정에서도 발생할 수 있습니다.

05
정답 ×

의회 상임위원회는 철의 삼각을 구성하는 세 축(행정관료, 의회 상임위원회, 이익집단) 중 하나입니다.

06
정답 ×

정책공동체는 소수 핵심 행위자들이 긴밀히 협조하여 상호이익을 극대화하려는 긍정합(positive-sum) 구조이고, 이슈네트워크(정책문제망)는 참여가 유동적이어서 제로섬·갈등 구조가 강합니다.

07
정답 ×

철의 삼각 안에는 특정 분야의 이익집단이 필수 축으로 포함됩니다.

08
정답 ○

하위정부모형(철의 삼각)은 개별 정책영역별로 형성되며 관료·의회 상임위원회·이익집단이 빈번하게 정보와 자원을 교환합니다.

실전 문제

01 ④ 02 ② 03 ① 04 ②
05 ④ 06 ① 07 ② 08 ①

01
정답 ④

정답 찾기
④ 하위정부모형(철의 삼각)은 행정관료·상임위원회·이익집단이 상호 공생적 협력관계를 맺는 폐쇄적 동맹을 강조합니다. '갈등적 경쟁관계'라는 설명은 부적절합니다.

오답 피하기
① 고전적 엘리트이론은 '소수가 다수를 지배한다'는 과두제의 철칙을 전제로 합니다.
② 무의사결정론은 지배 엘리트가 자신들에게 불리한 의제가 채택되지 못하게 막는 과정을 설명합니다.
③ 다원주의론에서 정책은 경쟁적 이익집단의 흥정·타협으로 형성됩니다.
⑤ 조합주의에서는 정부가 소수의 대표 이익집단과 제도화된 협상을 통해 조정하므로 집단 자율성이 제약됩니다.

02
정답 ②

정답 찾기
② '기득권 세력이 변동을 요구한다'는 설명은 정반대입니다. 무의사결정은 변동 요구를 차단하려는 행위입니다.

오답 피하기
① 무의사결정은 정책과정이 시작되지 못하도록 억제하는 행동을 뜻합니다.
③ 무의사결정은 기득권의 특권에 대한 잠재·현재 도전을 좌절시키려는 힘을 의미합니다.
④ 기득권이 반대 세력을 회유·매수해 변화를 봉쇄하는 것도 무의사결정 기법 중 하나입니다.

03
정답 ①

정답 찾기
① 다원주의는 이익집단별 정책 접근기회 차이가 동일하다고 봅니다. 이로 인하여 이익집단 사이 균형을 유지할 수 있도록 권력이 분산됩니다.

오답 피하기
② 다원주의는 집단들이 '게임 규칙'을 공유하며 경쟁한다고 봅니다.
③ 신다원주의는 '이익의 균형이 민주주의 핵심 동력'이라고 봅니다.
④ 다원주의는 이익집단·대중이 의제설정에 실질적 영향을 준다고 봅니다.

04
정답 ②

정답 찾기
② 조합주의에서 국가는 핵심 이익집단과 제도화된 협상을 주도하므로 국가 역할이 적극적입니다. '소극적'이라는 설명은 부적절합니다.

오답 피하기
① 경제사회노동위원회는 노사정 3자 합의를 통해 정책을 조정하므로 조합주의 방식의 사례입니다.
③ 국가는 사회적 공동선을 위해 주요 집단과 협력·교섭 관계를 유지합니다.
④ 국가조합주의는 국가가 강한 주도권을 행사하며 집단을 조직·통제한다고 봅니다.

05
정답 ④

정답 찾기
④ 하위정부모형(철의 삼각)은 행정관료·의회 상임위·이익집단이 상호의존적 협력관계를 맺는 폐쇄적 동맹입니다. '갈등적 경쟁관계'라는 묘사는 부적절합니다.

오답 피하기
① 고전적 엘리트이론은 '소수 지배는 피할 수 없다'는 과두제의 철칙을 전제로 합니다.
② 무의사결정론은 지배 엘리트가 불리한 의제가 정책과정에 오르지 못하게 억제한다고 설명합니다.
③ 다원주의론에서는 서로 경쟁하는 이익집단이 정책을 주도합니다.
⑤ 조합주의에서는 국가가 소수의 대표 이익집단과 제도화된 협의 구조를 만들어 집단 자율성을 일정 부분 제한합니다.

06
정답 ①

정답 찾기
① 정책네트워크마다 공식·비공식 규칙이 존재합니다. '공식적 규칙이 없다'고 단정하는 것은 부적절합니다.

오답 피하기
② 사회연결망 분석 기법을 정책연구에 적용한다는 설명은 타당합니다.
③ 정책네트워크 참여자는 정부와 민간부문 모두를 포함합니다.
④ 행위자 간 연계는 의사소통·지식·신뢰·자원 교환의 통로로 작용합니다.

07
정답 ②

정답 찾기
② 정책네트워크의 경계는 참여자들의 상호 인지와 상호작용 양식에 따라 형성됩니다. '공식기관이 경계 결정'이라는 설명은 부적절합니다.

오답 피하기
① 정책네트워크 개념은 복수 행위자의 상호작용 구조를 분석하는 틀입니다.
③ 하위정부모형은 의회 상임위·이익집단·주무 부처로 구성되며 안정성이 높습니다.
④ 정책공동체모형도 전문화된 영역에서 제한된 행위자들이 협력한다는 점에서 하위정부와 유사합니다.

08
정답 ①

정답 찾기
ㄱ. 정책네트워크론은 다핵적·분산적 정치체제를 전제로 합니다.

오답 피하기
ㄴ. 하위정부모형은 경계가 뚜렷하고 폐쇄적이며 개방성이 낮습니다.
ㄷ. 이슈네트워크는 참여가 유동적이고 관계가 느슨해 안정성이 낮습니다.
ㄹ. 정책공동체는 비교적 소수 핵심 참여자 간 힘의 균형과 상호의존이 확보된 형태입니다. '균형을 이루지 못한다'는 설명은 부적절합니다.

TOPIC 16 정책의제설정

기출 선지 OX
01 ✗   02 ○   03 ✗   04 ○

01 정답 ✗
정책의제는 이해관계자, 정책 문제, 환경 등의 복합적 영향을 받습니다. 영향을 받지 않는다고 한 것은 잘못된 서술입니다.

02 정답 ○
국민적 관심과 집결도, 정치인의 관심도 등이 정책의제화에 긍정적 영향을 미칩니다.

03 정답 ✗
킹던의 정책흐름모형은 정책의 흐름과 정책의 창을 강조합니다. 경쟁하는 연합의 자원과 신념체계를 강조하는 것은 옹호연합모형입니다.

04 정답 ○
킹던의 정책흐름모형은 정책의 창 모형이라고도 불리며 문제의 흐름, 정책의 흐름, 정치의 흐름을 세 흐름으로 보고 이들이 결합할 때 정책의 창이 형성된다고 봅니다.

실전 문제
01 ④   02 ④   03 ④   04 ①

01 정답 ④

정답 찾기
㉠ 사회 문제가 바로 정부의제가 되고 이를 공중의제화시키지 않는 방식은 내부접근형입니다. 내부접근형은 정부가 공중의제화하는 것을 꺼립니다.
㉡ 사회 문제가 공중의제가 된 후 정부의제가 되는 방식은 외부주도형입니다. 언론이나 정당 등이 사회 문제를 일반 대중이 인식할 수 있도록 한 후 그로 인하여 정부의제가 되는 방식입니다.
㉢ 사회 문제를 정부가 채택하여 정부의제화시킨 후 일반 국민들에게 지지를 확보하는 동원형입니다.

02 정답 ④

정답 찾기
④ 내부접근형은 공중의제화 단계가 없습니다. 그러나 동원형은 공중의제화 단계가 있습니다. 대중을 동원하려 하는 것이 동원형입니다.

오답 피하기
① 동원형은 최고통치자나 고위정책결정자가 사회 문제를 정부의제로 채택합니다. 정책의제형성의 주도자가 주로 정부 내부에 존재합니다.
② 외부주도형은 정부 외부에서 언론이나 정당 등이 문제를 제기하고 그것이 확산되는 공중의제화를 거친 후 정책의제가 형성됩니다.
③ 내부접근형은 지식이 있는 소수 집단이나 정책담당자들이 의제를 설정한다는 모형입니다. 여기에는 외부의 이익집단도 포함된다는 것에 주의할 필요가 있습니다. 내부접근형은 이들의 이익이 과도하게 대변될 수 있다는 한계가 있습니다.
⑤ 외부주도형은 허쉬만이 말하는 강요된 정책 문제에 해당합니다. 이는 외부의 압력에 의해 정부가 정책의제를 채택하게 만든다는 것을 의미합니다.

03 정답 ④

정답 찾기
흘릿과 라메쉬의 모형은 콥과 로스의 모형을 발전시킨 모형입니다. 본문의 내용과 연결해서 학습해 주세요.
④ 공중의 지지가 낮은 상황에서 국가가 의제를 설정하는 방식은 동원형입니다. 최고통치자나 고위정책결정자가 국가 의지를 대변하여 의제설정을 하는 유형입니다. 정부의제로 채택을 한 후에는 공중의 제화시키는 과정을 거치게 됩니다. 선지에서는 공중의 지지는 필요가 없다고 했기에 틀린 내용입니다.

오답 피하기
① 시민단체 등이 이슈를 제기하여 정책의제에 이르는 것은 외부주도형입니다. 공중의 지지가 높고 사회 행위자가 의제를 설정하는 경우입니다.
② 공중의 지지가 낮으나 사회 행위자가 의제설정을 하는 경우는 내부접근형입니다. 내부접근형은 최고통치자나 고위정책결정자 등이 국가의 의지를 대변하여 의제설정을 하는 것이 아니라 지식이 있는 소수 집단 등 사회 행위자가 의제를 설정합니다. 즉, 특별히 의사결정자들에게 접근할 수 있는 영향력 있는 집단이 정책을 주도하게 됩니다.
③ 공중의 지지가 높은 상황에서 국가가 의제설정을 주도하는 경우는 공공화 유형입니다. 별도의 대중 동원 노력 없이 존재하는 지지를 공고화해 의제를 설정하게 되고 공중의 지지가 높기 때문에 정책이 결정된 후 집행이 용이합니다.

04 정답 ①

정답 찾기
① 킹던의 '정책의 창 이론'은 정책의 세 흐름으로 문제의 흐름, 정책의 흐름, 정치의 흐름을 들고 있습니다. 정보의 흐름은 킹던이 언급한 내용이 아닙니다.

TOPIC 17 정책결정

기출 선지 OX
01 ✗   02 ○   03 ○   04 ○
05 ✗   06 ○   07 ✗   08 ✗

01 정답 ✗
만족할 만한 수준에서 의사결정이 이루어진다고 설명하는 모형은 만족모형입니다.

02 정답 ○
점증모형은 정책을 이해관계자들 사이에 이루어지는 타협과 조정의 산물로 봅니다. 점증모형은 다원주의적인 모형입니다.

03 정답 ○
만족모형은 조직 차원의 합리성과 정책결정자 개인 차원의 합리성 사이에 존재하는 괴리를 인정합니다. 반면 합리모형은 조직의 목표와 개인의 목표가 일치하고 양자의 합리성도 동일하다고 봅니다.

04 정답 ○
쓰레기통모형은 조직화된 무정부상태를 가정합니다. 조직화된 무정부상태는 조직구성원 사이의 응집력이 아주 약한 상태로, 대학 조직이 그 대표적인 예입니다.

05 정답 ×
쿠바 미사일 위기사건을 설명하기 위해 연구된 모형은 앨리슨모형입니다.

06 정답 ○
사이버네틱스모형의 대표적인 예는 에어컨입니다. 에어컨을 자동온도조절장치라 부릅니다.

07 정답 ×
최적모형은 합리모형과 점증모형의 강점을 취하고자 했습니다. 만족모형은 최적모형과 관련이 없습니다.

08 정답 ×
앨리슨의 모형 중 정책결정이 준해결 상태에 머무르게 되는 것을 강조하는 모형은 앨리슨 모형 II, 조직모형입니다.

실전 문제
01 ④ 02 ④ 03 ③ 04 ④
05 ② 06 ② 07 ④ 08 ④

01 정답 ④
정답 찾기
대안을 선택할 수 있는 기준이 명확하고 정책의 본질을 미래지향적 문제 해결로 바라보는 정책결정 모형은 합리모형입니다.
④ 같은 비용으로 최대 목표산출을 얻을 수 있는 대안을 선택하는 행위가 합리모형입니다.

오답 피하기
① 시간의 흐름에 따라 잘못된 점을 수정하는 방식은 점증주의입니다. 점증주의는 시행착오를 인정하고 그 개선을 강조합니다.
② 문제성 있는 선호, 불명확한 기술, 일시적 참여자를 전제하는 정책결정의 유형은 쓰레기통모형입니다.
③ 갈등을 완전히 해결하지 못하고 타협을 통한 봉합을 모색하는 것을 갈등의 준해결이라 합니다. 앨리슨모형 II, 즉 조직모형(연합모형)의 내용입니다.

02 정답 ④
정답 찾기
④ 쓰레기통모형에서 조직화된 무정부상태는 일시적이고 유동적인 참여자, 문제성 있는 선호, 불명확한 기술을 의미합니다. 선택기회는 쓰레기통모형에서 정책결정의 네 요소 중 하나입니다.

03 정답 ③
정답 찾기
③ 점증모형은 제한된 합리성을 가정하기에 인간의 인지적 한계를 인정합니다. 그러다보니 급격한 개혁이나 혁신적 정책결정을 설명하는데 한계가 있습니다. 선지에서는 설명하기가 용이하다고 했기에 옳지 않습니다.

오답 피하기
① 점증모형은 정책대안을 모두 분석하지 않습니다. 만족모형과 마찬가지로 제한된 합리성을 인정하고 한정된 정책대안에 주목합니다.
② 시행착오를 인정하고 시간의 흐름을 통한 교정을 강조하는 것이 점증모형입니다.
④ 정책결정에서 집단 참여의 합의과정이 중시되고 목표와 수단의 상호조정을 강조하는 것이 점증주의의 특징입니다. 점증주의는 수단에 의해 정책 목표가 수정될 수 있다고 봅니다.

04 정답 ④
정답 찾기
④ 최적모형은 합리모형과 점증모형을 모두 비판하면서 등장했습니다. 양자의 강점을 동시에 취하려 했으나, 점증모형의 '장점'을 합리모형과 통합으로 '보완'하려는 시도는 하지 않았습니다.

오답 피하기
① 합리모형은 신제도주의에서 설명한 합리적 선택모형과 맥을 같이 합니다. 합리적 선택 제도주의는 개인을 합리적 선호를 가진 존재로 보고 개인의 합리적 선택을 강조합니다.
② 합리모형은 완전한 정보를 가지고 효용극대화의 논리에 따라 행동을 하는 개인을 가정합니다. 이는 경제인의 가정과 유사합니다.
③ 점증모형은 현실적이고 기술적인 모형입니다. 이상적인 모형인 합리모형과 대비됩니다.

05 정답 ②
정답 찾기
② 최적모형에 따르면 상위정책결정에서 혁신전략을 취합니다. 이때 초합리성을 고려하게 되고 직관이 중요한 역할을 하게 됩니다.

오답 피하기
① 쓰레기통모형은 문제, 해결책, 참여자에 더하여 정책결정 기회까지 네 요소를 고려합니다.
③ 만족모형은 한정된 대안을 무작위적으로 탐색합니다.
④ 앨리슨 모형 II는 느슨하게 연결된 하위 조직체들이 표준운영절차를 통해 의사결정을 한다고 봅니다.

06 정답 ②
정답 찾기
ㄷ. 앨리슨 모형 III의 내용이 맞습니다. 재량권과 독자적 이해관계를 가진 독립적인 개인들이 조정과 타협을 통해 정책을 결정하는 것이 앨리슨 모형 III의 내용입니다.

ㅁ. 주체 간 목표의 공유도가 낮고 정책 결정의 일관성이 약한 것이 앨리슨 모형 III의 특징입니다.

오답 피하기

ㄱ. 정부의 정책목표와 구성원 개인의 목표가 일치하는 것으로 가정하는 것은 앨리슨 모형 I입니다.
ㄴ. 느슨하게 연결된 하위 조직체들이 표준운영절차에 따라 의사결정을 하는 것은 앨리슨 모형 II입니다.
ㄹ. 정책결정의 준해결적인 상태는 앨리슨 모형 II의 결과입니다.

07   정답 ④

정답 찾기

④ 연합모형은 앨리슨 모형 II, 조직모형의 다른 이름입니다. 갈등의 준해결, 문제 중심의 탐색, 표준운영절차의 중시가 특징입니다. 조직모형에서는 불확실성을 회피하려고 합니다. 불확실성을 회피하려고 한 결과 갈등의 준해결적 상태에 이르게 됩니다.

08   정답 ④

정답 찾기

회사모형을 승계한 것이 앨리슨 모형 II, 조직모형입니다. 양자는 대부분의 내용이 동일합니다.
④ 회사모형은 내부갈등을 상급자의 권위를 바탕으로 해결할 수 있는 측면을 고려하지 못합니다.

오답 피하기

① 개인적 차원의 만족모형을 조직 차원의 의사결정에 적용한 모형이 회사모형, 조직모형입니다. 합리모형, 만족모형 점증모형은 개인 차원의 이론이고 쓰레기통모형이나 조직모형은 조직 차원의 모형입니다.
② 회사를 상이한 개성과 목표를 가진 개인의 연합체로 인식하는 것이 회사모형입니다.
③ 회사모형은 조직환경을 유동적이고 불확실한 것으로 간주합니다. 그리고 불확실성을 회피하기 위해 갈등의 준해결적 상태에서 정책결정이 일어난다고 봅니다.
⑤ 회사모형은 부분 최적화를 통한 국지적 합리성을 강조합니다. 부분 최적화라는 것은 전체 회사의 이익보다는 개별 부서의 최적화를 추구하게 된다는 것을 의미합니다. 국지적이라는 것은 일정 부분에 한정됨을 이야기하는 것으로 이 역시 전체 회사의 이익을 고려하는 것보다 부분의 이익을 추구하게 됨을 의미합니다.

TOPIC 18 정책집행

기출 선지 OX

| 01 ○ | 02 × | 03 × | 04 × |
| 05 ○ | 06 ○ | 07 ○ | 08 ○ |

01   정답 ○

립스키는 '일선관료제'에서 자원 부족, 일선관료 권위에 대한 도전, 대립되는 기대, 비정형적인 대상이라는 업무환경에 일선관료들이 놓인다고 보았습니다.

02   정답 ×

립스키는 '일선관료제'에서 자원 부족, 일선관료 권위에 대한 도전, 대립되는 기대, 비정형적인 대상이라는 업무환경에 일선관료들이 놓인다고 보았습니다. 단순하고 정형화된 정책대상집단에 놓이지 않습니다.

03   정답 ×

엘모어의 후방향적 집행연구는 상향적 접근방법이 맞습니다. 그러나 사바티어와 매즈매니언의 집행과정 모형은 하향적 접근방법입니다.

04   정답 ×

합리모형에 입각한 이론은 하향적 접근방법입니다.

05   정답 ○

고전적 기술자형은 정책결정자가 구체적인 목표를 설정하고 집행자는 기술적인 수단을 강구하는 모형입니다. '구체적인 목표'와 세부정책 내용을 정책결정자가 정한다는 것을 기억해 주세요.

06   정답 ○

반 미터와 반 혼은 조직 간 의사소통, 정책집행자의 성향, 집행활동 등이 정책 성과에 영향을 준다고 보았습니다.

07   정답 ○

타협모형은 정책집행을 타협과 협력의 과정으로 보았습니다.

08   정답 ○

재량적 실험형은 '추상적 목표'를 정책결정자가 설정하고 집행자가 이를 구체화하는 모형입니다. 집행자가 정책목표까지 명확하게 하는 역할을 담당한다는 것을 기억해 주세요.

실전 문제

01 ②　　02 ③　　03 ①　　04 ③
05 ①　　06 ④　　07 ③　　08 ③

01　정답 ②

정답 찾기
② 프레스먼과 윌다브스키는 정책결정자가 지속적으로 집행을 이끌어야 한다고 했습니다. 따라서 정책집행이 정책결정과 분리되어 수행되어야 한다고 보지 않았습니다.

오답 피하기
① 오클랜드 사례분석에서는 정책집행에 개입하는 참여자 수가 적어야 정책이 원활하게 집행될 수 있다고 보았습니다.
③ 프로그램 설계가 단순해야 정책결정이 정책집행으로 오류없이 이어진다고 보았습니다.
④ 프레스먼과 윌다브스키는 정책결정자가 집행을 계속 이끌어가야 한다고 보았습니다. ②와 배치되는 내용이라는 점을 파악하면 쉽게 답을 고를 수 있습니다.

02　정답 ③

정답 찾기
정책집행을 목표 달성을 위한 수단으로 파악하는 접근방법은 하향식 접근방법입니다.
③ 하향식 접근방법은 집행에 대한 고려가 부족합니다. 따라서 집행과정에서 정책결정 당시 의도하지 않은 효과가 발생하는 것을 분석하는 것에 한계가 있습니다.

오답 피하기
① 타당한 인과이론에 바탕을 둔 정책결정이 필요하다고 보았고 이 정책이 문제를 해결하는 규범적 처방이 된다고 보았습니다.
② 정책집행이 원활하게 진행되기 위해서는 정책이 명확한 법과 구체적 지침을 보유해야 한다고 보았습니다.
④ 하향식 접근방법은 집행에 대한 고려가 부족하다고 했습니다. 그렇기에 정책에 반대하는 정책행위자들의 입장이나 전략적 행동을 쉽게 파악할 수 없습니다.

03　정답 ①

정답 찾기
① 인과이론에 바탕을 둔 정책과 명확한 정책집행을 강조하고 체크리스트를 강조한 학자는 사바티어와 마즈매니언입니다. 이들은 정책집행에 대한 하향적 접근을 강조했습니다. 다만 집행현장의 일선관료나 대상집단의 전략 등을 과소평가했다는 단점을 지닙니다.

04　정답 ③

정답 찾기
③ 일선관료는 일반시민을 구별하고 이들을 단순화와 정형화라는 방식으로 대합니다.

오답 피하기
① 립스키는 일선관료제에서 일선관료에 대한 재량권 강화를 통해 집행 현장의 특수성에 대한 대비가 가능하다고 보았습니다.
② 일선관료는 부족한 자원, 모호한 역할 기대, 권위에 대한 도전, 비정형적인 대상에 놓여 있습니다.
④ 립스키의 일선관료제에서 일선관료는 시민에게 정책을 직접 전달하는 존재입니다. 일선관료는 사회경제적 취약계층의 삶에 큰 영향력을 미치게 됩니다.

05　정답 ①

정답 찾기
ㄱ. 정책결정자가 세부적인 정책내용까지 결정하는 모형은 고전적 기술자형입니다. 구체적인 목표와 세부적인 정책내용을 정책결정자가 결정합니다.
ㄴ. 정책목표는 정책결정자가 세우고 집행자가 폭넓은 재량권을 위임받는 모형은 지시적 위임형입니다.

06　정답 ④

정답 찾기
④ 관료적 기업가형에 대한 설명입니다. 정책집행가가 정책과정을 지배하는 유형이 관료적 기업가형입니다.

오답 피하기
① 관료적 기업가형은 정책집행자가 목표를 설정하는 유형입니다.
② 협상형에 대한 설명입니다. 관료적 기업가형은 정책집행자가 목표와 수단을 강구합니다.
③ 재량권을 많이 위임하는 유형은 재량적 실험형입니다.

07　정답 ③

정답 찾기
③ 모호성이 낮은 경우 정책 목표가 명확합니다.

오답 피하기
① 갈등이 높고 모호성이 낮은 경우 갈등은 매수나 담합으로 해결됩니다.
② 순응은 강압이나 보상 제공을 통해 확보됩니다.
④ 갈등이 높기에 대립적 이해관계를 가진 외부 행위자가 존재하고 이들에 의해 집행이 영향을 받습니다.

08　정답 ③

정답 찾기
③ 재량적 실험가형은 결정자는 추상적 목표만을 세우고 집행자가 많은 재량권을 가지게 됩니다. 목표나 수단에 대해 집행자와 결정자가 협상하지는 않습니다.

오답 피하기
① 고전적 기술관료형은 결정자가 구체적 목표를 설정하고 세부 정책 내용을 결정합니다.
② 지시적 위임형은 결정자가 목표를 세우고 집행자에게 정책수단에 대한 폭넓은 권한을 위임합니다.
④ 관료적 기업가형은 정책결정자가 형식상 결정권을 가지고 집행자가 정책과정을 통제하는 유형입니다.

TOPIC 19 정책변동과 정책순응

기출 선지 OX

| 01 O | 02 X | 03 X | 04 O |
| 05 O | 06 X | 07 X | 08 O |

01 정답 O
옹호연합모형은 정책 하위체제인 옹호연합에 초점을 두어 정책변화를 이해합니다.

02 정답 X
옹호연합모형에서 행정규칙, 예산 배분에 대한 결정은 2차적 신념에 관련됩니다.

03 정답 X
정책혁신은 기존 조직이나 예산 없이 새로운 사업을 진행하는 것입니다. 무에서 유를 창조하는 것이 정책혁신입니다.

04 정답 O
정책유지는 기존 정책의 기본 골격을 유지하면서 정책수단의 부분적인 변화만 이루어지는 것입니다.

05 정답 O
도덕적 설득으로 정책순응을 확보하려 하는 경우 피해를 입는 대상집단은 불응의 이유를 찾으려 하게 됩니다.

06 정답 X
불응의 형태를 정확하게 점검 및 파악하기 어려운 경우는 처벌로 정책순응을 확보하려고 할 때 발생합니다.

07 정답 X
명예나 체면을 손상시키고 타락을 유발하는 것은 유인으로 정책순응을 확보하려고 할 때 발생합니다.

08 정답 O
사회자본의 교환은 시간적 동시성을 전제로 하지 않습니다. 호혜성은 미래에 나 역시 도움받을 수 있을 것이라는 기대를 바탕으로 합니다.

실전 문제

| 01 ③ | 02 ② | 03 ③ | 04 ③ |
| 05 ① | 06 ② | 07 ④ | 08 ② |

01 정답 ③
정답 찾기
③ 정책지지연합모형은 정책변화를 분석하기 위한 분석단위로 옹호연합이라는 정책하위체계를 설정합니다.

오답 피하기
① 신념체계와 정책의 변화는 정책지향적 학습, 지지연합의 상호작용, 외생변수 변화 등에 의해 이루어집니다.
② 옹호연합모형은 10년 이상의 기간이 정책변화와 정책지향적 학습과정에 필요하다고 봅니다.
④ 정책하위체계라는 분석단위는 상향식 접근법의 분석단위입니다. 집행과정을 고려하는 방식입니다.
⑤ 과학적, 기술적 정보도 정책 신념을 변경하는 데 중요한 역할을 담당합니다.

02 정답 ②
정답 찾기
② 사업내용의 일부를 수정하고 예산의 조정이나 집행절차를 조금만 변형시키는 것이 정책유지입니다. 정책유지는 기존 정책의 성격과 골격을 유지해야 합니다.

오답 피하기
① 기존 정책목표는 그대로 이어받으면서 주요 정책 수단을 수정하는 것은 정책승계입니다.
③ 정책의 성격을 전면적으로 대체하거나 부분적으로 종결시키는 것은 정책승계입니다.
④ 기존에 정부가 개입하지 않던 분야나 영역에 새로운 정책을 추진하는 것은 정책혁신입니다.

03 정답 ③
정답 찾기
③ 정책유지는 기본 골격을 지속하면서 집행절차나 예산액을 변경하는 것입니다.

오답 피하기
① 정책 일부를 유지하면서 다른 일부는 완전히 폐지하는 것은 부분종결입니다.
② 부분종결은 정책 일부를 유지하면서 다른 일부를 완전히 폐지하는 것입니다.
④ 정책혁신은 무에서 유를 만드는 정책변동입니다. 현존하는 정책을 완전히 소멸시키는 것은 정책종결입니다.

04 정답 ③
정답 찾기
③ 기본 성격을 유지하면서 정책수단을 바꾸는 것은 정책 유지입니다. 정책유지는 비의도적인 적응적 변화입니다.

오답 피하기
① 정책유지, 정책종결, 정책승계, 정책혁신이 호그우드와 피터스의 정책변동유형입니다.
② 정책혁신은 무에서 새로운 정책을 만드는 것입니다.
④ 매몰비용, 법적제약, 보수주의 등이 정책종결에 대한 저항원인입니다.

05 정답 ①
정답 찾기
① 사회적 자본은 경제적 자본에 비해 형성과정이 불투명하고 불확실합니다.

오답 피하기
② 사회적 자본은 장기간에 걸쳐 형성됩니다.

③ 사회적 자본은 공동체주의적 지향성을 가집니다. 경제적 자본이 개인주의적 지향성을 가지는 것에 대비됩니다.
④ 사회적 자본은 측정이 용이하지 않습니다.

06 정답 ②

정답 찾기
② 정책순응에 부담이 발생할 경우에는 보상, 즉 유인이 효과적입니다.

오답 피하기
① 정책순응은 정책 내용에 일치하는 행태입니다.
③ 중간매개집단 역시도 정책순응의 주체가 됩니다.
④ 불응은 규제정책에서 심각하게 나타납니다.
⑤ 정책에 순응한다고 해도, 정책 자체가 잘못된 경우 정책 결정자의 의도가 보장되지 않습니다. 의도하지 않은 부정적 효과를 의미하는 파생적 외부효과 등이 발생할 수 있습니다.

07 정답 ④

정답 찾기
④ 사회적 자본은 거래비용을 감소시키는 순기능이 있습니다.

오답 피하기
① 사회적 자본은 긍정적 제재력으로 기능할 수 있습니다.
② 타인에 대한 신뢰는 사회적 자본의 구성요소입니다.
③ 호혜주의는 사회적 자본의 핵심 중의 하나입니다.

08 정답 ②

정답 찾기
ㄱ. 도덕성 확보, 정책 일관성 유지, 정부 역량은 정부신뢰 중 정부활동 측면의 구성인자입니다.
ㄷ. 공론조사는 숙의민주주의의 대표적인 사례입니다. 숙의민주주의는 토론과 의견 수정을 핵심으로 합니다.

오답 피하기
ㄴ. 신탁적 신뢰는 비대칭적 관계에서의 신뢰입니다. 신탁은 연금신탁과 같이 일방의 정보 우위를 전제로 합니다.

TOPIC 20 정책분석

기출 선지 OX

01 ×   02 ×   03 ×   04 ○
05 ○   06 ○   07 ○   08 ○

01 정답 ×

관련 사건이 일어났느냐 일어나지 않았느냐에 기초하여 미래 사건이 일어날 확률을 판단하는 것은 교차영향분석입니다. 델파이기법은 전문가들이 신분을 노출시키지 않고 서면으로 여러 차례 통계 제공 및 피드백을 반복하여 미래를 예측하는 방법입니다.

02 정답 ×

가정분석은 가능한 경우마다의 비판적 평가 등을 통해 여러 대립되는 가정들을 창조적으로 통합 및 종합하는 것을 말합니다. 문제상황의 가능성 있는 원인, 개연성 있는 원인, 행동 가능한 원인을 식별하기 위한 기법은 계층분석입니다.

03 정답 ×

대립되는 가정들을 창조적으로 통합하는 것을 목표로 하는 것은 가정분석입니다. 계층분석은 문제상황의 인과관계를 규명하는 분석입니다.

04 정답 ○

분류분석은 문제의 구성요소를 분해하여 식별함으로써 개념을 명료화합니다.

05 정답 ○

비용편익분석의 특징 중 하나는 외부효과를 창출하는 공공사업의 경우 시장이자율보다 낮은 사회적 할인율 적용이 가능하다는 점입니다.

06 정답 ○

계층화분석은 의사결정목표 또는 평가기준이 다수이며 복합적일 경우, 이를 계층화하여 세부 요인들로 분해한 후 각 요인들을 비교하여 중요도와 우선순위를 도출합니다.

07 정답 ○

시뮬레이션은 실제 체제를 모방한 모형을 활용하여 미래를 예측합니다.

08 정답 ○

비용편익분석은 대안 간 비교를 위해 순현재가치법, 비용편익비율법, 내부수익률법 등이 사용됩니다.

실전 문제

01 ②   02 ②   03 ④   04 ①
05 ④   06 ③   07 ①   08 ②

01 정답 ②

정답 찾기
② 추세연장 기법의 주요 방법으로 이동평균법, 지수평활법 등이 있으나, 교차영향행렬 분석은 던의 미래예측 분류에 해당합니다.

오답 피하기
① 추세연장 예측기법은 과거부터 현재까지의 시계열 자료를 토대로 미래 상태를 예상합니다.
③ 추세연장 기법은 지속성, 규칙성, 자료의 신뢰성 및 타당성을 전제합니다.
④ 추세연장 기법은 시계열 자료를 토대로 미래 상태를 예상합니다. 또한 인구 감소, 경제성장, 기관 업무량 예측 등에 사용됩니다.

02 정답 ②

정답 찾기
② 정책델파이는 공개적 토론을 통해 최종적 보고서를 작성합니다. 공개 토론이 허용되지 않는다는 선지의 내용은 적절하지 않습니다. 델파이와 정책델파이의 차이는 익명성이 있느냐의 여부에 있습니다.

델파이는 익명이나 정책델파이는 익명이 아닙니다.

오답 피하기
① 정책델파이는 참여 범위가 전문가뿐 아니라 이해당사자나 정책관련자로 확대되어 개인의 이해관계가 개입될 수 있습니다.
③ 정책델파이는 객관적 자료가 부족하거나 이론적 근거가 명확하지 않은 상황에서 전문가의 주관적 견해와 판단에 의존하여 미래를 예측합니다.
④ 정책델파이는 주요 정책 이슈에 대한 잠정적 해결책을 제시할 때 이를 비판하거나 반대하는 의견을 의도적으로 생성·표출하여 다양한 시각을 확인하는 것이 목적입니다.

03
정답 ④

정답 찾기
④ 던이 분류한 정책대안 예측 유형 중 투사에 해당하는 유형은 선형경향 추정, 추세분석, 최소자승 경향 추정, 격변예측기법 등입니다. 예견에 해당하는 유형은 선형기획법, 경로분석, 회귀분석 등입니다. 마지막으로 추정에 해당하는 유형은 정책델파이, 교차영향분석 등입니다.

04
정답 ①

정답 찾기
① 델파이기법은 전문가들이 신분을 노출시키지 않고 서면으로 여러 차례 통계 제공 및 피드백을 반복하여 미래를 예측하는 방법인 것이지, 익명성을 보장하기 위해 응답의 통계값으로 평균만을 제공하는 것은 아닙니다.

오답 피하기
② 전통적 델파이기법은 집단토론에서의 왜곡된 의사전달을 해결하기 위해 미국 랜드연구소에서 개발되었습니다.
③ 익명성을 유지한 상태에서 전문가들의 의견을 반복적으로 조사·환류하여 최종적 합의점을 유도합니다.
④ 델파이기법은 미국 랜드연구소에서 군사적 목적으로 개발되어 현재는 사회과학 등 다양한 분야의 예측기법으로 널리 사용됩니다.

05
정답 ④

정답 찾기
④ 사업의 기간이 길어질수록 비용과 편익을 현재가치로 환산할 때 적용되는 할인율의 영향으로 인해, 먼 미래의 비용·편익이 현재 가치에서 작아지게 됩니다. 따라서 사업 기간이 길어질수록 현재가치는 작아지는 것이 일반적입니다.

오답 피하기
① 비용편익분석은 전체적인 예산결정 시 다양한 사업 대안을 비교하고 탐색할 때 사용됩니다.
② 내부수익률(IRR)은 편익비용비율을 1로 만드는 할인율을 의미합니다. 즉, 현재가치로 환산된 편익과 비용이 같아지는 할인율을 의미합니다.
③ 비용편익분석에서는 소득계층별로 분배가중치를 다르게 적용하여 분배적 효과를 평가할 수 있습니다.
⑤ 현실에서는 사업 추진자나 관련 이해관계자들이 유리한 결과를 얻기 위해 비용과 편익을 의도적으로 왜곡할 유인이 존재합니다. 따라서 객관적인 분석이 어렵습니다.

06
정답 ③

정답 찾기
③ 비용효과분석은 화폐 단위로 환산할 수 없을 때 사용합니다. 따라서 민간부문의 사업 대안분석에 적용가능성이 낮습니다.

오답 피하기
① 비용효과 분석은 비용은 화폐 단위로 측정하고, 효과는 재화나 서비스 효과 단위로 분석합니다.
② 비용효과 분석은 경제적 합리성보다 목표와 수단 간 기술적 합리성 및 효과성을 중시합니다.
④ 비용 효과분석은 외부효과, 무형적 가치분석에 적합합니다.
⑤ 비용 효과분석은 비용이나 효과 중 하나의 고정을 가정하여야 분석이 가능합니다.

07
정답 ①

정답 찾기
① 델파이기법은 익명의 통제된 환류과정을 통해 전문가 간 합의를 유도하는 방법입니다. 따라서 비전문가집단을 활용하는 의사결정 방법이라고 보기 어렵습니다.

오답 피하기
② 브레인스토밍의 초기 단계에서는 자유로운 아이디어 도출을 위해 비판이나 평가를 하지 않는 것이 원칙입니다.
③ 지명반론자기법(devil's advocate method)은 의도적으로 특정 대안의 약점과 한계를 적극적으로 지적하여 합리적 의사결정을 유도합니다.
④ 명목집단기법은 집단 구성원 간 의사소통이 사실상 이뤄지지 않습니다. 대안을 나열하고 바로 투표에 들어가는 방식입니다.

08
정답 ②

정답 찾기
② 브레인스토밍은 창의적 아이디어를 자유롭게 제시하기 위해 타인의 의견을 평가하거나 비판하지 않는 것을 원칙으로 합니다.

오답 피하기
① 대안에 대한 아이디어를 서면으로 제출한 후 토의를 거쳐 투표로 대안을 선정하는 방법은 명목집단기법에 해당합니다.
③ 전문가들의 의견을 반복된 설문을 통해 취합하는 방식으로 문제 해결이 이루어지는 것은 델파이기법으로 볼 수 있습니다. 명목집단기법은 집단 구성원 간 의사소통이 사실상 이루어지지 않습니다.
④ 델파이기법은 전문가 간의 합의를 유도하는 방법입니다. 따라서 의사결정에 참여한 집단을 둘로 나누는 방법이라 보기 어렵습니다. 의도적으로 집단을 나누고 토론 과정을 거치는 방법은 지명반론자기법에 해당합니다.

TOPIC 21 정책평가

기출 선지 OX

01 ○	02 ○	03 ○	04 ×
05 ×	06 ○	07 ○	08 ×
09 ○	10 ○	11 ○	12 ×

01 정답 ○
논리모형은 문제와 정책요소들 사이의 논리적 관계를 투입-활동-산출-결과-영향으로 도식화합니다.

02 정답 ○
논리모형은 정책프로그램과 관련된 다양한 이해관계자의 이해도를 높일 수 있습니다.

03 정답 ○
논리모형에서 산출은 정책집행이 종료된 직후의 직접적인 결과물을 의미하며, 결과는 산출로 인해 나타나는 변화를 의미합니다.

04 정답 ×
논리모형은 정책프로그램의 목표 달성 여부를 파악 가능합니다.

05 정답 ×
분석 및 평가 결과를 다른 상황에서도 적용할 수 있는 정도는 외적 타당성을 의미합니다.

06 정답 ○
내적 타당성은 집행된 정책내용과 발생한 정책효과 간의 관계에 대한 인과적 추론의 정확성 정도를 의미합니다.

07 정답 ○
양적 평가방법은 계량적 기법을 응용하여 수치화된 지표를 통해 정책의 결과를 측정합니다.

08 정답 ×
데이터 수집을 심층면담 및 참여관찰 등의 방법을 활용하는 것은 질적 평가방법에 해당합니다.

09 정답 ○
준실험은 진실험에 비해 실행가능성이 높으나 선발효과나 성숙효과로 인해 진실험보다 내적 타당성이 낮다는 특징이 있습니다.

10 정답 ○
회귀불연속 설계는 구분점(구간)에서 회귀직선의 불연속적인 단절을 이용한 준실험 설계입니다.

11 정답 ○
솔로몬 4집단 설계는 통제집단 사전·사후설계와 통제집단 사후설계를 통합하여 시행합니다. 사전·사후설계와 통제집단 사후설계를 통합하여 시행하는 것이므로 각 과정의 장점을 갖는다고 볼 수 있습니다.

12 정답 ×
실험대상의 특성과 관련된 요인은 성숙요인, 선발요인, 상실요인, 회귀요인, 모방요인, 검사요인이 있습니다. 한편 외부사건 관련 요인으로 역사요인이 있습니다. 따라서 성숙요인, 역사요인, 선발요인, 상실요인, 회귀요인 중 성격이 다른 하나는 역사요인이라 볼 수 있습니다.

실전 문제

01 ④	02 ①	03 ③	04 ①
05 ③	06 ①	07 ②	08 ①
09 ②	10 ③	11 ③	12 ④

01 정답 ④

정답 찾기
④ 형성평가는 집행 과정 중 적정성과 수단과 목표 간 인과성 등을 평가하여 프로그램을 검증하는 평가입니다. 집행이 종료된 후 정책이 의도했던 목적을 달성했는지에 초점을 맞추는 것은 총괄평가에 해당합니다.

오답 피하기
① 평가성 사정은 평가를 본격적으로 시행하기 전에 평가 가능성과 필요성을 미리 검토하는 예비적 평가를 의미합니다.
② 정책영향평가는 결과평가로 정책에 대한 사후 효과성 평가입니다.
③ 모니터링은 집행과정에서 진행상황을 점검하며 능률성과 효과성을 높이기 위한 과정평가의 일종입니다.

02 정답 ①

정답 찾기
① 본평가는 실제 정책집행 후 본격적으로 이루어지는 평가이며, 평가의 소망성과 실행가능성을 검토하는 평가는 본평가가 아닌 평가성 사정에 해당합니다.

오답 피하기
② 총괄평가는 정책 집행 후 정책의 효과와 영향을 분석하고 판단하는 활동으로 효과성, 능률성, 형평성 평가 등으로 세분화됩니다.
③ 형평성 평가는 정책의 효과와 비용이 사회집단 간 공정하게 배분되었는지를 평가합니다.
④ 「정부업무평가 기본법」상 정부업무 평가위원회는 국무총리 소속으로 설치됩니다.

03 정답 ③

정답 찾기
③ 정책평가는 일반적으로 정책목표 확인 → 정책평가 대상 확정 → 인과모형 설정 → 자료 수집 및 분석 → 평가 결과 제시의 순서로 이루어집니다.

04 정답 ①

정답 찾기
① 평가성 사정은 평가를 본격적으로 시행하기 전에 실시되는 예비평가이며, 총괄평가 이후가 아닌 평가 실시 이전에 이루어집니다.

오답 피하기
② 정책평가는 정책과정의 책임성을 높이는 주요한 목적 중 하나입니다.
③ 정책평가는 실제 정책 개선에 적용되는 응용연구의 성격이 강합니다.
④ 정책영향(policy impact)은 정책산출(output)과 정책성과(outcome)가 나타난 이후, 장기적으로 발생합니다.
⑤ 정책평가는 시기, 목적, 평가자 기준에 따라 내부평가와 외부평가, 형성평가와 총괄평가, 과정평가와 결과평가 등으로 나뉩니다.

05 정답 ③
정답 찾기
③ 직무수행 능력요소와 시험 문제의 부합 정도를 의미하는 개념은 내용타당성입니다.

06 정답 ①
정답 찾기
① 타당성은 신뢰성을 전제로 합니다. 즉, 타당성이 높으면 자동적으로 신뢰성도 높아야 합니다.

오답 피하기
② 신뢰성이 없으면 일관된 측정이 불가능하므로, 타당성이 높을 수 없습니다.
③ 신뢰성은 타당성의 필요조건입니다. 즉, 신뢰성 없이 타당성을 확보할 수 없습니다.
④ 신뢰성이 높은 측정도구가 타당성은 낮을 수 있습니다. 즉, 일관되게 잘못된 결과를 측정할 가능성은 있습니다.

07 정답 ②
정답 찾기
② 3종 오류의 경우, 문제 구성 자체가 잘못된 오류를 의미합니다. 3종 오류는 대안 선정·제시가 아닌 문제 인지 및 정의 단계에서 발생합니다. 한편 3종 오류에는 경계분석, 복수관점분석 등이 활용됩니다. 주로 대안 선정 및 제시의 단계에서 3종 오류가 나타난다고 한 ②는 옳지 않습니다.

08 정답 ①
정답 찾기
ㄱ. 시험성적과 업무 수행실적 간의 상관관계는 기준타당성의 내용에 해당합니다.
ㄴ. 직무수행에 필요한 능력요소와 시험문제의 부합 정도는 내용타당도를 의미합니다.
ㄷ. 이론적으로 추정한 능력요소와 시험문제의 부합 정도는 구성타당도를 의미합니다.
따라서 해당 개념이 바르게 연결된 것은 ①입니다.

09 정답 ②
정답 찾기
ㄱ. 단기적 시계열 설계는 동일집단에 대해 정책집행을 기준으로 사전·사후측정을 하여 정책효과를 추정하는 준실험 설계입니다.
ㄷ. 정책실험을 할 수 없는 경우, 통계분석 기법을 이용해서 정책효과의 인과관계를 추론하는 것을 비실험적 정책평가설계라고 하며 회귀분석이나 경로분석 등이 있습니다.

오답 피하기
ㄴ. 시간의 경과로 발생하는 조사대상집단의 특성변화에 따른 오류는 성숙요인에 해당합니다. 역사요인은 외부환경에서 정책결과에 영향을 줄 수 있는 사건 발생하는 것을 의미합니다.

10 정답 ③
정답 찾기
③ 비동질적 통제집단설계는 실험집단과 통제집단을 사전적으로 무작위로 구성하지 않고 사후에 구성한 것이기 때문에, 집단 간의 차이가 존재할 수 있습니다. 따라서, 진실험과 같은 수준의 내적 타당성을 확보하는 것은 어렵습니다. 내적 타당성 측면에서 진실험보다 취약합니다.

오답 피하기
① 사후적 비교집단 구성(비동질적 집단 사후측정설계)은 선택적 편향(선정효과) 때문에 내적 타당성이 훼손될 수 있습니다.
② 진실험 설계에서도 실험집단과 통제집단 간 상호 영향이 나타나 내적 타당성이 저하될 수 있습니다.
④ 진실험은 내적 타당성은 높지만 현실에서 실행하기 어렵고, 준실험은 내적 타당성은 다소 낮지만 현실적 실행가능성은 더 높습니다.

11 정답 ③
정답 찾기
③ 준실험 설계는 무작위 배정을 하지 않고 구성된 실험집단을 통제집단과 비교하거나, 시계열적 방법(정책 전후의 상황 비교)을 통해 정책의 영향을 평가합니다.

오답 피하기
① 준실험 설계는 무작위에 의한 집단 구성이 이루어지지 않습니다. 진실험 설계가 무작위 배정을 합니다.
② 준실험 설계는 무작위 배정이 없기 때문에 인위적 요소가 적고 현실적 실행가능성은 높지만, 내적 타당성은 진실험보다 낮습니다.
④ 선발효과와 성숙효과는 무작위 배정을 통해 통제 가능한데, 준실험은 무작위 배정을 하지 않아 선발효과·성숙효과에 취약합니다.
⑤ 회귀불연속 설계에서 정책 효과가 발생하려면 구분점(정책 개입 시점)에서 주로 절편이 변화해야 합니다. "기울기와 절편 모두 변화해야 한다"는 조건은 필요하지 않습니다.

12 정답 ④
정답 찾기
ㄷ. 사회실험은 아직 검증되지 않은 정책 프로그램에 대규모 투자를 하기 전에 그 결과를 미리 평가해 보는 것이 중요한 목적 중 하나입니다.
ㄹ. 사회실험은 실험집단과 비교집단을 무작위 배정할 수 없어 집단 간 동질성 확보가 불가능하면, 준실험 방법을 채택하여 진행할 수 있습니다.

오답 피하기
ㄱ. 사회실험은 자연과학의 실험실 실험과는 달리 실험실이 아닌 사회 상황에서 행해지는 실험이라는 차이가 있을 뿐 통제집단(비교집단)을 갖추어야 실험이 가능합니다.
ㄴ. 사회실험은 오히려 실험대상들이 평소와 다른 행동을 하여 호손효과 등이 발생할 우려가 있는 실험입니다.

TOPIC 22 재정과 그 분류

기출 선지 OX

| 01 ○ | 02 × | 03 ○ | 04 ○ |
| 05 ○ | 06 × | 07 ○ | 08 ○ |

01 정답 ○
기금은 세입·세출 예산 외 자금으로 예산원칙의 일반적 제약에서 벗어나 집행절차에 자율성과 탄력성 보유합니다.

02 정답 ×
일반회계, 특별회계, 기금 모두 편성 및 결산 과정에서 국회의 심의 및 의결을 받습니다.

03 정답 ○
특별회계예산은 국가의 회계 중 교육비 특별회계 등과 같이 특정한 세입으로 특정한 세출을 충당하기 위한 예산입니다.

04 정답 ○
일반회계예산은 조세수입 등을 주요재원으로 합니다.

05 정답 ○
통합재정의 특징은 세입과 세출을 경상거래와 자본거래로 구분하여 작성한다는 것입니다.

06 정답 ×
통합재정의 범위에서 일반정부 결산은 비영리 공공기관까지 포함한 모든 일반 정부부문이 대상이지만 공기업은 포함하지 않습니다.

07 정답 ○
현재 우리나라에서 새로운 회계연도 개시 때까지 국회 예산심의가 이루어지지 않았을 때에(예산 불성립 시) 국회 의결 없이 전년도 예산을 기준으로 예산을 편성·운영하는 준예산제도를 사용합니다.

08 정답 ○
추가경정예산은 일반회계·특별회계·기금을 대상으로 합니다.

실전 문제

| 01 ② | 02 ③ | 03 ④ | 04 ② |
| 05 ③ | 06 ② | 07 ① | 08 ① |

01 정답 ②

정답 찾기
② 예산의 조직별 분류는 '어떤 조직이 얼마를 쓰는지'를 기준으로 한 분류로 예산지출의 목적 파악이 곤란합니다. 예산지출의 목적을 파악하기 쉬운 것은 예산의 기능별 분류의 장점으로 볼 수 있습니다.

오답 피하기
① 예산의 기능별 분류는 정부활동의 일반적이고 총체적 능력을 보여주어 일반납세자가 정부예산내용을 쉽게 이해할 수 있으나 회계책임이 불명확하다는 단점이 있습니다.
③ 예산의 기능별 분류는 정부활동을 어떤 기능, 예를 들어 국방에 썼냐 보건의료에 썼냐의 관점에서 분류한 것입니다. 국민이 정부예산을 이해하기 쉽습니다.
④ 예산의 품목별 분류는 '무엇을 구입하는 데 얼마를 쓰느냐'의 품목에 따른 분류로 집행의 신축성을 저해합니다.

02 정답 ③

정답 찾기
③ 세입예산은 관·항의 입법과목과 목의 행정과목으로 구성됩니다.

오답 피하기
① 세입세출예산은 일반회계와 특별회계로 구성되어 있습니다. 기금은 별도입니다.
② 국회사무총장이 관리합니다. 국회, 법원, 헌법재판소, 선관위가 별도 사무처를 가지고 있다는 것도 기억해주세요.
④ '신축적'이라는 말이 들어가면 이는 기금을 의미합니다. 특별회계에 대한 설명에는 '신축적'이 빠집니다.
⑤ 시정연설은 본회의에서 이루어집니다.

03 정답 ④

정답 찾기
④ 기금은 국가재정의 효율적 운용을 위하여 기금 상호 간 및 회계와 기금 간 여유재원의 전·출입이 가능합니다.

오답 피하기
① 중앙정부의 기금제도는 국가가 특별한 목적에 의해 특정한 자금을 신축적으로 보유·운영하기 위한 경우에 법률로 설치합니다.
② 특별회계와 기금은 예산 통일성 원칙과 예산 단일성 원칙의 예외에 해당합니다.
③ 기금은 세입·세출 예산 외 자금으로 예산원칙의 일반적 제약에서 벗어나 집행절차에 자율성과 탄력성 보유하기에 세입·세출 예산에 의하지 않고 예산 외로 운용할 수 있습니다.

04 정답 ②

정답 찾기
② 특별회계는 특정 목적을 위해 별도의 예산과 기금을 설정하여 운영하기 때문에 오히려 행정부의 재량과 자율성을 확대시키는 성격이 강합니다.

오답 피하기
① 「국가재정법」상 특별회계는 개별적인 특별회계 설치 근거법률이 없으면 설치할 수 없습니다.
③ 특별회계의 재원 중 일반회계로부터의 전입금도 세입이 될 수 있습니다.
④ 특별회계는 별도로 운용되므로 일반회계보다 입법부의 예산통제가 상대적으로 어렵고, 이로 인해 예산이 팽창될 우려가 존재합니다.

05 정답 ③

정답 찾기
③ 중앙정부에 의무지출에 해당하는 것은 지방교부세, 지방교육재정교부금, 유엔 평화유지활동(PKO) 분담금, 국채 이자지출 등이 있

습니다. 한편 정부부처 운영비는 의무지출에 포함되지 않습니다.

06 　　　　　　　　　　　　　　　　　　　　 정답 ②

정답 찾기

② 준예산은 국회의 의결이 필요하지 않습니다.

오답 피하기

① 준예산은 예산이 회계연도 개시일까지 국회에서 의결되지 못한 경우 국회 의결 없이 전년도 예산을 기준으로 예산을 편성·운영하는 것입니다.

③ ④ 준예산으로 모든 예산을 편성하여 집행할 수 있는 것은 아니고 법률상 지출의무나 이미 예산으로 승인된 사업 이행을 위한 경우(계속비) 등에 한하여 집행 가능합니다.

07 　　　　　　　　　　　　　　　　　　　　 정답 ①

정답 찾기

① 추가경정은 국가재정법」에 따라 편성사유가 제한됩니다. 편성사유로는 전쟁, 재해, 남북관계의 변화, 경기침체, 대량실업, 경제협력, 법령상 국가가 지출하여야 하는 지출 등이 있습니다.

오답 피하기

② 추가경정예산의 편성 여부나 횟수에는 법률상 제한이 없습니다.

③ 추가경정예산안은 국회의 확정 전에 정부가 임의로 배정하거나 집행할 수 없습니다.

④ 추가경정예산은 별도로 성립되지만, 해당 연도의 결산에 반드시 포함됩니다.

08 　　　　　　　　　　　　　　　　　　　　 정답 ①

정답 찾기

① 현재 우리나라는 예산이 회계연도 개시일까지 국회에서 의결되지 못한 경우 국회 의결 없이 전년도 예산을 기준으로 예산을 편성·운영하는 준예산 제도를 시행하고 있습니다.

TOPIC 23　예산의 원칙

기출 선지 OX

01 ○　　02 ✗　　03 ✗　　04 ✗

01 　　　　　　　　　　　　　　　　　　　　 정답 ○

추가경정예산은 '예산은 가능한 한 모든 재정활동을 포괄하는 단일의 예산 내에서 정리되어야 한다'는 예산 단일성 원칙의 예외입니다.

02 　　　　　　　　　　　　　　　　　　　　 정답 ✗

'정해진 목표를 위해서 정해진 금액을 정해진 기간 내에 사용해야 한다'는 예산 한정성 원칙의 예외는 이용과 전용, 예비비, 계속비, 이월 등이 있습니다. 특수활동비는 예산 공개의 원칙에 해당합니다.

03 　　　　　　　　　　　　　　　　　　　　 정답 ✗

예산 총계주의의 원칙(예산 완전성의 원칙)의 예외로는 수입대체경비, 전대차관 등이 있습니다. 기금은 예산 단일성 원칙의 예외에 해당합니다.

04 　　　　　　　　　　　　　　　　　　　　 정답 ✗

현대적 예산 원칙으로는 계획의 원칙, 보고의 원칙, 재량의 원칙, 신축성이 원칙, 책임이 원칙, 다원적 절차이 원칙, 적정수단이 원칙, 상호성의 원칙 등이 있습니다. 예산 구조나 과목이 단순해야 한다는 원칙은 없습니다.

실전 문제

01 ①　　02 ②　　03 ①　　04 ④

01 　　　　　　　　　　　　　　　　　　　　 정답 ①

정답 찾기

① 「국가재정법」상의 원칙은 국민부담 최소화, 재정건전성 확보, 재정 및 조세지출의 성과 제고 등을 제시하고 있으나, 예산과정의 전문성과 효율성을 제고하기 위하여 노력하여야 한다는 내용은 명시하고 있지 않습니다.

오답 피하기

②, ③, ④, ⑤ 「국가재정법」상의 원칙에 명시되어 있습니다.

> 「국가재정법」 제16조(예산의 원칙)
> 정부는 예산을 편성하거나 집행할 때 다음 각 호의 원칙을 준수하여야 한다.
> 1. 정부는 재정건전성의 확보를 위하여 최선을 다하여야 한다.
> 2. 정부는 국민부담의 최소화를 위하여 최선을 다하여야 한다.
> 3. 정부는 재정을 운용할 때 재정지출 및 「조세특례제한법」 제142조의2 제1항에 따른 조세지출의 성과를 제고하여야 한다.
> 4. 정부는 예산과정의 투명성과 예산과정에의 국민참여를 제고하기 위하여 노력하여야 한다.
> 5. 정부는 「성별영향평가법」 제2조제1호에 따른 성별영향평가의 결과를 포함하여 예산이 여성과 남성에게 미치는 효과를 평가하고, 그 결과를 정부의 예산편성에 반영하기 위하여 노력하여야 한다.
> 6. 정부는 예산이 「기후위기 대응을 위한 탄소중립·녹색성장 기본법」 제2조 제5호에 따른 온실가스(이하 "온실가스"라 한다) 감축에 미치는 효과를 평가하고, 그 결과를 정부의 예산편성에 반영하기 위하여 노력하여야 한다.

02 　　　　　　　　　　　　　　　　　　　　 정답 ②

정답 찾기

② 예산 총계주의의 원칙으로도 불리는 예산 완전성의 원칙은 모든 수입과 지출이 예산에 계상되어 있어야 한다는 것을 의미합니다. 수입대체경비 등이 그 예외가 됩니다.

오답 피하기
① 예산 단일성의 원칙은 국가 예산은 하나의 단일한 예산으로 존재하여야 한다는 것을 의미합니다.
③ 예산 엄밀성의 원칙은 필요 이상의 돈을 거두어서는 안 되며 계획대로 정확히 지출해서 결산과 일치해야 한다는 것을 말합니다.
④ 예산 한정성의 원칙은 정해진 목표를 위해서 정해진 금액을 정해진 기간 내에 사용해야 한다는 것을 말합니다.

03   정답 ①
정답 찾기
① 예산 통일성 원칙의 예외는 교육세 등 목적세가 해당됩니다.
오답 피하기
② 예산 사전의결 원칙의 예외로 긴급명령, 준예산, 예비비 등이 있습니다.
③ 예산 공개 원칙의 예외로 국가정보원 예산, 특수활동경비 등이 있습니다.
④ 예산 총계주의 원칙의 예외로 수입대체경비, 전대차관 등이 있습니다.

04   정답 ④
정답 찾기
④ 운영적 효율성은 정부가 각 사업부문에서 투입 대비 산출을 극대화하는 것을 의미합니다. 그러나 이를 위해 불용액의 이월을 무조건 엄격히 통제해야 한다는 내용은 쉬크의 예산규범에 명시된 바 없습니다.
오답 피하기
① 쉬크는 총량적 재정규율, 배분적 효율성, 운영적 효율성의 세 가지 규범을 제시했습니다.
② 총량적 재정규율은 국가 전체 재정 규모를 일정한 한도 내에서 유지·관리해야 한다는 규범입니다.
③ 배분적 효율성은 국가의 우선순위에 따라 전략적으로 예산을 정책 간 배분하는 규범을 의미합니다.

TOPIC 24 예산 결정이론과 예산의 결정행태

기출 선지 OX
| 01 ○ | 02 × | 03 ○ | 04 ○ |
| 05 ○ | 06 ○ | 07 ○ | 08 × |

01   정답 ○
총체주의는 계획예산, 영기준예산과 같은 예산제도 개혁, 거시적 예산결정, 예산삭감을 설명하기 적합한 이론입니다.

02   정답 ×
점증주의는 다원화된 민주주의 사회에서의 현실적인 예산 결정을 설명하기 용이한 이론입니다. 거시적 예산결정, 예산삭감을 설명하기 적합한 이론은 총체주의에 해당합니다.

03   정답 ○
점증주의는 환경 불확실성과 인간 능력의 부족이라는 제한된 합리성으로 대안을 모두 고려하지 못함을 전제합니다.

04   정답 ○
총체주의는 합리적·분석적 의사결정과 최적의 자원 배분을 전제합니다.

05   정답 ○
바그너(Wagner)는 경제 발전에 따라 국민의 욕구 부응을 위한 공공재 증가로 인해 정부예산이 증가한다고 주장합니다. 옳은 선지입니다.

06   정답 ○
보몰(Baumol)은 정부부문과 민간부문 간의 생산성 격차를 통해 노동집약적 정부 특성상 민간부문에 비해 생산비용이 빠르게 증가하여 정부예산의 팽창 원인을 설명했습니다.

07   정답 ○
피코크(Peacock)와 와이즈맨(Wiseman)은 전쟁과 같은 사회적 변동이 끝난 후에도 공공지출이 그 이전 수준으로 되돌아가지 않는 데에서 예산 팽창의 원인을 찾습니다. 옳은 선지입니다.

08   정답 ×
파킨슨(Parkinson)은 공공부문의 인력과 업무는 지속적으로 팽창해 예산이 늘고 공공재가 과다 공급된다고 설명했습니다. 관료들이 자신들의 권력 극대화를 위해 필요 이상으로 자기 부서의 예산을 추구함에 따라 정부예산이 지속적으로 증가한다고 주장하는 것은 니스카넨의 예산극대화 모형에 해당합니다. 옳지 않은 선지입니다.

실전 문제
| 01 ③ | 02 ④ | 03 ④ | 04 ② |
| 05 ③ | 06 ① | 07 ① | 08 ③ |

01   정답 ③
정답 찾기
③ 점증주의예산이론은 예산결정을 정치적 과정으로 이해하고 정치적 합리성을 중시하는 이론입니다.
오답 피하기
① 점증주의예산이론은 환경 불확실성과 인간 능력의 부족이라는 제한된 합리성으로 대안을 모두 고려하지 못함을 전제합니다.
② 점증주의예산이론은 예산결정이 이해당사자들의 협상, 타협, 적응, 상호작용을 통한 여러 단계의 합의를 통해 전년도 예산을 기준으로 소폭 변화만 이루어진다고 보았습니다.
④ 점증주의예산이론은 정치적 다원주의와 사회의 안정성을 전제로 한 예산이론입니다.

02   정답 ④
정답 찾기
④ 다중합리성모형은 정부예산의 성공을 위해서는 예산과정 각 단계에서 예산활동 및 형태를 구분해야 함을 강조하는 모형입니다.

오답 피하기

① 합리모형은 '어떻게 예산상의 편익을 극대화할 것인가?'에 초점을 두고 경제적 합리성 기준에 따라 합리적이고 분석적인 방식을 통해 예산을 배분해야 한다는 규범적인 예산결정방식입니다. 즉 오히려 규범적 성격이 강하다고 볼 수 있습니다.
② 점증모형은 기존 사업에 대한 예산 배분을 인정하므로 당위적 제어가 곤란합니다. 점증모형보다는 영기준예산(ZBB) 같은 합리모형으로 기존 사업에 대한 예산 배분의 제어가 가능합니다.
③ 단절균형이론은 정책변화나 예산변화를 빈번한 소폭의 변화와 간헐적인 대폭의 변화를 설명하는 이론입니다. 예산결정자가 사후후생을 고려하지 않고 최악을 피하는 전략을 사용하는 것은 점증주의의 특징에 적합합니다.

03 정답 ④

정답 찾기

④ 단절균형예산이론은 점증적 예산결정 행태를 보이다 특정 사건이나 상황이 발생할 경우 예산결정 패턴을 급격히 변화한다는 이론인데, 예산의 변화나 단절의 크기와 시기를 예측하는 설명이라기보다 사후적인 설명이라 볼 수 있습니다.

오답 피하기

① 계획예산(PPBS)과 영기준예산(ZBB)은 자원의 합리적이고 전략적인 배분을 목표로 하는 대표적인 예산제도입니다.
② 점증주의는 예산 과정에 참여하는 여러 주체들의 협상과 합의를 통해 예산을 점진적으로 결정한다고 설명합니다.
③ 합리성을 강조한 예산 결정에서는 비용편익분석, 체제분석 등 분석적 기법을 사용합니다.

04 정답 ②

정답 찾기

② 합리모형은 규범적 논의에 해당하고 따라서 규범적 성격이 강하다고 볼 수 있습니다.

오답 피하기

① 점증주의 모형은 전년도 예산을 기준으로 소폭 변화하기에 예산을 탄력적으로 활용하여 경기변동에 대응하는 재정정책적 기능을 수행하기 어렵습니다.
③ 점증모형은 정치적 반대를 고려하여 감축관리가 어렵습니다. 그래서 긴축재정 시의 예산행태를 잘 설명하지 못합니다.
④ 합리모형은 국가 전체 예산의 전략적 배분(거시적 결정)이나 예산 삭감 과정과 같은 주요 예산 결정 상황을 설명하는 데 적합한 이론입니다.

05 정답 ③

정답 찾기

구분		경제력	
		낮음	높음
재정 예측력	낮음	반복적 예산 결정형태 – 후진국 필요에 따라 수시로 예산 결정	추가적 예산 결정형태 여러번 수정하는 방법으로 예산 결정 – 행정능력이 낮은 경우
	높음	세입 중심적 예산 결정형태 세입을 고려해 통제에 치중하는 양입제출 – 미국 도시정부	점증적 예산 결정형태 안정적이고 다원화된 사회에서 나타남 – 선진국

③ 세입을 먼저 예측하고 그에 따라 세출 예산을 편성하는 것은 양출제입이 아닌 양입제출입니다.

06 정답 ①

정답 찾기

ㄱ. 바그너는 1인당 소득이 증가할 때 경제에서 차지하는 공공부문의 크기가 증대한다고 주장했습니다.
ㄴ. 보몰은 정부서비스는 노동집약적인 생산구조를 지니므로 민간부분보다 생산성이 낮고, 인원감축에도 많은 제약이 있으므로 비용절감이 곤란하고 정부지출 규모는 확대된다고 주장했습니다.

오답 피하기

ㄷ. 관료들이 자신의 효용을 극대화하기 위해 필요 이상으로 예산을 추구하는 것은 니스카넨의 예산극대화 가설에 해당합니다. 한편 파킨슨 법칙은 매년 일정 비율의 공무원이 늘어나 인건비가 증가하여 재정이 팽창하는 것을 말합니다.
ㄹ. 피코크와 와이즈맨의 전위효과(대체효과)는 전쟁, 재난, 위기시 증대된 조세가 평상시로 환원되어도 그대로 유지되어 재정이 팽창되는 것을 말하는데, 이때 민간에서 사용될 재원을 정부가 사용하게 되므로 공공지출이 민간지출을 대체하게 됩니다. 즉 민간지출이 공공지출을 대체한다는 내용이 옳지 않습니다.

07 정답 ①

정답 찾기

① 리바이어던 가설은 공공지출에 대한 통제권한이 정부에 집중되어 지출이 증대되는 것을 말합니다. 공공부문 서비스의 노동집약적 성격으로 생산비용이 증가함을 설명한 것은 보몰입니다.

오답 피하기

② 뷰캐넌은 다수결투표가 예산 규모를 팽창시키고 공공재의 과다 공급을 초래한다는 것을 설명합니다.
③ 머스그레이브는 세금납부자인 시민이 부담에 비해 편익이 적다고 느끼게 되는 재정 착각에서 조세 저항이 발생하여 공공재가 과소 공급된다고 주장합니다.
④ 피콕과 와이즈만(Peacock & Wiseman)의 전위효과는 위기 시에 증가한 재정수준은 정상적으로 회복된 후에도 감소하지 않고 다른 사업에서 지속적으로 지출된다고 주장합니다.

08 정답 ③

정답 찾기

③ 보몰(Baumol)의 효과는 정부부문의 생산성 증가 속도가 민간부문보다 낮아, 정부의 지출 규모가 증가하는 현상을 설명하는 이론입니다. 즉, 정부지출이 늘어나 공공재가 과다 공급되는 현상을 설명하는 것이지, 지출 규모가 감소하여 과소 공급되는 것이 아닙니다.

오답 피하기

① 니스카넨(Niskanen)의 예산극대화모형은 관료들이 예산 극대화를 추구해 공공재가 과다 공급된다고 주장합니다.
② 파킨슨(Parkinson)의 법칙은 행정기구와 예산이 시간이 지날수록 자연스럽게 확대되어 공공재가 과다 공급된다는 설명입니다.
④ 다운스(Downs)는 시민들이 합리적으로 무지하거나 무관심할 경우, 정책 과정에서 시민의 수요가 충분히 반영되지 않아 공공재 공급이 과소하게 이루어진다고 설명합니다.

TOPIC 25 예산제도

기출 선지 OX

01 ○ 02 ○ 03 ○ 04 ○
05 ○ 06 ✗ 07 ○ 08 ✗

01 정답 ○
품목별예산제도는 부정부패를 막고 행정의 절약과 능률을 향상시키기 위해 1920년대 대부분의 미국 연방 부처가 도입했습니다.

02 정답 ○
품목별예산제도는 예산을 지출 대상별로 분류해 편성하고, 예산집행의 회계책임성 확보 및 개별 부서의 지출통제가 용이한 통제지향제도입니다.

03 정답 ○
성과주의예산제도는 계량화된 정보를 통해 합리적인 의사결정과 효율적인 예산편성과 집행·관리개선에 기여할 수 있다는 장점이 있습니다.

04 정답 ○
계획예산제도는 장기 계획 - 사업(프로그램) - 예산의 체계적 연계를 강조하고, 주요 관심 대상은 사업의 목표이나, 투입과 산출에도 관심을 가집니다.

05 정답 ○
영기준예산은 기존 사업과 새로운 사업을 구분하지 않고 모든 사업에 대해 사업의 목적, 방법, 자원을 과거의 예산 배분 관행을 인정하지 않는 원점에서 근본적인 재평가를 바탕으로 예산을 편성합니다.

06 정답 ✗
영기준예산은 예산편성과정에 다수 구성원이 참여하는 분권화된 관리체계로 의사결정이 상향적으로 진행됩니다.

07 정답 ○
목표관리제도의 핵심은 부서의 목표와 예산의 운영을 연계시키는 것입니다.

08 정답 ✗
성과주의예산제도는 최종적이고 장기적 정책목표 설정과 괴리될 가능성이 있다는 단점을 가지고 있습니다.

실전 문제

01 ③ 02 ④ 03 ② 04 ①
05 ③ 06 ② 07 ⑤ 08 ③

01 정답 ③
정답 찾기
③ 계획예산제도는 행정부처 직원들이 복잡한 분석기법을 이해하기 힘들고 사업구조 작성이 곤란하며 하향식 예산과정을 통해 재원 배분권한이 집권화되는 문제를 갖습니다. 그리고 계획에 따른 대응이 적시에 이루어지지 못한 경우 합리성이 저하된다는 한계를 갖습니다.

02 정답 ④
정답 찾기
④ 품목별예산제도는 '무엇을 구매하는지'는 알 수 있지만, '무엇을 위해 구매하는지' 즉 구매 이유는 알 수 없습니다. 그래서 정부사업의 성격 파악과 사업성과 평가가 곤란하다는 특징을 갖습니다.

오답 피하기
① 품목별예산제도는 투입 중심으로 사업 성과보다 비용에 초점을 맞추어 지출 목표와 지출 효과가 고려되지 못합니다.
② 품목별예산제도는 세부적인 지출대상별로 예산지출액을 결정하므로 재정통제가 용이하고, 예산과목의 최종단위인 목을 중심으로 예산이 배분되므로 회계책임이 명확하다는 특징을 지닙니다.
③ 품목별예산제도는 부정부패를 막고 행정의 절약과 능률을 향상시키기 위해 1920년대 대부분의 미국 연방 부처가 도입했습니다.
⑤ 품목별예산제도는 지출 대상이나 금액의 한계가 정해져 있으므로 재량권의 범위가 제약되고, 예산운영의 신축성을 저해합니다.

03 정답 ②
정답 찾기
ㄱ, ㄷ, ㅁ. 성과주의예산제도는 사업별로 산출근거가 제시되므로 투입·산출 간 평가가 쉬워 입법부의 예산심의 및 예산과 사업의 연계, 사업관리 및 환류가 용이합니다.

오답 피하기
ㄴ, ㄹ, ㅂ. 성과주의예산제도는 예산편성단위가 계량적 측정이 가능한 개별 활동이나 중간산출에 초점을 두어 최종적인 정책목표가 반영되기 어렵습니다. 또한 동질적이고 측정 가능한 최종산출물을 찾기 힘들어 업무단위 선정이 어렵습니다. 그리고 업무단위가 중간산출물인 경우가 대부분이어서 성과를 파악하기 곤란하고 수단과 목표가 전도되는 상황도 발생할 수 있습니다. 한편 단위원가를 합리적으로 계산하려면 회계지식과 기술이 필요하기에 발생주의가 아닌 현금주의를 채택할 시 단위원가의 계산이 곤란해집니다.

04 정답 ①
정답 찾기
① 품목별예산제도는 예산을 투입요소인 품목별로 분류하여 지출대상과 그 비용 한계를 명확히 규명하는 통제지향적·투입지향적 예산제도입니다. 지출대상별로 예산지출액을 결정하기에 재정적 한계를 지키기 쉽고, 집행부의 재량을 축소합니다. 또한 관료의 재량을 줄임으로써 부정과 예산의 남용을 방지합니다. 그리고 합법성 위주의 회계감사가 용이합니다.

05
정답 ③

정답 찾기
③ 성과주의예산제도는 산출을 강조하여 정부의 예산 투입과 산출을 연계시키는 예산제도입니다. 따라서 산출 이후의 성과에 관심을 가지는 것이 아닙니다. 산출 이후에 관심을 가지는 것은 20세기 후반부터 시행된 신성과주의예산제도에 해당합니다.

오답 피하기
① 영기준예산제도는 피어(Peter A. Pyhrr)에 의해 1969년 미국의 민간기업 텍사스 인스트루먼트에서 처음 도입되었습니다. 또한 1973년 조지아 주지사였던 카터(Jimmy Carter)가 피어를 조지아주 예산국 고문으로 추대해 ZBB를 조지아주에 도입하였습니다. 그 후 카터가 대통령이 된 후 1977년부터 연방정부에 도입하게 되었습니다.
② 계획예산제도는 1963년 맥나마라(McNamara)에 의해 미국 국방부에 도입되었고, 1965년 존슨(Johnson) 대통령에 의해 모든 연방정부에 전면적으로 도입되었습니다.
④ 품목별예산제도는 1912년 미국 '능률과 절약을 위한 대통령위원회(일명 태프트위원회)'에서 도입을 권장하여 1920년대 대부분의 연방 부처들이 도입하였습니다.

06
정답 ②

정답 찾기
② 목표관리예산제도는 주로 계획 기간을 1개년 위주의 단기로 합니다.

오답 피하기
① 목표관리예산제도는 분권 및 참여적 요소를 중시하여 조직구성원들이 결과에 책임을 느끼게 하는 조직문화를 배양하는 제도입니다.
③ 목표관리예산제도는 성과주의예산제도(PBS)의 성과관리 요소와 계획예산제도(PPBS)의 목표설정적 특성을 배합한 제도입니다.
④ 목표관리예산제도는 조직 내부의 목표를 설정하고, 그에 따른 산출량 중심의 성과관리를 강조합니다.
⑤ 목표관리예산제도는 구성원들이 합의한 목표를 달성하려는 책임성을 강화하고, 이를 통해 책임 중심의 조직문화를 형성하는 데 기여합니다.

07
정답 ⑤

정답 찾기
⑤ 영기준예산제도는 오히려 인건비, 임대료 등 경직성 경비 비중이 높은 사업의 경우에 적용이 곤란합니다.

오답 피하기
① 사업 우선순위에는 의사결정자의 주관적 판단이 개입될 여지가 있습니다.
② 영기준예산제도는 기존 사업과 새로운 사업을 구분하지 않고 모든 사업에 대해 사업의 목적, 방법, 자원을 과거의 예산 배분 관행을 인정하지 않는 원점에서 근본적인 재평가를 바탕으로 예산을 편성합니다.
③ 영기준예산제도는 동일사업에 대해 예산배분 수준별로 예산이 편성된 후 배분 수준을 비교하여 예산액이 결정됩니다.
④ 영기준예산제도는 예산이 점증적으로 증가하며 발생하는 비효율성을 개선하는 데 유리합니다. 삭감에 유리한 예산제도입니다.

08
정답 ③

정답 찾기
③ 행정권 남용의 최소화를 목표로 하는 것은 품목별예산제도의 특징에 해당합니다.

오답 피하기
① 성과주의예산제도는 예산의 형식보다는 운영과정이나 기능을 강조하면서 설계되었습니다.
② 성과주의예산제도는 성과계획서의 목표치와 사업 진행 후 실적치를 비교하여 예산과정의 효율성을 높입니다. 즉 재정사업의 목표, 결과, 재원을 연계하며 예산을 성과에 대한 계약으로 활용합니다.
④ 성과주의예산제도는 예산의 행정적 기능 중 관리기능을 중시하여 내부관리의 효율성 제고와 서비스 공급 비용의 감소를 추구합니다.

TOPIC 26 한국의 예산제도

기출 선지 OX
01 × 02 ○ 03 ○ 04 ○
05 × 06 × 07 × 08 ○

01
정답 ×

국가재정운용계획은 예산안과 함께 국회에 제출하며 단년도 편성의 기본 틀로 기능하나 국회 심의 및 의결은 거치지 않습니다.

02
정답 ○

우리나라 중앙정부는 2007년부터 프로그램예산제도를 도입하였습니다.

03
정답 ○

국가재정운용계획은 매년 당해 회계연도부터 5회계연도 기간에 대해 수립하는 중기적 시계의 재정운용계획입니다.

04
정답 ○

재정사업 성과관리의 내용은 성과목표관리와 성과평가로 구성됩니다.

05
정답 ×

프로그램예산제도는 하향식 예산편성의 근간이 되는 제도입니다.

06
정답 ×

「지방재정법」 제39조에 따르면 지방예산 편성 등 예산과정에 주민이 참여할 수 있는 제도를 마련한다고 되어 있어 주민 참여 범위를 예산편성으로 제한한다고 보기 어렵습니다.

07
정답 ×

프로그램예산제도는 프로그램을 중심으로 예산을 편성하는 제도이나 우리나라의 경우 2007년 중앙정부에 도입되어 성과평가체계와 연계되었고 이후 지방정부에도 도입되었습니다.

08
정답 ○

성인지예산제도는 예산이 여성과 남성에게 미치는 영향을 분석해 예산편성에 반영·집행하는 제도로 「국가재정법」에 명시되어 있습니다.

실전 문제

| 01 ② | 02 ④ | 03 ② | 04 ② |
| 05 ② | 06 ③ | 07 ① | 08 ② |

01
정답 ②

정답 찾기

② 총액배분 자율편성 예산제도는 부처 내에서 예산을 편성하는 데 자율권을 주는 것이지 부처의 사업별 재원 배분에 관리·통제하기 위함이 아닙니다.

오답 피하기

① 총액배분 자율편성 예산제도는 국가재정운용계획에 따라 정부가 부처별 지출한도를 설정하고, 부처는 지출한도 내에서 자율적으로 예산을 편성하는, 재정의 집권과 분권의 조화를 추구하는 하향식(Top-down) 예산편성을 갖습니다.
③ 총액배분 자율편성 예산제도는 국가재정운용계획과 연계되어 있기에 중장기적 시계에서 전략적 계획의 발전을 촉진하고 총액관리를 통해 재정의 경기조절 기능을 강화할 수 있습니다.
④ 총액배분 자율편성 예산제도는 하향식 예산편성방식을 가지므로 의사결정 주된 흐름이 하향적이라 볼 수 있습니다.

02
정답 ④

정답 찾기

ㄴ. 총액배분 자율편성 예산제도는 재원배분계획에 따라 연도별·분야별·부처별 지출한도를 미리 설정하고 각 부처는 그 범위 내에서 사업의 우선순위에 따라 자율적으로 재원을 배분합니다.
ㄷ. 총액배분 자율편성 예산제도는 의사결정의 주된 흐름이 하향적인 Top-Down(하향식) 예산편성방식의 특징을 갖습니다.
ㄹ. 총액배분 자율편성 예산제도는 각 부처의 과다요구에 따른 재정당국 대폭삭감 등 예산편성과정의 비효율성을 제거합니다.
ㅁ. 총액배분 자율편성 예산제도는 부처별 지출한도가 사전에 제시되므로 각 부처의 전문성을 적극 활용하여 사업별 예산 규모를 미리 결정할 수 있고, 각 부처의 책임과 권한이 강화됩니다.

오답 피하기

ㄱ. 총액배분 자율편성 예산제도는 기존의 단년도·상향식 예산편성제도의 한계를 극복하고자 도입된 제도입니다. 단년도 예산편성에 적합한 것은 기존의 상향식 예산제도입니다.

03
정답 ②

정답 찾기

② 1961년 설립된 경제기획원이 중앙예산기관의 역할을 맡아 수입·지출을 총괄했고, 재무부는 주로 세입(세제) 및 국고 관리 기능을 수행했습니다.

오답 피하기

① 국무총리 직속 기획처 예산국(1948년)이 우리나라 최초의 중앙예산기관이었습니다.
③ 김영삼 정부 시기인 1994년에 경제기획원과 재무부가 통합되어 재정경제원이 설립되었습니다.
④ 현재의 중앙예산기관은 기획재정부 예산실입니다.

04
정답 ②

정답 찾기

② 우리나라는 현재 프로그램예산제도 및 새로운 성과주의예산을 도입하여 운영하고 있지만, 여전히 세부적인 예산지출 항목을 통제하기 위해 품목별예산제도를 병행하여 사용하고 있습니다.

오답 피하기

① 우리나라는 하향식 예산편성제도인 총액배분자율편성예산제도를 도입했습니다.
③ 「국가재정법」 제26조와 「조세특례제한법」 제142조의2에 성인지예산서뿐만 아니라 조세지출예산서도 작성하도록 규정하고 있습니다.
④ 「지방재정법」 제39조에 따라 예산과정에 주민이 참여할 수 있도록 하는 주민참여예산제도가 시행되고 있습니다.

05
정답 ②

정답 찾기

② 총액인건비제도는 신공공관리적 시각을 반영하여, 기존의 기구·정원 등에 대한 재정당국의 중앙통제를 완화하고 각 부처가 인력의 운용, 정원 관리, 수당 신설·폐지 등에서 자율성을 가지도록 하는 제도입니다.

오답 피하기

① 총액인건비제도는 자율적 권한 부여, 결과적 책임성을 강조하는 성과관리와 관리유인체계를 제공하기 위한 신공공관리적 시각을 반영합니다.
③ 총액인건비제도는 직원들의 승진을 고려하여 상위직 위주의 증설이 이루어질 가능성이 높습니다.
④ 총액인건비제도 하에서는 성과상여금 지급액의 자율적 조정(증감)이 가능합니다.

06
정답 ③

정답 찾기

③ 성인지예산제도는 성중립적 관점이 아닌 성주류화 관점입니다.

오답 피하기

① 「국가재정법」 제26조와 제57조에서 성인지 예산서와 성인지 결산서 작성을 의무화하고 있습니다.
② 「국가재정법」 제68조의2에 따르면 성인지예산제도는 기금에도 적용하고 있습니다.
④ 성인지예산의 대상범위는 예산과 기금, 세입과 세출, 국가재정 운용계획 등 모든 수준의 예상이 대상입니다.

07
정답 ①

정답 찾기

① 우리나라에서 성인지 예산서는 처음으로 2010회계연도에 국회에 제출되었습니다.

오답 피하기

② 성인지예산제도의 목적은 남녀 차별을 철폐하고 평등을 구현하려는 것입니다. 여성성만을 지원하려는 것으로 보기 어렵습니다.
③ 성인지예산제도는 호주가 1984년에 처음 도입했습니다.

④ 성인지예산제도는 예산 및 기금이 남녀에게 어떠한 영향을 미치는지에 대한 효과를 평가하고 반영하는 것으로써 기금에도 적용이 됩니다.

08 정답 ②

정답 찾기
② 예비타당성조사는 총사업비가 500억 원 이상이고, 국가의 재정지원 규모가 300억 원 이상인 신규사업의 경우에 실시하며 국회가 의결로 요구하는 사업에 대해서도 실시하여야 합니다.

오답 피하기
① 주민참여예산제도는 지방예산 편성 등 예산과정에 주민이 참여할 수 있는 제도를 뜻합니다. 정부가 지역주민에 대해 비과세, 감면, 공제 등 세제상 각종 유인장치를 통해 간접적 지원을 해주는 제도는 조세지출제도에 대한 설명입니다.
③ 국가재정법 제 49조에 따르면 수입이 증대되거나 지출이 절약된 때에는 이에 기여한 자에게 성과급을 지급할 수 있으며, 절약된 예산을 다른 사업에 사용할 수 있습니다.
④ 총사업관리비제도는 완성에 2년 이상 소요되는 사업으로서 대통령령으로 정하는 대규모 사업을 대상으로 하여 사업 규모 · 총사업비 및 사업기간을 정하여 미리 기획재정부장관과 협의하여야 합니다. 즉 소요 기간이 고려됩니다.

TOPIC 27 예산과정과 예산집행

기출 선지 OX

| 01 × | 02 ○ | 03 ○ | 04 ○ |
| 05 × | 06 ○ | 07 ○ | 08 × |

01 정답 ×
「국가재정법」 제33조에 따르면 대통령의 승인을 얻은 예산안을 회계연도 개시 120일 전까지 국회에 제출하여야 합니다.

02 정답 ○
국회 예산결산특별위원회는 소관 상임위원회에서 삭감한 세출예산 각 항의 금액을 증가하게 하거나 새 비목을 설치할 경우 소관 상임위원회의 동의를 받아야 합니다.

03 정답 ○
기획재정부장관은 국무회의 심의를 거쳐 대통령의 승인을 얻은 다음 연도의 예산안편성지침을 매년 3월 31일까지 중앙관서의 장에게 통보해야 합니다.

04 정답 ○
중앙관서의 장은 소관 부처의 세입세출예산, 계속비, 명시이월비 및 국고채무부담행위 요구서를 작성하여 매년 5월 31일까지 기획재정부장관에게 제출하여야 합니다.

05 정답 ×
이용이란 국회의 의결을 얻은 때 기획재정부장관의 승인을 얻어 입법과목(장, 관, 항) 간 예산을 유용하는 것입니다.

06 정답 ○
이체(移替)란 폐지되거나 기능이 이관된 기관의 예산을 신설된 기관의 예산으로 재분배하는 것입니다.

07 정답 ○
여러 해가 걸리는 공사나 R&D 사업 등이 단년도 예산주의의 예외가 됩니다.

08 정답 ×
계속비란 완성에 수년을 요하는 공사나 제조 및 연구개발사업에 대하여 경비의 총액과 연부액을 정하여 미리 국회의 의결을 얻은 범위 안에서 5년 이내(예외적으로 10년 이내) 계속하여 지출하는 경비를 말합니다.

실전 문제

| 01 ② | 02 ③ | 03 ② | 04 ② |
| 05 ④ | 06 ② | 07 ① | 08 ① |

01 정답 ②

정답 찾기
② 우리나라 예산과정은 중기사업계획서 제출 → 예산안편성 지침 통보 → 예산요구서 작성 및 제출 → 예산안 편성(국무회의 심의 및 대통령 승인) → 예산안 국회 제출 → 상임위원회 예비심사 → 예산결산특별위원회 종합심사 → 본회의 심의 · 확정 순서로 진행됩니다.

02 정답 ③

정답 찾기
③ 「국회법」 제 84조에 따르면 예산결산특별위원회가 아닌 소관 상임위원회에서 예비심사를 하여 그 결과를 의장에게 보고합니다. 의장은 예산결산특별위원회에 회부하고 그 심사가 끝난 후 본회의에 부의합니다.

오답 피하기
① 「국가재정법」 제31조에 따르면 각 중앙관서의 장은 그 소관에 속하는 다음 연도의 세입세출예산 · 계속비 · 명시이월비 및 국고채무부담행위 요구서를 작성하여 매년 5월 31일까지 기획재정부장관에게 제출하여야 합니다.
② 「국가재정법」 제35조에 따르면 정부는 예산안을 국회에 제출한 후 부득이한 사유로 그 내용의 일부를 수정하고자 할 때에는 국무회의의 심의를 거쳐 대통령의 승인을 얻은 수정예산안을 국회에 제출할 수 있습니다.
④ 「국가재정법」 제59조에 따르면 기획재정부장관은 회계연도마다 작성하여 대통령의 승인을 받은 국가결산보고서를 다음 연도 4월 10일까지 감사원에 제출하여야 합니다.

03

정답 ②

정답 찾기

㉠ 정부는 재정운용의 효율화와 건전화를 위하여 매년 해당 회계연도부터 5회계연도 이상의 기간에 대한 재정운용계획을 수립하여야 합니다.

㉡ 기획재정부장관은 대통령의 승인을 얻은 다음 연도의 예산안편성지침을 매년 3월 31일까지 각 중앙관서의 장에게 통보해야 합니다.

㉢ 기획재정부장관은 「국가회계법」에 따라 회계연도마다 국가결산보고서를 작성하여 대통령의 승인을 얻어 다음 연도 4월 10일까지 감사원에 제출하여야 합니다.

㉣ 예산의 편성 및 의결, 집행, 그리고 결산 및 회계 검사의 단계가 일정한 주기로 반복되는 것을 예산주기 또는 예산 순기라고 하는데 우리나라의 경우 통상 3년입니다.

따라서 ②가 옳은 선지입니다.

04

정답 ②

정답 찾기

② 「국회법」 제84조 제3항을 보면 종합심사에서 종합정책질의가 이루어집니다.

오답 피하기

① 상임위원회 예비심사는 기획재정부장관이 아닌 소관 부처 장관의 제안설명으로부터 시작됩니다.
③ 예산결산특별위원회는 2000년부터 상설화되었습니다.
④ 소소위원회의 예산 심의는 법적 근거가 없고, 회의록을 작성할 의무도 없습니다.

05

정답 ④

정답 찾기

ㄱ. 예산의 배정에는 정기배정, 수시배정, 조기배정, 당겨배정, 감액배정 등이 있습니다.

ㄷ. 「국가재정법」 제43조 제2항에 따르면 기획재정부장관은 필요한 때에는 대통령령으로 정하는 바에 따라 회계연도 개시 전에 예산을 배정할 수 있습니다.

ㄹ. 「국가재정법」 제43조의2에 따르면 세출예산의 재배정이란 기획재정부장관이 각 중앙관서의 장에게 배정한 예산을 각 중앙관서의 장이 재무관별로 다시 배정하는 것을 말합니다.

오답 피하기

ㄴ. 기획재정부장관은 반기별이 아닌 분기별 예산배정계획을 작성하여 국회의 심의가 아닌 국무회의의 심의를 거친 후 대통령의 승인을 얻어야 합니다.

06

정답 ②

정답 찾기

② 한정성 원칙의 예외는 이전, 예추, 월계부(이용, 전용, 예비비, 추경, 이월, 계속비, 국고채무부담행위)입니다. 수입대체경비는 통일성의 원칙 예외입니다.

07

정답 ①

정답 찾기

① 국고채무부담행위가 아닌 계속비에 대한 설명입니다.

오답 피하기

② 국고채무부담행위는 미리 예산을 통해 국회의 의결을 얻어야 합니다.
③ 재해 복구를 위해 필요한 때에는 예비비와 유사한 절차에 따라 집행됩니다.
④ 국고채무부담행위는 법률상 채무부담과 세출예산 및 계속비 총액 범위 외에 국가가 추가로 부담하는 채무 행위입니다.
⑤ 국고채무부담행위는 행위연도, 상환연도 및 금액을 명시해야 합니다.

08

정답 ①

정답 찾기

① 「국가재정법」 제47조에 따르면 예산의 이용은 입법과목 간 융통을 의미하는 것으로 예산집행상 필요에 따라 예산으로써, 국회의 의결을 얻은 때에는 기획재정부장관의 승인을 얻어 이용할 수 있습니다.

오답 피하기

② 예산의 이용은 국회의 사전의결을 필요로 하지만, 예산의 이체는 국회의 사전 의결이나 승인을 요하지 않습니다.
③ 「국가재정법」 제48조에 따르면 명시이월의 경우 국회의결을 얻어야 하며, 사고이월은 재이월할 수 없습니다.
④ 「국가재정법」 제23조에 따르면 계속비의 지출연한 연장은 국회의 의결을 거쳐 가능합니다.

TOPIC 28 결산과 국가채무

기출 선지 OX

| 01 ○ | 02 ○ | 03 × | 04 ○ |
| 05 × | 06 × | 07 ○ | 08 ○ |

01

정답 ○

국가회계는 디브레인(dBrain) 시스템을 통해, 지방자치단체회계는 e-호조 시스템을 통해 처리됩니다.

02

정답 ○

발생주의에서는 미수수익이나 미지급금을 자산과 부채로 표시할 수 있습니다.

03

정답 ×

지방회계에서는 기업회계의 재무회계 - 관리회계 개념과는 다르게 재무회계 - 예산회계 개념을 구분하여 사용하고 있습니다. 예산회계는 단식부기·현금주의회계를 적용하는 회계를 말하며, 재무회계는 복식부기·발생주의회계를 적용하여 재무제표를 작성·보고하기 위한 회계를 말합니다.

04
정답 ○

재무제표는 거래가 발생하면 차변과 대변 양쪽에 동일한 금액으로 이중기입하는 복식부기 방식을 채택하고 있습니다.

05
정답 ×

「국가재정법」 제8조에 따르면 기획재정부장관은 총사업비가 500억 원 이상이고 국가의 재정지원 규모가 300억 원 이상인 신규 사업으로서 대규모사업에 대한 예산을 편성하기 위하여 미리 예비타당성조사를 실시하고, 그 결과를 요약하여 국회 소관 상임위원회와 예산결산특별위원회에 제출하여야 합니다.

06
정답 ×

국고채무부담행위는 미리 예산으로써 국회의 의결을 얻어야 할 필요가 있습니다.

07
정답 ○

국고채무부담행위는 국가가 금전급부의무를 부담하는 행위로서 그 채무 이행의 책임은 다음 연도 이후에 부담됨을 원칙으로 합니다.

08
정답 ○

국고채무부담행위의 경우, 사항마다 필요한 이유를 명백히 하고 그 행위를 할 연도와 상환연도, 채무부담의 금액을 표시해야 합니다.

실전 문제
| 01 ⑤ | 02 ③ | 03 ③ | 04 ③ |
| 05 ① | 06 ② | 07 ④ | 08 ② |

01
정답 ⑤

정답 찾기

⑤ 현금주의 회계는 실제 현금의 유입과 유출(화폐자산과 차입금 등 현금 흐름)을 측정 대상으로 하고, 발생주의 회계는 재무자원뿐만 아니라 비재무자원을 포함한 모든 경제자원을 측정 대상으로 합니다.

오답 피하기

① 재정상태표, 재정운영표 모두 발생주의·복식부기가 적용됩니다.
② 현금주의 회계방식은 현금의 수납을 기록하여 주관적인 판단이 배제되므로 회계의 객관성이 확보됩니다. 또한 부채 발생을 그 시점에서 인식하지 못하므로 정보의 적시성 확보가 곤란합니다. 한편 발생주의 회계방식은 회계연도 말에 보다 정확한 재무정보를 반영할 수 있어 정보의 적시성이 확보됩니다.
③ 현금주의는 자산·부채의 명확한 인식이 되지 않아 재전건전성 판단이 곤란합니다. 따라서 재전건전성 확보가 가능하다고 보기 어렵습니다. 한편 발생주의는 회계전문지식이 필요하고, 회계처리 시간·비용 많으며 작성절차가 복잡합니다. 즉 이해와 통제가 용이하다고 보기 어렵습니다.
④ 현금주의는 자의적인 회계처리가 불가능하여 통제가 용이합니다. 한편 발생주의는 실제 현금지출내역을 기록하지는 않으므로 통제가 곤란하여 피하기 위해 악용될 가능성이 있습니다.

02
정답 ③

정답 찾기

③ 「국가재정법」 제9조에 따르면 일반정부 및 공공부문 재정통계를 매년 1회 이상 투명하게 공표하도록 규정하고 있습니다.

오답 피하기

① 재정투명성은 재정정보의 체계적·적시적 공개를 의미합니다.
② IMF의 「재정투명성 규약(2007)」은 명확한 정부 역할과 책임, 예산과정 공개, 재정정보의 완전성을 규정합니다.
④ 「국가재정법」 제100조에 따르면 예산·기금의 불법 지출에 대한 국민감시 규정을 두고 있습니다.

03
정답 ③

정답 찾기

③ 발생주의 회계방식은 발생주의는 회계전문지식이 필요하고, 회계처리 시간·비용 많으며 작성절차가 복잡하여 통제에 유리하다고 보기 어렵습니다.

오답 피하기

① 복식부기에서 자산의 증가, 부채의 감소, 비용의 발생은 차변에 기입하고, 자산의 감소, 부채의 증가, 자본의 증가는 대변에 기입합니다.
② 현금주의는 수익과 비용을 정확히 구분할 수 없어서 성과 파악이 어렵습니다.
④ 현금주의는 단기적으로 현금흐름만을 보여주므로 정치인들이 가시적 성과를 강조할 때 선호하는 회계방식입니다.

04
정답 ③

정답 찾기

㉠ 「국가재정법」 제7조에 따르면 정부는 재정운용의 효율화와 건전화를 위하여 매년 해당 회계연도부터 5회계연도 이상의 기간에 대한 재정운용계획을 수립하여야 합니다.
㉡ 「국가재정법」 제29조에 따르면 기획재정부장관은 국무회의의 심의를 거쳐 대통령의 승인을 얻은 다음 연도의 예산안편성지침을 매년 3월 31일까지 각 중앙관서의 장에게 통보하여야 합니다.
㉢ 「국가재정법」 제59조에 따르면 기획재정부장관은 「국가회계법」에서 정하는 바에 따라 회계연도마다 작성하여 대통령의 승인을 받은 국가결산보고서를 다음 연도 4월 10일까지 감사원에 제출하여야 합니다.
㉣ 우리나라의 경우 예산주기 또는 예산순기라고 하는데 우리나라의 경우 통상 3년입니다.
따라서 ③이 적절합니다.

05
정답 ①

정답 찾기

① 「국가재정법」 제91조에 따르면 기금이 발행한 채권도 국가채무에 포함됩니다.

오답 피하기

② 우리나라 중앙정부가 발행하는 국채에는 국고채권, 국민주택채권, 외화표시 외국환평형기금채권 등이 있습니다. 그 외 재정증권, 원화표시 외국환평형기금채권도 포함됩니다.
③ 국가채무는 성질에 따라 금융성 채무와 적자성 채무로 구분합니다.
④ 채권의 발행 주체가 중앙정부일 때는 국채, 지방자치단체일때는 지방채입니다.

06
정답 ②

정답 찾기
ㄹ. 경제성 분석에서 편익비용비율이 1보다 작아 정책성 분석이나 통한 종합평가 결과에 의해 AHP(계층화분석법)분석 점수가 높으면 예비타당성조사를 통과할 수 있습니다.
ㅁ. 「국가재정법」제 38조에 따르면 공공청사 신축 및 증축, 재난복구 지원사업, 지역균형발전사업 등 다양한 사업에 대해 예비타당성조사를 면제할 수 있도록 규정하고 있습니다.

오답 피하기
ㄱ. 예비타당성조사제도는 건설사업 뿐만 아니라 지능정보화사업, 국가연구개발사업, 중기사업계획서에 의한 재정지출이 500억 원 이상인 보건, 교육, 노동, 문화 및 관광, 환경보호, 농림해양수산, 산업·중소기업 분야의 사업을 대상으로 합니다.
ㄴ. 예비타당성조사제도는 기획재정부장관이 실시합니다.
ㄷ. 예비타당성조사제도는 경제적 분석, 정책성 분석은 실시해야 하나, 지역균형발전 분석은 필수가 아닙니다. 또한 종합평가는 계층화분석법을 활용합니다. 한편 비용효과분석은 경제적 분석에서 활용합니다.

07
정답 ④

정답 찾기
④ 재정수입준칙은 세입징수를 중대하고 과도한 조세부담을 방지하기 위해 세입의 상한 또는 하한을 설정하는 것입니다. 재정수입준칙은 경기순행적 정책을 초래하지만 정부규모를 직접적인 목표로 합니다. 조세지출을 우회적으로 활용함으로써 재전건전성이 가능성이 있는 것은 재정지출준칙의 단점입니다.

오답 피하기
① 국가채무준칙은 재정 건전성을 확보하기 위해 국가채무 규모에 상한선을 설정합니다. 채무준칙은 채무의 총량을 기준으로 하는 경우와 GDP대비 채무비율을 기준으로 하는 경우로 다시 나뉩니다.
② 재정수지준칙은 수입과 지출의 차이인 재정수지를 통제하는 것으로 경기변동과 무관하게 설정되므로 경제 안정화를 오히려 저해할 수 있습니다.
③ 재정지출준칙은 총지출 한도, 분야별 명목·실질 지출한도, 명목·실질 증가율 한도를 설정하는 것으로 경제성장률이나 재정적자 규모의 예측에 의존하지 않습니다.

08
정답 ②

정답 찾기
② 재정준칙은 행정부의 재량을 통제하여 재정건전성 확보하는 것이지 행정부의 재량권을 확대하는 것이 아닙니다.

오답 피하기
① 재정준칙의 대표적 유형은 채무준칙, 재정수지준칙, 지출준칙, 수입준칙 등이 있습니다.
③ 재정준칙은 총량적 재정지표에 대한 구체적인 목표치를 설정하여 국가의 재정운용 목표를 법제화한 것입니다.
④ 미국의 PAYGO(Pay-As-You-Go)제도는 의무지출을 증가시키는 신규입법 시 재원조달방안을 동시에 입법하도록 하는 제도입니다.

TOPIC 29 채용의 방식

기출 선지 OX

01 × 02 × 03 ○ 04 ×
05 × 06 × 07 ○ 08 ○

01
정답 ×

공직의 일은 건전한 상식과 인품을 가진 일반 대중 누구나 수행할 수 있는 것이라고 전제하였던 것은 잭슨 대통령에 의해 추진되었던 엽관제의 내용에 해당합니다.

02
정답 ×

엽관제 공무원제도는 행정의 안정성과 중립성 및 전문성이 저하됩니다.

03
정답 ○

공개경쟁시험, 신분보장, 정치적 중립이 실적주의의 핵심적인 요소입니다.

04
정답 ×

실적주의는 개인의 능력과 자격을 중요하게 여기는 인사제도입니다.

05
정답 ×

직업공무원제는 계급제와 폐쇄형 공무원제, 일반 행정가주의를 지향합니다. 직위분류제가 직무급 중심 보수체계를 확립하는 데 도움을 줍니다.

06
정답 ×

직업공무원제는 폐쇄형 임용 체계, 계급제를 확립요건으로 하고 있어 개방적 임용으로 공직분위기 활성화는 관련이 없습니다.

07
정답 ○

직업공무원은 일생동안 일할 수 있도록 신분을 보장받고 근무하는 공무원입니다.

08
정답 ○

결원충원방식 및 공직분류제도에 있어서 실적주의는 개방형 직위분류에, 직업공무원제는 폐쇄형과 계급제에 가깝다고 할 수 있습니다.

실전 문제

01 ② 02 ④ 03 ① 04 ②
05 ④ 06 ① 07 ④ 08 ②

01
정답 ②

정답 찾기
② 엽관주의는 행정의 전문성을 저하시킬 수 있습니다.

오답 피하기
① 영국은 1855년 및 1870년 추밀원령으로 정실주의에서 실적제로 전환되었으며, 이후 미국은 펜들턴법(1883) 제정으로 엽관주의에서 실적주의로 변화했습니다.

③ 1829년 제7대 잭슨 대통령(서민 출신)이 취임하면서 동부 출신들에 의한 공직독점의 해체와 서부 개척민들에게 공직을 개방하기 위해 엽관주의를 미국 인사행정의 공식적인 기본 원칙으로 채택하였습니다.
④ 우리나라의 경우 장·차관 임용, 광역자치단체 정무부시장과 같은 별정직 일부 등에서 엽관적 임용을 공식적으로 허용합니다.

02
정답 ④

정답 찾기
④ 엽관주의는 오히려 행정의 안전성과 중립성 및 전문성 저하시킬 수 있습니다.

03
정답 ①

정답 찾기
① 실적주의는 가필드 대통령 암살로 엽관주의의 폐해가 부각되고, 급격한 경제 발전으로 공무원들의 전문적 지식과 기술이 필요해짐으로 인해 등장하였습니다.

오답 피하기
② 엽관주의는 정치적 책임성 확보나 정당제도 유지에 기여하는 측면에서 오늘날에도 제한적으로 활용되는 경우가 있습니다. 우리나라의 정무직 공무원 등에 엽관주의적 요소가 남아있습니다.
③ 실적주의는 엽관주의 폐해와 행정기능의 전문화·복잡화에 따라 강화된 제도입니다.
④ 엽관주의 인사는 관료기구의 정치적 동질성과 공무원의 충성 확보에 유리합니다. 관료의 지지정당이 동일할 것이고 선거 승리를 위해 노력하게 될 것입니다.

04
정답 ②

정답 찾기
② 엽관제는 주기적 선거 결과에 기초하여 선거에서 승리한 정당이 관직을 차지하는 개방형 인사제도입니다.

오답 피하기
① 엽관주의는 선거에서 승리한 정당이 관직을 차지하는 원칙을 말합니다.
③ 엽관제는 정당정치의 발달에 기여합니다. 또한 투표 결과로 인해 관료가 간접적으로 교체되는 효과를 가져오기에 행정의 민주화에 기여할 수 있습니다.
④ 엽관제는 정당에 대한 충성도와 기여도로 공직을 충원하다보니 전문성 없는 인사가 공직을 차지하는 경우가 많아지게 됩니다.
⑤ 1883년 펜들턴법이 제정되면서 미국의 연방정부 인사제도는 엽관주의에서 실적주의로 변화했습니다.

05
정답 ④

정답 찾기
④ 직업공무원제도는 오히려 직업공무원들의 자부심과 일체감과 단결심을 강화하며 공직 봉사정신과 행동규범을 유지합니다.

오답 피하기
① 직업공무원제는 신분을 보장하여 행정의 연속성과 일관성 유지에 기여합니다.
② 젊고 유능한 인재가 공직을 선택하여 일생 동안 성실히 근무하도록 유도합니다.

③ 공무원의 특권집단화와 환경적 요구에 대한 민감성 부족 문제가 발생할 수 있습니다.

06
정답 ①

정답 찾기
① 개방형 인사제도는 원칙적으로 모든 계급에 외부전문가나 경력자를 채용할 수 있는 인사제도로 공직사회의 침체를 막고 신진대사를 촉진시키며 새로운 아이디어나 신지식 등을 수용하여 행정의 효율성을 높이는 데 유리한 제도입니다.

오답 피하기
② 일반적으로 폐쇄형 인사제도는 계급제에 바탕을 두고 일반행정가 중심의 인력구조를 선호합니다.
③ 개방형 인사제도가 아니라 폐쇄형 인사제도의 장점입니다.
④ 폐쇄형 인사제도가 아니라 개방형 인사제도의 단점에 해당합니다.

07
정답 ④

정답 찾기
④ 대표관료제는 실적주의를 비판하며 사회적 약자를 보호하기 위해 등장한 제도입니다. 대표관료제는 출신이나 인구학적 배경 등을 고려해 관료를 임용함으로써 사회적 형평성을 강조합니다. 반면 실적주의는 능력과 자격을 중심으로 선발합니다.

오답 피하기
① 대표관료제는 출신, 성장배경, 사회화 등에 의해 주관적 책무성이 형성되고 이것이 임용 후 행태를 결정합니다.
② 대표관료제는 공무원의 인적 구성이 사회의 인구학적 특성과 비례가 되도록 채용하는 제도로써 현대사회의 구조적 문제로 인한 기회의 불평등을 해소하고자 하는 노력입니다.
③ 대표관료제는 소극적 대표(출신이 대표되는 것)가 적극적 대표(실질적 정책반영)를 가져올 것으로 가정합니다.
⑤ 다양한 집단의 관료제 참여를 통해 민주성 제고에 기여할 수 있습니다.

08
정답 ②

정답 찾기
② 선거 결과에 기초하여 공직을 임명하는 제도는 엽관제에 대한 설명입니다.

오답 피하기
① 대표관료제는 킹슬리(D. Kingsley)가 1944년도에 처음 사용한 개념입니다.
③ 대표관료제는 사회적 약자의 관료 진입을 가능하게 하여 형평성과 대응성을 높일 수 있습니다.
④ 대표관료제는 실적주의를 비판하며 등장한 것으로 실적주의 공무원제도 확립에 저해됩니다.

TOPIC 30 업무의 부여방식

기출 선지 OX

01 ○ 02 ✗ 03 ○ 04 ○

01
정답 ○

직위분류제는 교육훈련 수요 파악 및 근무성적평정을 명확하게 할 수 있습니다.

02
정답 ✗

요소비교법은 조직 내의 중심이 되는 기준 직무를 선정하여 평가하고자 하는 직무와 기준 직무의 평가요소들을 상호비교하여 상대적 가치를 계량적으로 평가하는 방식입니다.

03
정답 ○

직류(職類)란 같은 직렬 내에서 담당분야가 같은 직무의 군을 말합니다.

04
정답 ○

직위분류제는 동일직무·동일보수 원칙에 입각한 직무급 수립이 용이하여 보수의 형평성이 높습니다.

실전 문제

01 ③ 02 ④ 03 ① 04 ①

01
정답 ③

정답 찾기

③ 직위분류제는 직위를 직무 종류, 책임 및 난이도에 따라 분류하고 직무 능력과 기술 전문성을 갖춘 사람을 임용하므로 직무 간 인사이동이 용이하다고 보기 어렵습니다.

오답 피하기

① 직위분류제는 직무의 종류·책임도·곤란도를 고려한 인사행정을 수행합니다.
② 직위분류제하에서는 동일직렬에서의 장기간 근무가 가능하여 전문가 양성에 도움이 됩니다.
④ 동일직무에 대한 동일보수제공을 원칙으로 합니다.

02
정답 ④

정답 찾기

④ 분류법은 직위의 등급 수를 정하고, 직무요소에 대한 분석 없이 분류기준을 미리 작성한 등급기준표에 따라 평가하려는 직위의 직무를 어떤 등급에 배치할 것인가를 결정하는 방법입니다. 그래서 등급기준표가 완성되기까지는 직무평가가 이루어질 수 없습니다.

오답 피하기

① 서열법은 직무기술서를 보면서 직무를 전체적·종합적으로 평가하여 상대적 중요도에 의해 서열을 부여하는 자의적·주관적 평가방법입니다. 서열법은 평가작업이 단순·신속하며, 비용·노력이 적지만, 평가자의 주관이 개입되어 순위판단 근거가 불명확하므로 공정성 시비가 있을 수 있습니다.
② 점수법은 체계적·과학적인 직무평가기준표를 사용하므로 평가결과의 타당도·객관도가 높고, 관련자가 평가결과를 쉽게 수용할 수 있으며, 안전성이 있어 직무평가의 일관성이 높지만, 절차가 복잡하고, 고도의 기술과 많은 시간과 노력이 요구된다는 단점이 있습니다.
③ 요소비교법은 요소비교표를 만들기까지 복잡한 과정과 많은 시간과 노력이 필요하므로 광범위하게 사용되지 못하고 있습니다. 가장 많이 사용되고 있는 방법은 점수법입니다.

03
정답 ①

정답 찾기

① 계급제는 일반행정가로서 다양한 업무를 맡게 하여 공무원의 시야와 이해력을 넓혀 부서 간·부처 간 협조와 조성이 원활하게 이루어집니다.

오답 피하기

② 직위분류제는 직무 능력과 기술 전문성을 갖춘 사람을 임용하여 공무원의 전문성을 강화하고 직무 중심의 동기유발이 가능합니다.
③ 계급제는 공무원의 신분과 경력을 안정적으로 보장하여 장기 근무를 유도하고 직업공무원제 확립에 유리합니다.
④ 직위분류제는 직위를 직무 종류, 책임 및 난이도에 따라 분류하므로 직무 한계와 책임 소재가 명확합니다.

04
정답 ①

정답 찾기

① 직위분류제는 동일직렬에서의 승진이나 전보는 가능하나 다른 직렬로 전직 어려워 인사관리의 신축성과 탄력성이 결여됩니다.

오답 피하기

② 직위분류제는 모든 직위를 직무의 종류, 난이도, 책임도에 따라 공직을 분류하고 직무에 적합한 지식과 기술, 능력과 경험을 가진 인물을 임용합니다.
③ 직위분류제는 미국에서 과학적 관리법의 영향으로 발달하였습니다. 과학적 관리법에 따라 시간과 동작을 연구하여 직무의 곤란도와 난이도를 분류하는 것에 영향을 받은 것입니다.
④ 직위분류제는 동일직급·직무등급에 속하는 직위에 대해 동일하거나 유사한 보수를 지급하도록 체계화합니다. 따라서 직무급제의 발전으로 이어집니다.

TOPIC 31 공무원의 분류와 중앙인사기관

기출 선지 OX

01 ✗ 02 ○ 03 ○ 04 ○
05 ✗ 06 ○ 07 ○ 08 ○

01
정답 ✗

고위공무원단을 구성하는 공무원은 국가공무원으로 보는 지방자치단체 지위 중 중앙행정기관의 실장·국장에 상응하는 직위도 해당합니다.

정답 및 해설 239

02 정답 ○
고위공무원단제도는 계급과 연공서열보다는 직무와 성과 중심의 인사관리를 추구합니다.

03 정답 ○
각 부처장관은 소속에 관계없이 전체 고위공무원단 중에서 적임자를 인선합니다.

04 정답 ○
행정부처에 배치된 고위공무원의 인사와 복무는 소속 장관이 관리합니다.

05 정답 ×
비독립합의제 형태의 중앙인사기관인 중앙인사위원회는 2004년 설치되었다가 폐지되었습니다.

06 정답 ○
인사혁신처는 인사행정의 공정성을 제고하기 위한 독립합의형 대통령 직속기관입니다.

07 정답 ○
인사혁신처는 법률의 범위 내에서 인사규칙을 제정합니다.

08 정답 ○
인사혁신처는 행정기관 소속 공무원의 징계처분 등에 대한 소청을 심사·결정하기 위하여 소청심사위원회를 둡니다.

실전 문제

| 01 ④ | 02 ③ | 03 ③ | 04 ③ |
| 05 ① | 06 ④ | 07 ② | 08 ③ |

01 정답 ④

[정답 찾기]
④ 국가공무원은 경력직공무원과 특수경력직공무원으로 구분합니다. 또한 경력직공무원은 일반직공무원과 특정직공무원으로 구분하고, 특수경력직공무원은 정무직공무원과 별정직공무원으로 구분합니다. 국회사무총장·사무차장, 헌법재판소 사무처장·사무차장, 중앙선관위 사무총장·사무차장, 서울시의 부시장은 모두 정무직으로 특수경력직에 해당합니다. 그리고 국회 위원회에 두는 수석전문위원은 별정직으로서 특수경력직에 해당합니다. 그러나 고위공직자범죄수사처 처장·차장은 법률에서 특정직으로서 경력직에 해당합니다.

02 정답 ③

[정답 찾기]
③ 「전문경력관 규정」 제17조 제1항에 따르면 전직시험을 거쳐 전문경력관을 다른 일반직공무원으로 전직시키거나 다른 일반직공무원을 전문경력관으로 전직시킬 수 있습니다.

[오답 피하기]
① 「전문경력관 규정」 제2조 제1항에 따르면 전문경력관의 경우 계급 구분과 직군 및 직렬의 분류를 적용하지 않습니다.
② 「전문경력관 규정」 제4조 제1항에 따르면 전문경력관은 직무의 특성, 난이도 및 직무에 요구되는 숙련도 등에 따라 가군, 나군, 다군으로 구분합니다.
④ 「전문경력관 규정」 제3조 제1항에 따르면 소속 장관은 해당 기관의 일반직공무원 직위 중 순환보직이 곤란하거나 장기 재직 등이 필요한 특수 업무 분야의 직위를 인사혁신처장과 협의하여 전문경력관직위로 지정할 수 있습니다. 옳은 선지입니다.

03 정답 ③

[정답 찾기]
③ 우리나라 특정직공무원에 해당하는 공무원은 법관, 검사, 외무공무원, 경찰공무원, 소방공무원, 교육공무원, 군인, 군무원, 헌법재판소 재판연구관, 국가정보원의 직원, 경호공무원과 특수 분야의 업무를 담당하는 공무원으로서 다른 법률에서 특정직공무원으로 지정하는 공무원입니다. 한편 「감사원법」 제19조에 따르면 사무총장은 정무직으로, 사무차장은 일반직으로 합니다.

04 정답 ③

[정답 찾기]
③ 정무직공무원이란 선거로 취임하거나, 임명할 때 국회의 동의가 필요하거나 그 외 법령 내지 조례에서 정무직으로 정한 공무원을 말합니다.

[오답 피하기]
① 일반직공무원은 기술·연구 또는 행정 일반 업무를 담당하고, 1급~9급 계급을 가지고, 직군·직렬로 분류됩니다.
② 특정직공무원은 법관, 군인, 군무원, 국정원 직원 등 특수 분야의 공무원을 말합니다.
④ 별정직공무원은 비서관·비서 등 특정 보좌업무나 특별한 업무 수행을 위해 별도로 지정된 공무원입니다.

05 정답 ①

[정답 찾기]
① 위원회형은 독립합의형을 의미하므로 독립성과 합의성을 중시합니다.

[오답 피하기]
② 미국의 실적제보호위원회는 독립·합의제형 기관을 말합니다.
③ 위원회형은 결정주체가 확연히 드러나지 않아 책임 소재가 불분명해질 수 있습니다.
④ 위법·부당한 처분을 받은 공무원의 소청이 있을 때 이를 재결할 수 있는 권한인 준사법적 기능은 중앙인사기관의 기능 중 하나입니다.
⑤ 위원회형의 경우 합의체 구성원의 임명시기를 서로 다르게 함으로써 인사행정의 계속성을 확보할 수 있습니다.

06 정답 ④

[정답 찾기]
주어진 보기는 비독립단독형에 해당합니다.
④ 한 명의 인사기관의 장이 조직을 관장하며 행정수반의 지휘 아래 결정과 집행하는 비독립합의형의 특징으로 적절합니다.

[오답 피하기]
① 정치적 중립을 강조하는 독립합의형에 가깝습니다.
② 인사정책의 일관성을 강조하는 합의형에 가깝습니다.
③ 여러 위원의 합의로 결정하는 합의형의 특징에 해당합니다.

07
정답 ②

정답 찾기
② 인사혁신처는 국무총리 소속의 비독립단독형 중앙인사관장기관으로 행정부의 인사업무를 총괄합니다.

오답 피하기
① 2014년 세월호 사고 이후 안전행정부의 인사기능을 분리하여 인사혁신처가 신설되었습니다.
③ 중앙징계위원회와 소청심사위원회는 징계와 불복 절차 등 준사법적 기능을 수행합니다.
④ 인사혁신처가 선지에 주어로 추가되어야 합니다. 인사혁신처는 국무총리 소속이고, 인사혁신처장은 국무위원이 아니며 임명 전에 인사청문을 거치지 않습니다.

08
정답 ③

정답 찾기
③ 행동규범의 규칙성 완화, 근무시간계획과 휴가 프로그램의 유연성 증대 등은 다양성 관리의 방안으로 볼 수 있습니다. 따라서 다양성 관리의 방안으로 볼 수 있습니다.

오답 피하기
① 개인의 내면적 다양성(성격, 가치관 등)의 중요성이 강조되는 추세입니다.
② 다양성 관리는 다양한 내적·외적 차이를 가진 구성원을 공정하고 효율적으로 활용하는 인적자원관리과정입니다.
④ 대표관료제는 능력·자격을 2차적인 기준으로 생각하므로 조직 내 다양성 증대는 실적주의와 충돌할 가능성이 있습니다.

TOPIC 32 임용, 인사이동, 인사평가

기출 선지 OX

01 × 02 × 03 × 04 ×
05 ○ 06 ○ 07 ○ 08 ×

01
정답 ×

공무원의 시보기간 동안에도 신분은 부여되며, 일정한 조건에서는 경력으로 인정됩니다.

02
정답 ×

파견은 공무원의 소속을 바꾸지 않고 다른 국가기관이나 그 외 기관 및 단체에서 근무하게 하는 것입니다.

03
정답 ×

전보는 동일직렬, 동일직급 내 보직변경 또는 고위공무원단 직위 간 보직변경입니다.

04
정답 ×

시보기간에도 공무원의 신분이 보장되고, 징계처분 시에는 소청심사를 청구할 권리가 보장됩니다.

05
정답 ○

평정자가 피평정자를 잘 모르는 경우 집중화 경향이 발생할 수 있습니다.

06
정답 ○

평정자의 평정기준이 일정하지 않은 경우 총계적 오류(total error)가 발생할 수 있습니다.

07
정답 ○

관대화 경향의 폐단을 막기 위해 강제배분법을 활용할 수 있습니다.

08
정답 ×

평정자의 직관과 선험을 바탕으로 하여 평정하기 때문에 작성이 빠르고 쉬우며 경제적이라는 강점이 있으나, 연쇄효과가 나타나기 쉬운 근무성적평정방법은 도표식평정척도법입니다.

실전 문제

01 ① 02 ④ 03 ④ 04 ②
05 ① 06 ③ 07 ① 08 ④

01
정답 ①

정답 찾기
ㄱ. 구성타당성은 측정도구가 실제 측정하고자 하는 개념이나 특성을 얼마나 정확히 반영하는지를 나타내는 개념입니다. 즉, 구성타당성은 측정의 일관성(신뢰성)이 아니라 측정도구가 실제 측정하고자 하는 구성개념을 제대로 측정했는지에 관한 타당성입니다. 반복적인 측정에서 얼마나 일관성 있는 결과를 얻을 수 있는가는 신뢰성을 의미합니다.

오답 피하기
ㄴ. 기준타당성은 시험점수와 실제 직무수행 간의 상관관계로 평가하며, 직무성과를 얼마나 정확히 예측하는지 평가합니다.
ㄷ. 내용타당성은 시험 내용이 직무수행에 필요한 능력과 지식을 얼마나 잘 반영하는지 나타냅니다.
ㄹ. 종적 일관성은 동일한 시험을 다른 시점에서 반복 측정할 때 결과가 안정적으로 나타나는 신뢰성의 한 유형입니다.
ㅁ. 시험의 신뢰성 검증 방법에는 같은 시험을 두 번 이상 보는 재시험법, 유사한 두 개의 시험을 사용하는 동질이형법, 하나의 시험을 두 부분으로 나누어 분석하는 이분법이 있습니다.

02
정답 ④

정답 찾기
④ 전직은 상이한 직렬의 동일한 계급 또는 등급으로의 수평이동하는 것입니다. 동일직렬, 동일직급 내 보직변경 또는 고위공무원단 직위 간 보직변경은 전보입니다.

오답 피하기
① 승진은 상위 직급으로의 이동이며, 책임과 업무의 난이도가 증가하고 보수도 일반적으로 증가합니다.

② 승급은 같은 직급 내에서 보수 단계(호봉)의 상승만을 의미하며, 승진과 달리 직급의 변동은 없습니다.
③ 강임은 직급을 낮추는 하향 이동이지만, 징계로서의 성격은 없습니다. 징계성 하향이동은 '강등'이라고 합니다.

03

정답 ④

정답 찾기
④ 신규 채용된 공무원의 경우 시보 임용 기간을 면제하거나 단축할 수 있습니다. 시보제도는 공무원 임용 전 최종 자격검증 단계로, 특정한 경력이나 자격을 갖춘 경우 시보기간을 단축하거나 면제할 수 있습니다.

오답 피하기
① 국가안보 및 보안·기밀 분야가 아니면, 대통령령에 따라 외국인 임용이 가능합니다.
② 시험 성적과 임용 후 직무성과의 상관관계가 높으면 기준타당성이 높습니다. 즉, 직무 수행능력 예측이 정확한 시험이 됩니다.
③ 업무 특성 및 기관 사정을 반영하여 통상 근무시간보다 짧게 근무하는 시간선택제 공무원 임용이 가능합니다.

04

정답 ②

정답 찾기
② 중앙선관리위원과 헌법재판소 재판관 중 각각 국회에서 선출하는 3인만 국회 인사청문특별위원회의 인사청문 대상입니다. 대통령이 임명하는 3인 및 대법원장이 지명하는 3인의 경우 국회 소관 상임위원회의 인사청문 대상입니다.

오답 피하기
① 인사청문은 인사청문특별위원회와 소관 상임위원회로 구분되며, 이 중 인사청문특별위원회는 위원정수가 13인입니다.
③ 인사청문특별위원회는 인사청문회를 마친 날로부터 3일 이내에 보고서를 제출합니다.
④ 소관 상임위원회 인사청문회에서 채택된 인사청문경과보고서는 법적 구속력이 없습니다. 다만 정치적 의미를 가질 뿐입니다.

05

정답 ①

정답 찾기
① 강제배분법은 분포의 오류를 방지할 수 있지만, 역산식 평정을 초래할 수 있습니다.

오답 피하기
② 강제배분법은 관대화·집중화·엄격화에 따르는 평정 오차를 방지합니다.
③ 강제배분법은 평정대상 전원이 무능 또는 유능해도 일정 비율만 우수하거나 열등하다는 평정을 받게 되어 현실을 왜곡하는 부작용을 초래합니다.
④ 강제배분법은 성적분포의 과도한 관대화·집중화·엄격화 오차를 방지하기 위해 성적분포비율이 정규분포화 되도록 획일적으로 분포비율을 미리 정해 놓는 방법입니다.

06

정답 ③

정답 찾기
③ 근무성적평정의 타당도, 신뢰성, 수용성을 저해하는 요소로서 평가자가 피평가자들에게 중간이나 평균치(보통) 정도의 점수를 주는 심리적 경향은 집중화 경향을 말합니다.

07

정답 ①

정답 찾기
① 보기에서 설명하는 근무성적평정방법은 도표식평정척도법입니다. 도표식평정척도법은 평정의 추상성이 높아 평정자의 자의적 해석·편견이 가능하고 연쇄효과 발생 가능하며 직관을 바탕으로 하여 작성이 빠르고 쉬우며 경제적이며 상벌에 이용하기 편리하다는 특징이 있습니다.

08

정답 ④

정답 찾기
④ 도표식평정척도법은 평가 항목과 등급을 도표로 만들어 놓고 평정자가 직관적으로 평가하는 방식입니다. 평정 과정에서 주관적인 판단과 편견이 개입될 가능성이 높습니다.

오답 피하기
① 다면평정법은 상급자뿐 아니라 부하, 동료, 고객 등 다양한 사람의 의견을 반영하여 보다 포괄적이고 균형 잡힌 평가를 가능하게 합니다. 따라서 평정의 객관성과 타당성을 높이는 장점이 있습니다.
② 목표관리제 평정법(MBO)은 평가대상자와 평가자가 참여하여 구체적이고 명확한 목표를 설정한 후 목표 달성도를 평가합니다. 이는 조직의 목표와 개인의 목표를 효과적으로 연결시켜 직원의 참여와 동기를 높입니다.
③ 강제배분법은 일정한 비율을 사전에 정해놓고 등급을 강제로 배분하여 평가자들이 지나치게 관대하거나 엄격한 평정을 하지 못하도록 막는 방법입니다. 이는 평가 결과의 균형성을 확보하는 데 유용합니다.

TOPIC 33 보수, 연금, 경력개발

기출 선지 OX

| 01 ○ | 02 ○ | 03 × | 04 ○ |
| 05 ○ | 06 ○ | 07 ○ | 08 ○ |

01

정답 ○

직능급은 자격증을 갖춘 유능한 인재의 확보에 유리합니다.

02

정답 ○

2015년 공무원연금 개혁은 퇴직연금 수급 재직요건을 20년에서 10년으로 완화하는 것을 내용으로 합니다.

03

정답 ×

근속연수를 기준으로 보수를 책정하는 것으로 전문기술인 확보에 불리합니다.

04

정답 ○

2015년 공무원연금 개혁은 퇴직연금 기여율을 기준소득월액의 9%로 단계적 인상하는 것을 내용으로 합니다.

05
정답 ○

학습조직은 리더의 사려 깊은 리더십이 요구됩니다.

06
정답 ○

학습조직은 수평적 구조의 팀으로 구성됩니다.

07
정답 ○

감수성 훈련 등을 통해 관료의 가치관, 신념, 태도의 변화를 유도하는 행정개혁의 접근방법은 행태적 접근방법입니다.

08
정답 ○

학습조직은 구성원의 권한 강화를 강조합니다.

실전 문제
01 ①   02 ①   03 ②   04 ③
05 ⑤   06 ④   07 ②   08 ②

01
정답 ①

정답 찾기
① 직무성과급적 연봉제는 고위공무원단에 적용합니다.

02
정답 ①

정답 찾기
① 공무원의 보수는 기본급과 부가급을 포함하는 개념입니다. 부가급은 수당으로 생각하시면 됩니다. 이는 보수체계의 유연성을 제고할 수 있으나 보수체계를 복잡하게 만듭니다.

오답 피하기
② 생활급은 공무원 및 그 가족의 기본적 생계유지에 필요에 대응하는 보수로서 지출과 상관성이 높은 공무원의 연령, 가족상황을 기준으로 하므로 경우에 따라 연령급과 연공급을 포함하기도 합니다. 직무에 관한 요소가 반영되지 않으므로 직무급이나 직능급과는 관련이 없습니다.
③ 직무급에 대한 설명입니다.
④ 생계급과 연공급은 계급제나 직업공무원제 국가의 공무원 보수체계입니다.
⑤ 직능급은 직무수행능력을 기준으로 기본급을 결정하는 보수체계로서 연공급과 직무급의 절충형태입니다.

03
정답 ②

정답 찾기
② 배치전환, 노동의 자유 이동 등의 인사관리상 융통성을 강화하는 것은 연공급의 특징입니다. 직무급은 업무가 다르면 보수도 달라지기 때문에 배치전환이나 노동의 자유이동 등 인사관리상 융통성이 낮아집니다.

오답 피하기
① 직무급은 동일직무에 대해서는 동일보수를 지급하여 형평성과 공정성을 확보할 수 있습니다.
③ 직무급은 직무 자체의 중요도와 난이도에 따라 보수가 정해지므로 개인 간 보수 차이로 인한 불만을 해소할 수 있습니다.
④ 직무급은 능력에 따라 상위직무로 올라갈 수 있도록 유도하므로 능력위주의 인사풍토를 조성할 수 있습니다.

04
정답 ③

정답 찾기
③ 공무원연금제도는 제도는 인사혁신처가 관장하고, 연금기금은 공무원연금공단에서 관리·운용합니다.

오답 피하기
① 1960년 「공무원연금법」 제정으로 공무원연금제도의 법적 토대가 마련되었습니다.
② 공무원연금의 재원 조성은 기금제와 기여제를 혼합적으로 활용하고 있습니다.
④ 연금급여 산정 시 기여금을 부담하는 재직기간은 최대 36년입니다. 36년을 초과해 근무하더라도 추가적으로 연금액이 증가하지 않습니다.

05
정답 ⑤

정답 찾기
⑤ 2005년 고위공직자 훈련에 적용되어 팀을 구성해 전문가 지원을 통해 문제를 해결하며 학습하는 방식은 액션러닝에 해당합니다.

06
정답 ④

정답 찾기
④ 전문가 지도 아래에서 서로 모르는 10명 내외의 소집단을 만들어 허심탄회하게 느낌을 말하고 다른 사람이 자신을 어떻게 생각하는지를 듣는 방법의 훈련 감수성 훈련에 해당합니다.

07
정답 ②

정답 찾기
② 경력개발은 직급 중심이 아닌 직무 중심의 경력계획을 수립하고, 직무에 요구되는 역량 개발에 중점을 두는 것이 바람직합니다. 따라서 직급 중심의 경력계획을 강조한 이 설명은 적절하지 않습니다.

오답 피하기
① 경력개발은 구성원의 능력과 조직의 목표를 조화롭게 하여 개인의 발전과 조직의 성과를 동시에 이루는 과정입니다.
③ 모든 구성원에게 경력개발 기회를 공정하게 제공하고, 보직 이동의 기회도 역량 중심의 공정한 경쟁을 통해 이루어져야 합니다.
④ 경력개발은 구성원 스스로가 적극적이고 능동적으로 자신의 경력목표를 설정하고 학습 및 개발계획을 수립하는 것을 원칙으로 합니다.

08
정답 ②

정답 찾기
② 공무원 교육훈련은 전통적 교수 중심의 수동적 체제에서 벗어나 학습자 중심으로 전환해야 합니다.

오답 피하기
① 공직 역량 강화를 위한 자발적인 학습조직으로의 전환은 교육훈련의 핵심 발전 방향입니다.
③ 공무원의 전문성 제고를 위해 분야별 전문교육 강화는 필수적인 발전 방향입니다.
④ 교육훈련의 효과성을 높이기 위해 다면적인 평가와 피드백을 통한 환류체제를 구축하는 것이 중요합니다.
⑤ 교육훈련에 대한 구성원의 저항을 줄이고 실효성을 높이기 위해 피훈련자 및 관계자의 의견을 충분히 반영해야 합니다.

TOPIC 34 징계, 소청, 공무원단체와 중립

기출 선지 OX

01 O	02 X	03 O	04 X
05 X	06 X	07 O	08 O

01 정답 O
직권면직은 법률상 징계의 종류로 규정되어 있지 않습니다.

02 정답 X
정직은 1개월 이상 3개월 이하의 기간 동안 공무원 신분은 보유하나 직무에 종사하지 못하며 보수 전액을 감하는 것을 말합니다.

03 정답 O
임용권자는 사정에 따라서는 공무원 본인의 의사에도 불구하고 휴직을 명해야 합니다.

04 정답 X
검사는 소청제도가 없습니다.

05 정답 X
우리나라 국가공무원법은 공무원의 정치적 중립을 위해 공무원의 정치운동을 금지하고 있는데 이는 공무원의 정치적 기본권을 약화시킵니다.

06 정답 X
공무원직장협의회는 경찰공무원과 소방공무원도 가입할 수 있습니다.

07 정답 O
행정기관의 조직과 정원(定員)의 관리에 관한 업무를 담당하는 공무원은 노동조합에 가입할 수 없습니다.

08 정답 O
공무원의 승진 및 전보에 관한 사항은 노동조합의 교섭 대상이 될 수 없습니다.

실전 문제

01 ④	02 ③	03 ②	04 ①
05 ②	06 ④	07 ③	08 ③

01 정답 ④

정답 찾기
④ 고충심사위원회가 청구서를 접수한 때에는 30일 이내에 고충 심사에 대한 결정을 해야 하고, 위원 3분의 2 이상의 출석과 출석위원 과반수 합의에 따릅니다.

오답 피하기
① 5급 이상 및 고위공무원단의 고충 처리는 소청심사위원회에서 담당합니다.

② 고충 처리대상은 광범위하게 인정됩니다. 직무 조건은 물론 성폭력 및 성희롱이 해당합니다.
③ 소청심사위원회의 결정은 법적 기속력이 있지만, 고충심사위원회의 결정은 법적 구속력이 없습니다.

02 정답 ③

정답 찾기
③ 「국가공무원법」 제14조에 따르면 소청심사위원회의 결정은 원징계부가금 부과처분보다 무거운 징계부가금을 부과하는 결정을 하지 못합니다.

오답 피하기
① 정당의 당원은 소청심사위원회의 위원이 될 수 없습니다.
② 본인의 의사에 반한 불리한 처분에 관한 행정소송은 소청심사위원회의 심사·결정을 거치지 않고 제기할 수 없습니다.
④ 중앙선거관리위원회 사무처는 소청심사위원회를 둡니다.
⑤ 소청심사위원회의 결정은 처분 행정청을 기속합니다.

03 정답 ②

정답 찾기
② 감봉은 1개월 이상 3개월 이하의 기간 동안 보수의 3분의 1을 감하고 12개월 동안 승진과 승급이 불가능합니다.

오답 피하기
① 정직은 1개월 이상 3개월 이하의 기간 동안 직무에 종사하지 못하며 그 기간 중 보수의 전액을 감합니다.
③ 해임의 경우 3년간 재임용이 불가능합니다.
④ 견책은 공무원 징계처분의 한 종류입니다.
⑤ 강등은 1계급 아래로 직급을 내리고 3개월간 직무에 종사하지 못하며 그 기간 중 보수의 전액을 감하는 것입니다.

04 정답 ①

정답 찾기
① 공무원은 소속 상관에게 증여하거나 소속 공무원으로부터 증여를 받아서는 안 됩니다.

오답 피하기
② 중징계의 일종인 파면의 경우 5년간 공무원으로 재임용될 수 없으며, 퇴직급여(연금급여)가 감액됩니다.
③ 공직자는 직무관련자에게 사적으로 노무 또는 조언·자문 등을 제공하고 대가를 받는 행위를 하여서는 아니되지만, 국가공무원법 등 다른 법령·기준에 따라 허용되는 경우에는 가능합니다.
④ 감봉은 1개월 이상 3개월 이하의 기간 동안 보수의 1/3을 감하는 처분입니다. 직무에 종사하지 못하는 것은 아닙니다.

05 정답 ②

정답 찾기
② 불편부당한 직무활동을 통하여 공익성과 객관성을 확보할 수 있다는 것은 오히려 정치적 중립의 필요성을 주장하는 논리입니다.

오답 피하기
① 정치와 행정의 현실적 관계에서 완전한 분리가 어렵고, 상호 유기적인 협력이 요구되므로 정치적 중립을 완화해야 한다는 논리로 사용될 수 있습니다.
③ 지나친 정치적 중립이 시대 변화에 맞지 않아 적극적 개념으로의 변화가 필요하다는 주장은 정치적 중립을 완화하는 논거로 타당합

니다.
④ 지나친 정치적 중립의 강조가 공무원집단의 폐쇄성을 높일 수 있으므로 중립을 완화해야 한다는 주장은 적절합니다.

06   정답 ④

정답 찾기

④ 공무원의 정치적 중립은 실적주의와 직업공무원제를 확립하여 행정의 중립성을 보장하는 데 기여합니다. 그러나 이는 관료의 정치적 활동을 엄격히 제한하는 것이므로, 정당정치 발전에 기여한다는 설명은 적절하지 않습니다. 오히려 정치적 중립은 공무원의 정치 참여를 제한하여 정당정치 발전과는 거리가 있습니다.

오답 피하기

① 미국은 1883년 펜들턴법에서 처음 정치적 중립을 규정했고, 1939년 해치법에서 이를 강화했습니다.
② 「국가공무원법」에 따르면 공무원은 정당이나 정치단체의 결성이나 가입이 금지됩니다.
③ 정치적 중립은 행정의 안정성과 계속성을 높이는 장점이 있지만, 지나치게 강조하면 공무원의 정치적 무관심을 초래하여 참여적 관료제 발전을 저해할 수 있습니다.

07   정답 ③

정답 찾기

③ 퇴직억제전략은 조기퇴직이나 명예퇴직 활성화가 아니라 퇴직을 줄이는 방향으로 시행됩니다. 즉, 재직자에게 경력개발 기회를 늘리거나 근로조건을 개선하여 조직에 오래 남도록 유도하는 것이 억제 전략입니다. 조기퇴직이나 명예퇴직 활성화는 퇴직촉진 전략에 해당합니다.

오답 피하기

① 퇴직관리는 퇴직자의 상황을 미리 분석하고 대비하여 적정 인력을 유지하는 활동을 포함합니다.
② 퇴직의 비용편익분석은 단순히 경제적 요소뿐 아니라 사회적 비용과 편익까지 함께 고려해야 합니다.
④ 직무성과가 부진한 공무원을 적격심사로 면직시키는 것은 퇴직을 촉진하는 전략입니다.

08   정답 ③

정답 찾기

③ 퇴직공무원이라도 가입대상 범위에 포함되었던 공무원이었던 사람으로서 노동조합 규약으로 정하는 사람은 가입대상이 됩니다. 따라서 퇴직공무원도 노동조합에 가입할 수 있는 경우가 있습니다.

오답 피하기

① 공무원의 노동조합 설립 및 운영 등에 관한 법률 제4조에 따르면 노동조합과 그 조합원은 정치활동을 해서는 안 됩니다.
② 이전에는 일반직은 6급 이하만 대상이었으나 2021년 법 개정으로 인해 가입 대상 범위가 확대되어 계급 제한은 없어졌습니다.
④ 법률 개정으로 소방공무원도 공무원의 노동조합 설립 및 운영 등에 관한 법률상 공무원 노동조합 가입대상에 포함시킵니다.
⑤ 노동조합 가입대상 범위에 있더라도 교정·수사 등 공공의 안녕과 국가안전보장에 관한 업무 등 법률이 정한 일정 업무를 맡는 자는 가입이 불가합니다.

TOPIC 35 부패와 윤리

기출 선지 OX

01 ✕   02 ◯   03 ◯   04 ◯

01   정답 ✕

체제론적 접근법은 부패가 하나의 변수로 설명되는 것이 아니라 다양한 요인에 의해 복합적으로 발생한다고 봅니다.

02   정답 ◯

거래형 부패는 뇌물을 주고받아 금전적 이익을 보는 사람과 특혜를 제공받는 사람으로 이루어지는 부패행위입니다.

03   정답 ◯

백색부패는 흑색부패와 달리 사익을 추구하는 부패가 아닙니다.

04   정답 ◯

투명성은 공무원 부패를 방지하기 위해 가장 중요한 가치로서 인식됩니다.

실전 문제

01 ②   02 ②   03 ①   04 ④

01   정답 ②

정답 찾기

② 일반적으로 가용자원이 많지 않아 활동범위가 제약됩니다.

오답 피하기

① 옴부즈만 제도는 주로 국민의 신청에 의해 조사되고, 직권으로 조사도 가능합니다.
③ 기본적으로 옴부즈만 제도는 의회에서 선출되고, 의회 소속 공무원입니다. 그러나 정부가 임명하거나, 프랑스의 경우는 행정부 소속입니다.
④ 옴부즈만 제도는 직접적 통제권이 없고, 행정행위를 무효화·취소·변경할 수는 없으며, 시정·개선 등의 요구·권고만 가능하므로 사실의 조사·인정이 주요 기능이고 직접적 통제권이 없습니다.

02   정답 ②

정답 찾기

② 「헌법」 제65조에 따르면 국회는 대통령을 비롯하여 국무총리, 국무위원, 행정각부의 장, 감사원장 등이 직무를 집행함에 있어 법률을 위반할 때 탄핵소추를 의결할 수 있습니다.

오답 피하기

① 국민권익위원회는 부패방지 및 국민권익위원회의 설치와 운영에 관한 법률에 근거하고 있어 헌법상 기관이 아닙니다. 또한 직권조사권, 소추권을 갖고 있지 않습니다.
③ 감사원의 직무감찰 대상에서 입법부, 사법부에 소속된 공무원은 제외합니다.

④ 헌법재판소는 위헌심판, 탄핵심판, 정당해산심판, 권한쟁의심판, 헌법소원심판을 담당합니다. 행정심판과 행정소송은 행정법원이 담당합니다.
⑤ 2006년에 제정된 정부업무평가 기본법에서는 각 부처에서 소관 정책 전반에 대한 자체평가 계획을 수립·시행하도록 하고 있습니다.

03
정답 ①

정답 찾기
① 인허가 업무 시 소위 '급행료'와 같이 관례적으로 이루어지는 금품 요구행위는 개인적 일탈이 아닌 구조적이고 조직적으로 만연한 '제도화된 부패'(구조적 부패)에 해당합니다. 일탈형 부패는 무허가 업소를 단속하던 단속원이 정상적인 단속활동을 수행하다가 금품을 제공하는 특정 업소에 대해서 단속을 하지 않는 것 등을 말합니다.

오답 피하기
② 권력형 부패는 고위공직자가 자신의 권한을 악용하여 사익을 추구하는 부패를 의미합니다.
③ 사기형 부패는 거래 당사자 없이 공무원이 단독으로 회계 조작, 공금 횡령 등으로 부패를 저지르는 것을 말합니다.
④ 회색부패는 법적으로나 윤리적으로 명확한 규정이 없어 의견이 엇갈리는 유형으로, 처벌에 대해 상반된 견해가 나타나는 것이 특징입니다.

04
정답 ④

정답 찾기
④ 현대행정이 전문화, 과학화될수록 행정윤리의 중요성은 오히려 더욱 증가하고 있습니다. 전문성과 재량이 확대될수록 윤리적 책임이 더 강조되기 때문입니다.

오답 피하기
① 왈도는 행정윤리를 개인적 또는 가족적 이익보다는 공공의 이익을 위해 행동하는 것으로 정의합니다.
② 소극적 의미의 행정윤리는 비윤리적 행위를 금지하는 차원의 윤리로 부정부패 방지 등 최소한의 윤리를 의미합니다.
③ 우리나라 「공직자윤리법」은 퇴직공직자의 취업제한 규정을 통해 이해충돌 방지 및 윤리성을 확보합니다.

TOPIC 36 조직 원리와 환경

기출 선지 OX
01 ○ 　 02 × 　 03 ○ 　 04 ○
05 × 　 06 ○ 　 07 ○ 　 08 ×

01
정답 ○

누구에게 보고하는지를 정하는 명령체계는 조직구조 설계 시 고려해야 할 기본 요소입니다.

02
정답 ×

조직의 일차적 목표와 관련된 사업을 수행하는 것이 계선이고 이를 지원하는 것이 참모입니다.

03
정답 ○

계층제에서 계층 수가 증가하게 되면 의사전달의 왜곡이 일어날 가능성이 커집니다.

04
정답 ○

계층제는 부처할거주의가 발생하여 동일계층의 부서 간 조정이 어려워질 수 있습니다.

05
정답 ×

기술과 집권화의 관계는 상관도가 낮거나 불분명합니다.

06
정답 ○

조직구조에 대해 우드워드(J. Woodward)는 대량생산기술에는 관료제와 같은 기계적 구조가 효과적이라고 주장했습니다.

07
정답 ○

구조적 상황이론에 따르면 불안정한 환경 속에 있는 조직은 유기적인 조직구조를 선택하는 것이 효과적입니다.

08
정답 ×

조직군 생태학에서는 변이의 원인으로 환경에 대한 적응이나 전략적 선택 등과 같은 계획적 변화뿐만 아니라 이 밖에도 우연한 사건이나 행운 같은 우연적 변화를 추가합니다.

실전 문제
01 ④ 　 02 ② 　 03 ② 　 04 ④
05 ④ 　 06 ④ 　 07 ② 　 08 ③

01
정답 ④

정답 찾기
④ 분권화는 의사결정권한을 하부조직으로 분산시키는 것이므로 기능의 중복과 혼란이 발생할 가능성이 큽니다. 즉, 업무의 중복과 혼란을 방지하고 분열을 억제하는 것은 분권화가 아니라 집권화의 장점에 해당합니다.

오답 피하기
① 조직 규모가 작고 신설 조직일 때는 신속한 의사결정과 통합성을 위해 집권화가 유리합니다.
② 집권화는 공통 업무의 전문화된 처리가 가능해지므로 전문기술 활용이 용이하고 중복투자를 방지하여 경비절감을 이룰 수 있습니다.
③ 분권화는 현장 상황에 맞게 탄력적으로 업무를 수행할 수 있는 장점이 있습니다.

02
정답 ②

정답 찾기
② 집권성은 의사결정권한이 조직의 고위층에 집중되어 있는 정도를 말합니다. 따라서 조직 규모가 커질수록 분권화되는 것이 적절합니다.

오답 피하기
① 신설조직의 경우, 조직 운영의 안정성을 위해 의사결정이 집권화되는 경향이 강합니다.
③ 공식화가 높으면 규칙과 절차가 엄격하여 환경변화에 대한 조직의 적응력과 유연성이 저하됩니다.
④ 교통통신기술의 발전은 정보 집중화가 가능하게 하여 집권화를 용이하게 하는 데 도움을 줍니다.

03 정답 ②

정답 찾기
ㄱ. 계선은 부하에게 업무를 직접 지시하며, 참모는 전문적인 지원 역할을 수행합니다.
ㄴ. 부문화는 업무의 유사성 및 관련성에 따라 조직단위를 편성하는 원리입니다.
ㄹ. 명령통일은 부하가 한 명의 상관으로부터 명령을 받도록 함으로써 혼선을 막는 원리입니다.

오답 피하기
ㄷ. 통솔범위가 넓을수록 고도의 수평적 분화가 일어나고, 좁을수록 수직구조가 이뤄집니다.

04 정답 ④

정답 찾기
④ 귤릭의 부서편성의 원리는 수단과 절차, 자원 및 환경이 아니라 기능별, 목적별, 고객별, 지역별 네 가지 기준을 제시했습니다.

오답 피하기
① 귤릭은 전문화가 높을수록 효율성이 증대된다고 보았습니다.
② 명령통일 원리는 한 명의 상관으로부터 명령과 지시를 받는 것을 원칙으로 합니다.
③ 통솔범위 원리는 효과적 지휘를 위해 부하의 수를 적절히 제한해야 한다는 원리입니다.

05 정답 ④

정답 찾기
④ 조직구조는 조직 내 부문 간 결합 형태뿐만 아니라 조직 구성원 간의 상호작용과 깊은 관련이 있습니다. 즉, 조직구조는 구성원의 행동양식과 상호관계에 직접적인 영향을 미칩니다.

오답 피하기
① 일상적 기술을 사용하는 조직은 업무의 반복성과 표준화가 높아지므로 공식화가 높은 구조를 형성합니다.
② 조직구조의 유형은 기계적 구조와 유기적 구조로 나누어지며, 각각 환경의 안정성 및 복잡성 정도에 따라 구분됩니다.
③ 환경이 복잡하고 불안정할 때는 변화에 신속하게 대응할 수 있는 유기적 구조가 적합합니다.

06 정답 ④

정답 찾기
④ 중개형 기술은 집합적 상호의존성을 갖추어 규칙과 표준화를 통해 조정합니다.

오답 피하기
① 집약형 기술은 교호적 상호의존성과 상호조정이 적절합니다.
② 톰슨은 공학형 기술은 분류하지 않았습니다. 공학형 기술을 분류한 것은 페로우(Perrow)입니다.
③ 연속형 기술은 순차적 상호의존성과 수직적 조정이 적절합니다.

07 정답 ②

정답 찾기
② 상황론적 조직이론은 기존의 조직이론에서 제기된 보편적·일반원리적 이론을 부정하고, 모든 상황에 적용 가능한 하나의 최선의 조직설계와 관리 방식이란 존재하지 않으며, 상황에 따라 조직구조가 달라야 한다는 점을 강조합니다.

오답 피하기
① 상황론적 이론은 조직 규모, 기술, 환경, 전략 등의 상황요인을 강조하고, 이들 상황요인과 조직구조의 상관성을 중시합니다.
③ 상황론은 맥그리거의 X이론, Y이론처럼 하나의 극단적 관리 방식이 아니라 조직의 상황에 따라 다른 관리 방식이 필요하다고 주장합니다.
④ 상황론적 접근법은 독립변수를 명확하게 한정하고, 중범위 이론의 수준에서 일반성과 규칙성을 도출하여 실질적인 처방을 제시하려 합니다.

08 정답 ③

정답 찾기
페로우는 과업의 다양성과 문제의 분석 가능성을 기준으로 조직의 기술을 분류했습니다.

기술 유형	과업 다양성	분석 가능성	예시
장인 기술 (Craft Technology)	낮음	낮음	목공, 예술가, 외과 수술 등
비일상적 기술 (Non-routine)	높음	낮음	연구개발, 창의적 설계 등
공학적 기술 (Engineering)	높음	높음	회계감사, 시스템 설계 등
일상적 기술 (Routine)	낮음	높음	대량조립, 행정처리 등

TOPIC 37 조직이론 변화와 조직의 유형

기출 선지 OX
01 ✗ 02 ○ 03 ✗ 04 ✗
05 ✗ 06 ✗ 07 ○ 08 ○

01 정답 ✗
조직관리에서 구성원 간의 목표 불일치는 당연한 전제이고, 이를 어떻게 조정하고 통합할 것인지가 조직관리 전략 수립의 핵심입니다.

02 정답 ○
조직관리에서 고전이론과 인간관계론은 관리자에 의한 타율적인 조직관리를 전제로 합니다.

03 정답 ✕
인간의 감정적·정서적 측면에 관심을 기울이는 것은 인간관계론부터입니다.

04 정답 ✕
호손실험연구 등을 포함한 인간관계학파가 대표적인 이론은 인간관계론(신고전적 조직이론)입니다.

05 정답 ✕
민츠버그는(Mintzberg)는 조직유형으로 단순구조, 기계적 관료제, 전문적 관료제, 사업부제구조, 애드호크라시를 제시했습니다. 홀라크라시는 브라이언로버트슨(Brian Robertson)이 제안한 신생 자율적 조직운영 모델로, 전통적인 위계 대신 자율적 역할 중심 구조를 강조합니다.

06 정답 ✕
팀제 조직은 업무 수행이 내부에서 이루어지며, 외부 위탁은 핵심 개념이 아닙니다. 전문업체에 위탁하는 것은 아웃소싱 기반의 조직에 가깝습니다.

07 정답 ○
네트워크구조는 복수의 조직이 각자의 경계를 넘어 연결고리를 통해 결합관계를 이루어 환경변화에 대처합니다.

08 정답 ○
민츠버그(Mintzberg)의 전문적 관료제 구조는 핵심운영층에 해당하는 작업 계층의 역할이 강조됩니다.

실전 문제

| 01 ④ | 02 ② | 03 ④ | 04 ④ |
| 05 ② | 06 ⑤ | 07 ③ | 08 ④ |

01 정답 ④
정답찾기
④ 스콧(Scott)의 조직이론 분류에 따르면 과학적 관리론은 폐쇄-합리적(closed-rational) 조직이론에 속합니다.

오답 피하기
① 테일러는 1911년 『과학적 관리의 원리』를 출간하여 과학적 관리론을 제시했습니다.
② 테일러는 경험적이고 주먹구구식 방법 대신, 시간과 동작에 대한 연구를 통해 작업의 과학적 접근을 중시했습니다.
③ 테일러는 '일류의 노동자'가 합리적인 과업을 수행할 수 있어야 하며, 이를 통해 노동자와 고용주의 상호 이익을 추구한다고 했습니다. 관리자는 합리적 과업을 수행하도록 작업을 구조화하는 역할을 수행합니다.

02 정답 ②
정답찾기
② 페이욜(H. Fayol)은 최고관리자의 관점에서 조직을 분석하고, 계획, 조직, 지휘, 조정, 통제 등의 관리기능을 제시했으며, 14가지 관리 원칙(분업, 권한과 책임, 규율 등)을 제시했습니다.

오답 피하기
① 테일러(F. Taylor)는 조직의 생산성과 능률성을 향상시키기 위해 관리자의 직관에 따르는 것이 아닌 과학적 관리법을 강조했습니다. 옳지 않은 선지입니다.
③ 귤릭(L. Gulick)은 POSDCoRB(계획, 조직, 인사, 지휘, 조정, 보고, 예산)을 제시했으며, 협력(Cooperation)은 포함되어 있지 않습니다. 옳지 않은 선지입니다.
④ 베버(M. Weber)는 관료제를 법적-합리적 지배의 전형으로 보았으며, 카리스마적 지배는 전통적, 비합리적 지배 형태 중 하나로 분류하였습니다. 옳지 않은 선지입니다.
⑤ 메이요(E. Mayo)의 호손(Hawthorne)실험은 비공식조직과 사회적 효율성을 강조했습니다. 공식조직을 강조하지는 않았습니다.

03 정답 ④
정답찾기
④ 상황론적 조직이론(Contingency Theory)은 보편적이고 유일한 최선의 조직설계나 관리방식은 없다는 점을 강조합니다.

오답 피하기
① 자원의존이론은 조직이 환경에 대해 능동적으로 대응하며 환경을 관리할 수 있다고 봅니다.
② 조직군생태론은 조직이 환경에 의해 선택되는 수동적 존재이며, 생존은 환경 적합도에 의해 결정된다고 주장합니다.
③ 혼돈이론은 복잡하고 불확실한 조직현상을 총체적·통합적으로 이해하려고 하나, 복잡성 때문에 현실 적용이 어렵습니다.

04 정답 ④
정답찾기
④ 신고전 조직이론은 인간관계론을 중심으로 인간의 사회적 관계, 비공식조직, 사회적 능률 등을 강조합니다.

오답 피하기
① 조직군생태론, 자원의존이론은 현대 조직이론에 해당합니다.
② 인간을 복잡한 내면구조를 가진 복잡인으로 간주하는 것은 현대 조직이론에서 사용하는 개념입니다. 신고전 이론은 주로 사회적 인간이라는 관점을 가집니다.
③ 환경과 상호작용하는 개방적·동태적·유기적 조직을 강조하는 것은 현대 조직이론의 특징입니다. 신고전 이론은 폐쇄체계적 시각에 가깝습니다.

05 정답 ②
정답찾기
ㄱ. 기능구조는 업무를 기능별로 나누며, 기계적 조직구조의 대표적 형태입니다.
ㄴ. 기계적 조직은 고도의 공식화, 명확한 역할 정의, 엄격한 규칙 등을 특징으로 합니다.
ㅁ. 학습조직은 자율성, 팀워크, 변화 대응력 등을 갖춘 유기적 구조의 대표 사례입니다.

오답 피하기
ㄷ. 안정적인 환경에서는 기계적 조직구조가 더 적합합니다. 한편 유기적 조직은 변화가 많고 복잡한 환경에서 유리합니다.
ㄹ. 기계적 조직은 수직적 통제에 중점을 둡니다. 수평적 조정은 유기적 조직의 특징입니다.

ㄴ. 성과측정이 어렵고 과업이 모호할수록, 유기적 구조가 더 적합합니다. 기계적 조직은 정형화된 과업과 명확한 성과 기준이 있을 때 유리합니다.

06 정답 ⑤

정답 찾기

⑤ 관리자의 리더십은 학습조직 구축에 중요한 보조 요인일 수 있지만, 셍게가 제시한 5가지 핵심 구성 요소에는 포함되지 않습니다.

오답 피하기

① 조직이 달성하고자 하는 목표, 가치 등에 관한 비전 공유가 필요하다고 했습니다. (비전 공유)
② 공동학습을 통해 지식을 공유하고 토론을 활성화하는 집단학습이 필요하다고 했습니다. (팀 학습)
③ 개인의 전문지식 습득 노력을 통한 자기완성이 필요하다고 했습니다. (개인적 숙련)
④ 조직에 대한 종합적·동태적 이해를 위해 시스템적 사고가 필요하다고 했습니다. (시스템 사고)

07 정답 ③

정답 찾기

③ 애드호크라시의 단점 중 하나는 책임소재가 불명확할 수 있다는 점입니다. 팀 중심, 유동적 구조로 인해 역할 중복·책임 불명확성이 갈등 요인이 될 수 있습니다.

오답 피하기

① 애드호크라시는 비정형적이고 복잡한 문제에 빠르게 대응하기 위해 설계된 조직 형태입니다. 따라서 업무가 비정형적일 때 유용합니다.
② 애드호크라시는 유연하고 임시적인 팀 중심의 구조 덕분에 환경 변화에 민첩하게 반응할 수 있습니다.
④ 애드호크라시는 전문가 중심의 팀 구성, 유연한 협업 구조를 통해 복잡한 과업 수행에 적합합니다.

08 정답 ④

정답 찾기

④ 애자일 조직의 민첩성은 최고 의사결정자가 아닌 팀 중심의 분권적 운영에서 비롯됩니다.

오답 피하기

① 애자일 조직은 전통적인 피라미드형 위계조직의 한계를 극복하기 위해 등장했습니다.
② 실제로 카카오, 네이버, 삼성전자 일부 부서 등 국내 대기업들도 애자일 방식을 도입했습니다.
③ 불필요한 관리자 계층 축소, 수평적 조직문화를 통해 효율성과 생산성을 제고합니다.

TOPIC 38 우리나라 정부조직

기출 선지 OX

01 ✕   02 ◯   03 ✕   04 ◯

01 정답 ✕

특허청은 지식재산 관련 업무를 담당하며, 산업통상자원부 산하에 위치하고 있습니다.

02 정답 ◯

책임운영기관은 정책결정기능으로부터 집행기능을 분리한 집행 중심의 조직입니다.

03 정답 ✕

자문위원회는 특정한 문제 해결이나 정책 결정을 지원하기 위해 한정된 기간 동안 운영되는 경우가 많습니다. 주로 필요에 따라 소집되며, 지속적인 업무를 담당하는 것이 아니라 주어진 사안에 대한 자문과 의견을 제공하는 역할을 합니다.

04 정답 ◯

정부위원회 중 방송통신위원회, 공정거래위원회, 국민권익위원회, 금융위원회, 개인정보 보호위원회, 원자력안전위원회는 중앙행정기관입니다.

실전 문제

01 ①   02 ③   03 ④   04 ④

01 정답 ①

정답 찾기

① 부속기관이란 행정권의 직접적인 행사를 임무로 하는 기관에 부속하여 그 기관을 지원하는 행정기관을 말합니다. 예를 들어, 국립과학수사연구원, 국립환경과학원 등 시험·검사·연구를 담당하는 기관이 부속기관입니다.

오답 피하기

② 보좌기관에 대한 설명입니다. 계선조직인 보조기관은 행정기관의 의사 또는 판단의 결정이나 표시를 보조함으로써 행정기관의 목적 달성에 공헌하는 기관입니다.
③ 소속기관에 대한 설명입니다. 하부조직은 행정기관의 보조기관과 보좌기관을 말합니다.
④ 방송통신위원회, 공정거래위원회, 소청심사위원회는 행정주체의 의사를 결정하고 이를 대외적으로 표시할 수 있는 권한을 가진 합의제 행정관청으로 행정기관에 해당합니다.

02 정답 ③

정답 찾기

③ 「정부조직법」 제2조에 따라 현재 우리나라의 중앙행정기관은 방송통신위원회, 공정거래위원회, 국민권익위원회, 금융위원회, 개인정

보 보호위원회, 원자력 안전위원회, 행정중심복합도시건설청, 새만금개발청입니다.

03

정답 ④

정답 찾기
④ 해양경찰정비창은 책임운영기관입니다.

오답 피하기
① 책임운영기관은 높은 자율성을 누리도록 설계된, 집행업무와 서비스 전달업무를 담당하는 행정기관입니다. 책임운영기관은 정부가 수행하는 사무 중 공공성을 유지하면서도 경쟁 원리에 따라 운영하는 것이 바람직하거나 전문성이 있어 성과관리를 강화할 필요가 있는 사무에 대하여 적용하므로 민영화하기 어려운 업무를 정부가 직접 수행하기 위해 고안된 것입니다.
② 책임운영기관은 재정상의 자율성을 부여하고 그 운영 성과에 대하여 책임을 지도록 하는 행정기관이므로 정부기관입니다.
③ 책임운영기관의 구성원들은 공무원입니다.

04

정답 ④

정답 찾기
④ 중앙책임운영기관의 장은 고위공무원단에 속하는 공무원을 제외한 소속 공무원에 대한 일체의 임용권을 가집니다.

오답 피하기
① 「책임운영기관의 설치·운영에 관한 법률」 제2조 제2항에 따르면 책임운영기관은 중앙책임운영기관과 소속 책임운영기관으로 구분됩니다.
② 「책임운영기관의 설치·운영에 관한 법률」 제51조 제2항에 따르면 행정안전부장관은 별도의 평가단을 구성하거나 지정하여 평가 업무를 지원할 수 있습니다.
③ 「책임운영기관의 설치·운영에 관한 법률」 제28조 제3항에 따르면 특별회계의 예산 및 결산은 책임운영기관특별회계기관의 조직별로 구분할 수 있습니다.
⑤ 「책임운영기관의 설치·운영에 관한 법률」 제17조 제2항에 따르면 소속 책임운영기관은 정원의 일부를 임기제공무원으로 임용할 수 있습니다.

TOPIC 39 공공기관과 정보공개

기출 선지 OX
01 ×   02 ×   03 ×   04 ○

01

정답 ×

한국방송공사는 지방자치단체가 설립하고 그 운영에 관여하는 기관은 공공기관으로 지정이 불가합니다.

02

정답 ×

한국조폐공사는 준시장형 공기업에 해당합니다.

03

정답 ×

지방공기업의 유형은 운영방식에 따라 직접경영과 간접경영으로 나눕니다. 직접경영 방식은 지방직영기업으로, 간접경영 방식은 지방공단과 지방공사로 구분됩니다. 따라서 지방공단은 지방직영기업에 속하지 않습니다.

04

정답 ○

공공기관의 운영에 관한 법률 시행령 제7조 제2항에 따르면 기획재정부장관은 기금을 관리하는 공공기관 중 자체수입액이 총수입액의 100분의 85 이상인 기관을 공기업으로 지정합니다.

실전 문제

01 ④   02 ②   03 ④   04 ②

01

정답 ④

정답 찾기
④ 이해관계자 자본주의 모델에서 근로자의 경영 참여는 종업원 지주 제도보다는 근로자 대표의 이사회 참여, 노사협의 등을 통해 이루어집니다. 또한 이해관계자 자본주의 모델은 단기 업적주의가 아닌 장기적 안정과 공동체적 가치를 추구합니다.

오답 피하기
① 주주 자본주의 모델에서는 기업의 주인이 주주이며, 경영목표는 주주의 이익 극대화입니다.
② 주주 자본주의 모델의 규율방식은 이사회 감시 및 시장에 의한 규율(예 주가 변동, 적대적 인수합병)을 통해 이루어집니다.
③ 이해관계자 자본주의 모델은 기업을 하나의 공동체로 보고 다양한 이해관계자(근로자, 고객, 지역사회 등)의 이익 극대화를 목표로 합니다.

02

정답 ②

정답 찾기
② 「공공기관의 운영에 관한 법률」 제5조에 제3항에 따르면 기획재정부장관은 총수입액 중 자체수입액이 차지하는 비중이 대통령령으로 정하는 기준 이상인 기관은 공기업으로 지정하고, 공기업이 아닌 공공기관은 준정부기관으로 지정합니다.

오답 피하기
① 공기업과 준정부기관의 지정기준은 공공기관의 운영에 관한 법률 시행령 제 7조에 따라 직원 정원 300명, 총수입액 200억 원, 자산 규모 30억 원 이상입니다.
③ 「공공기관의 운영에 관한 법률」 제4조 제2항에 따르면 기획재정부장관은 필요한 경우 구성원 상호 간의 상호부조·복리증진·권익향상 또는 영업 질서 유지 등을 목적으로 설립된 기관도 공공기관으로 지정할 수 없습니다.
④ 「공공기관의 운영에 관한 법률」 제5조 제5항에 따르면 기획재정부장관은 기타 공공기관의 일부만을 세분하여 지정할 수 있습니다.

03

정답 ④

정답 찾기
④ 정보가 비공개사유에 해당할 경우 해당 정보를 제외하고 공개합니다.

오답 피하기
① 우리나라 최초의 정보공개조례는 1992년 청주시에서 제정되었습니다.
② 정보공개는 청구에 의한 공개와 함께, 국민의 편의를 위해 사전공표가 필요한 주요 정보는 별도의 청구 없이 공개됩니다.
③ 우리나라 정보공개법은 원칙적으로 모든 정보를 공개 대상으로 하되, 예외적 비공개를 정한 네거티브 방식을 취합니다.

04 정답 ②

정답 찾기
② 정원이 500명 미만인 공기업의 장은 임원추천위원회가 복수로 추천하여 운영위원회의 심의·의결을 거친 사람 중에서 주무기관의 장이 임명합니다.

오답 피하기
① 공공기관운영위원회는 기획재정부장관 소속으로서 공기업·준정부기관의 지정과 지정해제를 심의·의결합니다.
③ 공기업은 시장형과 준시장형으로, 준정부기관은 기금관리형과 위탁집행형으로 구분됩니다.
④ 정부는 공공기관 책임경영을 확립하고 자율적 운영을 보장해야 합니다.

TOPIC 40 조직 행태론 – 동기부여

기출 선지 OX
01 × 02 × 03 × 04 ○
05 ○ 06 ○ 07 ○ 08 ○

01 정답 ×
앨더퍼의 ERG이론은 내용이론에 해당합니다.

02 정답 ×
유의성, 수단성, 기대감을 동기부여의 핵심으로 본 것은 브룸의 기대이론입니다.

03 정답 ×
매슬로우의 욕구 5단계에서는 욕구 좌절과 퇴행을 고려하지 못합니다.

04 정답 ○
허즈버그의 욕구충족요인 이원론에서 감독은 위생요인에 해당합니다.

05 정답 ○
로크의 목표설정이론은 동기유발의 과정을 설명하는 과정이론에 해당합니다.

06 정답 ○
공공봉사동기이론에서 공직 동기는 민간부문 종사자와는 차별화되는 공공부문 종사자의 가치체계를 의미합니다.

07 정답 ○
애덤스(Adams)의 공정성이론에 따르면 불공정성을 느낄 때 자신의 지각을 의도적으로 왜곡하기도 합니다.

08 정답 ○
성과·만족이론은 과정이론에 해당합니다.

실전 문제
01 ⑤   02 ②   03 ①   04 ①
05 ②   06 ①   07 ③   08 ③

01 정답 ⑤

정답 찾기
⑤ 앨더퍼는 매슬로우의 욕구계층이론을 수정하여 인간의 욕구의 구체성·추상성 정도에 따라 인간의 욕구를 생존(존재), 관계, 성장의 3단계로 구분합니다.

오답 피하기
① 기대이론에 대한 설명입니다. 맥클랜드는 매슬로우의 이론을 비판하면서 개인의 행동을 동기화시키는 욕구는 선천적인 것이 아니라 사회문화적 환경과 상호작용하는 과정에서 학습되는 것으로 개인마다 욕구의 계층에 차이가 있다고 주장하였습니다.
② 맥그리거의 X이론은 주로 하위욕구를 중시하고, Y이론은 주로 상위욕구를 중시합니다.
③ 매슬로우의 욕구계층제는 인간의 욕구가 생리적 욕구, 안전 욕구, 소속 욕구, 존경 욕구, 자아실현 욕구의 순서에 따라 순차적·연속적·단계적·상향적으로 유발된다고 봅니다.
④ 허츠버그의 욕구충족이원론은 조직구성원에게 불만족을 주는 위생요인과 만족을 주는 동기요인이 각각 별개로 존재한다고 봅니다.

02 정답 ②

정답 찾기
② 사회적 인간관은 인간을 근본적으로 피동적으로 봅니다. 인간 중심의 자율적 문제 해결은 자아실현적 인간관과 관련이 있습니다.

오답 피하기
① 합리적·경제적 인간관은 인간을 경제적 유인으로 동기부여되는 존재로 봅니다.
③ 자아실현적 인간관은 인간을 단순히 경제적 유인으로 움직이는 존재가 아닌 자아를 실현하는 존재로 봅니다. 맥그리거(McGregor)의 Y이론과 아지리스(Argyris)의 성숙인(mature person)이론이 대표적입니다.
④ 복잡한 인간관은 인간의 동기가 상황에 따라 다양하게 변한다고 봅니다.

03 정답 ①

정답 찾기
ㄱ. 매슬로우는 하위 욕구가 어느 정도 충족되면 상위 욕구가 발현된다고 설명했습니다.
ㄴ. 앨더퍼는 매슬로우처럼 욕구를 계층화했으나, 동시에 두 가지 이상의 욕구가 한 가지 행동을 유발할 수 있다고 보았습니다.

오답 피하기
ㄷ. 욕구 좌절로 인한 후진적·하향적 퇴행은 앨더퍼의 ERG이론에서 주장했습니다.
ㄹ. 개인의 행동을 동기화시키는 욕구는 사회문화적 환경과 상호작용하는 과정에서 학습되는 것으로, 개인마다 욕구의 계층에 차이가 있다고 주장한 것은 맥클랜드의 성취동기이론에 해당합니다.

04   정답 ①

정답 찾기
① 인간을 자신의 이익을 극대화하기 위해 행동하는 존재로 보고, 인간은 조직에 의해 통제, 동기화되는 수동적 존재이며, 조직은 인간의 감정과 같은 주관적 요소를 통제할 수 있도록 설계되어야 한다고 보는 것은 합리적·경제적 인간관입니다.

05   정답 ②

정답 찾기
② 기대감이란 일정한 노력을 기울이면 근무 성과를 가져올 수 있으리라는 가능성에 대한 주관적인 확률과 관련된 믿음입니다. 공정한 보상과는 관계가 없습니다.

오답 피하기
① 기대이론은 동기부여 과정이론에 속합니다.
③ 수단성은 1차 수준의 결과(성과)가 2차 수준의 결과(보상)를 가져오게 될 것이라는 믿음의 강도이고, 개인의 성과와 보상 간의 관계에 대한 인식입니다.
④ 유인가는 특정 보상에 대한 개인의 선호 강도입니다.

06   정답 ①

정답 찾기
① 인간이 행위를 하게 만드는 욕구를 확인하는 것은 동기부여의 내용이론에 해당합니다. 맥클랜드의 성취동기이론과 허즈버그의 2요인이론은 내용이론이고 로크의 목표설정이론, 브룸의 기대이론, 애덤스의 공정성이론은 과정이론입니다. 한편, 욕구가 충족되는 과정에 대한 설명은 동기부여의 과정이론에 해당합니다. 브룸의 기대이론, 포터와 롤러의 업적만족이론, 애덤스의 공정성이론은 과정이론이고, 앨더퍼의 ERG이론, 맥클랜드의 성취동기이론은 내용이론입니다.

07   정답 ③

정답 찾기
③ 업적·만족이론은 만족이 직무성취를 가져오는 것이 아니라, 성과수준이 직무만족의 원인이 될 수 있다고 봅니다.

오답 피하기
① 스키너의 조작적 조건화이론은 외적 자극에 초점을 맞추며, 행동의 결과를 더 강조하는 이론입니다. 행동의 결과를 조건화함으로써 행태적 반응을 유발하는 과정을 설명합니다.
② 로크의 목표설정이론은 목표의 난이도와 구체성에 따라 개인의 성과가 결정된다는 이론입니다. 구체적인 목표가 인간에게 노력의 방향을 제시해주고, 도전적인 목표는 노력의 강도를 높여 준다고 설명합니다.
④ 공공봉사동기이론은 공공부문 종사자와 민간부문 종사자의 가치체계에는 차이가 있어서 민간부문 종사자와 달리 공공기관이나 공공조직에서 유일하게 혹은 우선적으로 비롯되어 나타나는 개인적인 성향인 공직동기가 있다고 봅니다. 공공봉사동기는 공직임용 전에도 형성될 수 있으며 개인의 공공서비스동기가 크면 클수록 개인의 공공조직의 구성원이 되고자 하려는 가능성이 더욱 클 것이라고 봅니다. 공공봉사동기는 개인의 내재적 요인에 주목합니다.

08   정답 ③

정답 찾기
③ 규범적 조직몰입에 해당합니다. 행위적 조직몰입은 조직에 투자된 매몰비용에 의한 구속적 상태의 몰입입니다. 행위적 조직몰입은 행태차원의 몰입입니다.

오답 피하기
① 조직몰입에 대한 정확한 정의입니다.
② 조직의 목적·가치를 동일시하여 내재화하면 태도적 몰입이 발생됩니다.
④ 타산적 조직몰입은 조직에서 얻을 수 있는 보상과 비용의 비교에 따른 몰입입니다.

TOPIC 41 조직 행태론 – 리더십

기출 선지 OX

| 01 ○ | 02 × | 03 × | 04 ○ |
| 05 × | 06 ○ | 07 × | 08 × |

01   정답 ○
리더십은 상황, 행태, 자질 등 다양한 요소를 바탕으로 설명할 수 있습니다.

02   정답 ×
블레이크와 머튼은 과업지향, 인간관계지향이라는 기준으로 리더십 유형을 분류하고 2가지 행태가 모두 높은 유형(단합형, 팀리더형)을 가장 성공적이라 인식했습니다.

03   정답 ×
피들러의 상황조건론은 가장 유리하거나 가장 불리한 조건(상황)에서는 과업중심적 리더십이 효과적이고, 중간 정도 상황에서는 인간관계중심적 리더십이 효과적이라 합니다.

04   정답 ○
리더십은 조직의 공식적 구조와 설계의 불완전성을 보완해줄 수 있습니다.

05   정답 ×
보상과 처벌이 핵심 관리수단인 것은 거래적 리더십입니다.

06   정답 ○
리더-구성원교환이론은 내집단에 속한 구성원이 많을수록 집단의 성과가 높아진다고 봅니다.

07
정답 ✕

변혁적 리더십은 리더와 구성원이 상호작용을 통해 서로를 더 높은 수준의 도덕성, 동기, 성과로 이끄는 것을 핵심으로 합니다.

08
정답 ✕

상황적 보상과 예외관리를 특징으로 하는 것은 거래적 리더십입니다.

실전 문제

| 01 ① | 02 ① | 03 ③ | 04 ④ |
| 05 ③ | 06 ② | 07 ① | 08 ③ |

01
정답 ①

정답 찾기

① 상황적 유리성 결정변수는 리더와 부하의 관계, 직위권력, 과업구조를 뜻합니다.

오답 피하기

② 상황이 유리하거나 불리한 경우에는 LPC 점수가 낮은 과업지향 리더가 효과적입니다. 한편 상황유리성이 중간 수준인 경우에는 관계지향 리더가 효과적입니다.

③ LPC 점수가 높을 경우 관계지향 리더로 분류하고, LPC 점수가 낮을 경우 과업지향 리더로 분류합니다.

④ 피들러 이론의 핵심은 "리더가 처한 상황이 리더십의 효과성을 결정한다"는 것입니다.

02
정답 ①

정답 찾기

① 블레이크와 머튼의 관리망(Managerial Grid) 이론에서는 리더십을 과업 중심과 인간 중심이라는 두 축으로 보고, 이 두 가지를 각각 1~9 수준으로 수치화합니다. 또한 9의 수준을 가장 이상적인 리더십으로 봅니다.

오답 피하기

② 화이트와 리피트의 연구는 권위형, 민주형, 자유방임형을 제시한 초기 행태적 리더십 연구입니다.

③ 미시간 대학 연구는 리더를 '생산 중심적 vs 직원 중심적'으로 구분합니다.

④ 행태론적 접근은 리더의 특정 행동을 관찰하고, 이는 훈련으로 개선할 수 있다고 봅니다.

⑤ 오하이오 주립대학 연구는 구조주도 행동과 배려 행동 두 차원으로 리더십 유형을 설명했습니다.

03
정답 ③

정답 찾기

③ 리더십 격자모형은 행태이론 중 하나로, 사람과 과업이라는 두 가지 리더 행태 차원에만 초점을 둡니다.

오답 피하기

① 초기 리더십이론에서는 리더가 갖추어야 할 기본적인 자질과 행태가 중요한 연구대상이었습니다.

② 리더십에 있어 행태론적 접근은 공식적인 권위가 아니라 개인에 대한 관심과 배려를 보여주는 리더가 보다 효과적이라는 주장과 관련됩니다.

④ 리더십 효과는 리더와 구성원 관계, 과업구조, 그리고 리더의 직위에서 나오는 권력에 의존한다는 것이 상황론입니다.

04
정답 ④

정답 찾기

④ 리더십이론은 속성론(자질론), 행태론(행동유형론), 행태론, 신속성론 순으로 전개되었습니다.

오답 피하기

① 피들러의 상황적응모형은 LPC 점수가 높은 경우를 관계지향 리더로 분류합니다.

② 하우스와 에반스는 리더십을 지시형, 지원형, 참여형, 성취지향형으로 구분합니다. 리더십을 지시형, 설득형, 참여형, 위임형으로 분류하는 것은 허쉬와 블랜차드입니다.

③ 블레이크와 머튼의 관리망 이론에 따르면 상황에 따라 각각 효과적 지도유형이 될 수 있지만, 모든 조직에서 개발해야 할 지도자의 이상형은 단합형입니다.

05
정답 ③

정답 찾기

ㄴ. 블레이크와 머튼은 리더십 격자모형에서 생산에 대한 관심(과업지향성)과 사람에 대한 관심(인간지향성) 두 가지 모두 높은 단합형을 가장 바람직한 리더십으로 제시했습니다.

ㄷ. 피들러는 상황적합성 이론에서 리더십을 결정하는 세 가지 상황변수를 1. 리더-구성원 관계, 2. 과업구조, 3. 리더의 직위권력으로 설정했습니다.

오답 피하기

ㄱ. 켈리는 팔로우십 유형을 소외형, 모범형, 수동형, 실무형, 순응형의 5가지로 구분합니다. 그중 가장 파괴적이고 위험한 유형은 소외형이고, 가장 바람직한 유형은 모범형입니다.

ㄹ. 오하이오 주립대 리더십 연구자들은 리더의 행동을 구조주도와 배려로 설명하며 높은 구조주도와 높은 배려의 행태일 때 가장 바람직한 리더십 유형으로 봅니다.

06
정답 ②

정답 찾기

② 예외관리는 거래적 리더십의 구성요소에 해당합니다.

07
정답 ①

정답 찾기

① 피들러의 상황적합이론에서는 상황적 유리성이 매우 높거나 매우 낮은 극단적 상황에서는 과업지향적 리더십이 효과적이며, 중간 정도의 상황적 유리성에서는 관계지향적 리더십이 효과적이라고 설명합니다.

오답 피하기

② 하우스 경로-목표 모형에서는 상황변수(부하특성, 업무환경의 특성)에 따라 효과적인 리더십 유형이라고 봅니다.

③ 상황적 보상과 예외에 의한 관리는 거래적 리더십의 특징입니다.

④ 이상적 영향력, 영감적 동기부여, 지적 자극, 개별적 배려는 변혁적 리더십의 특징입니다.

08

정답 ③

정답 찾기
③ 리더의 행동이 조직성과에 영향을 미친다고 가정하는 것은 행태론적 접근법입니다. 상황론적 접근법은 상황에 따른 효과적인 리더의 특성, 기능, 행동 등을 파악하는 것이 연구의 초점입니다.

오답 피하기
① 행태론적 접근법은 특정한 리더 행동이 항상 효과적이라고 가정합니다. 상황에 따라 다르다는 사실을 간과했습니다.
② 특성론적 접근법은 성공적인 리더는 공통된 특성(지능, 자신감 등)을 갖고 있다고 주장합니다.
④ 거래적 리더십은 리더와 부하 간의 교환(보상과 처벌)의 중요성을 강조하며 합리적 교환과정을 강조합니다.

TOPIC 42 조직문화, 갈등, 변화관리

기출 선지 OX

| 01 × | 02 ○ | 03 ○ | 04 × |
| 05 × | 06 × | 07 × | 08 ○ |

01

정답 ×

응집성을 강조하는 것은 관계지향 문화입니다. 위계문화는 정보관리와 의사소통을 강조합니다.

02

정답 ○

수용(accommodating)은 자신의 이익을 양보하고 상대방의 관심사를 만족시키는 방식입니다.

03

정답 ○

회피(avoiding)는 갈등이 존재함을 알면서도 표면상으로는 그것을 무시하거나 인정하지 않음으로써 갈등 상황에 소극적으로 대응합니다.

04

정답 ×

협동에 대한 설명입니다. 타협은 상호 양보가 이루어지는 절충점입니다.

05

정답 ×

행정개혁 조직의 중복성 혹은 가외성(redundancy)이 존재하는 경우, 오히려 개혁 추진력과 안정성을 높여 행정개혁의 저항을 감소시키거나 예방하는 긍정적 효과가 있습니다. 따라서 중복성으로 인해 행정개혁에 대한 저항이 나타난다는 설명은 잘못되었습니다.

06

정답 ×

임파워먼트(empowerment)는 조직구성원들에게 자율과 권한을 부여하여 장애가 되는 요소를 적극적으로 제거하고, 변화를 주도할 수 있게 만드는 전략입니다. 장애요소를 그대로 두는 것이 아니라 구성원들이 직접 장애물을 극복하도록 힘을 실어주는 방법이므로, 장애요소 유지라는 설명은 적절하지 않습니다.

07

정답 ×

규범적 사회적 전략은 구성원의 가치와 인식을 변화시켜 저항을 줄이는 접근방법입니다. 교육훈련과 자기계발 기회, 의사전달과 참여 확대, 사명감 고취, 가치갈등해소 등이 여기에 해당합니다.

08

정답 ○

구조적 접근방법은 조직 구조의 설계나 조직 내 권한 배분 등을 통해 행정개혁을 달성하는 방법입니다. 분권화 수준의 개선, 명령계통의 개편, 권한 재배분, 작업집단 재설계 등 조직 구조의 직접적인 변화를 시도하는 것이 주요 특징입니다.

실전 문제

| 01 ② | 02 ② | 03 ② | 04 ④ |
| 05 ① | 06 ② | 07 ② | 08 ③ |

01

정답 ②

정답 찾기
② 개인주의가 강한 문화가 개인적 성취와 개인의 자유, 권리를 강조하므로 개인 간 관계의 구속력이 상대적으로 느슨합니다. 집단주의가 강한 문화는 집단의 목표와 구성원간 관계를 중시하며, 집단이나 공동체에 대한 소속감이 상대적으로 높습니다.

오답 피하기
① 불확실성 회피가 강할수록 불확실한 상황을 피하기 위해 엄격한 규정, 규칙, 절차를 많이 만드는 경향이 있습니다.
③ 권력거리가 크면 조직 내 위계질서가 명확하고 권력의 차이를 자연스럽게 수용하는 경향이 있습니다.
④ 남성성이 강한 문화는 남성과 여성의 역할을 분명히 구분하는 것을 선호합니다. 여성성이 강한 문화는 남성과 여성의 역할 구분이 덜 명확하고, 협력과 조화, 관계를 중시합니다.

02

정답 ②

정답 찾기
② 호프스테드가 제시한 대표적인 문화비교차원은 1. 개인주의와 집단주의, 2. 권력거리, 3. 불확실성 회피, 4. 남성성과 여성성, 5. 장기지향과 단기지향, 6. 자기통제와 방임입니다. 보편주의와 특수주의를 비교한 것은 트롬페나르스입니다.

03

정답 ②

정답 찾기
② 자신이 원하는 것을 포기하고 상대방이 원하는 것이 충족되는 경우는 순응에 해당합니다.

오답 피하기
① 경쟁(competing)은 신속하고 결단력이 필요한 경우나 구성원에게 인기가 없는 조치를 실행할 경우 효과적입니다.
③ 협동(collaborating)은 양측의 욕구가 매우 중요하여 절충이나 타협이 어려울 때, 서로의 관심사를 완전히 만족시키기 위해 적극적으로 협력하는 방식입니다.
④ 타협(compromising)은 양쪽 모두 조금씩 양보하여 부분적 만족을 추구하는 방식으로, 가장 현실적이고 실용적인 해결책을 도출할 때 유용합니다.

04
정답 ④

정답 찾기
④ 창업단계에서는 개방체제모형이 맞지만, 집단공동체단계에서는 합리적 목표모형이 아니라 인간관계모형을 적용하는 것이 맞습니다.

오답 피하기
① 조직의 효과성 평가가 평가자의 가치나 이해관계에 따라 달라질 수 있다는 것이 경쟁적 가치 접근법의 기본 전제입니다.
② 통제(안정성) 대 유연성, 그리고 내부(인간) 대 외부(조직)를 축으로 네 가지 모형을 제시하였습니다.
③ 경쟁적 가치 접근법에서 제시한 4가지 모형은 정확히 개방체제모형, 합리적 목표모형, 내부과정모형, 인간관계모형입니다.

05
정답 ①

정답 찾기
① 조직발전은 조직 내 인간의 가치관, 신념, 태도의 변화를 통해 조직의 전체적 개혁을 성취하려는 과정으로서 조직혁신 전략의 일종이며 체계적·계획적·의도적인 변동을 추구합니다.

오답 피하기
② 조직발전은 집단 및 조직의 여러 과정에 초점을 맞춥니다. 또한 인간적·사회적 과정과 문제 해결을 지향한 협동적 과정을 중시하는 과정지향성을 지닙니다. 그러나 아래로부터 자율적이고 자발적인 접근방법은 아닙니다. 조직발전은 최고관리층에 공식적 지휘본부를 두고, 최고관리층의 참여와 배려하에 상위계층에서부터 하향적으로 진행됩니다.
③ 행태과학적 지식·기술을 지닌 전문적 개혁상담자를 필요로 합니다.
④ 조직발전은 조직혁신의 접근법 중 인간·행태적 접근방법으로서 조직 구조나 형태의 변화보다는 인간의 가치관·태도·행동을 변화시켜 조직문화의 기능을 개혁하는 것입니다.

06
정답 ②

정답 찾기
② 정보기술의 활용을 통해 업무처리의 절차를 근본적으로 개선하는 데 초점을 맞추고, ICT 기반 행정혁신을 촉진하는 것은 업무재설계입니다.

오답 피하기
① 혼합현실은 현실을 기반으로 가상 정보를 부가하는 증강 현실(AR: Augmented Reality)과 가상 환경에 현실 정보를 부가하는 증강 가상(AV: Augmented Virtuality)의 의미를 포함하는 개념입니다.
③ 정보자원관리란 조직에 필요한 정보를 생산하는 데 사용되는 자원을 관리하는 것으로 정보자원(계획, 예산, 조직 등)에 대한 통합적 관리체제를 의미합니다.
④ 빅데이터와 클라우드, 인공지능·머신러닝, 소셜, 모빌리티 등이 제3의 플랫폼 기술들입니다.

07
정답 ②

정답 찾기
ㄱ. 퀸과 로보그(Quinn & Rohrbaugh)의 경합가치모형에서는 초점이 내부(조직원의 복지와 능률성)인지, 외부(환경과 관련된 조직)인지 여부와 조직구조와 관련되어 변화와 융통성을 강조하는지, 통제(안정)를 강조하는지에 따라 4가지 조직문화 유형을 제시하였습니다.
ㄷ. 조직 변화의 과정적 측면에서 레빈은 조직 변화의 3단계 모형을 제시하고 있습니다. 해빙, 변화, 재동결이 그것입니다.

오답 피하기
ㄴ. 홉스테드의 문화차원에서 권력거리가 약한 문화는 분권화나 권한의 위임이 잘 되어 있는 반면, 권력거리가 강한 문화는 집권화와 권위주의적 요소가 강합니다.

08
정답 ③

정답 찾기
③ 규범적·사회적 전략은 개혁의 필요성을 구성원들이 스스로 이해하고 수용하도록 내면적인 동기부여를 촉진하는 전략으로서, 대표적으로 교육훈련, 자기계발 기회 제공, 참여 유도, 개혁 필요성에 대한 공감대 형성 등을 포함합니다.

오답 피하기
① 경제적 손실 보상, 임용상 불이익 방지는 공리적·기술적 전략입니다.
② 참여 유도 등은 규범적·사회적 전략으로 공리적·기술적 전략이 아닙니다.
④ 개혁 시기 조정은 보통 저항을 줄이기 위한 공리적 또는 기술적 접근이지, 강제적 전략이라고 보기 어렵습니다.

TOPIC 43 성과관리기법과 정부업무평가

기출 선지 OX

01 ×   02 ×   03 ○   04 ×

01
정답 ×

전략기획은 환경 분석과 조직진단을 통한 설계를 강조하여 안정적 환경에서 유용하며 전문가 역할이 중요합니다.

02
정답 ×

성과주의의 장점은 주로 1. 목표 중심의 행정 운영 가능, 2. 책임성과 투명성 제고, 3. 자원 배분의 효율성 향상, 4. 결과 중심의 조직문화 정착입니다. 한편 개인성과평가 등 추가적 관리 활동으로 인해 비용이 증가할 수 있습니다.

03
정답 ○

목표관리제(MBO)는 부하와 상사의 참여를 통해 목표를 설정합니다.

04
정답 ×

정부업무평가 기본법 제2조에 따르면 특정 평가는 국무총리가 공공기관이 아닌 중앙행정기관을 대상으로 국정을 통합적으로 관리하기 위하여 필요한 정책 등을 평가하는 것을 말합니다.

실전 문제

01 ④   02 ③   03 ②   04 ②

01
정답 ④

정답 찾기
④ 재무적 관점은 후행 성과지표입니다.

오답 피하기
① 균형성과표(BSC)는 전통적으로 결과 중심인 재무지표만으로 성과를 평가하는 방식에 한계가 있어, 재무·고객·내부 프로세스·학습과 성장이라는 네 가지 관점을 균형적으로 통합하여 개발되었습니다.
② 균형성과표는 단기적 성과뿐만 아니라 장기적 성과 창출 능력에도 중점을 두는 균형 있는 평가방식을 지향합니다. 즉, 단기적 관점(재무적 성과 등)과 장기적 관점(학습과 성장 등)을 균형 있게 관리하는 것이 핵심입니다.
③ 균형성과표에서 고객관점의 성과지표는 고객만족도, 민원인의 불만율, 고객충성도 등을 대표적으로 포함하며, 이는 고객중심적인 성과관리의 핵심입니다.
⑤ 균형성과표는 조직의 전략적 목표와 성과 간의 연결을 조직구성원들에게 명확하게 전달하고 공유하는 커뮤니케이션 도구로도 널리 활용됩니다.

02
정답 ③

정답 찾기
③ MBO는 폐쇄적 내부관리 모형으로, 안정적인 환경에서 성공가능성이 높습니다.

오답 피하기
① 부하와 상사의 참여를 통해 목표를 설정하므로 상향적 성격을 가집니다.
② 상하 조직 구성원의 참여를 통해 조직 구성원들이 맡아야 할 생산활동의 단기적 목표를 명확하고 체계 있게 설정합니다.
④ MBO에서는 단기적·가시적·현실적·결과지향적·계량 가능한 (양적) 목표를 강조합니다.

03
정답 ②

정답 찾기
② 「정부업무평가 기본법」 제14조 제2항에 따르면 중앙행정기관의 장은 자체평가조직 및 자체평가위원회를 구성·운영하여야 합니다. 이 경우 평가의 공정성과 객관성을 확보하기 위하여 자체평가위원의 3분의 2 이상은 민간위원으로 하여야 합니다.

오답 피하기
① 기획재정부장관이 아닌 국무총리입니다.
③ 행정안전부장관이 아닌 국무총리입니다.
④ 국무총리가 아닌 행정안전부장관입니다.

04
정답 ②

정답 찾기
② SWOT 전략은 SO(적극 전략), WO(방향전환 전략), ST(다양화 전략), WT(방어적 전략)으로 나뉩니다.

TOPIC 44 정보기술과 지능정보사회

기출 선지 OX

01 ○   02 ○   03 ×   04 ×

01
정답 ○

블록체인(block chain)은 거래정보의 기록을 중앙집중화된 서버나 관리기능에 의존하지 않고, 분산원장(distributed ledger)을 기반으로 모든 참여자에게 분산된 형태로 배분함으로써, 데이터 관리의 탈집중화된 환경을 제공하는 기술입니다.

02
정답 ○

증거기반 정책결정은 정책이 이념, 신념, 의견 등에 기반하거나 과학적 사실이 부족한 담론 등에 의한 정책 결정을 지양한다는 것입니다.

03
정답 ×

행정지식은 일부는 구조적일 수 있으나, 많은 경우 비구조적 지식도 포함되며, 조직 내에서 체계적으로 창출, 축적, 공유, 활용되기까지는 상당한 시간과 자원이 필요합니다.

04
정답 ×

증거기반 정책결정을 주장하는 학자들은 정치적 결정은 데이터기반으로 대체하는 것이 한계라고 주장했습니다. 한편 보건정책, 사회복지정책, 교육정책, 형사정책 분야 등에서 상대적으로 용이하게 적용 가능하다고 했습니다.

실전 문제

01 ①   02 ③   03 ④   04 ①

01
정답 ①

정답 찾기
① 사진도 빅데이터에 포함됩니다. 데이터베이스(DB)의 수치, 표 등도 빅데이터에 포함됩니다.

오답 피하기
② 빅데이터는 정형 데이터도 포함하는 개념입니다.
③ 빅데이터는 각종 센서 장비의 발달로 데이터가 늘어나면서 나타났습니다.
④ 빅데이터는 데이터를 실시간으로 처리하기도 합니다.

02
정답 ③

정답 찾기
③ 암묵지식(tacit knowledge)은 문서화하기 어렵고, 개인의 경험과 직관 등으로 이루어진 지식입니다. 업무 매뉴얼, 정부 보고서 등은 대표적인 형식지식에 해당합니다.

오답 피하기
① 조직구성원은 조직의 형식지식을 학습하여 개인의 암묵지식으로 변환함으로써 업무 효율을 높입니다. 이는 지식관리의 목적 중 하

나입니다.
② 지식관리는 전통적 계층제보다 구성원 간의 자유로운 지식 교류가 가능한 학습조직을 지향합니다.
④ 지식관리는 조직 구성원의 전문성과 역량을 향상시키는 데 크게 기여합니다.

03 정답 ④

정답 찾기
④ 데이터기반 행정의 가장 핵심적인 목표는 데이터의 수집, 분석을 통해 정책의 합리성·객관성·효율성을 높이는 데 있습니다. 정치성과 민주성 강화는 데이터기반 행정의 주된 목표가 아닙니다.

오답 피하기
① 데이터기반 행정은 데이터를 수집·저장·분석하여 정책결정에 활용하는 행정방식입니다. 정확한 설명입니다.
② 「데이터기반 행정 활성화법」은 정형 및 비정형 데이터를 모두 포함합니다.
③ 미국의 증거기반정책과 유사하게 데이터와 증거를 기반으로 정책을 수립합니다.

04 정답 ①

정답 찾기
① 3차 산업혁명을 지식정보혁명이라 합니다. 4차 산업혁명은 초연결성·초지능성·초예측성혁명이라 합니다.

오답 피하기
② 사물인터넷, 빅데이터, 인공지능(AI)은 4차 산업혁명의 핵심기술로 대표됩니다.
③ 4차 산업혁명시대는 VUCA(변동성, 불확실성, 복잡성, 모호성)의 특징을 가집니다.
④ 세계경제포럼(WEF)은 4차 산업혁명시대에 맞는 정부모형으로 FAST 정부(더 평평하고, 민첩하고, 간소화되고, 기술 친화적인 정부)를 제안했습니다.

TOPIC 45 전자정부

기출 선지 OX
01 ○   02 ✕   03 ○   04 ○

01 정답 ○
우리나라 전자정부의 개념은 「전자정부법」에 명시되어 있으며, 정보기술 및 행정업무의 효율화에 초점을 둡니다.

02 정답 ✕
스마트 전자정부는 국민 중심의 맞춤형 서비스를 극대화하는 정부입니다.

03 정답 ○
민첩한 정부는 데이터 분석 등 디지털 기술을 활용하여 기민하게 환경 변화에 대응하는 정부를 말합니다.

04 정답 ○
우리나라 전자정부에서 정부는 '지능정보사회 종합계획'을 3년 단위로 수립하여야 합니다.

실전 문제
01 ②   02 ③   03 ②   04 ①

01 정답 ②

정답 찾기
② 조달 관련 온라인 서비스를 통합적으로 제공하는 것은 나라장터에 대한 설명으로 G2B에 해당합니다.

오답 피하기
① 나라장터는 조달청이 운영하는 대표적인 G2B 사례로, 정부와 기업 간의 온라인 조달 시스템입니다.
③ G4C는 민원처리 혁신과 민원서비스의 단일창구화를 위해 추진된 전자정부 사업으로, 데이터베이스 공동활용시스템과 관련됩니다.
④ G2G는 정부기관 간 업무의 전자적 통합 및 정보 공유를 위한 시스템으로, 온-나라시스템이 대표적인 사례입니다.

02 정답 ③

정답 찾기
ㄷ. 행정기관 등의 장은 5년마다 해당 기관의 전자정부의 구현·운영 및 발전을 위한 기본계획(기관별 계획)을 수립합니다.
ㅁ. 전자정부 개념은 범정부 차원에서 행정 내부의 자원관리 및 업무 프로세스 그리고 대국민 행정서비스에 이르는 모든 행정과정에 걸쳐 광범위하게 적용됩니다.

오답 피하기
ㄱ. 「전자정부법」 제2조에 따르면 전자정부란 정보기술을 활용하여 행정기관 상호 간 행정업무 및 국민에 대한 행정업무를 효율적으로 수행하는 정부입니다.
ㄴ. 「전자정부법」 제1조에 따르면 전자정부는 행정이념 중에서 효율성과 민주성을 중요시합니다.
ㄹ. 업무처리절차재설계는 비용·품질·서비스·속도 등 조직의 핵심적 성과요인의 획기적인 향상을 위하여 조직의 업무 프로세스를 근본적으로 검토하여 공급자 위주의 업무처리 방식을 수요자 위주로 기본에서부터 혁신적으로 재설계하는 기법입니다. dBrain, KONEPS은 BPR을 통해 프로세스 중심으로 업무를 축소·재설계하고 정보 시스템화한 것으로 평가할 수 있습니다.

03 정답 ②

정답 찾기
② 기존의 민원24를 전면 개편한 온라인 통합민원창구 정부24가 운영되고 있습니다.

오답 피하기
① 전자인사관리시스템(e-사람)은 인사행정 업무의 전자적 처리와 효율성 제고를 위한 시스템으로 현재 잘 운영되고 있습니다.

③ 나라장터는 정부기관의 조달 업무를 인터넷으로 처리하고 투명성을 높이기 위한 대표적인 G2B 전자정부 서비스로 운영 중입니다.
④ 「공공데이터의 제공 및 이용 활성화에 관한 법률」은 공공데이터의 민간 개방을 통한 정부의 투명성과 민간부문의 혁신을 촉진하기 위해 시행 중입니다.

04   정답 ①

정답 찾기
① 「전자정부법」 제2조 및 관련 조항에 따르면 전자정부 추진 대상에는 행정기관, 공공기관, 지방자치단체뿐만 아니라 「고등교육법」 제2조에 따른 학교도 포함됩니다.

오답 피하기
② 「전자정부법」 제6조에 따르면 행정기관의 장은 5년마다 전자정부 기본계획을 수립해야 합니다.
③ 전자정부의 날은 매년 6월 24일로 지정되어 있습니다.
④ 「전자정부법」 제30조의2에 따르면 둘 이상의 지방자치단체가 공동으로 지역정보통합센터를 설립·운영 가능합니다.

TOPIC 46 정부 간 관계와 지방자치원리

기출 선지 OX
01 ○   02 ×   03 ×   04 ○
05 ×   06 ○   07 ×   08 ○

01   정답 ○
라이트의 정부 간 관계 모형은 정부 간 상호권력관계와 기능적 상호의존관계를 기준으로 정부 간 관계를 3가지 모델로 구분합니다.

02   정답 ×
중앙집권의 낮은 대응성과 구조적 부패 등을 지방 성장의 장애로 인식하여 지방의 독자적 권한을 확대하는 것으로써 갈등의 통일적 해결과 지역평등 실현이 곤란합니다.

03   정답 ×
챈들러(J. A. Chandler)의 주장입니다. 그리피스(J. A. Griffith)는 영국의 지방정부는 대체로 중앙정부와 대등하다고 보았습니다.

04   정답 ○
자치계층이 자치권을 바탕으로 하는 계층 간 독립적 관계구조라면, 행정계층은 계층 간 지휘·감독적 관계구조라고 할 수 있습니다.

05   정답 ×
티부(Tiebout)모형은 고정적 생산요소의 존재를 전제합니다.

06   정답 ○
민주정치에 대한 훈련은 지방자치의 정치적·행정적인 기능입니다.

07   정답 ×
단체자치에 대한 설명이지, 주민자치의 설명이 아닙니다.

08   정답 ○
티부(Tiebout)모형은 지방정부 재정패키지에 대한 완전한 정보를 전제합니다.

실전 문제
01 ③   02 ③   03 ③   04 ②
05 ②   06 ④   07 ①   08 ④

01   정답 ③

정답 찾기
③ 기관대립형 중 약시장-의회형에서는 시장의 권한이 상대적으로 약하여, 시장이 아닌 의회가 행정의 주요 권한을 행사합니다. 시장의 고위직 공무원 인사권이나 지방의회 의결에 대한 시장의 거부권은 보통 강시장-의회형에서 나타나는 특징입니다.

오답 피하기
① 기관통합형은 주민들이 직접 선출한 의원들이 행정을 담당하여 주민의 의견을 정확히 반영하는 데 유리합니다. 대표적인 사례는 영국의 지방의회입니다.
② 기관통합형에서는 지방의회가 의결과 집행기능을 모두 수행하는데, 영국의 의회형이 대표적 사례입니다.
④ 기관대립형은 의결기관과 집행기관을 분리하여 견제와 균형을 유지할 수 있지만, 그만큼 상호 간의 갈등 가능성도 높습니다.

02   정답 ③

정답 찾기
③ 사회적 인프라가 어느 정도 갖춰진 국가에서는, 지역 간 평등한 공공서비스를 위해 중앙정부가 더 적극적으로 개입할 필요성이 높아집니다. 즉, 지역 간 평등한 공공서비스 수요 증가는 지방분권화가 아니라 중앙집권화를 강화하는 논거가 됩니다.

오답 피하기
① 내생적 발전전략과 지역 경쟁력 확보를 위해 지방분권화가 강조됩니다.
② 중앙집권체제는 낮은 대응성과 구조적 부패 가능성으로 국가성장에 장애가 되어 분권화가 요구됩니다.
④ 신공공관리론은 분권화된 책임경영을 강조하여 지방분권화 확대를 지지합니다.

03   정답 ③

정답 찾기
③ 우리나라는 기본적으로 기관대립형을 채택하고 있습니다. 즉, 시장(집행기관)과 의회(의결기관)를 분리하여 주민들이 각각 선출하고 있습니다.

오답 피하기
① 기관통합형은 의원들이 집행까지 담당하므로 주민의 의사를 보다 직접적으로 반영할 수 있습니다.
② 기관분리형은 견제와 균형의 원리로 권력 남용을 막을 수 있습니다.

④ 우리나라는 「지방자치법」에 따라 주민투표로 법률로 정하는 바에 따라 지방자치단체의 장의 선임방법을 포함한 지방자치단체의 기관구성 형태를 달리할 수 있습니다.

04 정답 ②

정답 찾기
② 기관대립형은 견제와 균형의 원리에 근거하여 운영되기 때문에 권력의 전횡이나 부패를 방지하고 비판과 감시의 충실을 기할 수 있습니다.

오답 피하기
① 기관대립형이 아닌 기관통합형은 자치단체의 의결기능과 집행기능을 단일기관인 지방의회에 귀속시키는 형태로 지방의회만 주민직선으로 선출, 단체장은 의회가 선출하거나 단체장이 없으며, 의원내각제와 유사합니다.
③ 기관통합형의 장점에 대한 설명입니다.
④ 기관통합형은 여러 의원이 행정을 분담하여 처리하기 때문에 행정의 종합성·통일성을 유지하기 어렵습니다.

05 정답 ②

정답 찾기
② 기초의원은 1991년 3월, 광역의원 선거는 1991년 6월에 실시되었으나, 지자체장 선거는 실시되지 못하였습니다.

오답 피하기
① 「지방자치법」이 제정(1949년)되었으나, 전쟁 중인 1952년 4월 25일 치안 불안 지역과 미수복 지역을 제외한 시·읍·면 의회 의원 선거 실시, 동년 4월 10일 서울, 경기, 강원을 제외한 7도에서 도의회의원 선거를 실시하였습니다.
③ 2007년부터 주민직선제로 변경되었고, 2007년부터 2009년까지는 교육감의 잔여 임기가 1년 이상 남은 지역에서 부분적으로 주민직선제가 실시되었습니다. 2010년 6월 2일부터 전국적으로 동시에 시·도 교육감을 선출하는 주민직선제가 역사상 처음으로 실시된 바 있습니다.
④ 1960년 지방자치법 개정으로 특별시장 및 도지사, 시·읍·면장과 지방의원 모두 주민에 의한 모두 주민직선으로 선출하였습니다.

06 정답 ④

정답 찾기
ㄴ. 공공재의 지역 간 외부효과가 없어야 합니다.
ㄷ. 지방정부가 각 지역별로 파레토 효율적 수준의 공공재를 공급할 경우를 가정하고 있습니다.

오답 피하기
ㄱ. 지방공공재의 중앙공급으로 인한 비용절감 효과가 없어야 한다는 점을 가정하고 있습니다.

07 정답 ①

정답 찾기
① 피터슨의 『도시한계론』에서는 노동과 자본의 이동성에 대한 통제가 어렵고, 스스로 재원을 조달해야 하는 지방정부는 생산적 노동과 자본을 유입시키는 개발정책을 지향하지, 이들은 유출시키고, 빈민 등을 유입시키는 재분배정책은 지양할 수밖에 없다는 것입니다.

오답 피하기
② 라이트의 정부 간 관계모형은 중앙정부와 지방정부의 권력관계 및 기능적 상호의존관계를 기준으로 정부 간 관계를 분리형, 내포형, 중첩형으로 나누어 설명하고 있습니다.
③ 로즈(Rhodes)의 전략적 협상 관계모형에서 중앙정부는 지방정부에 비하여 재정적 자원을 더 많이 보유하고 있으며, 법률을 제정하는 법적 자원을 가지고 있고, 지방정부는 현장의 정보를 가지고 있고 현장에 서비스를 공급할 수 있는 조직을 가지고 있다고 봅니다.
④ 티부모형의 전제는 외부효과의 부존재입니다. 옳지 않은 선지입니다.

08 정답 ④

정답 찾기
④ 국제화로 경쟁환경이 조성되어 개별주체가 스스로 경쟁력을 확보할 필요가 있고, 신공공관리론에서는 분권적 정부, 지역사회에 힘을 부여하는 정부를 강조합니다. 신지방분권화와 관련된 특징입니다.

오답 피하기
① 신중앙집권화는 효율적 통제를 위해 소규모 지방정부를 통합하여 행정구역을 광역화하는 형태로 나타나기도 합니다. 행정구역의 통합과 재구조화로 지방정부에 대한 중앙통제가 용이해지기 때문입니다.
② 신중앙집권화에서 중앙 – 지방 간의 관계는 기능적·협력적 관계입니다. 과거 집권화모형보다는 협력적 관계를 강조합니다.
③ 신중앙집권화는 지방정부의 자율성을 축소하고 중앙정부의 통제와 개입을 강화하는 방향으로 나타납니다. 이는 신자유주의적 행정개혁으로 인한 성과중심의 책임성 및 중앙지침의 강화와 연결됩니다.

TOPIC 47 지방행정의 종류와 주요 행위자

기출 선지 OX

| 01 ○ | 02 ○ | 03 ○ | 04 × |
| 05 ○ | 06 ○ | 07 ○ | 08 × |

01 정답 ○

2개 이상의 지방자치단체가 공동으로 특정한 목적을 위하여 광역적으로 사무를 처리할 필요가 있을 때에는 특별지방자치단체를 설치할 수 있습니다.

02 정답 ○

특별지방자치단체는 보통의 지방자치단체와 같이 법인격을 갖습니다.

03 정답 ○

지역에서의 행정서비스 전달주체는 크게 특별지방행정기관과 지방자치단체로 구분됩니다.

04 정답 ×

지방자치단체는 독자적인 법인격을 갖습니다.

05 정답 ○

우리나라 지방의회에서 지방의원의 자격상실 및 제명은 재적의원 3분의 2 이상의 찬성이 있어야 합니다.

06 정답 ○

우리나라 지방의회에서 찬성과 반대의 수가 같으면 부결된 것으로 봅니다.

07 정답 ○

우리나라 지방의회의 권한에는 의안 발의가 있습니다.

08 정답 ×

우리나라 지방의회의 권한에는 통할대표가 포함되지 않습니다.

실전 문제

| 01 ③ | 02 ② | 03 ① | 04 ② |
| 05 ② | 06 ② | 07 ③ | 08 ② |

01 정답 ③

정답 찾기
③ 지방의회의원은 특별지방자치단체의 의회의원을 겸직할 수 있습니다.

오답 피하기
① 특별지방자치단체는 특정 목적의 광역적 사무 처리를 위해 2개 이상 지자체가 설치합니다.
② 특별지방자치단체는 법인격을 가집니다.
④ 특별지방자치단체를 구성하는 지방자치단체들은 규약을 정하여 지방의회 의결을 거쳐 행정안전부장관의 승인을 받아야 합니다.
⑤ 특정 사무가 일부 지역에만 한정될 경우 일부 지역만으로 구성할 수 있습니다.

02 정답 ②

정답 찾기
ㄱ. 「지방자치법」 제199조에 따르면 2개 이상의 지방자치단체가 공동으로 특정한 목적을 위하여 광역적으로 사무를 처리할 필요가 있을 때에는 특별지방자치단체를 설치할 수 있습니다.
ㄷ. 「지방자치법」 제205조에 따르면 특별지방자치단체의 장은 규약으로 정하는 바에 따라 특별지방자치단체의 의회에서 선출합니다.

오답 피하기
ㄴ. 「지방자치법」 제204조에 따르면 특별지방자치단체를 구성하는 지방의회의원은 특별지방자치단체의 의회 의원을 겸할 수 있습니다.

03 정답 ①

정답 찾기
① 특별지방행정기관은 중앙행정기관의 소속기관입니다. 여기에 근무하는 공무원은 지방공무원이 아니라 국가공무원입니다. 따라서 중앙행정기관과의 인사교류가 가능하며, 장벽이 있다고 볼 수 없습니다.

오답 피하기
② 특별지방행정기관은 중층구조(지방청 → 지청)를 가진 경우가 많습니다. 서울지방국세청 아래에 관악세무서가 있는 것을 생각하시면 됩니다.
③ 중앙지시 중심이므로 주민요구 대응성은 낮습니다.
④ 특별지방행정기관은 광역적 행정 수행을 위해 필요합니다. 국세청이 지방국세청 없이 전국 업무를 처리한다고 생각하면 비효율이 예상될 것입니다.
⑤ 「지방자치분권 및 지방행정체제 개편에 관한 특별법」에 특별지방행정기관의 사무 중 지자체가 수행하는 것이 효율적일 경우 지자체로 이관하도록 규정되어 있습니다.

04 정답 ②

정답 찾기
② 특별지방행정기관은 중앙행정기관의 구체적인 지시에 따라 업무를 수행하여 관할지역 주민들의 직접적인 통제와 참여가 어려워 주민의 요구에 대한 대응이 둔감합니다.

오답 피하기
① 특별지방행정기관과 지방자치단체 간의 기능이 중복되어 인력과 예산낭비 등 지방행정의 비효율성을 초래할 수 있습니다.
③ 특별지방행정기관은 중앙정부의 통제를 받으므로 주민들의 참여가 용이하지 않고 자치단체인 일반행정기관의 책임행정 구현을 저해합니다.
④ 특별지방행정기관의 역할이 커지면 지방자치단체가 그 역할만큼 수행하기 어려워 지방행정의 종합성을 저해할 가능성이 큽니다.

05 정답 ②

정답 찾기
② 「지방교육자치에 관한 법률」에 따른 교육감의 권한입니다.

오답 피하기
① 「지방자치법」 제76조에 따르면 지방의회에 조례안을 제출할 수 있습니다.
③ 「지방자치법」 제117조에 따르면 조례나 규칙으로 정하는 바에 따라 그 권한에 속하는 사무의 일부를 보조기관 등에 위임할 수 있습니다.
④ 「지방자치법」 제29조에 따르면 법령 또는 조례의 범위에서 그 권한에 속하는 사무에 관하여 규칙을 제정할 수 있습니다.
⑤ 「지방자치법」 제18조에 따르면 주민에게 과도한 부담을 주거나 중대한 영향을 미치는 지방자치단체의 주요 결정사항 등에 대하여 주민투표에 부칠 수 있습니다.

06 정답 ②

정답 찾기
② 「지방자치법」 제29조 및 제116조에 따르면 지방자치단체의 장은 규칙제정권을 가지고, 사무의 관리 및 집행권을 갖습니다.

오답 피하기
① 「지방자치법」 제32조 및 제114조에 따르면 지방의회는 조례제정 및 개폐권을 갖고, 지방자치단체장은 자치단체의 대표 및 사무 총괄권을 갖습니다.
③ 「지방자치법」 제49조 및 제76조에 따르면 지방의회는 행정사무 감사권을 갖고, 지방자치단체장은 지방 의회에 대한 발안권을 갖습니다.

④ 「지방자치법」 제47조 및 제122조에 따르면 지방의회는 예산 의결권과 결산 승인권을 갖고, 지방자치단체장은 선결처분권을 갖습니다.

07
정답 ③

정답 찾기
③ 「지방자치법」 제53조 제1항에 따르면 지방의회는 매년 1회 정례회를 개최하며, 지방자치단체의 조례로 2회까지 정할 수 있습니다.

오답 피하기
① 「지방자치법」 제41조의2에 따라, 지방의회의원의 전문성과 정책역량 강화를 위해 정책지원 전문인력 제도가 도입되었습니다.
② 「지방자치법」 제43조에 따라, 지방의회 의장은 지방의회사무국(과) 직원을 지휘·감독할 권한이 있습니다.
④ 지방의회의원은 선거의 공정성을 해칠 우려가 있기 때문에 선관위 위원을 겸직할 수 없습니다.

08
정답 ②

정답 찾기
② 지방의회의원의 윤리강령과 윤리실천규범은 「지방자치법」 제58조 및 제59조에 근거하여 제정됩니다. 즉, 「공직자윤리법」이 아니라 「지방자치법」 자체에 따라 규정됩니다.

오답 피하기
① 「지방교육공무원법」 및 관련 법령에 따라 초·중등학교 교원(정당 가입이 가능한 교원)은 지방의원으로 당선되면 휴직 처리됩니다.
③ 국회의원은 「헌법」 제44조에 따라 회기 중 불체포특권을 가지지만, 지방의회의원은 이런 헌법적 특권을 부여받지 않습니다.
④ 「공직선거법」 제47조 제1항에 따라, 정당은 선거구별 의석수의 100분의 150 범위 안에서 후보를 추천할 수 있습니다.

TOPIC 48 사무의 배분과 자치경찰

기출 선지 OX
01 ✗   02 ○   03 ○   04 ○

01 정답 ✗
기관위임사무의 소요 경비는 원칙적으로 국가가 전액 부담하고 주무부장관이 광범위하게 지도·감독합니다.

02 정답 ○
중앙정부는 자치사무에 대해 합법성 위주의 통제를 주로 합니다.

03 정답 ○
단체위임사무는 집행기관장이 아닌 지방정부 그 자체에 위임된 사무입니다.

04 정답 ○
지방의회는 단체위임사무의 처리과정에 관한 조례를 제정할 수 있습니다.

실전 문제
01 ④   02 ③   03 ④   04 ②

01 정답 ④

정답 찾기
ㄱ. 현지성의 원칙을 말합니다.
ㄴ. 포괄성의 원칙을 말합니다.
ㄷ. 보충성의 원칙을 말합니다.
ㄹ. 적극적 의미의 보충성의 원칙을 말합니다.
ㅁ. 중복배분금지 원칙을 말합니다.
따라서 ④가 옳은 선지입니다.

02 정답 ③

정답 찾기
③ 기관위임사무는 국가의 사무입니다. 따라서 지방의회는 원칙적으로 감사할 수 없습니다.

오답 피하기
① 단체위임사무에 대한 설명입니다. 기관위임사무는 법령에 의하여 국가 또는 상급 지방자치단체로부터 지방자치단체의 집행기관(지방자치단체의 장 등)에게 그 처리가 위임된 사무를 말합니다.
② 기관위임사무에 드는 소요 경비는 원칙적으로 국가가 부담해야 합니다. 애당초 국가의 사무이기 때문입니다.
④ 단체위임사무에 비해 기관위임사무에 대한 상급기관의 감독이 더 광범위합니다. 국가의 사무를 늘어난 팔로 수행하는 것이기에 감독이 더 넓습니다.

03 정답 ④

정답 찾기
④ 「지방자치법」 제190조에 따르면 지방자치단체의 자치사무에 대하여는 행정안전부장관이 그 회계를 감사할 수 있습니다.

오답 피하기
① 지방자치단체의 사무는 자치사무와 위임사무로 구분됩니다.
② 「지방자치법」 제49조에 따르면 지방의회는 지방자치단체의 자치사무에 대해 행정사무 감사 및 조사를 실시할 수 있습니다.
③ 「지방자치법」 제85조에 따르면 지방자치단체나 그 장이 위임받아 처리하는 국가사무에 대하여 주무부장관의 지도·감독을 받습니다.

04 정답 ②

정답 찾기
② 「국가경찰과 자치경찰의 조직 및 운영에 관한 법률」은 2021년 1월 1일부터 시행되었습니다.

오답 피하기
① 「국가경찰과 자치경찰의 조직 및 운영에 관한 법률」 제18조 제1항에 따르면 시·도자치경찰위원회는 특별시장·광역시장·특별자치시장·도지사·특별자치도지사 소속으로 자치경찰사무를 관장합니다.

③ 「국가경찰과 자치경찰의 조직 및 운영에 관한 법률」 제18조 제2항에 따르면 시·도자치경찰위원회는 합의제 행정기관으로서 그 권한에 속하는 업무를 독립적으로 수행합니다.
④ 「국가경찰과 자치경찰의 조직 및 운영에 관한 법률」 제3조 및 제4조에 따르면 국가경찰사무로 국민의 생명·신체 및 재산의 보호, 범죄의 예방·진압 및 수사 등이 있습니다.
⑤ 「국가경찰과 자치경찰의 조직 및 운영에 관한 법률」 제4조에 따르면 자치경찰사무로 지역 내 주민의 생활안전 활동에 관한 사무, 지역 내 다중운집 행사 관련 혼잡 교통 및 안전 관리 등이 있습니다.

TOPIC 49 주민참여예산제도

기출 선지 OX

01 ○   02 ○   03 ○   04 ○

01 정답 ○
일정 조건을 충족한 주민은 해당 지방의회에 조례를 제정하거나 개정 또는 폐지할 것을 청구할 수 있습니다.

02 정답 ○
2021년 1월 전부개정된 「지방자치법」에서 처음으로 도입된 주민참여제도는 규칙의 제정과 개정·폐지 관련 의견 제출입니다.

03 정답 ○
일정 기간 지역에 거주하지 않았더라도 주민등록만 되어 있다면 「지방자치법」상 주민으로서의 권리와 의무의 주체가 됩니다.

04 정답 ○
지방의회에 청원을 할 때에는 지방의회의원의 소개를 받아 청원서를 제출하여야 합니다.

실전 문제

01 ①   02 ③   03 ③   04 ④

01 정답 ①

정답 찾기
① 「지방자치법」 제18조에 따르면 주민투표의 대상·발의자·발의요건, 그 밖에 투표절차 등에 관한 사항은 따로 「주민투표법」으로 정하고 있습니다.

오답 피하기
② 주민은 해당 지방자치단체장이 아닌 시·도의 경우에는 주무부장관에게 감사를 청구할 수 있고, 시·군 및 자치구의 경우에는 시·도지사에게 감사를 청구할 수 있습니다.
③ 주민소송제도는 2005년 「지방자치법」 개정을 통해 처음 도입되었습니다.
④ 비례대표의원은 소환 대상에 포함되지 않습니다.

02 정답 ③

정답 찾기
③ 주민참여예산제도는 임의규정이 아니라 당연규정입니다.

오답 피하기
① 주민참여예산제도는 지방자치단체의 예산편성 과정에 주민의 의견을 수렴하여 예산에 반영하는 제도입니다.
② 주민참여예산제도는 단순히 예산배정 결과보다는 주민의 참여와 숙의라는 과정적 민주주의를 지향합니다.
④ 「지방재정법」 제39조 제5항에 따르면 주민참여예산기구의 구성·운영과 그 밖에 필요한 사항은 해당 지방자치단체의 조례로 정합니다.

03 정답 ③

정답 찾기
③ 「지방재정법」 제39조 제3항에 따르면 지방자치단체의 장은 주민참여예산제도를 통하여 수렴한 주민의 의견서를 지방의회에 제출하는 예산안에 첨부하여야 합니다.

오답 피하기
① 「지방재정법」 제39조 제1항에 따르면 지방의회의 의결사항을 제외하고, 예산심의과정이 아닌 예산편성 등 예산과정에 주민이 참여할 수 있습니다.
② 「지방자치법」이 아닌 「지방재정법」 제39조가 법적 근거입니다.
④ 주민참여는 신공공관리론보다는 협력적 관계를 통해 사회문제를 해결하려는 뉴거버넌스론이 환영하는 제도라 볼 수 있습니다.

04 정답 ④

정답 찾기
ㄱ. 주민소환은 2007년 경기도 하남시 의원과 하남시장에 대해 주민소환투표가 최초로 실시하였습니다.
ㄴ. 주민투표는 2011년 서울시 무상급식 등에서 사용된 적이 있습니다.
ㄷ. 주민감사청구는 제도가 도입된 이후 2000년부터 2017년까지 총 358건의 청구되었습니다.
ㄹ. 주민발안은 제도가 도입된 2000년부터 2018년 12월까지 총 242건의 주민청구안이 제출되었습니다.
따라서 ④가 옳은 선지입니다.

TOPIC 50 지방재정

기출 선지 OX

01 ○   02 ○   03 ○   04 ✕
05 ○   06 ○   07 ○   08 ✕

01 정답 ○
특별시·광역시의 보통세와 도의 보통세에 공통적으로 속하는 세목은 지방소득세, 지방소비세, 레저세입니다.

02 정답 ○
지방재정의 세입구조는 수입원에 따라 자주재원과 의존재원으로 나눌 수 있습니다.

03 정답 ○
지방세제도와 관련하여 지방자치단체의 역할이 제한적입니다.

04 정답 ✕
우리나라는 재산세, 취득세 등 재산과세 위주로 되어 있어 세수의 신장성이 약합니다. 즉, 소득 및 소비과세 비중이 높은 것이 아닙니다.

05 정답 ○
지방교부세는 보통교부세, 특별교부세, 부동산교부세, 소방안전교부세로 구분합니다.

06 정답 ○
부동산교부세는 종합부동산세를 재원으로 하며 전액을 지방자치단체에 교부합니다.

07 정답 ○
재정자주도는 일반회계 세입에 대비하여 자주재원과 지방교부세를 합한 일반재원이 차지하는 비율로 계산됩니다.

08 정답 ✕
국고보조금은 용도나 조건이 정해져 있으며 지방자치단체는 보조금을 주는 중앙부처가 지정한 용도와 조건에 맞게 지출해야 합니다.

실전 문제

| 01 ② | 02 ④ | 03 ① | 04 ⑤ |
| 05 ④ | 06 ② | 07 ① | 08 ④ |

01 정답 ②
정답 찾기
ㄱ. 지방세 일부 세목의 세율에 대해 일정 범위 내에서 지방자치단체가 자율적으로 결정할 수 있습니다. 예를 들어 주민세의 경우 탄력세율 적용이 가능합니다.
ㄴ. 레저세, 지방소비세 등 일정 세목의 경우 탄력세율이 적용되지 않습니다.

오답 피하기
ㄷ. 조례가 아닌 대통령령으로 담배소비세, 주행분 자동차세에 대해 가감하여 조정할 수 있습니다.

02 정답 ④
정답 찾기
④ 국가재정은 자원 배분, 소득 재분배, 경제안정화, 경제성장 등 포괄적인 기능을 수행하는 반면, 지방재정은 주로 자원 배분기능을 중심적으로 수행합니다.

오답 피하기
① 지방재정은 역 주민의 일상생활과 관련된 서비스를 제공하고, 주민의 선호에 더 민감하게 반응합니다.

② 지방재정은 일정 구역을 배경으로 하므로 재정활동의 효과가 그 구역을 넘어서는 외부효과성이 중앙재정보다 높습니다.
③ 일반적으로 국가재정에는 응능주의가 지배적이지만, 지방재정에는 응익주의가 지배적입니다. 일반국민의 담세 능력에 따른 보편적인 부과인 일반적 보상관계보다는 개별 이용자에게 부담시키는 개별적 보상관계가 강합니다.

03 정답 ①
정답 찾기
① 지방자치단체는 해당 지방자치단체의 주민이 아닌 사람에 대해서만 고향사랑 기부금을 모금·접수할 수 있습니다.

오답 피하기
② 「고향사랑 기부금에 관한 법률」 제11조에 따라 지방자치단체는 고향사랑 기부금의 효율적인 관리·운용을 위하여 기금을 설치하여야 합니다.
③ 「고향사랑 기부금에 관한 법률」 제2조에 따르면 고향사랑 기부금은 지방자치단체가 주민복리 증진 등의 용도로 사용하기 위한 재원을 마련하기 위한 것입니다.
④ 「고향사랑 기부금에 관한 법률」 제9조에 따라 지방자치단체는 현금, 고가의 귀금속 및 보석류를 답례품으로 제공하여서는 아니 됩니다.
⑤ 「고향사랑 기부금에 관한 법률」 제3조에 따르면 고향사랑 기부금의 모금·접수 및 사용 등에 관하여는 기부금품의 모집 및 사용에 관한 법률을 적용하지 않습니다.

04 정답 ⑤
정답 찾기
⑤ 「지방재정법」 제11조에 따르면 대통령령으로 정하는 한도를 초과하는 지방채 발행은 행정안전부장관의 승인을 받아야 합니다.

오답 피하기
① 지방세 이외에 지방자치단체가 징수하는 수입은 모두 세외수입이며, 사용료, 수수료, 분담금, 재산임대료, 징수금 등 포함됩니다.
② 조세법률주의 원칙에 따라 과세권은 반드시 법률에 근거해야 합니다. 지방세를 신설하거나 변경하려면 국회에서 법률 제정이 필요합니다.
③ 보통교부세는 국가가 지방의 재정 격차를 해소하기 위해 교부하는 일반재원입니다.
④ 국고보조금은 국가 또는 국가위임사무, 지방사무에 대해 지방정부가 수행하도록 할 때, 그 재원을 보조하는 특정 재원입니다.

05 정답 ④
정답 찾기
④ 지역상생발전기금은 부가가치세의 일정부분을 재원으로 하는 지방소비세의 도입과 무관하지 않습니다. 지방소비세를 도입하면 수도권의 지방정부는 다수의 재정확충을 도모할 수 있으나, 비수도권의 지방정부 재정확충은 상대적으로 미흡할 수 있다는 지적이 있었습니다. 즉, 지방정부 간 재정격차가 더욱 커질 수 있다는 우려가 있었고, 이러한 점을 고려하여 서울특별시, 인천광역시, 경기도 등 수도권 지방정부가 일정부분 출연하는 지역상생발전기금을 도입하여 비수도권 지방정부와 재원을 공유하는 제도를 도입하였습니다.

오답 피하기
① 부동산교부세는 일반재원입니다.

② 「지방교육재정교부금법」 제3조에 따라 내국세 및 교육세의 일부는 지방교육재정교부금의 재원입니다.
③ 국가균형발전특별회계는 여러 부처에서 분산 추진되던 균형발전 관련 사업들을 하나의 특별회계로 통합하여 체계적으로 추진하기 위해 2005년에 신설되었습니다. 또한 윤석열 정부에서 「지방자치분권 및 지방행정체제개편에 관한 특별법」과 「국가균형발전 특별법」을 통합하여 「지방자치분권 및 지역균형발전에 관한 특별법」을 제정하면서 국가균형발전특별회계는 지역균형발전특별회계가 되었습니다.

06 정답 ②

정답 찾기
② 재정자주도는 일반회계 예산규모에서 일반재원의 비중을 의미합니다. 보통교부세를 교부할 때 사용하는 기준지표는 재정력지수입니다.

오답 피하기
① 재정자립도는 일반회계 예산규모에서 자주재원(지방세와 세외수입)이 차지하는 비중을 의미하며 특별회계와 기금 등을 종합적으로 고려하지 못해 실제 재정력을 과소평가하였다는 평가를 받습니다.
③ 재정력지수는 지방자치단체가 기초적인 재정수요를 어느 정도 자체적으로 해결할 능력을 가지고 있는가를 추정하는 지표입니다.
④ 주민 1인당 지방세 부담액은 지방세액을 해당 지방자치단체 주민 수로 나눈 것입니다. 세입구조 안정성을 판단하는 기준이 됩니다.

07 정답 ①

정답 찾기
① 지방교부세의 종류에는 보통교부세, 특별교부세, 부동산교부세, 소방안전교부세가 있습니다.

오답 피하기
② 중앙정부가 예산의 범위 안에서 그 지방자치단체의 행정수행에 드는 경비의 일부 또는 전부를 충당하는 것은 국고보조금에 대한 설명입니다.
③ 지방교부세에 대한 설명입니다. 조정교부금은 상급자치단체에 의한 재정조정제도입니다.
④ 국고보조금은 대부분 용도와 수행조건 등을 지정하고, 국가로부터 교부되는 의존재원입니다. 지방교부세 대비 국고보조금의 비중이 증가되었다고 해서 지방재정의 자율성이 높아지지 않습니다.

08 정답 ④

정답 찾기
④ 국고보조금은 용도가 지정되는 경우가 많아 지방통제수단의 성격이 강합니다.

오답 피하기
① 지방재정조정제도는 국가와 지방자치단체 간의 수직적 재정불균형을 시정하려는 목적이 있습니다.
② 지방교부세와 국고보조금은 모두 의존재원입니다. 자체수입은 지방세와 지방세외수입으로 나눕니다.
③ 보통교부세는 사용 목적과 용도가 정해져 있지 않은 일반 재원의 성격을 가집니다. 따라서 지방자치단체가 자율적으로 사용할 수 있습니다.